COLLECTION DES GRANDS DICTIONNAIRES BIOGRAPHIQUES INTERNATIONAUX
Directeur : M. HENRY CARNOY
Directeur de La Tradition

DICTIONNAIRE BIOGRAPHIQUE
DES GRANDS
COMMERÇANTS
ET INDUSTRIELS

PUBLIÉ SOUS LA DIRECTION DE

M. HENRY CARNOY, A. Q. O. ✱
Ancien professeur aux Lycées Louis-le-Grand, Charlemagne et Cornot

AVEC LE CONCOURS DE

M. ÉMILE MATON
Critique d'Art

TOME Ier

PARIS

CHEZ L'AUTEUR
24, Rue des Grands-Augustins, 24

34

DICTIONNAIRE BIOGRAPHIQUE

DES

GRANDS NEGOCIANTS

ET INDUSTRIELS

SOCIÉTÉ DES GRANDS DICTIONNAIRES BIOGRAPHIQUES

Directeur : M. HENRY CARNOY

Professeur au Lycée Montaigne

DICTIONNAIRE BIOGRAPHIQUE

DES

GRANDS NÉGOCIANTS

ET

INDUSTRIELS

CONTENANT

TOUTES LES NOTABILITÉS DU COMMERCE ET DE L'INDUSTRIE
AVEC LEUR PORTRAIT, LEURS NOM ET PRÉNOMS, LA DATE ET LE LIEU DE LEUR NAISSANCE
LEUR FAMILLE, LEURS DÉBUTS, LEURS FONCTIONS SUCCESSIVES, LEUR ADRESSE
LEURS DÉCOUVERTES, INVENTIONS, PRODUCTIONS, SPÉCIALITÉS
LES RÉCOMPENSES OBTENUES AUX CONCOURS ET EXPOSITIONS
LES PERFECTIONNEMENTS APPORTÉS A LEUR COMMERCE OU A LEUR INDUSTRIE
LEURS TITRES, LEURS ŒUVRES, LEURS ÉCRITS, ETC.
ET TOUTES LES INDICATIONS BIBLIOGRAPHIQUES QUI S'Y RAPPORTENT

OUVRAGE RÉDIGÉ PAR UN COMITÉ DE SPÉCIALISTES

SOUS LA DIRECTION DE

M. HENRY JUNGER

BUREAUX

A L'IMPRIMERIE DE L'ARMORIAL FRANÇAIS

G. COLOMBIER, 4, Rue Cassette

PARIS

INTRODUCTION

Le Dictionnaire biographique des Grands Négociants et Industriels *que nous mettons sous presse, a pour but de réunir, dans un grand tablea d'ensemble, tous ceux qui, à des titres et dans des genres divers, s'occupen du développement du Commerce et de l'Industrie dans notre pays.*

A la veille de l'Exposition universelle de 1900, nous avons pensé qu'i serait, dès à présent, utile de préparer pour cette Solennité internationale un ouvrage dans lequel prendraient place tous ceux qui contribuent à l prospérité industrielle et commerciale de la France.

Afin d'être prêts en temps voulu, nous commençons, dès à présent notre Dictionnaire. *Cinq années seront à peine suffisantes pour mener bonne fin l'œuvre considérable que nous entreprenons.*

Notre publication s'adresse à toutes les notabilités de l'Industrie, auss bien qu'aux Fabricants, aux Commerçants, à ceux enfin qui, par leur recherches, leurs études, leurs inventions, leurs entreprises, leurs travaux élèvent toujours plus haut le glorieux drapeau du Génie français.

Les biographies que nous nous proposons d'écrire, d'après les notes qu l'on voudra bien nous remettre, seront de la plus rigoureuse exactitude.

Les jugements portés sur les hommes et leurs œuvres seront brefs mais nous mettrons au service de tous la plus grande sympathie.

Notre Dictionnaire *sera, ainsi compris, une source sans égale de documents sur l'état du Commerce et de l'Industrie en France à la fin du XIX*e *siècle.*

Le portrait est un document intéressant sur lequel nous appelons l'attention de nos lecteurs.

Nous nous sommes adressés, pour en obtenir de très artistiques, à des dessinateurs et à des graveurs de mérite.

Avec l'aide de tous, nous achèverons en temps utile cette œuvre, dont le poids serait trop lourd pour nos faibles épaules.

Le Dictionnaire biographique des grands Négociants et Industriels *sera ainsi plus qu'une publication curieuse, ce sera une entreprise utile et profitable.*

Paris, le 10 mars 1895.

HENRY JUNGER
32, rue Véron.

DICTIONNAIRE BIOGRAPHIQUE

DES

GRANDS NÉGOCIANTS ET INDUSTRIELS

LOYER (Ernest), né en 1844, à Wazemmes, près de Lille, industriel, député du Nord. Adresse : Faubourg St-Honoré, 78, Paris.

M. Loyer est né à Wazemmes, près de Lille, dans cette énorme et laborieuse ruche industrielle, plus importante que la ville elle-même à laquelle elle a été, depuis lors incorporée. Son père, M. Henry Loyer, chevalier de la Légion d'honneur, président du *Syndicat des filateurs de coton du Nord*, ancien adjoint au maire de Wazemmes, était propriétaire d'une filature qu'il avait fondée en 1842, et qui fut, pour le quartier, un élément de prospérité.

En 1870, M. Ernest Loyer se signala comme un vaillant soldat. Il était alors lieutenant ; sa belle conduite à la bataille de Saint-Quentin, signalée à l'ordre du jour, fut consignée dans ce rapport que le commandant Monnier adressa au général Faidherbe : « La conduite de M. Loyer qui, avant cette journée, avait toujours été un modèle de discipline et de dévouement, fit encore, en cette circonstance, l'admiration de tous les officiers du bataillon qui le désignèrent généreusement comme s'étant conduit au-dessus de tout éloge. »

Ayant pris la direction de la filature, après la mort de son père, en 1877, M. Ernest Loyer ne cessa de témoigner la plus vive sollicitude envers ses ouvriers. C'est un patron modèle, qui a de tout temps mérité la reconnaissance des travailleurs, par la façon paternelle dont il les a traités. Son usine ayant été détruite en 1882 par un immense incendie, il eût pu s'abstenir de la rebâtir : sa situation de fortune l'en dispensait. Il la reconstruisit pour assurer du travail aux familles ouvrières qui, depuis plus de deux générations, avaient été occupées chez son père. Dans l'intervalle, il multiplia les démarches pour trouver du travail au personnel qu'il ne pouvait plus employer chez lui, assura l'existence de ceux qui étaient sans emploi, multiplia les libéralités. Aussi, à la réouverture des ateliers, l'ancien personnel s'y retrouvait-il au complet. Lorsqu'il a fêté le cinquantenaire de la fondation de sa filature, il a accordé d'importantes primes à tous ses ouvriers, proportionnellement à leur temps de présence à la maison, et il a fondé une Caisse de retraite qu'il alimente seul, sans prélèvement sur les salaires.

En toutes circonstances, M. Loyer a manifesté sa bienveillance inépuisable envers les travailleurs, et nul mieux que lui n'avait qualité pour représenter une circonscription où dominent les ouvriers, puisqu'ayant vécu au milieu d'eux, il connait depuis son enfance leur vie et leurs besoins.

En dehors de son établissement, la sollicitude de M. Loyer s'est étendue à tous ceux qui souffrent et qui peinent. Il a imité l'exemple paternel, car c'est parfois par cinquante mille francs que son père encourageait les œuvres philanthropiques, comme celle des Invalides du travail; cette œuvre compte M. Loyer fils parmi ses membres les plus généreux et les plus dévoués. Il a accepté les lourdes charges de secrétaire de cette charitable institution.

Les Sociétés de prévoyance ont aussi recueilli les bienfaits de son intarissable générosité. Il a accordé, par exemple, des subventions considérables à *la Prévoyance*, de Wazemmes, dont il a accepté la présidence en 1886, sur la demande de M. Géry-Legrand, maire de Lille.

Et en dehors de ces œuvres, qui sont connues de tous, que de libéralités discrètes, que de secours intelligemment donnés par ce philantrope généreux !

Élu conseiller d'arrondissement en 1892, M. Loyer ne cessa d'affirmer ses convictions nettement républicaines, en même temps que son esprit libéral, ouvert à toutes les idées généreuses, à tous les projets utiles.

Son profond libéralisme, sa connaissance si claire et si nette des affaires en général, le désignaient depuis longtemps aux suffrages des électeurs qui, en l'élisant le 3 septembre 1893, dans la 2e circonscription de Lille, avec deux mille voix de majorité, ont fait de lui un de nos plus sérieux mandataires, capable de défendre à la Chambre les intérêts des travailleurs, de faire prévaloir leurs droits et d'obtenir les légitimes satisfactions qui leur sont dues. Sous le rapport politique, M. Loyer est l'homme de la tolérance, de la pacification, de l'union de tous.

Le 13 octobre 1894, un banquet réunissait tous les employés et ouvriers de M. Ernest Loyer autour de leur patron et de quelques amis, MM. Scrive de Négri, Houzé de l'Aulnoit, Mertian de Muller, Jules Scrive-Loyer, Guermonprez, etc. On fêtait le Grand-Prix que M. Ernest Loyer venait d'obtenir à l'*Exposition de Lyon* pour ses fils de coton. Il y eut de charmants discours rendant justice au dévouement de M. Henri Loyer et de Mme Henri Loyer. M. Jules Scrive de Négri termina son improvisation par ces mots avec lesquels nous achèverons cette courte notice : « En dehors des satisfactions qu'il trouve dans sa conscience, Ernest Loyer reçoit la récompense de ses efforts dans l'estime de l'opinion publique, et c'est justice !... Les ouvriers l'ont envoyé au Parlement avec une superbe majorité, prouvant ainsi qu'ils sont reconnaissants envers les patrons qui leur apportent les forces du capital, de la science et de la direction, sans lesquelles le travail ne peut s'opérer ni se faire rémunérer convenablement, pour ceux dont le cœur leur est connu par des sentiments généreux, en un mot, pour ceux qui comprennent et qui défendent les intérêts de la classe ouvrière. S'il sacrifie son repos, ses goûts et sa liberté dans cette position militante, exposé aux injustices et aux attaques des adversaires politiques, votre patron-député sait que c'est le lot ordinaire de tout homme qui se donne pour tâche d'accomplir son devoir, et il reste à son poste de combat, comme en 1871, il tenait ferme sur les champs de bataille de Vermand et de Saint-Quentin. Pour adoucir ses fatigues et ses ennuis, il a, auprès de lui, une aimable compagne, celle que l'on retrouve toujours quand il y a des douleurs à soulager, des malades à soigner, des enfants à élever, des cœurs à unir par un mariage chrétien, et des larmes à sécher. »

Consulter : *La France parlementaire*, p. 137-140; *Encyclop. contemporaine*, n° du 15 oct. 1893; *Filature Henri Loyer, Souvenir du 13 octobre 1894* (Lille, Liégeois-Six, 1894, in-16).

DEGRAUWE (Charles-Louis-Philibert), né à Hoymille, Nord, le 5 octobre 1853, chimiste et pharmacien, l'un des Directeurs de la *Pharmacie Centrale du Nord*.

Adresse : 132 et 134, rue Lafayette, Paris.

M. Degrauwe fit ses études secondaires successivement au Collège de Bergues, au Lycée de Douai et au Collège d'Hazebrouck. Son but était d'entrer dans l'Université. Bientôt il sentit que sa vocation ne le portait point vers l'enseignement, et que ses goûts le dirigeaient vers la chimie. Il en prit franchement son parti et se tourna vers la pharmacie pratique.

Venu à Paris, il se fit inscrire à l'École de Pharmacie. Il fit des études de premier ordre qui furent récompensées plusieurs fois.

Il remporta le premier prix de l'École, puis successivement le premier prix Buignet et plusieurs médailles d'or, d'argent et de bronze. Il avait entre temps complété ses études en qualité d'élève des Hôpitaux de Paris.

Reçu pharmacien de première classe, M. Degrauwe songea à s'établir. Il s'associa avec un ami, M. Dalloz, également pharmacien de première classe, et fonda, au coin du boulevard Magenta, la *Pharmacie centrale du Nord* qui devait devenir bientôt, sous la direction des deux associés, l'établissement le plus vaste de la France, si ce n'est du monde entier.

C'était une véritable transformation de la pharmacie qu'avaient entreprise MM. Degrauwe et Dalloz. À l'officine du petit pharmacien détaillant, ils substituaient des entrepôts de matières premières, des laboratoires munis de tous les perfectionnements de la chimie, des usines capables de produire dans des conditions exceptionnelles de fabrication, de fraîcheur et de revient, les mille et un médicaments que conseille la science médicale.

L'entreprise était hardie. Elle était surtout malaisée. La science et l'activité des directeurs purent seules vaincre les graves difficultés des débuts.

Les pharmaciens, comme les médecins, occupent, en notre siècle de découvertes, une place importante dans la société.

La santé publique repose en partie sur le pharmacien. La moindre erreur de médicament ou de dosage peut causer des accidents terribles. L'effet espéré des substances médicamenteuses dépend toujours des soins apportés à leur préparation.

Les difficultés de cette profession ont été heureusement aplanies par MM. Degrauwe et Dalloz, le jour où a été complètement installée la *Pharmacie centrale du Nord*.

Cette pharmacie modèle occupe une superficie de plus de mille mètres carrés. De vastes locaux bien aérés, admirablement distribués, assurent aux manipulations de tous genres qui s'y exécutent, toutes les facilités possibles. Les directeurs exercent constamment un contrôle attentif sur tous les travaux de la maison. Ce contrôle est la condition même d'existence de l'établissement.

Tout ce qui touche à l'hygiène et à la pharmacie a été réuni dans la maison modèle de la rue Lafayette.

Une usine a été établie, il y a quelques années, à Saint-Denis, pour l'alimentation des magasins de vente. Cette usine est des plus curieuses à visiter. Les matières premières n'y font que passer pour s'y transformer. La production de cette usine est véritablement extraordinaire. Les magasins de vente de Paris ont bientôt fait de tout distribuer à leur clientèle. Les livraisons sont faites à domicile par un service spécial de voitures dont le rayonnement dans Paris et dans la banlieue dispense la pharmacie de toute succursale. L'organisation ne laisse rien à désirer. C'est une véritable administration, unique au monde pour la pharmacie. Le principe de la division du travail y est appliqué avec méthode sous le contrôle des directeurs.

Qui aurait prévu, il y a dix ans, qu'avant la fin du XIXe siècle, nous verrions se fonder à Paris le *Louvre* et le *Bon Marché* de la pharmacie!

Pour nous, nous sommes heureux de constater l'esprit d'initiative et de ténacité de M. Degrauwe, esprit sans lequel les meilleures entreprises avortent lamentablement. Le directeur de la *Pharmacie centrale du Nord* est de la race des lutteurs, des hommes d'énergie qui font la richesse de la France. A ce titre, nous lui devons tous nos encouragements et toute notre sympathie.

LOMBART (Jules-François), ✠, I. ✪, ✠, ✠, né à Paris, le 24 février 1830, ancien industriel.

Adresse : Paris, 103, avenue d'Italie, et Fontenay-aux-Roses.

Il y a quarante ans que M. Lombart est devenu le propriétaire de la manufacture Meunier, et depuis cette époque elle est entrée tout à fait dans une phase nouvelle. Dans l'Industrie, il en est comme dans les Arts : les chefs impriment leur influence et leur marque personnelle à l'œuvre poursuivie ; M. Lombart a su apporter des perfectionnements nouveaux, suggérés par sa longue expérience et les progrès de la science et de la mécanique. Il a fait de son usine un établissement modèle, le premier, le plus puissant, le plus remarquable en son genre de tous ceux créés à Paris.

Né dans la Capitale, le 24 février 1830, de parents originaires de Doullens (Somme), M. Jules-François Lombart devait apporter dans son industrie la persistance picarde de ses ancêtres, avec l'habileté et le goût, qualités éminentes qui sont le partage des Parisiens de naissance. Sous l'influence décisive et heureuse des améliorations introduites dans l'industrie chocolatière, par suite des perfectionnements apportés dans la torréfaction et de l'emploi constant des matières premières de choix, la production quotidienne s'est élevée graduellement à plus de 10,000 kilogrammes de chocolat, tous d'une qualité égale et irréprochable. Ces produits garantis par le nom et la marque de la maison Lombart, ont cours dans le commerce et la consommation courante, comme les billets de la Banque de France dans les relations commerciales et financières.

De la rue des Vieilles-Etuves-Saint-Honoré, n° 3, où la fabrication s'exécutait dans une simple boutique, devenue bien vite trop étroite, tout le matériel fut transféré successivement rue Jean-de-Beauvais, puis rue Keller, et enfin avenue de Choisy, n° 75, où l'ensemble de l'usine englobe aujourd'hui une étendue de plus de 20,000 mètres et occupe plus de 500 personnes qui se consacrent journellement à la fabrication du chocolat. La maison de vente est située dans l'intérieur de Paris, boulevard des Italiens, n° 11.

L'outillage de l'usine est très perfectionné. Tout marche mathématiquement, et toutes les précautions sont prises pour éviter les sinistres.

M. Lombart est d'ailleurs membre fondateur de la *Société pour préserver les ouvriers contre les accidents du travail.* L'usine est entièrement établie sur un plan qui a été arrêté selon les lois les plus sévères de l'hygiène. La lumière du soleil se répand à flots dans les ateliers, supprimant l'éclairage artificiel qui malheureusement existe dans beaucoup d'usines. Les ateliers aussi sont ventilés régulièrement d'après les règles émises par le célèbre hygiéniste Michel Lévy.

Une société de secours mutuels a été établie depuis vingt-six ans par les soins de M. Lombart, et grâce aux premiers subsides qu'il a généreusement fournis. Il demande à chaque membre une cotisation, en raison de laquelle chacun a droit, en cas de maladie, à une allocation quotidienne, ainsi qu'aux visites du médecin et aux médicaments du pharmacien. Cette association toute philanthropique pourvoit également, en cas de décès, aux frais funéraires. M. Lombart a encore établi chez lui le système de la participation aux bénéfices.

En dehors de l'usine de l'avenue de Choisy, et dans son voisinage, aussi bien dans Paris même qu'en dehors des fortifications, M. Lombart a établi sur ses terrains, achetés dans ce but, des maisons ouvrières qui sont des modèles de construction, intelligemment distribuées et saines. Il voudrait inculquer à chacun de ses ouvriers l'amour de la propriété, garant du travail, et amener chacun d'eux, par des annuités modérées, à devenir propriétaire et chef de famille foncier. Pour les aider et les encourager à entrer dans cette voie féconde, il a consenti à tous les sacrifices. La devise de la maison est : « Travailler pour perfectionner ». La décision que M. Lombart a prise le 1er janvier 1884, et par laquelle il déclarait à ses employés qu'ils devaient se considérer tous comme étant en participation et travailler en conséquence, prouve qu'à force de se vouer au bien-être des autres, chacun a fini par s'y perfectionner lui-même. A cette époque, il a prononcé des paroles mémorables, qui constituent un véritable progrès social et qui méritent à ce titre d'être retenues :

« Que les sceptiques se rassurent. Je ne ferai pas faillite à mes ouvriers. Il ne m'est jamais venu, et il ne pouvait me venir à l'idée de ne pas tenir ou même de rester à côté d'une promesse que j'avais faite.

« Ainsi que vous l'avez vu, j'ai déjà fait un peu pour améliorer le sort de tous ; mais je reconnais que la chose principale reste encore à faire, et, à mes yeux, cette chose principale consiste à fournir à tous mes travailleurs les moyens de devenir rentiers et propriétaires.

« Il est évident que, pour atteindre ce but, il faut qu'il y soit pourvu par les bénéfices nets de l'exploitation, sans toucher en quoi que ce soit au salaire quotidien ; or, je suis décidé à répartir entre tous, sans exception, et dès cette année, une part de ces bénéfices. Il va sans dire que le quantum de chacun sera fixé en raison de son apport en travail, de son intelligence et de la durée de ses services.

« Je ne puis, quant à présent, rien préciser au sujet de l'importance de la part qui sera attribuée à la masse, puisque je ne connais pas le produit des comptes de fin d'année. Ce qu'il y a de certain, c'est que cette décision est irrévocable, et je vous autorise à la publier comme telle.

« Maintenant, ajouta M. Lombart, voici comment j'entends répartir la somme affectée au compte particulier de mes ouvriers : 1/5 sera remis en espèces ; 2/5 seront employés à l'amortissement du prix d'une maison ; 2/5 seront versés à la caisse de retraites de l'État.

« J'ai acheté à proximité de mon usine, dans et hors Paris, de vastes terrains où je ferai construire des maisons particulières, pareilles au type que je vous ai montré tout à l'heure.

« Ces habitations seront irréprochables au point de vue des commodités et de l'hygiène ; leur prix de revient, étant donné l'uniformité de type, sera réduit aux proportions les plus modérées ; je n'ai pas besoin d'ajouter que ce prix de revient sera aussi le prix de vente.

« Insensiblement, et sans s'en douter, les occupants deviendront propriétaires sans bourse délier, en même temps que les versements à la Caisse des retraites leur ménageront des ressources pour le moment où ils ne pourront plus travailler. Inutile de déclarer que, l'amortissement terminé, ils seront propriétaires absolus et libres de disposer de leur avoir à leur convenance. Voilà de quelle façon j'entends faire de mes collaborateurs des rentiers et des propriétaires des plus sérieux. »

Au moment de sa promotion dans l'ordre de la Légion d'honneur, M. Lombart a offert à sa grande famille industrielle de leur faire faire une excursion par un train spécial à Rouen et au Havre pendant deux jours.

Les frais d'un grand banquet ont été ainsi beaucoup plus utilement et fructueusement appliqués au plaisir, à la curiosité, à l'instruction de tout le monde. Mais, l'année suivante, les ouvriers reconnaissants ont offert d'eux-mêmes une fête, avec repas solennel à leur patron.

Telle est l'œuvre commerciale, morale, sociale, de ce grand industriel.

Quant à ses titres personnels, les voici :

Depuis 1859, il n'a pas cessé d'être administrateur de la Caisse d'Epargne. Aux Expositions de Paris : en 1849, 1855 et 1867, il a obtenu des médailles de bronze et d'argent; en 1873 une médaille d'or lui a été décernée par l'Exposition gastronomique de Paris; en 1873, à Vienne; en 1874, à Marseille; en 1876, à Philadelphie; en 1878, à Paris; en 1881 à Melbourne, de nombreuses médailles lui ont été accordées.

Ajoutons à ses récompenses : Exposition d'Amsterdam (1883), *Médaille d'or;* Exposition de Nice (1884), *Diplôme d'honneur;* Exposition de Londres (1884), *Médailles or et argent*; Exposition d'Anvers (1885), *Diplôme d'honneur;* Exposition d'Amsterdam (1887), *Médaille d'or;* Exposition d'Hanoï (1887), *Hors concours;* Exposition universelle Paris (1889), *Membre du Jury, hors concours;* Exposition de Tours (1892), *Diplôme d'honneur;* Exposition d'Anvers (1894), *Membre du Jury hors concours;* Exposition de Lyon (1894), *Grand Prix*.

Membre de l'Académie nationale en 1875, expert en douane en 1875, au ministère de l'agriculture, délégué cantonal, vice-président de la *Chambre syndicale des chocolatiers et confiseurs*, membre du *Comité des Elections consulaires*; trésorier de la *Chambre syndicale de l'Epicerie*; en 1878, membre des comités d'admission, d'installation du jury des récompenses et de la *Loterie nationale de l'Exposition universelle*, etc., etc., partout où il est présent, il a rendu des services signalés.

M. Lombart fait aussi partie des Sociétés de *Protection des apprentis et des enfants employés dans les manufactures*, d'*Economie sociale et des Unions de la paix sociale*, de *Médecine publique et d'hygiène professionnelle*, des *Ingénieurs civils de France*, *Nouvelle d'Horticulture de France*, de l'*Association des Industriels de France contre les accidents du travail dans les fabriques*, et de la Société d'*Etude des langues étrangères*.

Tous ces titres et distinctions honorifiques sont la consécration et le triomphe d'un labeur persistant, que rien n'a ébranlé.

De son initiative privée, M. Lombart a donc, de longue date, résolu la question à l'ordre du jour de toutes les chambres syndicales : la famille universelle. C'est pour cette raison que nous avons pensé intéresser nos lecteurs en leur donnant quelques détails précis sur le fonctionnement intérieur de cette importante et célèbre maison.

En 1884, M. Lombart a été nommé officier d'Académie; il est décoré de la Légion d'honneur. Ordres étrangers : Zanzibar et Vénézuéla; ex-*Président de la Chambre syndicale de l'Epicerie*, membre de la Caisse des Ecoles du XIIIe arrondissement, membre des *Rosati*, Conseiller municipal à Fontenay-aux-Roses, Conseiller d'escompte au Comptoir National d'Escompte, enfin fondateur avec feu M. Jarry, de la classe de garde, de quatre à six heures, dans les écoles communales de Paris.

RENOUARD (ALFRED), A. ✪, O. ✠, ✠, né à Lille, le 21 septembre 1848, Ingénieur civil, ancien manufacturier à Lille, actuellement administrateur général de Sociétés techniques à Paris, Membre de la *Société des Agriculteurs du Nord*.

Adresse : 64, rue Singer, Paris-Passy.

Après de brillantes études au collège de Marcq où il obtint ses deux diplômes de bachelier ès-lettres et ès-sciences, il se fit recevoir licencié ès-sciences physiques, et compléta ses études en entrant à l'*Ecole supérieure de Commerce* de Paris, d'où il sortit avec le numéro 1, et obtint en outre une Médaille d'or de la Chambre de commerce de Paris.

Rentré à Lille, M. Renouard fut placé par son père à la tête d'un important établissement de filature de lin et de tissage de toiles. Deux ans après, il publia son ouvrage : *Essai sur la filature du lin* (Lille, in-8, lib. Caron), qui fut rapidement enlevé. Ce premier succès encouragea l'auteur à publier un nouveau volume sur la même matière, mais avec de nombreuses planches et figures, sous le titre : *Etudes sur le travail des lins, chanvres et jutes*, (1 vol. grand in-8 jésus (Lille, imp. Robbe).

A cette époque, la *Société industrielle du Nord* venait d'être fondée à Lille par M. Khulmann. M. Renouard fut immédiatement désigné comme secrétaire du Comité de filature, poste qu'il occupa deux ans pour devenir ensuite vice-président, puis président de ce Comité. Il fit à cette Société de nombreuses communications, parmi lesquelles nous signalerons : *Du conditionnement en général et de son application aux cotons et aux lins* (1873); *Etude sur le peignage mécanique du lin* (1873); *De quelques essais relatifs à la culture et à la préparation du lin* (1874); *Des réformes possibles dans la filature du lin* (1874); *Du tondage des toiles* (1874); *Distinction du lin et du chanvre d'avec le jute et le phormium dans les fils et tissus* (1875); *Nettoyage automatique des gills et des barrettes dans la filature du lin* (1875); *Le lin en Russie* (1876); *Théorie des fonctions du banc à broches* (1876); *Etude sur la carde à étoupes* (1876); *Culture du lin en Algérie* (1877); *Nouvelles observations sur la théorie du rouissage du lin* (1877); *Nouvelles recherches micrographiques sur le lin et le chanvre* (1877); *Note sur le rouissage du lin* (1877); *Blanchiment des fils* (1878); *Etude sur la végétation du lin* (1878); *Notes sur les principales maladies du lin* (1878); *Le lin en Angleterre* (1878); *Le lin en Belgique, en Hollande et en Allemagne* (1881); *Les fibres textiles en Algérie* (1881); *Etude sur la ramie* (1881); *Les tissus à l'Exposition des arts industriels de Lille* (1882); *L'abaca, l'agave et le phormium* (1881); *Les crins végétaux* (1884); *Production et commerce des laines d'Australie* (1886).

En 1874, la *Société industrielle du Nord* récompensa M. Renouard de l'une de ses grandes médailles d'or ; en 1881 elle le nomma secrétaire général, et en 1887 vice-président.

Entre-temps, M. Renouard publiait une troisième édition en trois volumes avec planches et figures de son grand ouvrage : *Etude sur le travail des lins*, puis une quatrième édition en sept volumes dont chacun d'eux a été publié séparément à la librairie Baudry, sous les titres : *Histoire de l'industrie linière* (1 vol.); *Agronomie du lin* (1 vol.) ; *Le commerce du lin* (1 vol.); *Le peignage et les machines de préparation* (1 vol.) en collaboration avec M. Goguel; *Le banc à broches et les métiers à filer* (1 vol. id.) ; *Le travail des étoupes et la force absorbée par les machines* (1 vol. en collaboration avec MM. Goguel et Cornut) ; *Les textiles succédanés du lin* (1 vol.). Il publiait en outre à la librairie Lacroix un important *Traité de corderie mécanique* (1 vol. grand in-8).

Ces divers ouvrages réunis lui valurent en 1886 une Médaille d'or de la *Société industrielle* d'Amiens.

Mais M. Renouard n'a pas borné son activité aux choses industrielles.

Lorsque, en 1880, une *Société de Géographie* fut fondée à Lille, il en fut d'abord nommé bibliothécaire, puis secrétaire du Comité d'études, et enfin secrétaire général, poste qu'il occupa pendant sept ans.

En 1888, le Comité d'études prit l'initiative de lui décerner, pour services rendus à la Société, une Médaille de vermeil.

Parmi les communications qu'il a insérées dans le *Bulletin de la Société de géographie* de Lille, nous citerons principalement : *Exploitation de l'alfa en Algérie et en Espagne* (1882); *Une promenade en Algérie* (1882); *L'exploitation du jute aux Indes* (1883); *L'extraction de la houille dans les principales fosses du Pas-de-Calais* (1883); *Les pays producteurs de coton* (1884); *Origine et développement de la poste en France et à l'étranger* (1884); *De la construction des cardes* (1884); *Extraction des fibres de palmier dans leurs pays de production* (1885); *Les deux Bulgaries* (avec carte, 1885); *La colonie française de Pondichéry* (1885); *Les bancs de Terre-Neuve* (1885); *Comptes-rendus d'excursions* (Lens, Furnes, Dunkerque), etc.

Il a en outre fait de nombreuses conférences géographiques à Lille, Roubaix et Tourcoing.

Comme ouvrages géographiques, il a publié : *Excursions d'un touriste dans le département du Nord* (1 vol. Lille, Danel), et : *De Lille à Nijni-Novogorod* (1884 ; id.).

M. Alfred Renouard s'est encore activement occupé d'Agriculture

Collaborateur assidu durant plus de dix ans aux *Annales agronomiques* de M. Dehérain, il fut, lors de la fondation de la *Société des Agriculteurs du Nord*, en 1876, nommé bibliothécaire de cette Société, puis secrétaire-adjoint et secrétaire-général. Parmi les communications insérées dans le bulletin de cette société, nous citerons : *Etudes sur le rouissage; Les tourteaux de lin et de chanvre*; *Biographie et travaux agricoles de B. Corenwinder ; Les grandes exploitations agricoles de l'Algérie* etc., etc.

Il a également inséré dans les *Archives de l'Agriculture* (Bulletin du Comice agricole de Lille), de nombreux rapports et études agricoles.

Enfin M. Renouard s'est aussi occupé de questions sociales et il a publié notamment dans la *Réforme sociale* (Bulletin de la Société

Le Play de Paris), deux études importantes : *Les habitations ouvrières de Lille*, (1886) et : *Les accidents du Travail* (1887). Il a en outre collaboré d'une façon assidue à divers journaux de Lille, sous la signature Louis Leclair, où il n'a publié du reste que des articles scientifiques.

Parmi les postes honorifiques que M. Renouard a occupés durant son séjour à Lille, nous signalerons les suivants :

Consul d'Italie, président du *Syndicat des filateurs*, membre du *Comité linier*, membre de la *Société des Sciences de Lille*, correspondant des *Sociétés industrielles* de Reims et de Mulhouse, secrétaire général du Jury agricole du Concours international de 1882, secrétaire général et rapporteur de l'*Exposition des Arts industriels de Lille*, secrétaire du Conseil de perfectionnement de l'enseignement secondaire spécial au Lycée de Lille, vice-président de l'Association des Anciens élèves de Marcq, etc.. Il a en outre obtenu personnellement une Médaille d'or à l'Exposition universelle de 1878 (classe 76), une Médaille d'or à l'Exposition d'Alger, une Médaille d'or de la *Société des sciences de Lille*, pour un important travail intitulé : *Recherches scientifiques sur les textiles*, etc.

En 1889, M. Renouard quitta les affaires et vint habiter Paris. Il présenta cette année à l'Exposition d'économie sociale de l'Exposition de 1889 un volumineux ouvrage in-4° : *Les institutions ouvrières du département du Nord*, écrit en collaboration avec M. Moy, doyen de la Faculté des Lettres de Lille, qui lui valut une Médaille d'or hors section. L'année suivante, l'*Association française pour l'avancement des sciences* le désigna pour faire à l'Hôtel des Sociétés savantes l'une des huit conférences annuelles; il prit pour sujet : *L'industrie textile moderne, ses origines, son état actuel*, qui fut tirée en brochure. Enfin, en 1891, il prit part, en collaboration avec M. Georges Michel, rédacteur au *Journal des Débats*, à un concours de la *Société d'encouragement pour l'Industrie nationale*, et y obtint un prix de 2,000 francs pour un ouvrage : *Histoire d'un centre ouvrier* (les concessions d'Anzin) dont un résumé a été publié depuis lors à la librairie Guillaumin.

M. Renouard a collaboré au *Dictionnaire d'Economie politique* de Léon Say, où il a fait notamment les articles : *Mines, Mont-de-Piété, Octroi, Primes et drawbacks, Sucres, Tabacs, Valeurs en douane*, etc., au *Dictionnaire de l'industrie et des arts industriels* de M. E. O. Lami, où il a été chargé de tous les articles concernant l'industrie textile, et il collabore encore d'une façon courante aux journaux : *Génie civil*, depuis la fondation, *Annales industrielles*, depuis 1891, la *Nature*, depuis 1889, l'*Economiste français*, le *Monde économique*, la *Revue scientifique* (revue rose), le *Moniteur des fils et tissus*, l'*Industrie textile*, et à diverses publications spéciales anglaises : *Textile Recorder*, *Textile Mercury*, et allemandes : *Leipsiger Monatschrift*, etc. Plusieurs de ses ouvrages relatifs à l'industrie textile ont été traduits en anglais et en allemand.

Lorsqu'en 1889, les grands industriels de Roubaix, Fourmies, Reims et Lyon, fondèrent à Paris le « Comité central des industries nationales de la laine et de la soie », ils prièrent M. Renouard, en raison de sa compétence dans les questions textiles, d'accepter les fonctions de secrétaire-général de ce comité, à la tête duquel fut placé M. Georges Berger, député de la Seine.

Actuellement, M. Renouard est administrateur de la *Société des Asphaltes de Paris*, de la *Société anonyme l'Industrie textile*, et de plusieurs autres. Il est attaché comme ingénieur-conseil à diverses administrations, et comme directeur technique à quelques publications industrielles, notamment aux *Grandes usines de Turgan*.

LESSERTISSEUX (Oscar), A. ✿, né à Authuille, près d'Albert, Somme, le 17 février 1848, imprimeur-lithographe.

Adresse : 68 et 111, passage du Caire, et 9, boulevard St-Denis, Paris.

La carrière de M. Oscar Lessertisseux, l'imprimeur bien connu, est un exemple de ce que peut l'intelligence servie par la volonté, la ténacité et le courage d'un homme d'énergie. Parti de la situation la plus modeste, M. Lessertisseux est parvenu à se créer une place très importante dans l'Industrie parisienne, dans une profession qui exige, en dehors de sérieuses aptitudes commerciales, des connaissances encyclopédiques alliées au goût artistique le plus complet.

M. Lessertisseux naquit en 1848 à Authuille, un petit village picard des environs d'Albert.

L'année 1848 fut une année de misère dans la région du Nord. Le pain n'était plus que le mets des riches. Les pauvres gens allaient disputer aux oiseaux les féverolles des semailles.

La venue du jeune enfant ne dut pas être accueillie avec grande allégresse.

Le père et la mère étaient de braves et honnêtes paysans. D'argent point, sauf celui du maigre gain journalier... quand le travail ne chômait point, ce qui arrivait, hélas ! plus souvent que de raison.

L'enfant grandit et atteignit sa neuvième année. L'école, il n'y fallait guère songer. A peine put-il y faire de temps à autre quelques courtes apparitions, et apprendre, tant bien que mal, à lire et à écrire. D'autres marmots étaient survenus. On n'était pas loin de la demi-douzaine. Il fallait aider le père à nourrir ces bouches affamées. Oscar Lessertisseux travailla à la terre, binant, sarclant, bêchant, moissonnant, faisant besogne d'ouvrier des champs, malgré son âge.

Le jeune homme avait entendu parler de Paris. On citait au village des garçons partis sans sou ni maille, et qui, là-bas, avaient fait fortune. Ces histoires avaient frappé l'imagination du petit paysan. Sa douzième année accomplie, il dit un beau jour adieu à la famille et se dirigea vers la Capitale.

On comprend la situation pénible dans laquelle il se trouva dans la Grand'Ville, inconnu et sans ressources. Livré à lui-même, sans aucun guide, pendant quatre ans, il essaya de plusieurs métiers, si bien qu'à seize ans, il se trouva à la tête de 600 francs d'économie. Qu'allait-il faire de cette fortune ?

Le petit ambitieux pensa que, sans instruction, il ne pourrait jamais se faire une bonne place dans la société. Employer ses économies pour s'instruire, c'était encore le moyen le plus profitable pour faire fructifier son argent.

M. Lessertisseux entra de sa propre initiative dans un pensionnat de jeunes gens. Nuit et jour, il travailla avec acharnement jusqu'au moment où sa petite fortune fut épuisée. D'élève, il devint sous-maitre, heureux de trouver le vivre et le couvert, de pouvoir continuer ses études en suivant les cours du soir.

En juillet 1868, le jeune homme se présentait aux examens de la Sorbonne et obtenait son diplôme.

M. Oscar Lessertisseux exerça dès ce moment la profession d'instituteur libre puis d'instituteur dans les écoles du gouvernement.

La guerre de 1870 survint. Le jeune professeur avait un frère sous les drapeaux et ne devait point le service militaire. Il s'engagea pour la durée de la guerre, devint sous-officier, sergent-fourrier, fut cité à l'ordre du jour et reçut à la fin de la campagne un certificat élogieux.

En 1871, M. Oscar Lessertisseux avait 23 ans. Ses fonctions dans l'enseignement, des cours supplémentaires professés en dehors des heures de classe, des leçons particulières, lui avaient permis de réaliser quelques mille francs d'économies. Il établit une imprimerie dans un des quartiers les plus commerçants de Paris et, par son esprit d'ordre, son intelligence, son activité, son initiative, ne tarda pas à la développer et à la faire prospérer.

M. Lessertisseux comprit tout ce que l'on pouvait tirer de la réclame largement entendue. Il devint bientôt l'homme de la publicité par ses éditions d'images amusantes.

C'est sous toutes les formes qu'elle revêt aujourd'hui, que M. Lessertisseux présenta la *réclame commerciale*, *artistique* et *industrielle : devinettes-réclames*, *chromos aux scènes enfantines variées* que distribuent les grands magasins, *calendriers illustrés*, etc. Ce serait une collection curieuse que celle de tous ces bibelots, de ces images qui, répandues dans le public, attirent l'attention, fixent la mémoire sur une adresse, une spécialité, et forcent bien souvent le succès.

Les articles de publicité et de réclame de cette maison sont universellement connus, de même que ses travaux artistiques en lithographie commerciale.

Les procédés de reproduction chromolithographique ont été perfectionnés par M. Lessertisseux, qui a toujours marché avec le progrès.

M. Lessertisseux s'occupe très minutieusement de ses travaux. Depuis vingt-quatre ans qu'il dirige sa maison, il a acquis une notoriété incontestable. Aussi est-il un des imprimeurs les plus estimés de Paris.

Caractère ferme et loyal, M. Lessertisseux n'est pas Franc-Picard pour rien.

Aux différentes Expositions qui se sont succédé depuis la guerre de 1870-71, la maison Lessertisseux a vu ses travaux récompensés de nombreuses Médailles d'or et d'argent.

Délégué cantonal du IIe arrondissement, M. Lessertisseux est Officier d'Académie.

Le succès va encore, quoi qu'en disent les esprits chagrins, aux probes et aux travailleurs.

TRYSTRAM (Jean-Baptiste-Louis-François), né à Ghyvelde, Nord, en 1821, Président honoraire de la Chambre de Commerce de Dunkerque, Sénateur du Nord.

Adresse : 95, rue de Rennes, à Paris, et 25, rue de l'Abreuvoir, à Dunkerque, Nord.

M. Jean-Baptiste Trystram est l'une des personnalités politiques les plus en vue de la région du Nord. Au Sénat, il a pris part à toutes les discussions intéressant le commerce; dans les commissions dont il a fait partie, il a montré des connaissances économiques brillantes; son esprit d'initiative s'est manifesté en bien des occasions importantes; il a su s'attirer dans son pays aussi bien qu'à la Chambre Haute de chaudes sympathies qui font le plus grand honneur à l'homme et à son œuvre.

M. Jean-Baptiste Trystram est le fils de ses œuvres. Sa haute situation, il ne la doit qu'à lui-même, à son intelligence, à sa probité, à son labeur.

A force de travail, M. Trystram parvint à fonder à Dunkerque une importante maison de raffinerie de pétroles. Ses affaires prospérèrent. Républicain de la première heure, il fut nommé sous-préfet de Dunkerque par le Gouvernement de la Défense nationale après la Révolution du 4 Septembre 1870 qui amena la chute de l'Empire.

La guerre finie, M. Trystram se démit de ses fonctions administratives.

Aux élections du 8 octobre 1871, il fut élu membre du Conseil général du Nord.

Peu après, il devint Président de la Chambre de Commerce de Dunkerque.

Aux élections du 20 février 1876, M. Jean-Baptiste Trystram accepta la candidature à la Chambre des Députés que lui offraient les républicains. Dans la profession de foi qu'il adressait aux électeurs, M. Trystram déclara que, républicain de vieille date, il resterait fidèle aux convictions politiques de son passé, et qu'il travaillerait à l'affermissement de la République et au développement des principes qui doivent être à la base d'une démocratie.

Les conservateurs — monarchistes et bonapartistes alliés — opposèrent à M. J.-B. Trystram une personnalité très connue, M. Dupuy de Lôme. La lutte était difficile. M. Trystram n'en fut pas moins élu député de l'arrondissement de Dunkerque par 5.874 voix.

A la Chambre des Députés, M. J.-B. Trystram siégea avec la gauche. Tous ses votes furent en accord avec ceux de la majorité républicaine.

La période connue sous le nom du 16 Mai arriva. M. Jean-Baptiste Trystram signa la protestation des gauches, le 18 mai 1877. Le 19 juin, il vota l'ordre du jour de défiance contre le ministère de Broglie, et il se représenta devant ses électeurs de Dunkerque aux élections du 14 octobre.

L'administration fit tous ses efforts pour le faire échouer. Le candidat officiel, M. d'Arras, maire de Dunkerque, monarchiste, fut élu par 5.839 voix contre 4.863 données à M. Trystram.

Au mois de juin 1878, l'élection de M. d'Arras fut invalidée. M. Jean-Baptiste Trystram fut réélu le 7 juillet suivant.

Actuellement, M. Trystram est sénateur du Nord.

M. Trystram appartient à un grand nombre de Sociétés d'économie politique, de sciences, etc.

L'éminent sénateur, à qui le ruban rouge avait été offert, l'a refusé par une modestie qui l'honore, mais que nous trouvons véritablement exagérée.

MINE (Albert), I. ✪, né à Dunkerque, le 15 juin 1852, Consul de la République argentine à Dunkerque, économiste, membre correspondant de la *Société de Géographie commerciale* de Bordeaux, membre titulaire de la *Société dunkerquoise pour l'encouragement des Sciences, des Lettres et des Arts*, membre fondateur de la *Société de Géographie de Dunkerque*, membre de l'*Académie nationale agricole, manufacturière et commerciale*, membre correspondant de la *Société de Géographie de Berne*, de la *Société académique de Toulouse*, de la *Société de Statistique de Paris*, titulaire de la *Société de Géographie commerciale de Paris*, de la *Société d'économie politique*, titulaire de l'*Association française pour l'avancement des Sciences*.

Adresse : 10, rue Jean-Bart, Dunkerque.

Enfant de Dunkerque, M. Mine a appris de bonne heure à aimer sa ville natale pour le plus grand bien de notre chère patrie et de notre commerce national. Fils de ses œuvres, il n'a pas redouté le proverbe : *Nul n'est prophète en son pays.* Travailleur infatigable, toujours sur la brèche, il a apporté sa pierre à l'édifice de la prospérité du port de Dunkerque.

Dès qu'il fut homme, il ne songea qu'à faire ressortir les éléments de cette ville restée trop longtemps obscure. Le développement, et partant la prospérité du port, pensait-il, c'est la fortune pour quelques-uns, le bien-être pour un grand nombre, le pain assuré pour tous.... et il s'y employa avec un labeur opiniâtre.

M. Mine songeait sans cesse à la transformation de l'ancien petit port de pêche en grand port de commerce, et travaillait avec un zèle inébranlable à l'extension de nos relations internationales. Rien de ce qui pouvait mener au but projeté ne fut négligé par lui.

Après avoir, pendant ces quinze dernières années, sans trêve ni repos, fait connaître, avec un légitime orgueil patriotique, les ressources du port de Dunkerque, il a réussi à en développer les relations avec les rives platéennes dans une proportion supérieure à 7000 % ; ses nombreuses statistiques sur le commerce franco-argentin ont été publiées et répandues à profusion de ses deniers personnels.

Une fois l'impulsion donnée, l'exemple a été contagieux, et l'industriel, le consommateur de ces matières premières, se sent de plus en plus disposé à suivre le courant laborieusement établi, car, comme l'a dit Mme de Staël : « *En France, rien ne réussit comme le succès.* »

En ces temps de concurrence universelle, alors que les questions coloniales et d'extension commerciale occupent une si grande place dans les conseils des puissances, c'est dans la recherche de nouveaux débouchés pour son industrie et dans le développement incessant de ses relations extérieures, qu'est le salut de la France.

M. Albert Mine, Dunkerquois d'avant-garde, bien connu par son énergique labeur, possède dans le monde savant la plus légitime notoriété. Dès 1871, il commençait un prodigieux travail de patientes et difficiles recherches : l'*Annuaire commercial de Dunkerque et de son Arrondissement* (6 volumes in-8° de 4 à 500 pages). Cet *Annuaire*, qui a eu l'honneur d'être classé comme Document historique dans les Archives départementales du Nord, se répandit rapidement dans le monde entier, et valut à son auteur les éloges de la Presse internationale. M. Albert Mine avait adopté, pour son ouvrage, la maxime de Montesquieu : *Le commerce parcourt la terre, fuit où il est opprimé et se repose où on le laisse respirer.* L'importance du port de Dunkerque était généralement inconnue ; l'ouvrage de M. Mine fut au plus haut point instructif.

Dès 1879, il enseigna gratuitement la comptabilité aux adultes qui venaient nombreux suivre les cours supérieurs organisés par la *Société Dunkerquoise pour l'encouragement des Sciences, des Lettres et des Arts.*

En 1880 et 1881, il publia des *Ephémérides dunkerquoises.* A la même époque, il fit paraître une *Etude historique et géographique sur l'archipel des Iles Hawaï.*

Le 14 mars 1880, M. Mine prit une part des plus actives à la fondation de la *Société de Géographie* de Dunkerque dont il fut, pendant plusieurs années, l'érudit et dévoué secrétaire-général.

M. Mine sut merveilleusement tirer parti de la situation qu'il occupait à la *Société de Géographie.* Il comprenait mieux que tout autre l'importance des relations qui allaient s'établir entre l'Europe et la grande République Sud-Américaine ; il voulut que Dunkerque, en première ligne, bénéficiât de ce mouvement commercial. M. Mariano Balcarce, le regretté ministre plénipotentiaire d'alors, partageait entièrement ces vues. Il eut le plaisir d'annoncer (mars 1883) à M. Mine sa nomination de Consul de la République Argentine, et lui écrivit, à ce sujet, ces paroles élogieuses et encourageantes : « Je me félicite du témoignage de confiance dont vous a honoré mon gouvernement, d'après ma proposition et sur mon initiative. »

Chaque année, M. Mine dresse des statistiques comparées du mouvement maritime et commercial de la République Argentine avec le port de Dunkerque qui peut justement être appelé aujourd'hui le *Port des laines*, grâce à la bienfaisante impulsion que lui a donnée M. Mine. Ce port, qui, en 1880, recevait 1.617 balles de laine de la Plata, reçut, en 1894, la prodigieuse quantité de 173.000 balles.

Dunkerque a su se poser, en dix ans, au troisième rang, après Londres et Liverpool, pour le trafic des laines étrangères, et tend de plus en plus à devenir un des premiers ports du continent. M. Albert Mine s'est tellement dévoué à la cause des laines de la Plata que Dunkerque a enlevé à Anvers tout le transit des laines argentines pour la France. Voici les résultats éloquents de cette victoire pacifique :

ANNÉES	NOMBRE DE BALLES DE LAINE IMPORTÉES DE LA PLATA A	
	ANVERS	DUNKERQUE
1881	130.972	1.617
1882	169.954	27.544
1885	126.986	138.866
1889	114.939	159.678
1893	89.394	143.974
1894	95.287	173.000

De pareils chiffres dispensent de commentaires, mais c'est là un succès magnifique qu'il faut soutenir et encourager, car nous ne devons pas perdre de vue que travailler à la prospérité du port de Dunkerque, c'est faire œuvre nationale et patriotique.

Ce n'est pas seulement à Anvers que Dunkerque a enlevé le transit des laines qui appartient à notre grand port français du Nord, mais à deux ports qui ne se gênent nullement, quoique plus éloignés, pour faire nos affaires lorsqu'ils en ont l'occasion. C'est ainsi que nous constatons avec satisfaction la décroissance suivante de l'importation des laines argentines aux ports de Brême et de Hambourg pour les quatre dernières années :

1891........ 127.945 balles
1892........ 126.181 —
1893........ 116.382 —
1894........ 113.217 —

« *Los puertos, no es dificil crearlos á fuerza de millones*, disait en 1890 un économiste argentin, *pero la actividad comercial de un puerto no se improvisa con la misma facilidad.* »

Le trafic des laines n'est pas le seul qui se soit développé entre les Républiques platéennes et la France par le port de Dunkerque : l'importation du blé, du maïs, de la graine de lin, des tourteaux, etc., a, en effet, suivi la même progression, et le journal *La Nature*, du 14 mars 1891, nous apprend que M. Mine s'occupait déjà activement, à cette époque, depuis plusieurs années, de la question du transport du bétail vivant argentin en France. Des expériences faites timidement en 1885 n'avaient pas donné d'excellents résultats, mais cela ne découragea pas le Consul argentin qui réussit à décider de nouveaux *estancieros* à continuer les essais ; l'année 1890 vit débarquer, en plusieurs convois, 1,980 moutons sur les quais de Dunkerque, et par suite des améliorations successives apportées dans les conditions du transport, le bétail sur pied y arrive maintenant de Buenos-Ayres en grande quantité, dans de très bonnes conditions, avec une mortalité ne dépassant pas 2 1/2 % en moyenne, alors qu'à l'origine, elle s'élevait à 18 1/2 %.

En 1892, le nombre des moutons argentins importés à Dunkerque fut de 15,881 ; l'année dernière, il en est arrivé 20,051, et pour les quatre premiers mois de 1895, la statistique a relevé la quantité de 44,551, ce qui est une nouvelle source de revenus pour nos finances ; en calculant le poids moyen de ces moutons à 55 kilogrammes, cette seule importation a produit au Trésor, en droits de douane et de statistique, la somme de 884,252 francs pour une période de quatre mois.

Un autre point également fort intéressant qu'il convient de ne pas perdre de vue, est celui-ci : par le développement de cette importation, la viande deviendra un aliment à la portée de la classe ouvrière qui en est trop souvent privée, et son prix étant plus abordable permettra de comprendre cet aliment dans la nourriture des enfants du peuple qui ne la connaissent, le plus souvent, que pour l'avoir vue à l'étal des bouchers.

Quant à l'exportation des produits de la région du nord de la France vers la République Argentine, peu importante au début, elle s'est nettement dessinée en 1889 qui a vu expédier par Dunkerque 17.804.801 kilogrammes de marchandises diverses.

Les statistiques publiées par M. Mine montrent que le but qui lui est cher est atteint : voir le port de Dunkerque prendre un développement en rapport avec l'extension considérable constatée chaque année, depuis quinze ans, dans le commerce avec la République Argentine. Ces statistiques, pour la période de 1881 à 1890, ont été réunies en un magnifique album in-folio illustré qu'il a dédié en 1892 à M. Jules Roche, ministre du Commerce de France, et à M. José C. Paz, ministre plénipotentiaire de la République Argentine à Paris. Huit exemplaires de cet album (dont le texte est imprimé en français et en espagnol) ont été offerts par M. Mine au Ministre du Commerce pour les huit Écoles supérieures de Commerce reconnues par l'État, et dépendant de ce ministère. Les directeurs de ces établissements ont remercié l'auteur en des termes très élogieux.

M. Mine, dont rien n'égale l'activité, dirige une maison de transit très prospère. Il a aussi, intelligemment, opéré plusieurs sauvetages :

le 29 mai 1877, il retirait de la côte ouest de Dunkerque le brick-goëlette français *Marie* qui s'y était échoué pendant la nuit et que le flot menaçait de briser. En 1886, il procéda au sauvetage de 5.600 barils de pétrole dont se composait la cargaison du trois-mâts américain *Republic* qui avait fait côte sur la plage de Dunkerque. Quelques mois plus tard, il sauva encore la cargaison de mélasse du navire danois *Familien*.

Le dernier ouvrage de M. Albert Mine a paru en juillet 1894. C'est : *Le Trafic du port de Dunkerque*, orné de 13 plans de la ville à travers les âges et de deux diagrammes (impression en quatre langues : français, anglais, italien et espagnol).

La *Société de Géographie* de Lille, dans sa séance du 15 juin 1894, décerna à M. A. Mine une Médaille d'argent grand module en souvenir des excursions de Dunkerque pendant lesquelles le Consul de la République argentine s'était mis entièrement à sa disposition. (Voir le rapport de M. Cantineau dans le *Bull. de la Soc. de Géogr.* de Lille, de septembre 1894). A cette occasion, M. Mine avait offert aux excursionnistes un opuscule qu'il avait rédigé à leur intention : *Coup d'œil rapide sur la*

Ville, le Port et la Plage de Dunkerque (in-8°, 40 p.) avec vues et diagramme.

En octobre 1891, les travaux statistiques de M. Mine lui avaient valu une Médaille d'or de 1re classe de l'*Académie Nationale Agricole, Manufacturière et Commerciale* de Paris.

Pour terminer, citons les dernières lignes du bel ouvrage de M. Frixon, professeur à l'école normale de Douai : *Les Français et leurs relations dans la République Argentine.*

« L'auteur des statistiques qui ont servi de base à la partie de notre ouvrage relative au port de Dunkerque, est M. Albert Mine, dont nous n'ignorons pas les persévérants efforts comme consul, en vue de développer les relations de Dunkerque avec les rives de la Plata. Par les conférences publiques qu'il a provoquées, par les nombreux communiqués qu'il a faits à la presse et à diverses sociétés savantes, par ses statistiques périodiques adressées particulièrement aux Chambres de Commerce, aux Sociétés industrielles et aux Compagnies maritimes, par la propagation de diverses publications traitant de la République Argentine et de son avenir, M. Mine se montre à nous comme un ouvrier de la première heure et un continuateur acharné d'une œuvre qui a créé, pour le port de Dunkerque, une des branches les plus importantes de son trafic avec l'Amérique du Sud. »

Nommé, le 1er janvier 1881, Officier d'Académie, M. Albert Mine a été, le 30 mars 1894, promu Officier de l'Instruction publique à l'occasion du *Congrès des Sociétés savantes*, sur la proposition du Comité des travaux historiques et scientifiques (section des Sciences économiques et sociales).

Sources : *Dict. Jouve : Nord ; La nouvelle Encyclopédie ; La Géographie* (25 décembre 1890) ; *Revue illustrée du Rio de la Plata* (novembre 1890) ; Journal *La Nature* (14 mars 1891) ; *Bulletin de la Société de Géographie* de Lille (sept. 1894).

COUSANDIER (Auguste), né à Fort-Louis, Alsace, le 3 août 1864, commerçant en denrées alimentaires.

Adresse : 48, rue du Cherche-Midi, Paris.

M. A. Cousandier débuta dans un important établissement de Strasbourg qui lui fut une excellente école. Venu à Paris, il y acheva son éducation commerciale dans la maison Jacob, rue du Bac, et dans la maison Rousseau, qu'il a reprise et considérablement agrandie.

Quoique jeune encore, M. A. Cousandier est arrivé à se mettre à la tête d'un des établissements les plus importants et les mieux achalandés de Paris, l'épicerie du *Bon Marché*, située rue du Cherche-Midi, 48, et rue Dupin, 21. La constatation d'un pareil résultat, uniquement dû à son acharnement au travail, à son intelligence et au sens inné des affaires dont il est doué, nous a incité à dire quelques mots de ce jeune homme, en qui nous pressentons une des futures gloires du grand commerce français.

M. A. Cousandier a obtenu, pour la supériorité de ses produits et la qualité de ses vins, deux médailles d'or et une croix d'insigne à l'Exposition alimentaire de 1893.

LEPRINCE (Paul), né à Saint-Martin-de-Boscherville, Seine-Inférieure, le 24 mars 1853, Ingénieur et Industriel, ancien élève de l'Ecole nationale d'Arts et Métiers de Châlons-sur-Marne, a créé à Raismes (Nord), avec M. Edouard Laillet, ingénieur, ancien élève également, la première Usine, existant en Europe, ayant pour but le nettoyage mécanique des cafés verts, leur torréfaction, ainsi que la fabrication de l'essence supérieure de café pur pour le commerce.

Adresse : Raismes (Nord).

Le café prend chaque jour un plus grand développement dans l'alimentation, et sa consommation, tant en France qu'à l'étranger, augmente dans des proportions considérables.

M. Paul Leprince et son ami, M. Edouard Laillet, ingénieurs, ont eu la première idée, en 1888, de créer une usine dans le but de *nettoyer et trier mécaniquement le café* avant sa torréfaction, afin de le débarrasser des matières étrangères : pierres, poussières, brisures, qui entrent dans la proportion relativement élevée de 4 à 5 pour cent de sa composition indigène. Par la pureté des fèves ainsi obtenues, le café torréfié possède le maximum de ses qualités toniques et aromatiques si appréciées des fins connaisseurs.

Cette idée industrielle permet de livrer au commerce des cafés exempts d'impuretés, et, par ce fait, de toute beauté et d'un goût délicieux.

L'Usine, établie en 1888, sur les plans des deux ingénieurs, ne se compose que d'appareils de nettoyage et de torréfaction très ingénieux par la simplicité de leur mécanisme.

Le *Petit Journal*, parmi la presse française et étrangère, écrivait dans son numéro du 22 septembre 1891 :

« Un torréfacteur monstre.

« On vient d'installer dans une usine de Raismes, près d'Anzin, un torréfacteur qui, sans aucun doute, est le plus gros qui soit au monde.

« Il produit, par journée de dix heures, 5.000 kilos de café torréfié, soit près de 2 millions de kilos par an. Le jour où cet appareil monstre a été inauguré, dix personnes ont pu y luncher à l'aise. »

La nouvelle industrie, dont l'activité s'accroît chaque jour, a valu à MM. Leprince et Laillet les plus hautes récompenses dans les diverses Expositions industrielles et scientifiques de : Paris, 1890 ; Bruxelles, 1892 ; Londres, 1892, où le diplôme de hors-concours et membre du jury vint couronner leur œuvre.

M. Leprince n'est pas qu'un ingénieur distingué : c'est aussi un savant mathématicien, et, ce qui ne gâte rien, un écrivain de mérite. Il a publié divers ouvrages très appréciés, entr'autres :

Principes d'algèbre (vol. in-18, 285 p.; Lacroix, Paris, 1875). Ce volume essentiellement pratique, indique les moyens les plus prompts et les plus simples pour arriver directement à la résolution des problèmes. Il est adopté dans plusieurs établissements scolaires; c'est le seul ouvrage de ce genre existant jusqu'à ce jour.

La nature vivante (vol. in-4, 156 p.; Office de Publicité, Bruxelles, 1878). C'est une récréation littéraire et scientifique spécialement écrite pour la jeunesse et adoptée, comme livre de prix, dans plusieurs établissements scolaires. Description humoristique de la vie des animaux et des plantes dans les trois milieux : l'eau, la terre, les airs. Ce volume a été couronné par la *Société littéraire des concours poétiques du Midi*, qui a admis l'auteur au nombre de ses membres d'honneur dans son assemblée générale du 20 octobre 1878.

Les deux Etudiants (Lever de rideau en un acte; brochure 27 p.; Office de Publicité, Bruxelles, 1880). Cette piécette, écrite en vers et sans aucune prétention, a néanmoins pour motifs deux sujets fort bien traités : une *Description sur la mort de Pline, le naturaliste*, et un *Essai sur le péril du mineur*. Le vers est sonore et harmonieux ; l'idée est élevée.

Amante et Maîtresse (vol. in-18, 112 p.; Office de Publicité, Bruxelles, 1880). Roman de mœurs contemporaines d'une très haute moralité. L'auteur, dans une idylle charmante, rappelant la *Graziella* de Lamartine, se déclare un partisan de l'institution du mariage qui forme la base sacrée de la famille.

Les Saisons et les Fleurs (vol. in-4, 138 p.; Office de Publicité, Bruxelles, 1881). Poésies en vers alexandrins, chants sur la Nature d'une superbe envolée, décrivant l'utilité des Fleurs, compagnes inséparables de notre existence, qu'elles embellissent par leur riant aspect.

M. Paul Leprince nous a donné de charmantes pages dans l'*Orphelin*, le *Poète errant*, un *Mariage mondain*, où perce la finesse de son talent d'écrivain à la recherche du beau et du bon. — Ces lignes, avec passion, révèlent un véritable tempérament d'artiste recherchant, dans l'art d'écrire, les ciselures de la pensée, capables seules de retenir le lecteur en haleine, et le conduisant, comme à travers un rêve ensoleillé, jusqu'à la dernière page du volume.

Collaborateur à *l'Expansion coloniale illustrée*, revue fondée par son ami M. Laillet, il a écrit également dans plusieurs journaux littéraires de France et de Belgique des articles qui ont été très remarqués.

Il est membre de la Presse coloniale française.

A la fin de ses études, M. Paul Leprince fit de nombreux voyages en Belgique et en Hollande qu'il visita tour à tour et où il remplit successivement les fonctions d'Ingénieur attaché à divers établissements de construction métallurgique. Il se dirigea ensuite vers le Midi de la France, complétant ses études par les voyages. Il revint se fixer définitivement dans le Nord qu'il habite depuis plus de quinze ans et où il a créé l'usine dont nous parlons au début de cet article.

THUILLIER (Alfred), né à Vignacourt, Somme, le 27 septembre 1839 (de la maison Thuillier frères), conseiller municipal du Xe arrondissement de Paris, membre du Conseil général de la Seine.

Adresse : 20, rue de Paradis, Paris.

M. Alfred Thuillier a débuté très jeune dans l'industrie parisienne comme commis aux écritures chez un entrepreneur de couverture et plomberie. Il acquit vite les connaissances pratiques qui lui permirent de publier un *Tarif raisonné* des ouvrages de cette profession, qui est encore consulté avec fruit.

En 1869, il s'établit modestement dans le IIe arrondisssement. Il fait partie depuis 1879 de la *Chambre syndicale* dont il a été successivement vice-président et arbitre-rapporteur.

Ses affaires prenant de jour en jour plus d'extension, il s'associa avec son frère, M. Eugène Thuillier, et donna alors à sa maison, une impulsion qui en fit une des plus notables dans l'industrie du bâtiment.

M. Alfred Thuillier a compris depuis longtemps l'intérêt qu'il y a à rapprocher le travail et le capital, l'ouvrier et le patron. Aussi applique-t-il comme industriel les idées qu'il préconise comme homme politique. Ses employés et ouvriers participent aux bénéfices de la maison et ce système économique est le seul qui lui paraisse efficace pour diminuer la distance qui sépare le capital du travail. « La participation aux bénéfices, dit M. Thuillier, peut seule, dans l'état économique et social actuel, élever la condition du travailleur et transformer peu à peu celui-ci en producteur direct. C'est encore, ajoute-t-il, une école nécessaire du prolétariat pour acquérir les qualités indispensables au succès des Associations coopératives de production. »

C'est là du socialisme pratique et pacifique qui tend à rétablir la bonne harmonie entre le capital et le travail, et à dissiper tous malentendus entre ces deux grands facteurs de la prospérité nationale. Ces idées, mises partout en application, supprimeraient un antagonisme ruineux pour l'avenir industriel de la France.

M. A. Thuillier a consacré une partie de sa vie aux affaires publiques. Successivement Administrateur de la Caisse des Ecoles du Xe arrondissement, Délégué cantonal, Administrateur du Bureau de Bienfaisance, Membre du Conseil de surveillance de l'Assistance publique, il participe à toutes les œuvres de progrès. En 1890, le quartier de la Porte Saint-Martin l'envoya siéger au Conseil municipal de Paris.

En 1893, M. Thuillier fut réélu avec une importante majorité.

Durant l'exercice de son mandat de Conseiller municipal et de Conseiller général de la Seine, il a déposé de remarquables rapports à l'Hôtel de Ville, notamment sur les moyens de transport en commun dans Paris.

Au point de vue politique, M. Thuillier appartient au groupe radical-socialiste et au Comité républicain socialiste.

WELTER (Gerhard-Hubert), ✠, Officier de l'ordre du Lion et du Soleil de Perse, né à Nettesheim, près de Cologne, en 1857, libraire spécialiste pour le Folklore, la Philologie et les sciences qui s'y rattachent.

Adresse : 59, rue Bonaparte, Paris.

Après avoir débuté dans les librairies de Cologne, de Magdebourg et de Munich, et avoir étudié à fond toutes les connaissances se rattachant à l'Art du Livre, M. Gerhard-Hubert Welter vint à Paris en 1879 et fonda, 59, rue Bonaparte, dans le quartier St-Sulpice, le vrai quartier du Livre, une librairie internationale s'occupant tout spécialement des branches universitaires (enseignement supérieur).

En peu de temps, la maison prospéra sous l'habile impulsion de son directeur. Aujourd'hui, elle est devenue l'une des plus importantes du monde entier.

Les publications de Folklore, d'histoire des Religions, d'Anthropologie, d'Ethnographie, de Philologie et de Linguistique publiées dans les deux mondes se trouvent dans les rayons de la librairie Welter qui se charge de fournir rapidement et économiquement tous les ouvrages et tous les périodiques qui touchent de loin ou de près aux études de Traditionnisme.

M. Welter a publié, jusqu'en décembre 1894, 80 catalogues rédigés avec beaucoup de soins, parmi lesquels nous citérons, comme nous intéressant particulièrement, les n°s 51 (*Folklore*), 54 (*Philologie classique*), 55 et 82 (*Philologie romane*), 70 (*Philologie orientale*), 71 (*Philologie germanique*), 79 (*Ouvrages de bibliothèque*), 80 (*Littérature italienne*) et 81 (*Littérature espagnole*).

En 1890, M. Welter se rendit acquéreur du *Glossarium mediæ et infimæ latinitatis*, de *du Cange*, dont il plaça en moins d'une année plus de 400 exemplaires, nombre considérable pour un ouvrage en 10 vol. in-4° que son précédent éditeur, Favre de Niort, croyait avoir fini d'exploiter. Le succès de cette entreprise l'enhardit au point d'ajouter à son fonds d'autres publications, par exemple le *Recueil des Historiens des Gaules et de la France* (19 vol. in-folio, 950 fr.) dont il fit paraître en 1894 les tomes 20 à 23 (200 fr.); le *Trésor de Chronologie* du comte de Mas-Latrie (100 fr.) énorme volume in-folio dont il acheta et écoula 800 exemplaires, le *Dictionnaire historique de l'ancien langage françois* de La Curne de Ste-Palaye (10 vol. in-4, 200 fr., 500 exemplaires, presque tous placés déjà), la *Revue des questions historiques* (46 vol. in-8°, 460 fr.), etc.

Il acheva la 2e édition des *Epopées françaises* de Léon Gautier (4 vol. in-8, 80 fr.), et entreprit à ses risques d'autres ouvrages remarquables, tels que la *Grammaire des langues romanes* de M. Meyer-Lübke (3 vol. in-8, 60 fr.), le *Dictionnaire de la langue de Molière* de Ch. L. Livet, (3 vol. in-8, 45 fr.), la *Revue des patois gallo-romans* (5 vol. in-8), l'*History of the Discovery of North America*, par H. Harrisse, in-8 avec 23 cartes (150 fr.), etc., etc.

Il continue en ce moment la nouvelle édition de l'*Histoire littéraire de la France* que son précédent éditeur n'avait conduite que jusqu'au 16e volume, et qu'il se propose de terminer en moins de deux ans (les tomes 17 à 23 ont été publiés de juillet 1894 à août 1895). Il fait paraître depuis 1895 une *Revue internationale des Archives, des Bibliothèques et des Musées.*

Indépendamment de cette activité fiévreuse comme *éditeur*, M. *Welter* a rassemblé en peu de temps un fonds de livres anciens d'une réelle importance (le *catalogue n° 79* annonce à lui seul pour près de 300.000 fr. de livres). Sa librairie est devenue un centre intellectuel où s'adressent de préférence aujourd'hui les grandes bibliothèques de France et surtout de l'Etranger, et où les desiderata du plus modeste travailleur et collectionneur trouvent pour les satisfaire toute la complaisance d'un vrai libraire, polyglotte et à la hauteur d'un métier des plus difficiles.

GOUTTIÈRE (EDMOND-LOUIS-HENRI), I. ✪, né à Lille, le 22 septembre 1833, facteur de pianos, Officier de l'Instruction publique, Vice-président de la Chambre syndicale des instruments de musique, Vice-président de la *Betterave*, membre du Conseil d'administration de l'*Académie nationale*, membre de la *Société d'encouragement à l'Art et à l'Industrie*, fondateur d'une Société de secours mutuels pour les ouvriers de sa maison.

Adresse : 47, rue de Babylone, Paris.

Nous empruntons à la *Revue du Nord* la notice suivante qui donnera une idée bien nette des travaux de M. Gouttière :

« Le sympathique vice-président de l'Association Amicale des Enfants du Nord et du Pas-de-Calais est né en 1833; c'est lui qui le dit, inclinons-nous; mais il faut son affirmation pour nous persuader qu'il ne met pas quelque fatuité à se parer d'une soixantaine, dont le poids ne le gêne pas, vraiment. J'ai ouï dire, parfois, que le travail nous vieillit vite. Voilà pourtant un homme dont l'existence a été laborieuse au premier chef; et les années ont passé sans l'entamer. Le visage même est resté extraordinairement jeune; et si les cheveux, la barbe, sont plus sel que poivre, il semble que ce soit pure coquetterie.

M. Gouttière fit ses débuts dans l'industrie, à Lille, sa ville natale; mais le commerce des lins n'eut pas pour lui des attraits suffisants : un beau jour, il partit pour Paris. Là, il étudia la fabrication des pianos dans les premières manufactures et, après des mois et des mois d'un labeur acharné — combien il a raison le vers de Virgile ! — il devint l'associé de M. F. Elcké, dont la maison, universellement connue, date de 1846. En 1878, il resta seul à la tête de la manufacture, à laquelle sa haute compétence, ses qualités d'administrateur et d'artiste, son inlassable activité, avaient imprimé une nouvelle et vigoureuse impulsion.

Il est inutile de faire l'éloge d'une marque qui a obtenu, dans les Expositions les plus importantes, seize récompenses. Les efforts de M. Gouttière, sa recherche incessante du mieux, sa haine des méthodes routinières, l'ont dès longtemps mis au premier rang. A la récente Exposition d'Anvers, elle a remporté le grand-prix décerné aux pianos français, à Amsterdam 1895 le grand Diplôme d'honneur : ni les

Belges, ni les Allemands n'ont eu de grand prix. Voilà le résultat des travaux de notre ami : il honore à la fois Gouttière et notre superbe industrie, dont les valeureux représentants — et combien le Nord n'en fournit-il pas ! — ne cessent de soutenir avec fruit, à l'étranger, la réputation des produits français, remportant ainsi ces victoires qui, pour être pacifiques, ne sont pas moins glorieuses et profitables.

A la direction de son magnifique établissement, M. Gouttière ne borne pas ses soins. Il est encore vice-président de la *Chambre Syndicale des fabricants d'instruments de musique*, membre du Conseil d'administration de l'*Académie nationale* et de la *Société d'encouragement à l'Art et à l'Industrie*, présidée par M. Gustave Larroumet. A toutes ces Sociétés, M. Gouttière apporte un concours des plus assidus comme des plus précieux. Les ouvriers de sa maison lui doivent la création d'une société de secours mutuels, dont il s'occupe avec sollicitude.

M. Gouttière a été choisi pour présider la collectivité des facteurs de pianos et harmoniums français à l'Exposition de Chicago. Le gouvernement vient, du reste, de reconnaître son mérite et les nombreux services qu'il a rendus à l'Industrie et à l'Art français, en le nommant officier de l'Instruction pubbique; les acclamations qui, au dernier banquet de la *Betterave*, ont souligné les félicitations de son aimable Président, M. Bresselle, ont démontré à M. Gouttière, plus éloquemment que nous ne saurions le faire, qu'il a toute notre estime, toute notre affection. »

VIBERT (Edmond-Célestin-Paul), O. ✠, né à Paris, rue d'Argenteuil (Ier arrondissement), le 18 février 1851, économiste, conférencier et hommes de lettres.

Adresse : rue Le Chatelier, 4 (place Pereire), Paris.

M. Paul Vibert, l'économiste bien connu, appartient par le côté maternel à une ancienne famille picarde établie depuis un temps immémorial dans la région qui ferme le département actuel de l'Aisne. Son grand-père maternel, Antoine Coutant, était un grand agronome. Il fut le premier brasseur du département de l'Aisne, à la Garde de Dieu, canton de Rozoy-sur-Serre, commune de Grandrieux. C'est là que naquit sa mère, Divine-Edma-Coutant, la veuve de Claude-Théodore Vibert, le grand historien qui a reconstitué l'histoire des premiers temps de l'humanité et a écrit la seule épopée nationale : *Les Girondins*, en douze chants de près de 12.000 vers. Théodore Vibert fut un génie encyclopédique, un des hommes les plus étonnants du XIXe siècle. Il fut tour à tour poète, philologue, historien, romancier, philosophe, musicien, peintre, etc. On lui doit en dehors des ouvrages cités plus haut : *Les quatre morts* (poème); *Rimes d'un vrai Libre-penseur; Martura* (poème); *Les Quarante* (sonnets); *Le Peuple* (poème); *Rimes plébéiennes* (poésies diverses) ; *Edmond Reille* et *Le Conseiller Renaud* (romans); *Le Droit divin de la démocratie; La Race sémitique; La Race chamatique; Les Races primitives de l'Amérique;* et un grand nombre d'œuvres dont son fils a entrepris la publication. Théodore Vibert mourut en 1885, d'une maladie de cœur, tué par le travail, à l'âge de 59 ans, laissant inachevés ses grands travaux historiques, ce qui est une perte irréparable.

La famille paternelle de M. Vibert appartient à la plus vieille noblesse du commerce parisien. Ses ancêtres furent échevins, quarteniers, etc. de la cité de Paris.

M. Paul Vibert débuta fort jeune dans la presse, où il écrit régulièrement depuis vingt-cinq ans. C'est par milliers que l'on pourrait compter les articles qu'il a donnés dans des centaines de revues et de journaux de Paris et de la province, de l'Italie, du Canada, d'Haïti, etc.

Les question économiques à l'étude et à la vulgarisation desquelles s'est dévoué M. Vibert, ont été brillamment exposées par lui, en dehors de la presse, dans des séries de conférences sur tous les points du pays et de l'étranger. Il faut lire à ce sujet la belle étude de M. Emile de Weissemburger (*Paul Vibert, conférencier*; Paris, 1886, J. Lévy). « Chez M. Vibert, dit M. Weissemburger, le poète était doublé d'un économiste profond, et ce fut aux problèmes les plus abstrus de l'économie politique qu'il s'attaqua d'emblée, avec un courage, une vaillantise qui lui rallièrent tout d'abord la sympathie des hommes du métier. Il se sentait instinctivement attiré vers cette science dont il avait deviné plutôt qu'étudié les principes, et, de ce jour, chaque fois qu'il en put trouver l'occasion, soit à la salle des Capucines ou ailleurs, on le vit s'essayer à vulgariser les plus inaccessibles spéculations des J.-B. Say, des John Stuart Mill et autres maîtres en la matière ».

Et plus loin :

« L'industrie souffre, le commerce languit, la France des affaires tend à perdre le rang élevé qu'elle tenait dans le monde ; il veut se rendre utile à son pays en lui réapprenant la vraie, la seule politique qui puisse le conduire à la prospérité réelle et qu'il semble avoir oubliée. On ne s'occupe plus, ou l'on s'occupe avec trop de légèreté de la question des colonies et, de là, pour lui, tout le mal. Par négligence, par inertie, abandonnant toutes les saines traditions, on laisse de ce côté le champ libre à l'Allemagne, à l'Angleterre, qui ne se font pas faute d'en profiter, et, si l'on n'y prend garde, il sera bientôt trop tard pour sauver la Patrie de la ruine. Il faut donc que le peuple soit instruit, qu'on lui dise que tous ses intérêts ne sont pas en France, mais qu'il possède au-delà des mers un patrimoine dont l'exploitation bien réglée pourrait lui donner le bien-être auquel il a droit et que le sol natal ne peut plus lui offrir. »

Paul Vibert s'est fait le vulgarisateur et l'apôtre de cet enseignement dans plus de deux mille conférences économiques, géographiques ou coloniales, toujours au point de vue républicain, radical et socialiste scientifique.

Sous ce simple titre : *La Concurrence étrangère, Thèmes de conférences* (Paris, Bayle, 1887, in-8°) M. Vibert a donné l'analyse d'un certain nombre de ses conférences. On est confondu de la diversité de ces sujets, de la somme énorme de documents présentés par l'auteur, des vues nouvelles qui sont émises sur les questions d'actualité qui soulèvent les polémiques de la presse du monde entier. Le chapitre consacré aux *Industries parisiennes* est une révélation. Aussi vient-il de publier un nouveau grand ouvrage sur les *Industries nationales*, où il passe en revue toutes celles qui naissent et grandissent, toutes celles qui meurent et se transforment. C'est avec cette œuvre capitale que M. Paul Vibert compte se présenter à l'Académie française à la première vacance. Du reste, M. Paul Vibert veut ainsi obtenir une juste réparation à la mémoire de son père, qui s'y était présenté lui-même trois fois et n'avait pas été élu, sous l'empire, à cause de ses opinions républicaines avancées. Le plus important est un exposé complet de la *Politique coloniale* que M. Vibert voudrait voir mettre en pratique par nos gouvernants. Bien suggestives aussi les conférences de M. Vibert sur les *Vins* et *Alcools*, la question des *Transports*, les *Musées commerciaux* et quelques autres *Questions économiques.*

M. Vibert est très connu dans les provinces du Nord. Depuis vingt ans, il a fait un grand nombre de conférences coloniales et économiques dans les grandes villes de Picardie, d'Artois et de Flandre, principalement devant les *Sociétés de Géographie* locales.

M. Paul Vibert s'était tout d'abord destiné spécialement à la carrière des lettres. Ses ouvrages littéraires annonçaient un écrivain de grand talent. Comme poète, il a publié : *Sonnets parisiens* (1 vol.; trois éditions) publiés plus tard en une élégante traduction en sonnets italiens. Au théâtre, il a donné : *L'Affaire*, traduction de L. Holberg, en collaboration avec M. A. Flinch. A dix-huit ans, il avait écrit un roman : *Le Pêché de la baronne, Idylles normandes*, publié en 1885 (A. Ghio; 1 vol.), et précédé d'une curieuse *Préface à M. Emile Zola*, véritable manifeste littéraire. Ajoutons des ouvrages de polémique : *Arsène Thévenot* (1 vol.) et l'*Affaire Sardou, mémoire à la presse* (1 vol.), ainsi que : *L'extinction du paupérisme* (1 vol.); *Les panoramas géographiques à l'exposition de 1889* (1 vol. illustré); *Le musée commercial et l'Exposition universelle* (1 vol.); *L'électricité à la portée des gens du monde* (1 vol.); *La situation économique de l'Amérique centrale* (1 vol). Dans un autre ordre d'idées, M. Paul Vibert s'est montré un historien clair et un archéologue doublé d'un artiste dans *Mon Berceau, histoire anecdotique, pittoresque et économique du Ier arrondissement* (Paris, Bellier, 1893) ouvrage qui se lit avec charme et intérêt.

N'est-ce pas une carrière bien remplie que celle de M. Paul Vibert?

M. Vibert appartient à un grand nombre de Sociétés : la *Société des gens de Lettres*, la *Société de Géographie commerciale* (Vice-président de section), les *Sociétés de Géographie* de Bordeaux, Saint-Nazaire, etc., la *Société archéologique du Vendomois*, l'*Académie des Muses santones*, la *Société Molé-Tocqueville*, l'*Union Française de la jeunesse républicaine*, le *Syndicat des journalistes républicains de Paris*, une centaine de sociétés savantes, académiques ou littéraires de l'Italie, plus de vingt sociétés, cercles ou comités républicains de Paris, etc. Il est Secrétaire-général de la *Société des Etudes coloniales et maritimes*, Président de l'*Association nationale de Topographie*, Président des *Aérostiers civils de la Seine*, membre fondateur de l'*Institut Polyglotte*, de l'*Œuvre des petites filles abandonnées*, etc. En qualité de Président de l'*Association nationale de Topographie*, M. Paul Vibert a organisé une exposition, des concours de musique, de gymnastique, de topographie, de marche, de vélocipédie, d'aérostation, etc., pendant trois semaines, à la Capelle (Aisne). Grâce à ses attaches de famille, M. Vibert obtint un immense succès.

M. Vibert avait débuté dans l'administration en qualité d'Attaché au ministère de la Marine et des Colonies. Il est actuellement, par faveur spéciale, *Attaché honoraire* à ce même ministère. Il a été chargé de missions économiques aux Antilles en 1893-94. Il a publié à son retour un gros volume sur la *République d'Haïti* (1895).

Au temps d'About et de Sarcey, M. Vibert fut pendant sept ans, le rédacteur financier du *XIXe Siècle*; il passa ensuite au *Petit Journal*. Il a organisé la partie économique et financière du *Jour*, puis du *Paris*, ce qui explique ses connaissances économiques et financières.

Il a également organisé en partie, aux ministères de la Marine et des Colonies, les envois à l'Exposition d'Anvers pour l'Exposition permanente des Colonies dont il a rédigé les catalogues.

On peut évaluer à la valeur de deux cents volumes les publications de M. Vibert dans la presse, en dehors de ses ouvrages publiés en volumes.

M. Paul Vibert s'est présenté deux fois aux élections municipales à Paris dans les XVe et XVIe arrondissements. Il fut candidat aux élections législatives dans le XIIIe arrondissement et aux élections sénatoriales dans l'Hérault, juste à quarante ans. Il s'est toujours désisté en faveur du candidat républicain qui obtenait le plus de voix.

Ajoutons pour terminer, que M. Vibert a pour cousins les Coutant, les Leleu, les Wateau, etc. qui sont les grands industriels et agronomes du département de l'Aisne. M. Marcherez, sénateur de l'Aisne, est également son cousin.

Un grand-oncle de M. Vibert, M. Leleu, ingénieur, né à la Garde de Dieu, est l'inventeur d'un des premiers vélocipèdes, connu sous le nom d'*Ancrifère*, au commencent de ce siècle.

M. Paul Vibert est officier de l'Ordre académique du Vénézuéla.

ROBERT (Gustave), né à Metz le 3 avril 1839, ingénieur français.

Adresse : Rue Oberkampf, 149-151 et 153.

M. Robert fit toutes ses études secondaires au Lycée de Metz. Il entra ensuite à l'École centrale des Arts et Manufactures pour en sortir en 1859. La métallurgie l'attira. C'est de ce côté qu'il devait trouver le succès et la renommée.

En sa qualité de *Directeur des Forges et Fonderies de Stenay*, M. Robert a, le premier, fait du moulage au convertisseur.

De 1888 à 1890, il fit en Amérique et en Angleterre divers voyages pendant lesquels il dirigea l'installation de son procédé dans plusieurs usines de ces deux pays, où l'industrie métallurgique est si avancée.

En peu d'années, il devint un maître dans l'industrie de l'acier. Il créa l'usine de Lens, une usine à Nantes. Avec celle de Paris, cela lui fait trois centres de production.

L'*acier Robert* est aujourd'hui universellement connu.

La densité du métal Robert simplement coulé a été reconnue exactement la même qu'après forgeage.

Le métal destiné à remplacer la pièce de forge donne, brut de fonderie, sans laminage, 50 à 55 kil. par millimètre carré, avec 20 à 25 °/₀ d'allongement sur barreaux découpés à froid dans la masse.

Le gouvernement ne peut tarder à récompenser, comme il le mérite, ce travailleur infatigable qui fait le plus grand honneur à l'industrie française.

DUBRAY (Emile), né à Maubeuge (Nord), le 13 mars 1848, Directeur du *Nord Métallurgique*, de la *Cote des Métaux de la Bourse de Londres*, du *Dictionnaire des Inventeurs, Ingénieurs et Constructeurs.*

Adresse : 5, rue Michelet, Paris.

Parti d'une situation assez modeste, M. E. Dubray est parvenu, après beaucoup d'efforts, à se créer à Paris une place importante dans le commerce d'un métal, le zinc.

Par son activité, son intelligence, ses nombreuses relations, il est devenu l'agent général de la puissante *Société de la Vieille-Montagne* pour les achats de matières de zinc, qu'on appelle *mattes*. Il est en outre l'agent unique en France de la *Société Métallurgique de Boom* (Belgique) pour l'achat de cendres et oxydes de zinc.

M. E. Dubray débuta aux usines de la *Société des Produits chimiques de Sambre-et-Meuse*, à Hautmont, en qualité de secrétaire du Directeur-gérant, M. le baron Rousseaux. A la suite d'examens, il entra au Chemin de fer du Nord, au titre de dessinateur-opérateur, dans le service des Etudes et de la Construction ; il fut employé au tracé de la ligne d'Amiens à Tergnier en 1865-67, sous les ordres immédiats de M. de Saint-Preux, Ingénieur.

M. Dubray quitta la Compagnie en 1871 pour entrer à la *Société des Forges de Montataire*, administrée par M. de la Martellière. Il devint successivement représentant de plusieurs forges importantes du Nord. Il se fixa dès lors à Amiens, et fut reçu membre de la *Société littéraire et scientifique de Picardie.*

L'industrie du fer traversant des crises de longue durée, par suite de la substitution de l'acier au fer, M. Dubray comprit qu'il fallait renoncer à cette carrière. C'est alors qu'il vint définitivement se fixer à Paris pour ne s'occuper que du commerce des métaux.

Après avoir rempli les fonctions de Vice-Président du *Syndicat des Voyageurs et Représentants de commerce de France*, M. Dubray fut appelé à la Présidence de cette nombreuse corporation. C'est sous sa présidence que le *Syndicat* obtint, dans la *Section d'Economie sociale,* une Médaille en argent à l'*Exposition universelle* de 1889. Il fut remplacé dans ces fonctions par M. Alfred Michel, alors député de Vaucluse.

M. Dubray, qui a servi comme adjudant pendant la guerre, fut nommé en 1876 sous-lieutenant d'artillerie de l'armée territoriale. Il démissionna en 1890 comme lieutenant en premier. Il fut aussi nommé Instructeur-adjoint, commandant de compagnie des bataillons scolaires de la Ville de Paris.

Enfin, M. Dubray fonda en 1880, avec plusieurs Ingénieurs, le journal le *Nord Métallurgique*; il en est aujourd'hui le Directeur-propriétaire. Il créa aussi en 1891, la *Cote des Métaux de la Bourse de Londres*, qui paraît tous les jours, et qui rend de véritables services au monde des métaux.

DEYROLLE (Les Fils d'Emile), naturalistes.
Adresse : 46, rue du Bac, Paris; usine à vapeur, 9, rue Chanez, Paris-Auteuil.

La maison Emile Deyrolle, actuellement connue sous la raison sociale « Les fils d'Emile Deyrolle » a été fondée en 1836 par Achille Deyrolle, aïeul des directeurs actuels. Après Achille Deyrolle, son fils Emile Deyrolle, qui lui succéda, fut en réalité le véritable fondateur de cette maison unique au monde. Il y a quelques années, M. Emile Deyrolle cédait cette maison à son fils Gabriel Deyrolle et à son gendre Paul Groult, tous deux ayant été ses collaborateurs pendant plus de dix ans, sous la raison sociale indiquée plus haut.

On peut dire tout d'abord que la maison Emile Deyrolle a depuis plus de cinquante ans contribué pour la plus grande part, à la propagation et à l'encouragement de l'enseignement des Sciences Naturelles, qui, jusqu'en 1880 étaient non seulement délaissées, mais considérées comme inutiles, ne faisaient partie même d'aucun programme d'enseignement. Emile Deyrolle, entreprit de lutter contre cette apathie des pouvoirs publics, vis-à-vis de l'enseignement de l'Histoire Naturelle, et il est certain que ce n'est qu'à force de patience, de courage et de savoir qu'il parvint à faire comprendre que l'enseignement des Sciences Naturelles s'imposait dans tous les enseignements quels qu'ils soient.

Lorsqu'en 1871, après la terrible guerre franco-allemande, la première partie du Musée Scolaire Deyrolle, disposé en tableaux avec échantillons naturels, parut, véritable traité élémentaire d'Histoire naturelle, il se répandit dans plus de dix mille écoles, non seulement avant que cet enseignement fût prescrit dans l'enseignement primaire, mais à une époque encore où cet enseignement était défendu. Tout cet exposé semble peut-être étranger au cadre de cette note, mais il a surtout pour but de prouver qu'en France, l'enseignement des sciences naturelles ne date que depuis peu de temps.

Pour en revenir à la maison Emile Deyrolle, disons que, dans cet établissement, la partie commerciale est menée de pair avec la partie scientifique. La maison est divisée en un certain nombre de comptoirs représentant chacun une spécialité et chacun pourvu d'un chef : Zoologie (vertébrés); Zoologie (invertébrés, insectes, mollusques, etc.); Anatomie, Géologie et Minéralogie, Botanique, Micrographie, Instruments et Matériel, Naturalisation.

« Les Fils d'Emile Deyrolle » entretiennent dans les diverses parties du globe, des chasseurs-naturalistes, grâce auxquels cette maison est toujours pourvue non seulement de tous les types en Zoologie, Géologie, Minéralogie etc., indispensables pour l'enseignement, mais aussi d'un nombre considérable de spécimens rares ou peu communs, plus particulièrement destinés aux Musées, Facultés, Collections particulières, etc.

Pour l'Anatomie, la maison Emile Deyrolle a édité une grande quantité de pièces diverses, tant pour l'Anatomie humaine que pour l'Anatomie comparée et pour l'Anatomie botanique. De plus, elle exécute toutes les pièces spéciales, qu'elles qu'elles soient, qui peuvent lui être demandées.

Les bureaux et magasins de cet établissement se trouvent à Paris, 46, rue du Bac; son usine à vapeur est située à Paris-Auteuil, 9, rue Chanez.

Il peut paraître étrange que des « Naturalistes » aient une usine de cette importance; car elle possède des machines-outils perfectionnées, raboteuses, scies circulaires, scies à ruban, toupies, etc., mais lorsqu'on saura que tout ce qui sort de cette maison est préparé et fabriqué dans ses ateliers et laboratoires, il est facile de se rendre compte du développement que son usine a dû prendre.

Les meubles pour les collections d'Histoire naturelle et autres, le mobilier et le matériel d'enseignement, bancs d'écoles, chaires, tables de dissection, etc., etc., occupent un nombreux personnel d'ouvriers; depuis plusieurs années, la maison Emile Deyrolle, en effet, fabrique tout le mobilier et le matériel d'enseignement sur lequel nous ne nous étendrons pas ici, nous sortirions de notre cadre, mais nous le mentionnons pour mémoire.

Les principaux corps de métier représentés dans cette usine sont : Taxidermistes, Ostéologistes, mouleurs, anatomistes, coloristes, serruriers, menuisiers, ébénistes, cartonniers, imprimeurs, dessinateurs, opticiens, micrographes, tourneurs, emballeurs, etc.

Nous rappellerons que la maison a fait et a édité ces tableaux d'histoire naturelle et de leçons de choses connus sous le nom de *Musée scolaire Deyrolle*, répandus dans le monde entier, traduits en plusieurs langues; c'est Emile Deyrolle, le prédécesseur des directeurs actuels, qui en a été l'auteur. Ces tableaux se composent de deux séries principales : l'une qui comporte tous les principes généraux d'Histoire naturelle, l'autre qui traite de l'application des Sciences naturelles, de l'Agriculture, de la technologie, qui développe en un mot, les principes étudiés dans la première série.

Outre ces tableaux plus spécialement faits pour l'enseignement primaire, cette maison a édité de grands tableaux d'Histoire naturelle pour l'enseignement secondaire et l'enseignement supérieur. Citons aussi, une série de tableaux pour l'enseignement maternel.

Les fils d'Emile Deyrolle, éditent aussi un journal d'Histoire naturelle : *Le Naturaliste*, le plus répandu des journaux scientifiques de ce genre, qui, outre les études de science pure, publie des articles, écrits avec un grand esprit de vulgarisation, qui ont pour but d'encourager l'étude des Sciences naturelles, de les développer et de tenir toujours le lecteur au courant de tout ce qui se dit et de tout ce qui se fait en Histoire naturelle. Le secrétaire de la rédaction de cette Revue est M. Paul Groult.

Comme libraires, les fils d'Emile Deyrolle, éditent nombre d'ouvrages d'Histoire naturelle, d'acclimatation, d'élevage, etc. Ce sont eux qui ont entrepris cette belle publication sur l'*Histoire naturelle de la France*, qui doit comporter vingt-six volumes, dont quinze sont parus et dont les autres ne tarderont pas à voir le jour.

En résumé, la maison Emile Deyrolle est, on peut le dire, unique au monde, réunissant tout ce qui a rapport aux Sciences naturelles et aussi tout ce qui touche à l'enseignement. Dans tous les embranchements, zoologie, botanique, géologie, on peut trouver dans cet établissement des types, des collections, des raretés, non seulement chez les êtres supérieurs, mais chez tous les animaux inférieurs, d'une étude si délicate; aucune branche n'est négligée; toutes sont l'objet des mêmes attentions et des mêmes recherches.

DEPLECHIN (VALENTIN-EUGÈNE), A. ✪, C. ✠, O. ✠, sculpteur français, administrateur de l'Ecole des Beaux-Arts et des Musées de sculpture de la ville de Lille, vice-consul d'Italie, membre de la *Société des Artistes français*, né à Roubaix, le 27 mai 1852.

Adresse : 96, rue de Douai, Lille (Nord).

Fils d'un grand industriel, industriel lui-même, M. Deplechin fait partie de cette petite phalange de maîtres-ouvriers qui cherchent et trouvent dans les jouissances de l'art un dérivatif au fracas des affaires. Doué, d'ailleurs, d'un tempérament énergique et actif, il mène de front, avec la plus belle tranquillité du monde, ses occupations si diverses.

Destiné, par la sage prévoyance de son père, à l'Ecole centrale des Arts-et-Manufactures, M. Deplechin fit ses études de mathématiques au lycée de Lille; mais les événements de 1870 étant venus contrarier ses projets, il se tourna vers la carrière artistique et débuta, en 1871, aux Ecoles académiques de Lille, où il remporta quelques succès.

Par la suite, M. Deplechin a beaucoup voyagé en Europe et en Orient. Au contraire du séjour à Rome, qui ne saurait plus aujourd'hui passer pour indispensable et que nous ne trouvons même pas utile, un voyage à travers le continent est la véritable école où l'étudiant se met d'une façon définitive en possession de son talent. Devant les chefs-d'œuvre qu'il est admis à contempler, l'artiste de race — comme d'instinct et ne le voulût-il point — s'intéresse au côté métier, aux procédés et tours de main des maîtres du passé; son cerveau est alors soumis en dehors de toute idée d'étude, à un travail latent d'observation, de remarques qui se classent peu à peu, l'étonnent et le déroutent parfois, dès qu'il se remet à l'œuvre, par l'inattendu des résultats, puis s'atténuent, se fondent, s'amalgament au tempérament de l'ouvrier et finissent par lui assurer un cachet d'originalité propre équivalent à sa signature. Il en fut ainsi pour M. Deplechin.

Les conseils du maître Delaplanche, qui lui portait grand intérêt, ayant parachevé son éducation artistique, il se trouva prêt pour la grande lutte.

M. Deplechin, depuis près de vingt années qu'il expose au Salon des Champs-Elysées, a fourni nombre d'œuvres méritantes; son *Amphitrite*, statue marbre, lui a valu, en 1893, une 3e médaille; le modèle plâtre de cette statue avait été mentionné au Salon de 1892.

Ses œuvres principales sont : *Un Vieux de la Vieille*, médaillon bronze (1877) ; *Ahmed-Ali, jeune nubien* (1882) ; le buste en plâtre d'*Alexandre Desrousseaux* (1885); *Charmeur*, statue (1886); *Portrait de Mme Deplechin*, buste marbre (1888) ; *le Penseur ; Un Fellah* (1890) ; *Grand-père*, médaillon (1893), etc.

Nous passons l'aride nomenclature des portraits, où se retrouvent les meilleures qualité du statuaire, à savoir : la sûreté de main et le souci scrupuleux de la vérité et de la ressemblance.

Au Salon de 1894, M. Deplechin exposa la *Fontaine de Bacchus*, dont le marbre lui a été commandé pour l'Amérique.

Le sculpteur est actuellement chargé de l'exécution du monument Alexandre Desrousseaux, poète lillois, le maître de la chanson patoise, mort il y a quelques années. La partie architecturale de ce monument, destiné à orner une des places de Lille, a été confiée à M. Louis Cordonnier, médaille d'honneur du Salon de 1892. Une pareille collaboration nous dispense d'apporter un pronostic quant au résultat final.

M. Deplechin, officier d'Académie depuis 1885, est aussi commandeur d'Isabelle-la-Catholique et officier de l'ordre du Nichan-Iftikar.

MASQUARD (Louis-Eugène de), viticulteur et publiciste sociologue, né à Nîmes (Languedoc) le 9 août 1819, Membre de l'*Académie de Nîmes*, de l'*Alliance Scientifique Universelle*, de l'*Association Protestante pour l'Etude pratique des Questions sociales*, Secrétaire pour le Midi de la France de la *Ligue Universelle des Anti-Vaccinateurs*, Membre de la *Société des Agriculteurs de France*, Membre des Sociétés d'Agriculture du Gard, du Vaucluse, de l'Ardèche et de la Haute-Garonne, Membre des Comices agricoles d'Alais, et de Poligny, Membre de plusieurs Syndicats agricoles.

Adresse : Château de la Cascade, Saint-Césaire-lès-Nimes (Gard).

Sa mère appartenait à une des plus anciennes familles de Nimes, et son père, capitaine de dragons en retraite, officier de la Légion d'honneur, mort des suites de ses blessures, était d'une vieille famille noble, originaire de l'Agenais, qui compte dans ses ancêtres l'auteur de l'Appendice aux Fables de Phèdre dont le manuscrit se trouve à la Bibliothèque de Dijon.

M. Eugène de Masquard fit ses études au collège de Nîmes où il montra plus d'aptitude pour les sciences naturelles que pour le grec et le latin. Après sa sortie du collège, il ne prit pas ce qu'on appelle une carrière, préférant se livrer à l'Agriculture comme au plus important et plus noble métier, et avec la louable ambition de la régénérer, d'empêcher qu'elle ne fût « l'art de se ruiner honnêtement ». En 1846, M. de Masquard épousa la fille d'un filateur de soie, à Alais. Associé à l'industrie de son beau-père, il devint d'une grande compétence en sériculture (élevage des vers) et en séricIculture (industrie de la soie).

En 1849, les bombyxs furent frappés d'une meurtrière épizootie, qui fut une calamité pour les éducateurs et filateurs. Un grand nombre de ces derniers chargèrent Eugène de Masquard d'une mission d'études en Italie, et depuis 1850 il s'y rendit chaque année. Il constata que les procédés de la Lombardie : petites éducations, donnaient les meilleurs résultats, et en 1853 il présenta au Comice agricole d'Alais un *Mémoire sur la Sériciculture dans l'Italie septentrionale* comparée à la sériciculture française. Ce mémoire a paru dans les numéros d'avril et mai du *Bulletin du Comice agricole d'Alais*. Cette même année, il publia une brochure, répandue à des milliers d'exemplaires, *De l'éducation des vers à soie d'après les principes suivis en Lombardie*, où il indiquait les remarques de son expérience; en suivant ses conseils, on obtint une importante amélioration. En 1855, il découvrit un remède très efficace contre la muscardine des bombyxs. Mais, malgré Eugène de Masquard et Louis Pasteur, différentes épizooties s'acharnant sur les vers à soie, la sériculture n'a pas été sauvée et a presque totalement disparu des régions méridionales où elle florissait autrefois.

A l'occasion du traitement des maladies des vers à soie, comme plus tard de la rage, Eugène de Masquard mena une violente campagne d'opposition contre Pasteur. M. de Masquard n'a jamais nié l'existence des microbes, mais il leur assigne un rôle différent et beaucoup moins nuisible, comme il l'a dit dans le mémoire présenté au Congrès de Lyon, dont il est question ci-après, et comme il se propose, croyons-nous, de l'exposer plus amplement lorsque ses préoccupations de réformateur social lui en laisseront le temps.

En 1857, après une longue et douloureuse maladie, M. de Masquard dut abandonner la filature d'Alais, qui d'ailleurs perdait chaque

jour d'importance par suite de la crise séricole du Midi. Il s'occupa de ses vignobles de Saint-Césaire-lès-Nîmes. Mais bientôt arrivèrent les maladies de la vigne. Eugène de Masquard ne se découragea pas, lutta de longues années contre les fléaux, et plus tard reconstitua ses vignobles avec le plant américain greffé. Entre temps, il continuait ses études séricoles et donna plusieurs ouvrages sur ce sujet. En 1869, il présenta au Congrès agricole de Lyon un important *Mémoire sur l'Education rationnelle des vers à soie*, dans lequel il exposa des théories aussi nouvelles que plausibles sur le rôle des insectes en général. Ce mémoire se trouve dans le volume : *Comptes-rendus des Travaux du Congrès agricole de Lyon* (Paris, Librairie Agricole; in-8).

Agriculteur, exploitant lui-même ses terres, ayant obtenu de nombreuses médailles dans les concours agricoles et viticoles, Eugène de Masquard étudie les questions économiques agricoles par sa propre expérimentation ou des constatations pratiques. Il a naturellement une grande science en cette matière, et par suite dans les questions sociales, car l'Agriculture est la base primordiale de la société. Aussi est-il tout à fait remarquable par son esprit pratique dans ses études, ses discussions, ses polémiques d'économie sociale.

Par ses actes ou par ses écrits il se trouve depuis plus d'un demi-siècle sur la brèche, signalant, attaquant toutes les erreurs sociales dont on voit aujourd'hui les effets néfastes et desquelles la France est sur le point de périr. Il est terrianiste, c'est-à-dire qu'il donne pour base à toutes les réformes la prospérité de la terre.

Il n'est ni protectionniste comme M. Méline, ni libre-échangiste comme M. Leroy-Beaulieu. Ce qu'il réclame pour l'Agriculture, c'est l'égalité devant les douanes et l'impôt, car c'est, dit-il, de l'inégalité de traitement que meurt l'Agriculture, entraînant la France dans sa ruine. En résumé, il a été un précurseur dans les diverses luttes que soutiennent maintenant tous les nobles cœurs et tous les bons esprits, qui seules pourront sauver la France et le monde, et qui ramènent, dit M. de Masquard, à ce principe : retour à la Terre et à l'Evangile.

En 1892, Eugène de Masquard assista, comme délégué des agriculteurs de Saint-Césaire-lès Nîmes, au dixième Congrès national du Parti Ouvrier qui eut lieu à Marseille ; il y obtint un triomphe par le simple exposé de son système de canaux d'irrigation couvrant toute la France, comme elle est déjà couverte de chemins de fer. Aujourd'hui, malgré ses soixante-seize ans, l'admirable vieillard, qui a toujours même vigueur d'esprit et même vaillance, continue son œuvre. Pour le moment il publie dans le *Signal*, la *Semaine de Paris* et la *Curiosité*, de très importants articles sur le relèvement financier et moral, et la pacification religieuse.

Comme écrivain, Eugène de Masquard est un tempérament original. Sa polémique est vive, acérée, spirituelle, ses déductions d'une bonne logique. Sous son nom ou sous les pseudonymes de Jacques Bonhomme, Jérémie Bonhomme, Un Anarchiste Rural, Dr Marron, il a écrit d'innombrables pamphlets, opuscules, adresses, articles de journaux, feuilles volantes, répandus à profusion parmi ceux que la question traitée intéresse, paysans, députés, sénateurs, ministres, presse.

Bibliographie : *De l'éducation des vers à soie d'après les principes suivis en Lombardie* (brochure, 1854, tirée à des milliers d'exemplaires) ; *Des causes de la dégénérescence des vers à soie*, brochure (1854) ; *La Voirie rurale de la commune de Nîmes* brochure (1866) ; *Etude sur la réforme de la police rurale à Nîmes*, brochure (1867) ; *Les maladies des vers à soie*, causes, nature et moyen de les prévenir, avec l'exposé pratique de nouvelles règles pour la culture du mûrier, les magnaneries, l'éducation et le grainage, etc. (Paris, Librairie agricole de la Maison Rustique, 1868; in-8 de XVII et 171 pp.;

ouvrage honoré d'une médaille d'argent et des souscriptions du Ministère de l'Agriculture et du Commerce, et de plusieurs Sociétés d'Agriculture); *De l'éducation rationnelle des vers et de la décentralisation de la Sériciculture en France*, brochure (1869); *Du rôle actuel des Sociétés d'Agriculture*, brochure (1870); *Les nouveaux impôts et les traités de commerce*, brochure (1872); *Le congrès séricole international de Montpellier*, brochure (1876); *Les grands travaux de chemin de fer et les canaux d'irrigation*, brochure (1878); *Le troisième fléau régnant, « Le Pasteurisme »*, *pastorale dédiée aux membres de l'Académie de Médecine*, brochure (1880); *Le faux et le vrai libre-échange*, brochure (1880); *Les cahiers de l'Agriculture et le mandat impératif*, brochure (1881, tirée à des milliers d'exemplaires); *Protestation de la Ligue universelle des Anti-Vaccinateurs contre la récompense Pasteur, et quelques renseignements à l'appui*, brochure (1882); *Tentative de repêchement des canaux du Rhône et de la Question sociale*, brochure (Charleville, typog. C. Colin, 1882, tirée à dix mille exemplaires); *La Microbiculture ou l'art de devenir millionnaire en élevant des canards microscopiques et rabiques*, brochure (1882), traduite en anglais et en italien; *Un conseil aux villes d'eau et de bains de mer*, brochure (1882); *Les Chinois, les vers à soie, et la crise économique*, brochure (1884); *Les Anathèmes du Pontife Paul Leroy-Beaulieu*, brochure (1884); *Les Chevaliers du chômage à bon marché*, brochure (1885); *La boîte de Pandore*, brochure (1885); *Un dindon en révolte*, brochure (1885); *Lamentations Pasteuristes*, brochure (1886); *La Rabiculture devant les conseils municipaux de Nîmes et Paris*, brochure (1886); *La Microbiculture*, nouvelle édition refondue, suivie de *Un conseil aux villes d'eau*, brochure (1886). Tiré à trente mille exemplaires; *Fumisteries capitales et capitalistes*, brochure (1887); *Le faux et le vrai Anarchisme*, brochure (1887); *Les inégalités douanières, leur influence sur la loi d'airain du salaire*, brochure de 64 p. (Paris, Fischbacher, 1889); *Adresse à M. le Président de la République à son passage à Nîmes* (Imp. Chastanier, 1890); *Etudes d'économie sociale, petits pamphlets* (Paris, Fischbacher, 1891, vol. de 442 p., honoré de la souscription du Ministère de l'Agriculture); *Questions du jour*, brochure de 32 p. (Paris, Fischbacher, 1891); *Fumisteries capitales et capitalistes*, nouvelle édition augmentée, brochure (1892). Tiré à trente mille exemplaires; *Les lamentations de Jérémie Bonhomme sur l'Economystification politique*, ou *Les blouses blanches de la République*, brochure (1892); *Disparition mystérieuse de Morès et ses amis, Drumont en danger, La ploutocratie lyonnaise, Quelques mots sur la Question religieuse*, etc., brochure (1893); *Adresse des Agriculteurs de Saint-Césaire-lès-Nîmes à M. le Président de la République*, suivie de *Le Christianisme pratique*, et *Impuissance radicale et socialiste*, brochure (1895). Il faut y joindre quantité de brochures, discours, programmes, extraits de journaux et revues.

Eugène de Masquard a collaboré ou collabore aux organes suivants : *Petit Républicain du Midi, Gard Socialiste, Revue Socialiste, Revue du Christianisme pratique, Justice Sociale, Terre de France, Signal, Semaine de Paris, Curiosité*, etc.

MEIXMORON DE DOMBASLE (Charles de), né à Roville (Meurthe-et-Moselle), le 10 novembre 1839, artiste peintre; constructeur de machines agricoles; membre titulaire de l'*Académie de Stanislas*, à Nancy; membre associé de la *Société nationale des Beaux-Arts;* président du *Syndicat agricole de l'arrondissement de*

Nancy; ancien président de la *Société lorraine des Amis des Arts;* membre de la *Commission administrative du Musée de peinture et de sculpture de Nancy;* président d'honneur de la *Société des Artistes lorrains;* président honoraire de la *Société centrale d'Agriculture de Meurthe-et-Moselle;* membre de la Commission de la *Société des Arts décoratifs de l'Est*, du Comité de Nancy de l'*Alliance française*, du comité de la *Société des Amis de l'Université;* vice-président de la *Sociétée de bienfaisance et d'encouragement pour les campagnes de Meurthe-et-Moselle*.

Adresse : 19, rue de Strasbourg, Nancy (Meurthe-et-Moselle).

M. Charles de Meixmoron de Dombasle est le petit-fils de Mathieu de Dombasle, l'illustre fondateur de l'école de Roville, et aussi le continuateur d'une partie de son œuvre.

Sa maison de construction de machines agricoles, située rue de la Prairie à Nancy, est la plus importante, en ce genre, de la région de l'Est.

Il est fils de M. Ch. de Meixmoron, grand propriétaire bourguignon, qui vint en 1833 suivre les leçons du grand agronome dont il épousa la fille unique.

Le nom de Dombasle, cette gloire agricole toute française, serait donc éteint aujourd'hui si le Gouvernement n'avait autorisé en 1863 la famille de Meixmoron à joindre le nom de Mathieu de Dombasle à son nom patronymique. Il est certain maintenant d'être perpétué dans un long avenir, avec les traditions d'honneur, de savoir et de dévouement qui l'ont rendu illustre.

Rien de nos jours ne peut donner l'idée de ce qu'étaient l'école d'agriculture de Roville et l'enseignement qui y était donné. Les élèves eux-mêmes ne se recrutaient pas parmi des enfants d'une vocation encore indécise, mais parmi des jeunes hommes, souvent des hommes faits, déjà versés dans l'étude et la pratique des choses agricoles. Plusieurs étaient gradués en droit, ou pourvus de titres universitaires, bien moins communs alors qu'ils ne le sont aujourd'hui. Il fallait ce personnel d'élite pour être à la hauteur de l'enseignement du maître. Lui seul, en effet, professait à l'Ecole.

La ferme, en elle-même, n'était qu'une exploitation ordinaire sagement conduite.

Chaque élève y participait suivant ses goûts, ses forces et ses aptitudes, cherchant à développer son esprit d'observation et à saisir le pourquoi de chaque chose. Le but du maître n'était-il pas de démontrer par une vaste expérience que l'Agriculture est une industrie qui doit être conduite, comme toutes les autres, d'après les principes scientifiques, déduits de l'observation des lois de la nature, que la routine et le hasard doivent être bannis, et que, loin d'être le partage des moins bien doués et des ineptes, elle méritait l'attention des meilleurs esprits?

Ceci est devenu vérité banale, à force d'être répété; mais, en ce temps, il fallait une grande hardiesse pour oser la formuler et surtout pour la mettre en pratique.

Ce sera l'éternel honneur de Mathieu de Dombasle d'avoir ainsi devancé son époque, sans craindre de s'abaisser, en appliquant sa grande intelligence à un aussi vaste sujet.

L'enseignement de Roville consistait en causeries familières sur tous les sujets agricoles possibles; souvent aussi en consultations écrites sur des questions posées par les élèves eux-mêmes.

Les *Annales* imprimées de Roville en ont publié quelques-unes; mais combien plus nombreuses sont restées inédites, ou ont été dispersées aux quatre coins du monde entre les mains des élèves ou des correspondants sans laisser de traces et sans espoir de retour!

Cet enseignement tout personnel, et que le maître répandait partout sans compter, est sans doute le secret de cette popularité universelle, qu'à un demi-siècle de distance nous avons peine à comprendre.

Tout ce que nous pouvons constater, c'est que, retiré au fond d'une petite bourgade, dont il ne sortait presque jamais, il avait dans toute l'Europe des correspondants, des amis et des admirateurs.

A la mort de Mathieu de Dombasle, l'école fut fermée, et bientôt après la ferme retomba à l'état d'abandon et de friche pour une grande partie, comme avant l'arrivée du grand agronome, c'est-à-dire vingt ans plus tôt.

De l'œuvre de M. de Dombasle, une seule partie a subsisté: c'est la fabrique de charrues et d'instruments agricoles, transportée à Nancy en 1842, à la fin du bail de Roville, et installée sur l'emplacement où nous la trouvons encore aujourd'hui.

Elle fut dirigée par M. Ch. de Meixmoron, devenu le gendre de l'illustre agronome. Il s'adjoignit, comme directeur, M. Noël, formé par M. de Dombasle lui-même. La plupart des ouvriers le suivirent dans ce déplacement, de sorte que la fabrication n'eut pas à en souffrir.

Il faut convenir d'ailleurs que cette fabrication était assez simple à cette date de 1842; les cultivateurs n'étaient pas gâtés par la profusion des outils qu'on leur offrait.

La charrue Dombasle, déjà si connue et tellement demandée que l'atelier ne pouvait suffire aux livraisons, ne comportait alors qu'un seul modèle, appelé la *charrue moyenne*.

Après de nombreux essais, on pensait que conduite en araire avec deux chevaux, elle devait suffire à tous les besoins. Mais cette simplicité ne fut pas de longue durée. Pour approfondir la couche arable, suivant les conseils si souvent renouvelés, il fallait créer la *grande*, puis la *relevée*, et bientôt après les *sous-sol*, les *défonceuses*, les *défricheuses;* puis dans l'autre sens, toute une série de types de plus en plus petits, pour satisfaire les cultivateurs qui n'avaient que de faibles attelages ou des terres légères.

Aux charrues vinrent se joindre les herses, d'abord peu nombreuses, puis de différents calibres, allant des plus légères jusqu'aux scarificateurs.

Les soins à donner à la terre n'étant pas les seuls, il fallut pourvoir aux travaux d'intérieur et créer successivement: *tarares, hache-paille, coupe-racines, machines à battre.*

Tous ces instruments avaient été ébauchés à Roville, mais on ne se figure pas, en les voyant perfectionnés et partout répandus, à quels longs tâtonnements ont donné lieu les premiers essais. Ce serait un musée curieux et instructif que le rapprochement des instruments qui portent le même nom à 50 ou 60 ans d'intervalle.

La fabrique de Nancy ne fut pas la dernière à marcher dans la voie des perfectionnements, et avec un désintéressement dont son fondateur lui avait donné l'exemple, elle n'a jamais cherché à s'assurer la propriété exclusive d'aucun des modèles qu'elle a créés, laissant à chacun la facilité d'en profiter. Aussi sont-ils copiés et imités partout.

En 1830, M. Ch. de Meixmoron, succédant à son père, a pris la direction de l'usine. Son premier soin fut de construire de nouveaux ateliers et des magasins en rapport avec l'extension de ses affaires.

Un plan d'ensemble bien étudié permet de donner à chaque service de l'air, de la lumière et de l'espace, tout en réduisant les fausses manœuvres et les transports inutiles. Un outillage mécanique complet, mû par la vapeur, remplace en grande partie le travail des bras. La suite des opérations y est si bien ordonnée, que l'on peut prendre les matières brutes à leur entrée dans l'usine et les suivre jusqu'à leur transformation en instrument terminé.

Admirablement doué au point de vue artistique, et quoique son tempérament et ses goûts le portassent vers la peinture, M. Charles de Meixmoron, guidé par les événements, n'en est pas moins devenu un grand industriel; la mort de son père, survenue en 1860, en le mettant à la tête de la fabrique d'instruments aratoires fondée par Mathieu de Dombasle, l'empêcha de devenir un peintre de carrière. Est-ce un bien? est-ce un mal? Soyons optimiste : son grand bon sens, son esprit de méthode et sa délicatesse de goût ont très bien trouvé leur emploi dans l'ordonnance de l'usine; ce ne sont plus seulement des charrues, mais tout le matériel agricole que l'on trouve à la fabrique de Nancy. Tout s'est agrandi à l'avenant. Les magasins, cours et ateliers, quoique situés en pleine ville, y occupent plus d'un hectare, et leur visite est aussi intéressante que celle d'une exposition agricole.

Répandus dans le monde entier, les instruments Dombasle ont été l'objet des plus hautes récompenses dans tous les concours régionaux et aux expositions universelles de Paris, où ils ont obtenu deux fois de suite une médaille d'or avec objet d'art, distinction très rare qui n'a été attribuée en 1878 qu'à une seule maison française. Un des collaborateurs industriels de M. de Meixmoron, M. Noël, fut nommé en 1878 chevalier de la Légion d'honneur.

De 1883 à 1895, M. Ch. de Meixmoron a été Président de la *Société centrale d'Agriculture de Meurthe-et-Moselle*, dont la fondation remonte à 1821, et dont le premier président fut son aïeul Mathieu de Dombasle. Après en avoir dirigé les travaux dans le sens le plus conforme aux intérêts agricoles, il a eu la satisfaction de voir la nouvelle législation ratifier une partie des vœux si souvent renouvelés pendant sa longue présidence. Orateur très écouté, il a prononcé pendant cette même période de nombreux discours et donné communication d'études intéressantes où sous une forme toujours modérée il n'a cessé de revendiquer les droits de l'Agriculture.

En voici les principales :

Causes des souffrances de l'Agriculture et les moyens d'y remédier; Améliorations agricoles; Avantages des Syndicats; Labours profonds; Culture intensive; Dépopulation des campagnes; Tarifs de douane; Droits sur les blés; Assurances rurales contre l'incendie; Destruction des vers blancs; Révision des baux de fermes; Traitement des maladies de la vigne; Rapports entre les propriétaires et les exploitants du sol; Droits des bouilleurs de cru; Monopole de l'alcool; Distillerie agricole, etc.

Sous la forte impulsion de M. de Meixmoron de Dombasle, la *Société d'Agriculture* de Meurthe-et-Moselle est devenue une des associations agricoles de province les plus laborieuses et les plus autorisées. C'est grâce à son influence que les comices du département de Meurthe-et-Moselle se sont unis à la *Société centrale* pour soutenir ensemble la cause de la culture lorraine et ont adopté un organe commun, le *Bon cultivateur*. On trouverait difficilement en France un pareil exemple de cette union, dont les bons résultats n'ont cessé de s'affirmer dans la région de Meurthe-et-Moselle.

M. de Meixmoron a en outre constitué à Nancy, pendant sa présidence, deux importants congrès agricoles régionaux, où les notabilités agricoles les plus réputées sont venues étudier devant un nombreux auditoire les questions d'où dépend la prospérité de l'Est de la France.

La peinture n'a été, pour M. de Meixmoron, qu'une distraction à laquelle il a seulement consacré ses loisirs, ce qui n'empêche pas son œuvre d'être assez considérable et de compter certaines pages tout bonnement admirables. Il a ainsi montré que l'art et l'industrie ne sont pas incompatibles, et cette démonstration était bonne à faire, trop d'industriels prenant texte de leurs occupations pour vivre en dehors de toute joie artistique.

M. Charles de Meixmoron eut pour maîtres M. Le Borne, conservateur du Musée de Nancy, et M. Palianti. Il débuta aux expositions par le Salon de 1866, où il envoya : *Forêt près Martinville* (Haute-Saône). Depuis, il prit part à plusieurs expositions en province, et notamment à celles de Nancy, où il parut régulièrement.

La création de la *Société nationale des Beaux-Arts*, dont le règlement est conçu dans un esprit plus large et plus moderne que celui de l'ancien Salon, a décidé M. de Meixmoron à prendre part aux expositions du Champ de Mars. Il est aujourd'hui membre associé.

Ses envois, depuis 1890, ont été assez nombreux, et plusieurs, même, furent remarqués. Citons-en quelques-uns : *Le Lac de Gérardmer; Bords du Coney, à Corre* (Haute-Saône); *Place de l'Académie, à Nancy; Matinée de Septembre; La Rue des Carmes, à Nancy;*

Octobre; *Marée basse à Boulogne; Dernières feuilles; Vallée de l'Ignon, à Diénay* (Côte-d'Or); *Soleil d'Octobre; La Porte Saint-Georges, à Nancy; Ecluse du canal, à Corre; Nuit; Le Petit Pont, à Diénay; Saules sur l'Ignon; Combe de Marcevaux* (Côte-d'Or); *Eglise de Diénay; Soir orageux*, etc.

Plusieurs musées de la région de l'Est possèdent des toiles de M. de Meixmoron : *Au fond du Parc* (Musée de Nancy); *Laveuses* (Musée de Toul); *Vieille Scierie* (Musée de Longwy).

M. Meixmoron de Dombasle est un grand collectionneur devant l'Eternel. Doucement, il s'est mis à la porte de deux habitations assez vastes de la ville et de la campagne par le flot montant des bouquins et des bibelots. Il a la passion de tout ce qui s'accroche et s'entasse, comme il le dit plaisamment. Nous nous bornons à citer parmi ses pièces de valeur :

Tableaux. — 250 environ, dont :

Portrait, par Largillière; *Portrait*, par van der Helst; *Paysage*, par Boucher; *Bouquetière*, par Fragonard; *Le Jeu du Biribi*, par Salvator Rosa; *Venise*, par Canaletti; *Allégories*, par Watteau; *Caton*, par Ribera; *Le Menuet*, par Debucourt; *La Cène*, par Del Greco; *Paysage*, par Corot; 5 *Paysages*, de Claude Monet; *Au Jardin*, par Manet; *Jeune Femme*, par Renoir; 2 *Portraits* de Sellier; 5 *Portraits* de Friant, etc.

Livres. — 8 à 10 000 volumes : Livres anciens, reliures, série des livres à gravures sur bois du XIXe siècle, livres illustrés du XVIIIe siècle, publications artistiques, éditions originales.

Gravures. — Plusieurs milliers; gravures en couleurs, eaux-fortes, lithographies, gravures anglaises, estampes japonaises.

Objets d'art et meubles. — Salons Louis XIV et Louis XVI, meubles des XVIe, XVIIe et XVIIIe siècles, grande tapisserie de Beauvais d'après Boucher, ivoires, émaux, lustres, pendules, terres cuites, biscuits, bronzes, faïences, porcelaines, éventails, ferronneries, statues, cadres, trumeaux, objets de la Chine et du Japon, etc.

M. Ch. de Meixmoron est aussi un écrivain délicat et instruit. A l'exemple de son père, il a édité, avec notes et compléments, divers ouvrages de son aïeul; il a également traité, avec sa haute compétence, un grand nombre de sujets touchant l'agriculture, les assurances, la législation, la distillerie agricole, etc.

Il collabore assidûment aux travaux de l'*Académie de Stanislas* de Nancy, dont il est membre titulaire.

Plusieurs brochures sur la peinture du paysage et sur divers sujets artistiques, voyages, biographies, sont très estimés des artistes et des amateurs. On lui doit : *Devilly et l'aquarelle d'après nature; Le Paysage d'après nature; Le Paysage dans l'atelier; La Restauration des tableaux; Autour du lac de Gérardmer; J.-J. Grandville*, etc. Ces brochures, en dépit des protestations modestes de l'auteur, constituent un véritable enseignement pour le commençant. Les principes, basés sur le simple bon sens, et, partant immuables; les observations, concises, pleines de sagesse et allant droit au but, sont présentés avec une simplicité de bon aloi, une bonhomie souriante, aussi éloignées du dogmatisme revêche que de l'insouciant éclectisme. On peut l'écouter, car il pratique de même qu'il enseigne, avec exactitude, correction et franchise.

« Pour être vraiment artistique, dit M. de Meixmoron, il faut qu'un tableau suscite en nous, dans toute son intensité, les sentiments que nous ressentirions en face de la nature elle-même. »

Voilà, résumée en quatre lignes, toute l'esthétique de l'artiste honnête qu'est M. de Meixmoron, et il ajoute : « Le peintre doit épuiser, sur chaque œuvre, la somme des efforts dont il est capable. » Ces préceptes étaient ceux des Primitifs, pour lesquels M. de Meixmoron accuse une grande admiration; ses maîtres préférés sont Poussin, Claude Lorrain, Delacroix, Corot, Rousseau, Millet, Daubigny, Turner, Constable, Manet, et enfin Claude Monet, qu'il affectionne particulièrement.

Mais il aime la nature par-dessus tout, s'efforce de la rendre avec sincérité et y réussit parfois de façon à satisfaire les plus difficiles.

Avec les années, le goût de la nature ne fait que s'accentuer chez M. de Meixmoron, et il aspire au moment où la reprise, par un de ses fils, de l'héritage industriel, lui permettra de vivre une grande partie de l'année à Diénay, son petit village bourguignon, où il découvre toujours de nouveaux sites.

HENRIVAUX (Jules-Léopold-Charles), ✻, I. ◊, C. ✠, ✠, ✠, ✠, ✠, né à Bruxelles en 1850, naturalisé Français, ingénieur, directeur de la manufacture de Saint-Gobain.

Adresse : Saint-Gobain, Aisne.

Entré comme élève au Muséum de Paris, M. Henrivaux devint rapidement préparateur de chimie dans ce même établissement, puis il fut appelé comme chimiste à la Glacerie de Saint-Gobain. Détaché par cette Société dans sa succursale de Chauny, il fut peu de temps après redemandé aux usines de Saint-Gobain dont il est depuis 1883 le directeur.

Ingénieur de talent et travailleur opiniâtre, il a étudié dans toutes ses phases la science du verrier. Il s'est adonné à cet art avec la passion d'un artiste, et les ouvrages qu'il a publiés sur cette industrie comptent parmi les plus remarquables que l'on ait écrits en ce genre. Nous citerons ici : le *Verre et le Cristal* (2 vol. in-8°, 1883, qui forment le tome V de l'*Encyclopédie chimique* de Fremy; les *Laboratoires de Chimie à l'Etranger* (1 vol. in-8°, 1883); la *Verrerie à l'Exposition de 1889*; la *Résistance du Verre*, étude parue dans la *Revue scientifique*, n° de décembre 1890; *Verre, Verrerie*, travaux publiés dans le *Dictionnaire encyclopédique* de E.-O. Lami; la *Verrerie depuis vingt ans* (1 vol. in-8°, chez Bernard);

en 1894, en collaboration avec M. Léon Appert, président de la *Société des Ingénieurs civils de France : Verre et Verrerie* (1 vol. in-8°, avec atlas, publié dans l'*Encyclopédie industrielle* fondée par M. Léchalas, Inspecteur général des Ponts et Chaussées, édité chez Gauthier-Villars). La *Société des Ingénieurs civils* et la *Société d'Encouragement pour l'Industrie nationale* ont enregistré avec de grands éloges l'apparition de ces ouvrages.

M. Henrivaux est l'auteur de nombreuses autres études sur la *Transformation des Carbures d'hydrogène*, sur l'*Emploi industriel du gaz à l'eau*, et d'un projet de *Caisse de Prévoyance;* nous signalerons encore ses publications sur la *Fabrication du Cidre par diffusion*, la *Culture artificielle du raisin et des primeurs sous verre* et sur les *Forceries*, dont il lui revient l'honneur d'avoir été le créateur dans l'Aisne.

Chacun de ces ouvrages mériterait ici une mention spéciale; nous devons nous borner à dire quelques mots des volumes : *Le Verre et le Cristal*. Dans ce travail fort complet, l'ingénieur-verrier nous présente successivement l'historique de la Verrerie et sa définition, les propriétés des silicates, l'action produite sur le verre par l'eau, la chaleur, les acides, la cristallisation et la dévitrification. — Dans un chapitre purement théorique, il nous fait connaître les méthodes d'analyse des verres, des silicates et des terres, le dosage des métaux alcalins, la poterie et les produits réfractaires; ailleurs, il nous décrit les divers systèmes de foyers et de fours de fusion. Dans la dernière partie de son traité, il nous parle des diverses espèces de verre, ainsi que de certains autres produits, tels que les émaux, le strass, les mosaïques, les verres colorés et craquelés. Il termine par un article fort bien conçu sur la peinture sur verre et les cristaux.

La manufacture des glaces de Saint-Gobain jouit depuis longtemps dans le monde entier d'une réputation incontestable et incontestée; sous l'habile direction de M. Henrivaux, pendant ces quinze dernières années, cette bonne renommée n'a fait que s'accroître.

C'est, en effet, à M. Henrivaux que cet établissement doit certaines applications originales et des plus pratiques. Parmi les dernières créations de la Compagnie de Saint-Gobain, nous citerons : les *Verres grillagés* pour verrières, marquises, vitraux, système dans lequel le grillage métallique est noyé dans le verre, ce qui assure une grande solidité et supprime toute oxydation. Le verre treillagé n'est plus une invention très récente. Il y a pour le fabriquer trois et même quatre procédés différents. M. Léon Appert est l'inventeur du procédé appliqué à Saint-Gobain. Mais M. Henrivaux a eu le mérite d'appliquer ces inventions, et de celle-ci et des procédés du moulage du verre par *Ascensum*, procédés inventés par L. Appert. Ces procédés permettent la fabrication de bacs en verre de 60 à 200 litres de capacité, de tuyaux de 0 m. 10 à 50 centimètres de diamètre.

Pour ces procédés, la Compagnie de Saint-Gobain a obtenu dernièrement des grands prix aux Expositions d'Anvers et de Lyon, et M. Henrivaux des médailles d'or, comme collaborateur de la Compagnie. Citons aussi les *tables, guéridons, dessous de lampes* en verre moulé (objets où l'on peut obtenir une scintillation originale au moyen d'une lampe électrique pla-

cée en dessous), et les *guéridons en verre imprimés et argentés*, depuis des boites et des cadres pour photographies, sortes de petits paravents à deux ou trois ventaux, unis entre eux par des rubans et des flots de rubans qui les ornementent.

M. Henrivaux étudie très sérieusement en ce moment les moyens de bâtir les maisons tout en verre, avec possibilité de leur donner toutes les colorations désirables.

En attendant la construction de la maison de verre, M. Henrivaux, préoccupé de l'effet disgracieux des grands panneaux décoratifs formés de menus carrés de faïence, veut les remplacer par de grandes plaques de glace en verre opaque blanc, émaillé, formant les dessins, les sujets les plus divers. De cette façon, on éviterait les coupures, le manque de planimétrie et d'homogénéité qui nuisent à l'effet décoratif. De même aussi par l'emploi de verres opales dans les parois et dans les plafonds, on arrive à rendre l'éclairage électrique plus attrayant, moins fatigant pour la vue.

Mentionnons enfin les rideaux en verre, soit uni, soit agrémenté, givré, opale, sur lesquels l'artiste peut au gré de son imagination déposer tous les dessins possibles. On peut aussi se servir dans ce but d'un stylet d'aluminium, et l'aluminium est employé depuis peu à la soudure du verre. M. Henrivaux grave aussi le verre à l'aide du thermo-cautère.

Les travaux accomplis nous font présager d'autres innovations dans un avenir prochain, et l'Exposition de 1900, comme les précédentes, nous réserve, espérons-le, des surprises. L'esprit inventif de M. Henrivaux nous porte à faire cette prédiction.

Les récompenses n'ont point manqué au distingué directeur de la Glacerie; le jury de l'Exposition de 1889 lui a décerné une Médaille d'or à titre de collaborateur de la Compagnie de Saint-Gobain. Il en a été de même aux Expositions de Lyon et d'Anvers. En 1895, il faisait partie du Jury des récompenses, pour la verrerie et la céramique, à l'Exposition de Bordeaux. Plusieurs de ses mémoires et de ses travaux lui ont valu d'autres médailles d'or des *Sociétés industrielles* de Lille, Rouen, etc.

M. Henrivaux est Administrateur et Conseil de diverses industries, Officier de l'Instruction publique, commandeur et chevalier de divers ordres étrangers, membre correspondant des *Académies des Sciences* de Turin et de Pesaro, et chevalier de la Légion d'honneur, depuis 1885.

C'est un ingénieur, mais avant tout un travailleur, un chercheur et un savant. De tels hommes honorent une nation.

Ajoutons aux publications précitées :

Notes sur la Verrerie (in-8°, chez Masson, 1873); *Conférence* faite à la *Société géographique du Nord de la France*, Saint-Gobain, Bourg, Forêt, Manufacture de glaces (in-8°, 1880); Divers articles dans la *Revue scientifique*, le *Moniteur scientifique*, la *Nature*, le *Moniteur de la Société Chimique de Paris*, etc.; *Projet de caisse de prévoyance pour sociétés industrielles* (cour. par la *Soc. Ind. et Sc. du Nord de la France*, à Lille (1893, in-8°); *Diverses études sur les colorations des verres, le rôle de l'alumine*, etc.; *Verre et Cristal*, nouvelle édition (1896, 2 vol. in-8°, Dunod et Cᵉ, Paris); les *Défauts du verre, constitution moléculaire*, etc. Travail paru en 1883 dans les *Bulletins de la Soc. des Ing. civils*, en coll. avec M. L. Appert; *Recherches sur la dévitrification* (1890, dans le *Moniteur scientifique*); *Action dissolvante de l'eau sur les verres* (*ibid.*); *Sur les Dévitrifications des verres ordinaires du commerce*, par MM. L. Appert et J. Henrivaux (Commun. à l'*Acad. des Sc.*, 25 nov. 1889); *Etude sur la transformation des carbures d'hydrogène, en présence de la vapeur d'eau, aux températures élevées* (Cour. par la *Soc. Ind. du Nord de la France*); *Etude sur les parasites du pommier*, étude et discussion sur les fabrications du cidre par diffusion et par pression; *Etudes sur le rôle de l'alumine en verrerie*; *Etudes sur les produits réfractaires*.

D'autres études sont en préparation.

BLAZY (Gustave), né à Paris, le 14 septembre 1844, ancien négociant, expert en quincaillerie et articles de Paris, directeur du *Bulletin hebdomadaire du Cours des Métaux neufs et vieux*, directeur de l'*Industrie Métallurgique*, etc.

Adresse : 71, rue de Lyon, Paris.

M. Gustave Blazy fit d'excellentes études au lycée Charlemagne. Il les compléta au point de vue commercial et prit la direction, en 1869, d'une des plus importantes maisons de quincaillerie en gros de la Capitale.

Intelligent et travailleur, M. Gustave Blazy se créa une haute situation dans le commerce parisien. Il demeura pendant près de seize ans à la tête de la maison.

M. Blazy ne tarda pas à fonder l'une des plus importantes Revues techniques de la France : *L'Industrie Métallurgique*, organe des négociants en quincaillerie, fers, métaux, des mécaniciens, constructeurs, fondeurs, dont il est le directeur-propriétaire. Cette Revue semi-mensuelle, qui a son administration à Maubeuge, au centre de l'industrie métallurgique, et sa direction à Paris, a pris un grand développement. L'abondance et la sûreté de ses informations la font rechercher dans le monde industriel.

Comme complément à *L'Industrie Métallurgique*, M. Blazy a fondé, il y a cinq ans, le *Bulletin hebdomadaire du Cours des Métaux neufs et vieux*. Ce *Bulletin* donne le cours des métaux et matières employés chez les fondeurs, potiers d'étain, fondeurs en caractères, etc., ainsi que dans la stéréotypie et la galvanoplastie.

Cette publication a rencontré un accueil

sympathique chez tous les négociants et industriels qui ont besoin d'avoir à tout instant les renseignements les plus certains et les plus sérieux sur la valeur des métaux neufs et vieux.

M. Gustave Blazy est l'auteur du *Nouveau Barême* à l'usage des négociants en quincaillerie, fers, métaux, articles de Paris, et de tous les négociants et industriels achetant ou vendant leurs marchandises à la grosse, à la douzaine ou au cent. Cet important travail contient : Différentes tables de conversions des prix de douzaines ou de grosses en douzièmes, et des prix de douzaines en prix au cent ou à la pièce, ainsi que diverses tables indiquant le poids des métaux laminés en planches et en tuyaux, le poids des fers ronds, plats, carrés, à moulures, ainsi que le poids et métrage des fils de fer, des tuyaux, caniveaux, et colonnes en fonte.

Le Nouveau Barême en est à sa sixième édition. Il a été tiré à 20,000 exemplaires.

M. Gustave Blazy s'occupe actuellement de l'achat de cendres et mattes de zinc pour des maisons étrangères importantes. Ajoutons qu'il est expert en quincaillerie et articles de Paris, qu'il est Membre de la Chambre syndicale de la Quincaillerie, et qu'il fait partie de l'Association amicale des anciens Elèves du lycée Charlemagne.

BAUDOIN (Louis-Lucien), ✵, A. ✿, C. ✠, C. ✠, O. ✠, ✠, ✠, né à Oulchy-le-Château, Aisne, le 31 octobre 1838, éditeur militaire, propriétaire des établissements d'imprimerie et de librairie J. Dumaine, directeur du *Journal militaire officiel*, etc.

Adresse : Passage Dauphine, Paris.

M. L. Baudoin tient, sans conteste, la première place parmi les imprimeurs-libraires s'occupant exclusivement de l'armée. Il débuta dans la librairie classique et entra ensuite dans la maison de Ch. Aubry, libraire-expert, pour y étudier les généralités du commerce des livres anciens et modernes. Ayant constaté qu'à cette époque les ouvrages de moyenne valeur restaient ignorés, faute d'un organe qui les fit connaître au public, il fonda, en 1857, avec le concours de M. Aubry, *Le Bulletin du Bibliophile*. Il contribua, dans une large mesure, au succès d'une série de réimpressions publiées la plupart sous le titre : *Trésor des pièces rares ou inédites*. (Aubry, éditeur.)

Les qualités dont M. Baudoin faisait preuve, ne manquèrent pas d'attirer l'attention des principaux éditeurs. En 1858, la Chambre des commissaires-priseurs l'avait admis, malgré sa jeunesse, au titre d'expert-suppléant. En 1860, M. Julien Dumaine, l'éditeur militaire si honorablement connu, lui offrit de faire partie du personnel de son important établissement. M. Baudoin accepta, avec l'intention d'apporter chez M. Dumaine, toute son activité, mais sans se douter que la librairie du passage Dauphine deviendrait définitivement la maison où se donneraient libre carrière son goût des livres et son esprit réformateur.

Après vingt années de travail comme premier employé, puis comme intéressé, et enfin comme associé, M. Baudoin devint seul propriétaire de la grande librairie française dont les publications se répandent dans le monde entier.

M. Baudoin s'en était rendu digne par l'intelligente collaboration qu'il apporta, en toute occasion, au sympathique M. Dumaine.

En 1874, il fondait *Le Journal de la Librairie militaire*, petit organe dont le but était de signaler aux officiers, non seulement tous les travaux récents, mais encore les chefs-d'œuvre anciens qui sont toujours bons à méditer. Il profita des colonnes de son nouveau journal pour faire revivre, par des reproductions textuelles, les meilleurs auteurs des derniers siècles, tels que Michel d'Amboise, Maurice de Saxe, le prince de Ligne, Laverne et tant d'autres. Cette initiative lui valut de précieux encouragements et lui assura la réputation d'un connaisseur et d'un amateur passionné.

La librairie du passage Dauphine a pris, sous la direction de son chef actuel, une extension considérable ; des maisons secondaires (Jullien, Corréard, Sautrez et Tanera) sont venues s'ajouter à elle, élargissant d'une manière sensible le fonds légué par M. Dumaine. Aux publications périodiques, telles que *Le Journal des Sciences militaires* (72e année), le *Journal militaire* (107e année), le *Bulletin de Bibliographie*, principales créations de son prédécesseur, il a su en joindre d'autres, et des plus importantes, comme *La Revue militaire de l'Etranger*, *La Revue maritime et coloniale*, couronnée par l'*Académie des Sciences*,

Le Bulletin officiel de la Marine, *Le Bulletin officiel de l'Administration des Colonies*, *Les Archives de la Marine* et *Le Mémorial de l'Artillerie de la Marine*, etc.

M. L. Baudoin a publié le grand *Aide-mémoire des officiers d'artillerie*, dont les vingt-huit chapitres représentent le travail le plus précieux paru jusqu'à ce jour, et de belles monographies ayant trait à l'histoire du Costume militaire en France. Nous n'en dirons pas davantage, car pour citer tous les bons ouvrages sortis de ses presses depuis 1880, il nous faudrait reproduire la plus grande partie de son catalogue.

M. L. Baudoin, qui a tant contribué à la diffusion des œuvres écrites en vue de la reconstitution de nos forces nationales, a dirigé personnellement, de 1861 à 1886, le service du *Journal militaire officiel*. Ce recueil législatif et administratif est peu connu en dehors du public militaire. Il n'en a pas moins plus d'un siècle d'existence pendant lequel il a enregistré, dans ses colonnes, les lois, décrets, règlements qui ont servi de base à l'organisation et à l'administration de nos armées pendant les guerres de la Révolution, du premier Empire, de la Restauration, etc. En 1866, il a cessé d'avoir un caractère officiel, sans rien perdre de l'estime qu'il avait acquise dans l'armée.

Les travaux exécutés par M. Baudouin lui ont valu, en France et à l'étranger, de nombreuses sympathies et des récompenses honorifiques de plusieurs gouvernements. Il est Chevalier de la Légion d'honneur, Officier d'Académie, Chevalier de l'Ordre des Saints Maurice et Lazare, et de l'Ordre d'Isabelle la Catholique, Commandeur du Medjidié et du Nicham-Iftikar, Officier de l'Ordre du Cambodge.

Enfin, il a obtenu deux médailles d'or : l'une de l'Empereur François-Joseph II, et l'autre, plus récemment, à l'Exposition universelle de 1889.

L'imprimerie-librairie militaire dirigée par M. Baudoin, dont les différents services occupent près de 200 personnes, est non-seulement la plus ancienne de son genre, mais aussi la plus importante. Sa renommée et ses développements successifs, qui sont étroitement liés à l'organisation de notre armée depuis plus d'un siècle, méritent de fixer l'attention.

Cette maison eut successivement comme directeurs : Charles-Antoine Jombert (1736-1778), Louis-Alexandre Jombert (1778-1789), Firmin Didot (1789-1792), Magimel (1792-1819), Anselin (1819-1834), Gaultier-Laguionie (1834-1843), Julien Dumaine (1843-1880).

M. Baudoin, qui est un collectionneur, a réuni dans son cabinet, après de longues et patientes recherches, les portraits, en grandeur naturelle, de ses prédécesseurs. Il a établi ainsi un petit Livre d'or des éditeurs auxquels on doit la publication des meilleurs ouvrages militaires parus dans les XVIIe, XVIIIe et XIXe siècles.

Quoique le fondateur de la librairie militaire soit Charles-Antoine Jombert, la maison n'en remonte pas moins à 1685. En effet, Jean Jombert (1685-1706) et Claude Jombert (1706-1736), étaient libraires pour les Sciences et les Mathématiques; la spécialité des livres militaires ne commença qu'en 1736, avec Charles-Antoine Jombert, et la maison porta le titre de *Librairie du Roy pour l'Artillerie et le Génie.*

Deux médailliers ornent également le cabinet de M. Baudoin et contiennent les distinctions honorifiques et récompenses obtenues par la maison; la Croix de la Légion d'honneur, à elle seule, y figure quatre fois.

M. Baudoin a l'intention de réunir dans une bibliothèque particulière un exemplaire de tous les livres sortis des presses de sa maison. Cette collection, unique dans son genre, constituera une véritable encyclopédie militaire et se composera d'au moins 6,000 volumes, dont la plupart sont signés par les hommes de guerre les plus réputés, parmi les savants les plus illustres : Vauban Bélidor, Montalembert, Cormontaigne, de Cessac, Guibert, Carnot, Jomini, Napoléon Ier, Gouvion Saint-Cyr, de Brack, Soult, Suchet, Marmont, Bugeaud, Napoléon III, Favé, Fervel, Niel, de Moltke, La Marmora, Todleben, Berthaut, Lewal, Hanrion, Guichard, Derrécagaix, Delambre, Maillard, Niox, Osman-Pacha, Billot, Cosseron de Villenoisy, Dragomiroff, etc.

HERMARY (Jules-Hippolyte-Joseph), né à Barlin (Pas-de-Calais), le 15 décembre 1834, ingénieur civil, ancien député du Pas-de-Calais, administrateur-délégué des mines de La Clarence, à Divion (Pas-de-Calais), membre de la *Société des Agriculteurs de France*, brasseur à Barlin.

Adresse : Barlin, Pas-de-Calais.

M. Hermary fit ses études secondaires au Lycée de Saint-Omer. En 1854, il entra à l'Ecole Centrale des Arts et Manufactures. Il en sortit ingénieur civil de la promotion de 1857.

Revenu dans son pays natal, à Barlin, il y fonda une grande Brasserie-Malterie qui, sous son intelligente direction, ne devait pas tarder à prospérer et à devenir l'une des plus importantes de la région du Nord. Tous les compatriotes de M. Hermary connaissent la bière de Barlin. La majeure partie des estaminets du Nord, à Paris — les *Triboulettes*, en particulier celle de la rue Gozlin, fondée par M. Martin et dirigée actuellement par M. A. Delmer, — doivent leur succès auprès des Septentrionaux à la bière de M. Hermary-Daquin. La vie de M. Hermary a été consacrée aux intérêts agricoles et industriels de sa région.

M. Hermary a été longtemps Secrétaire du *Comice agricole* de Béthune. Il appartient à *La Société des Agriculteurs de France*, à *L'Association amicale du Nord et du Pas-de-Calais*, plus connue sous le nom de *La Betterave*, qui groupe à Paris plus de huit cents originaires de la région artésienne et flamande Il fait partie également de plusieurs sociétés savantes.

M. Hermary s'est occupé longuement de recherches d'Histoire naturelle et particulièrement d'études géologiques. Il a fait des recherches de mines avec succès.

Il fut l'un des deux créateurs de *La Société des Mines de la Clarence*, à Divion, Pas-de-Calais, après un sondage qui restera le plus riche de ceux qui ont été exécutés dans le bassin. Il est Administrateur-délégué de cette Compagnie prospère.

Son établissement industriel, qui est un des plus riches de la région, comprend également une brasserie et une malterie importantes, auxquelles M. Hermary a annexé un entrepôt d'alcools et de spiritueux.

La carrière politique de M. Hermary a commencé en 1865. A cette époque, M. Hermary se présenta aux élections pour le Conseil d'arrondissement de Béthune et fut élu.

En 1868, il entra au Conseil Général du Pas-de-Calais. Il ne cessa de représenter son canton qu'en 1881.

C'est à ses instantes démarches que le canton d'Houdoin doit le chemin de fer de Poully-Grenoy à Brias qui le dessert.

M. Hermary fut nommé député du Pas-de-Calais aux élections de 1876 et de 1877 par les électeurs de la première circonscription de Béthune. En 1881, il échoua.

Il fut réélu en 1885, le second sur la liste des douze députés du Pas-de-Calais, avec 102,250 suffrages.

Les questions de politique pure n'ont jamais fortement attaché M. Hermary. A la Chambre des Députés, il s'occupa spécialement des questions économiques. Il fut, notamment, le premier auteur de la proposition de loi sur le sucrage des vendanges.

M. Hermary est un fort charmant homme, qui a su s'attirer de vives sympathies dans tous les partis politiques. Il jouit à Barlin de l'estime de tous ses concitoyens. C'est le plus bel éloge que nous en puissions faire.

LINARD (Adolphe-Désiré), ✠, né à Givet (Ardennes), le 29 octobre 1839, ingénieur, homme politique, agriculteur, industriel, Membre de plusieurs Sociétés savantes.

Adresse : Saint-Germainmont (Ardennes), et à Paris, rue Saint-Philippe-du-Roule, 3.

A ceux qui cherchent dans des spéculations véreuses ou dans des spéculations vagues et chimériques la fortune qui les fuit, à ceux aussi qui, par trop pessimistes, demandent le bouleversement de notre système économique et social, susceptible, certes, de perfectionnement, nous opposerons la vie de M. Linard, comme exemple de ce que peut une volonté tenace, secondée par une intelligence peu commune et un travail de tous les instants.

« Fils d'un simple ouvrier, et c'est là son honneur, il n'eut d'autre professeur que celui ou ceux de l'école libre de Givet, son pays natal. »

M. A. Désiré Linard fit ses études à l'Ecole des Arts-et-Métiers de Châlons ; il en sortit en 1859, possesseur de connaissances sérieuses et pratiques. La maison Cail se l'attacha aussitôt et le plaça dans son bureau d'études techniques où il ne tarda pas à faire apprécier ses brillantes connaissances.

En 1862, nous retrouvons M. Linard comme ingénieur de cette même maison Cail.

Certes, le petit paysan avait bien marché, et il ne devait pas s'arrêter en si bon chemin. M. Linard, comprenant toutes les ressources qu'offre l'agriculture à ceux qui savent tirer parti des découvertes modernes, avait dirigé ses études vers l'industrie sucrière, qui comprend aussi la culture de la betterave.

Chargé d'installer, en 1864, les appareils de la Sucrerie de Germainmont, dans les Ardennes, il en devint bientôt le gérant. Il dirigea également les Sucreries d'Ecly et d'Auffay, et fut la cause première de leur prospérité.

M. Linard est administrateur de la Sucrerie centrale de Cambrai, de celle de Montcornet (Aisne), et de plusieurs autres établissements analogues.

Agriculteur émérite, suivant et précédant même parfois les améliorations modernes, homme de progrès, en un mot, M. D. Linard est à la tête d'exploitations agricoles très importantes. Nous citerons tout particulièrement le domaine qu'il dirige à Saint-Germainmont, dans le canton d'Asfeld, et qui comprend plus de 1,800 hectares; et la ferme qui avoisine la sucrerie d'Auffay, en Normandie (Seine-Inférieure).

Les perfectionnements que M. Linard a apportés dans ses cultures ont été récompensés par le gouvernement.

En 1885, l'éminent industriel a été nommé chevalier du Mérite Agricole. Il est membre du *Conseil supérieur de l'Agriculture.*

Depuis plusieurs années, M. D. Linard est maire de Germainmont Il est également président du *Cercle agricole* de Rethel (Ardennes).

En 1888, M. Linard se présenta aux élections législatives. Il fut élu par 36,590 voix, contre 28,794 suffrages obtenus par M. Auffray, boulangiste, son concurrent. Il a toujours été réélu depuis.

Aux élections de 1889, faites au scrutin uninominal, il fut renommé par l'arrondissement de Rethel, avec près de 3,000 voix de majorité sur son rival, M. Ternaux-Compans, conservateur (7,986 contre 5,176), et à celles de 1893, il l'emporta de plus de 2,000 voix sur son compétiteur, M. Ternaux-Compans.

A la Chambre, M. Linard s'est spécialement consacré aux questions qui intéressent notre agriculture et notre industrie, et a participé à toutes les lois susceptibles de les protéger contre la concurrence étrangère.

Il fait partie du *Conseil général* des Ardennes, dont il est l'un des vice-présidents.

M. Linard est le frère de M. Jules Linard, chevalier de la Légion d'honneur, ingénieur en renom dans l'outillage de la fabrication du sucre de betterave, et de M. Fulgence Linard, fabricant de sucre.

Comme on a pu le voir par ce résumé rapide, c'est une carrière bien remplie et dont on pourrait justement dire : la fin couronne l'œuvre.

DUPONT (Henri-Paul-Joseph), Banquier, Directeur de la *Société des Concerts populaires* de Valenciennes et Compositeur de musique, né à Douai, le 28 novembre 1864, d'une famille valenciennoise.

M. Henri Dupont avait cinq ans lorsque ses parents revinrent se fixer définitivement à Valenciennes.

Henri Dupont appartient à cette catégorie d'artistes-amateurs qui, sans faire profession de leur art, occupent cependant parmi les artistes une position enviable, et méritent la qualification d'artistes à plus juste titre que bien des professionnels.

Comme Alfred Dubout, le poète boulonnais, dont nous donnerons plus loin la biographie, Henri Dupont est banquier en même temps qu'artiste ; et comme Jules Bordier, le regretté directeur-fondateur de la célèbre Association artistique d'Angers, il est, en même temps que banquier, compositeur de musique et chef d'orchestre.

M. Pagnien, l'excellent pianiste, professeur au Conservatoire de Lille, écrivait de lui, en 1889, dans le *Bulletin musical :*

« Je ne connais pas de musiciens qui soient banquiers, mais je connais un banquier qui est musicien et musicien excellent.

« M. Henri Dupont n'est pas un musicien qui se contente d'à peu près plus ou moins réussis ; non, c'est un véritable artiste à l'inspiration élégante, grand chercheur d'harmonies fines et délicates, un travailleur infatigable qui a su s'initier à toutes les difficultés de l'art. — L'orchestre lui est maintenant familier et ses romances avec accompagnement de piano sont d'une distinction parfaite. L'*Aubade* est une petite perle ; le *Credo* est large et empreint d'un caractère religieux, très bien inspiré ; bien des artistes de profession seraient fiers de posséder les belles qualités de M. Henri Dupont et je suis heureux de lui rendre ici l'hommage que m'inspirent son caractère sympathique et son beau talent. »

De son côté, l'éminent violoniste, A. Lefort, professeur au Conservatoire de Paris, écrivait au président de la Société des Concerts populaires de Valenciennes, à la suite d'un concert où il s'était fait entendre en 1895 :

« J'ai eu une véritable joie artistique de » jouer à Valenciennes accompagné par l'ex» cellent orchestre de M. Dupont. Il est rare en » province de trouver un aussi bon orchestre » et surtout une direction aussi habile, aussi » intelligente, aussi musicale. — M. Henri » Dupont est un vrai chef d'orchestre et je » suis ravi d'avoir été accompagné par lui. »

M. Henri Dupont eut pour principaux professeurs : *piano* : M. L. Pagnien, professeur au Conservatoire de Lille ; *harmonie et com-*

position : Clément Broutin, prix de Rome, directeur du Conservatoire de Roubaix.

Il habita Paris de 1883 à 1885. Durant cette période, il suivit de près toutes les manifestations artistiques de quelque importance, notamment les grands concerts et les représentations des grands théâtres lyriques.

M. Dupont prit la part la plus active à la création de la *Société des Concerts populaires* de Valenciennes (1888), dont il est véritablement l'âme et la cheville ouvrière.

La Société créée, le comité offrit le bâton de chef d'orchestre à M. Dennery, directeur de l'Académie de musique de Valenciennes, qui était tout indiqué par la situation prépondérante qu'il occupait. Mais en janvier 1890, M. Dennery étant tombé malade, Henri Dupont dut le remplacer *au pied levé*. Il fit ses débuts comme chef d'orchestre à l'improviste dans un concert où, entr'autres morceaux, figurait au programme le grand concerto en *mi bémol* de Beethoven, pour piano et orchestre. Le piano était tenu par Delaborde, l'éminent pianiste, professeur au Conservatoire de Paris, qui se montra enchanté de l'orchestre valenciennois et de son jeune chef auquel il fit les plus grands éloges. Du premier coup, Henri Dupont s'était posé en musicien accompli. Depuis lors, son activité n'a fait que grandir; il acheva comme intérimaire les concerts de l'exercice, et fit exécuter avec un égal succès, la *Symphonie en ré* de Beethoven, l'ouverture de *Ruy Blas* de Mendelssohn, la *Fantaisie-Ballet* de Pierné, la *Jota Aragonèse* de Saint-Saëns, les *Chœurs des Sabéennes* de Gounod, des Fileuses du *Vaisseau Fantôme* de Wagner, *Près du fleuve étranger* de Gounod, par les chœurs et l'orchestre, etc.

Lorsque l'année suivante, M. Dennery donna sa démission, Henri Dupont fut nommé chef par l'*unanimité* des musiciens. Depuis lors, il fut réélu chaque année à l'unanimité.

Une impulsion nouvelle fut donnée à la Société sous sa direction. Les progrès de l'orchestre furent constatés unanimement par la presse et par le public.

Les programmes furent à la fois plus classiques et plus modernes. C'est ainsi que M. Dupont fit exécuter entr'autres : les *Symphonies* de Beethoven en ut majeur, en ré majeur, en ut mineur, en fa (pastorale), en si bémol, la *Symphonie écossaise* de Mendelssohn, la *Symphonie romantique* de Joncières, les *Concertos* en mi mineur de Chopin, en ré mineur de Mendelssohn, en la mineur de Grieg, *Concertstuck*, de Diémer, les ouvertures de *Fidelio*, d'*Egmont*, de Beethoven, de la *Flûte enchantée*, des *Noces de Figaro* de Mozart, de *Patrie* de Bizet, de *Phèdre* de Massenet, d'*Arteveld* de Guiraud, du *Roi d'Ys* de Lalo, les préludes de *Lohengrin* et de *Tristan et Yseult* de Wagner, la *Suite algérienne* de Saint-Saëns, l'*Arlésienne* de Bizet, les *Erynnies*, les *Scènes pittoresques*, les *Scènes alsaciennes* de Massenet, la 1re suite d'orchestre de Guiraud, *Sylvia* de Léo Delibes, la *Farandole* de Th. Dubois, le *Peer Gynt* de Grieg, la *Polonaise* de Struensée de Meyerbeer, la *Danse macabre* de Saint-Saëns, la *Marche hongroise* de la *Damnation de Faust* de Berlioz, la *Danse persane* de Guiraud, le *Ballet* du *Chevalier Jean* de Joncières, etc., etc.

Il s'efforça de donner à la partie symphonique concertante un rôle de plus en plus prépondérant dans les concerts : c'est ainsi qu'il fit accompagner par l'orchestre la plupart des grands morceaux de chant, qui étaient auparavant accompagnés au piano : citons l'air du

2e acte et le grand duo de *Samson et Dalila*, le *Récit du Graal* de *Lohengrin*, les airs du *Prophète*, de l'*Africaine*, d'*Hamlet*, de *Sigurd*, de l'*Enfance du Christ*, etc., etc.

Il s'efforça également de donner à la partie chorale un grand développement de façon à pouvoir monter de grandes œuvres symphoniques et chorales : *Rédemption* et *Gallia* de Gounod, la *Mer* de Joncières, *Judas Macchabée*, *Iphigénie* de Lenepveu, *Hymne funèbre et triomphal* du même, *Marche* du *Tannhauser*, *Li-Tsin* de Joncières, etc., etc.

Il réserve une grande place aux auteurs contemporains, qu'il invite à venir diriger eux-mêmes leurs œuvres : le pauvre Guiraud, huit jours avant sa mort foudroyante, dirigeait l'orchestre valenciennois qu'il déclarait, d'un ton où perçait sa sincérité naturelle, l'un des meilleurs de province. Lenepveu, Th. Dubois, H. Maréchal, V. Joncières, Ratez, Mlle Folville vinrent à tour de rôle diriger leurs œuvres et se montrèrent tous enchantés de l'exécution.

Comme artistes, M. Henri Dupont fit entendre : les pianistes Diémer, Delaborde, Pagnien, Copin, Mlles Folville, Chandelier; les violoncellistes Delsart, Mlle Baude, A. Kerrion, Fiévet; les violonistes Lefort, Mlle Duport, J. Folville, Schelbaum, Seiglet; les harpistes Verdalle, Mlles Renié, Jeanne Rolland; les chanteuses Blanche Deschamps, Eléonore Blanc, Caroline Brun, Charlotte Wyns, Marie Vachot, Bergès-Gaidan, Lyven, Nina Bonnefoy, du Wast-Duprez, Clarisse Yvel, S. Kerrion, etc.; les chanteurs Warmbrodt, Cornubert, David, Villate, Auguez, Isnardon, Grimaud, Vérin, etc.

Comme compositeur, M. Henri Dupont se fait remarquer par une inspiration abondante et facile, une grande horreur de la banalité ; ses mélodies sont franches et bien venues, ses harmonies fines et délicates.

Nous citerons parmi ses œuvres : *pour chant et piano* : 8 mélodies éditées chez O. Collombier (Gallet, successeur) ; *Aubade, Chanson, Credo, Fleur jetée, Matin d'octobre, La Première, Sur le carnet d'une Jeune Fille, Chanson de Fortunio; Sur la tombe d'une sœur* (éditée chez Mennesson, à Reims); *Réveil* qui a paru dans la revue l'*Echo des Rosati*); la *Fée aux chansons*, le *Mal d'aimer* (non encore éditées). Ces deux dernières mélodies ont été exécutées avec accompagnement d'orchestre aux *Concerts populaires*, l'une par Mlle Clarisse Yvel, de l'Opéra-Comique, l'autre par Mme Blanche Deschamps, de l'Opéra. *Sur le carnet d'une Jeune Fille* a été également interprétée aux *Concerts populaires* avec orchestre par Mlle Wyns, de l'Opéra-Comique, de même que le *Credo*.

Parmi les *morceaux de piano*, citons une valse de concert, *Peccadille* (éditée chez Colombier), exécutée pour la première fois par M. Pagnien aux *Concerts populaires*, le 23 mai 1889, à laquelle de nombreux journaux ont consacré des articles élogieux, *Impromptu*, etc.

Œuvres chorales : Un gracieux chœur pour 4 voix de femmes sur des paroles d'A. Silvestre; un *Chœur de fête* avec orchestre, l'*Ode à la Duchesnois* (Giard, Valenciennes), composée pour l'inauguration de la statue de la tragédienne Duchesnois à Saint-Saulve, et exécutée avec grand succès sous la direction de l'auteur, le 30 juin 1895, par 300 exécutants choristes avec accompagnement de musique d'harmonie.

Œuvres religieuses : Messe à 3 voix, à grand orchestre, exécutée pour la première fois en mars 1887, sous la direction de l'auteur; exécutée avec un grand retentissement en décembre 1895 par la *Société des Chanteurs de la Jeune Garde* à l'occasion de la Sainte-Cécile.

Motets : O salutaris (baryton); *Ave Maria* (mezzo-soprano, avec orgue, harpe et violon); *Ave verum* (duo).

Œuvres symphoniques : Méditation; Scherzo, exécuté plusieurs fois aux *Concerts populaires*; *Marche nuptiale*, composée pour son mariage; *Rêverie* (décembre 1895); enfin de nombreuses orchestrations d'œuvres diverses.

M. Henri Dupont a en outre en portefeuille un charmant petit opéra-comique en 1 acte : *Dalémille*, sur un livret de Sabine Mancel.

JOCHUM (Edouard-Alexandre), A. ✿, né à Nancy (Meurthe-et-Moselle) le 2 février 1839, peintre-céramiste et dessinateur-chromiste.

Adresse : 64, avenue Victor Hugo, Boulogne-sur-Seine.

M. Jochum fait de la chromolithographie; mais son cas est singulier, en ce sens que son travail, qui sort de la presse lithographique imprimé sur un papier spécial, ne donne son plein effet qu'après avoir été reporté sur porcelaine ou faïence et cuit au feu de four et de moufle.

Jochum est un *chromiste-céramiste* qui, par sa lithographie et sa manière de faire, a ajouté la coloration aux planches gravées par Bracquemond, Boilvin, Somm, Léon Petit, Valentin, etc. Ses images ne prennent point place, il est vrai, dans les portefeuilles d'amateurs, mais sur les tables, dans les buffets des porcelaines et des collections. Quoi qu'il en soit, une histoire complète de la lithographie devra toujours mentionner la part que ce procédé a fourni à l'ornement des porcelaines, la méthode et l'école nouvelle de l'application de cet art perfectionné par Jochum.

Officier d'académie, titulaire de plusieurs diplômes dans les expositions, ses recherches approfondies et son habileté l'ont désigné et mis en vedette. Collaborateur de Bracquemond et de Chaplet dans la manufacture Haviland et Cie, de Limoges, il fut distingué por ces industriels et mis à la tête de la succursale d'Auteuil comme directeur de cet établissement. On cite ses *Oiseaux* et ses interprétasions des *Fleurs Saxe* de Pallandre, des *Œuvres* de Bracquemond, des *Têtes de Femmes* de Boilvin, des *Algues marines* et dés *Coquillages'* de Pallaudre, des *Fruits* et des *Fleurs* du même peintre, des *Japonaises* d'Oulevey, des *Scènes de campagne* de Léonce Petit, des charmants sujets de Mme M. Bracquemond et de ceux de Somm, etc. Nous pourrions faire beaucoup d'autres citations, mais à quoi bon lorsque l'on connait la somme de travail consciencieux de cet artiste toujours sur la brèche et ne faiblissant pas dans la rude tâche de sa direction, travailleur infatigable dans ses recherches toujours heureuses.

Entré à l'âge de quinze ans dans la céramique, et dans l'atelier du céramiste Nansot, il fut un de ses brillants élèves. Il acquit auprès de ses camarades une réputation justement méritée. La peinture sur porcelaine devenait un art nourrissant difficilement son homme, car les imitateurs en chromo faisaient une terrible concurrence, vu la modicité des prix. Jochum se créa une place dans la lithographie, il fit lui-même le report de ses dessins sur pierre et passa maître dans ce genre nouveau de chromiste-céramiste, qui fut une révélation lors des expositions de 1878 et de 1889. D'ailleurs, ce laborieux artiste ne cesse de s'entourer de documents de toute nature, dont il a réuni de véritables collections. Philanthrope aux idées libérales, il sait être dans sa direction bienveillant et affable, qualités rares à rencontrer dans ce poste difficile. Aussi est-il aimé et très estimé de ceux qui travaillent sous ses ordres. Ses concitoyens viennent aux dernières élections, de lui donner un éclatant témoignage d'estime en le choisissant comme maire de la ville de Boulogne (Seine).

M. Jochum est président de la Société de tir *la Patriote*, président d'honneur de la Société vélocipédique de Boulogne, la *S. V. B.*, vénérable de la loge de Boulogne, membre de beaucoup d'autres Sociétés. Il est également professeur et conférencier à l'Association Polytechnique de Paris, où il traite avec une grande compétence, toutes les questions artistiques et industrielles se rattachant à la céramique.

Maison DESCHAMPS FRÈRES, fabricants d'outremer à Vieux Jeand'heurs (Meuse).

FREUND-DESCHAMPS (Charles), né à Brandys-sur-Elbe (Bohême), le 24 décembre 1846, naturalisé Français par décret du 10 mars 1885, industriel, membre de plusieurs sociétés savantes, maire de Lisle-en-Rigault (Meuse).

Adresse : Avenue Niel, 23, Paris ; — et : Vieux Jeand'heurs (Meuse).

En 1856, les frères Jules, Louis-Narcisse et Paul Deschamps fondaient à Vieux Jeand'heurs une usine pour la fabrication industrielle de l'outremer.

L'outremer, ou lapis-lazuli, avait été réservé, avant les travaux de la chimie moderne, aux peintures de prix. Il était d'une extrême rareté et, conséquemment, d'un prix presque inabordable : 4.000 fr. le kilogramme. Les frères Deschamps devaient changer complètement

l'emploi de l'outremer en arrivant à le produire industriellement dans des conditions de bon marché extraordinaire.

De la peinture, l'outremer a passé au service d'une foule d'industries : azurage des fils, du linge, du papier, de l'amidon, du sucre, badigeon, coloration des cuirs, des papiers peints, impression sur étoffes, etc.

Cette extension dans l'usage de l'outremer se fit remarquer dès la fondation de l'usine de Vieux Jeand'heurs, qui produisit le bleu en quantités considérables et le mit à la portée de tous les consommateurs.

MM. Deschamps frères s'efforcèrent, dès les débuts, de perfectionner l'outremer qui manquait encore des qualités exigées pour son usage industriel : la finesse et la résistance. Par leurs recherches, ils trouvèrent la solution absolue du problème, tout en conservant les autres qualités du bleu industriel. Dès 1862, les outremers Deschamps purent être employés en papeterie, sans que l'on eût à redouter l'action de l'alun. La finesse fut obtenue sans nuire à l'éclat, par des procédés chimiques et mécaniques.

En 1862, l'usine n'occupait que 25 ouvriers,

avec une force motrice de 40 chevaux, pour une production annuelle de 95.000 kilos. Cinq ans plus tard, les frères Deschamps durent acquérir une seconde usine à Reuesson, à 2 kilomètres de la première, pour suppléer à l'insuffisance de celle-ci. Ils employèrent alors une centaine d'ouvriers, avec une force motrice de 135 chevaux, pour une production annuelle de 400.000 kilos.

Les qualités de leurs produits, chaque jour plus appréciés, leur permirent de donner une nouvelle extension à leurs usines. En 1872, ils employaient 120 ouvriers avec une force motrice de 210 chevaux pour une production de 600.000 kilos, dont 1/3 pour l'exportation.

M. Freund-Deschamps, le chef actuel, emploie 230 ouvriers, 350 chevaux de force hydraulique, 400 chevaux de force-vapeur.

La production totale de l'outremer en France est d'environ 2.500.000 kilos.

Les établissements Deschamps fournissent à eux seuls plus de 1.000.000 de kilogrammes, pour une valeur de 1.200.000 francs. 600.000 kilos sont vendus en France, 400.000 kilos à l'étranger.

Les sortes vendues à l'étranger sont principalement employées en industrie : papeterie, sucrerie, impression sur étoffes, etc.

Aussi les sortes B P, A P, P F N, spéciales pour l'emploi en papeterie, sont d'un usage universel.

La régularité des molécules, indispensable pour l'obtention d'une belle nuance, facilite l'emploi de l'outremer en papeterie, impression et azurage. La composition chimique de l'outremer résistant a permis à MM. Deschamps d'obtenir cette qualité en même temps que la finesse et la belle nuance.

Cettre régularité moléculaire est d'autant plus précieuse qu'elle permet de livrer constamment à la consommation des produits donnant toujours les mêmes résultats avec le même dosage.

Indépendamment de ses bleus résistants, la maison fabrique des bleus *bleus* et *clairs* aussi bien que des verts d'outremer et des outremers pour l'azurage du linge sous forme de boules, cylindres, pastilles, etc., etc.

Dans le *Dictionnaire de Chimie industrielle* de Muspratt (Brunswick ; C. A. Schwetschke et fils, 1880), ouvrage qui fait autorité, on trouve s. v. OUTREMER une statistique très complète indiquant toutes les fabriques du monde et leur production. La maison Deschamps y occupe le premier rang.

MM. Deschamps, d'autre part, étaient parvenus à régulariser la fabrication du violet et du rouge d'outremer qui n'avaient été avant eux obtenus qu'accidentellement. Lorsqu'ils voulurent faire breveter leurs procédés, ils constatèrent qu'une fabrique étrangère avait pris depuis quelques mois des brevets pour des violets et rouges d'outremer obtenus par des procédés différents. Afin d'éviter tout conflit, une entente eut lieu entre les deux fabriques qui se partagèrent l'Europe pour cette exploitation.

Les violets et rouges d'outremer résistent bien à la lumière, au savon, aux alcalis, aux acides étendus et à l'alun. Ils ne coagulent pas l'albumine et s'impriment facilement. On les emploie en impression sur tissus, en papeterie, en droguerie, papiers peints ou de fantaisie.

Exposition de Londres 1862 : « Les Outremers Deschamps ont été reconnus supérieurs à tous les produits similaires exposés. » *(Rapport officiel de M. Balard, professeur au Collège de France, membre de l'Institut).*

Exposition de Chicago 1893 : « La maison Deschamps frères tient certainement la tête de colonne dans le monde entier pour la fabrication des Bleus d'Outremer. » *(Rapport officiel du Commissaire général du Gouvernement français, pages 246 et 247.)*

Partout, du reste, cette supériorité a été reconnue, notamment aux expositions de Bordeaux (1859), de Londres (1862, Prize Medal), de Paris (1867), de Vienne (1873), de Melbourne (Australie) (1880), de Londres (1885), de Varsovie (1888, Médaille d'or), de Paris (1878, Médaille d'or et Croix de la Légion d'honneur), de Barcelone (1888, Médaille d'or), de Paris (1889, Médaille d'or pour leurs usines françaises et Médaille d'or pour l'usine de Siétoune, près de Moscou), de Chicago (1893, hors concours), Exposition universelle de Lyon (1894, hors concours, membre du jury), Exposition nationale et coloniale de Rouen (1896, hors concours, membre du jury, 2e Médaille de collab.), de Bruxelles (1897, hors concours, membre du jury, 4 médailles de collaborateur), etc., etc.

En dehors de ses recherches sur les procédés particuliers de fabrication, la maison Deschamps s'est occupée d'améliorer la situation de son personnel. Les cours et ateliers sont traversés par des chemins de fer pour le transport des matières premières. Une société de secours mutuels met les ouvriers à l'abri du besoin en cas de maladies, d'infirmités ou de vieillesse. Ils sont, de plus, assurés contre les accidents aux frais de la maison depuis une douzaine d'années.

La maison a des dépôts dans tous les centres industriels de France et de l'étranger.

Le directeur, M. Charles Freund-Deschamps, est entré dans la maison comme intéressé en 1878. En 1884, il devint associé et cessionnaire de la part sociale de M. Paul Deschamps qui s'était retiré pour raison de santé. Il avait épousé la fille de M. Louis-Narcisse Deschamps.

En 1893, par la mort de M. Louis-Narcisse Deschamps, son beau-père et associé, M. Charles Freund-Deschamps devint le seul chef de la maison Deschamps frères.

Membre du Comité d'organisation de l'Exposition du Travail à Paris en 1891, et membre du jury ; membre du jury à l'Exposition du Travail (1893), à l'Exposition universelle de Lyon (1894), à l'Exposition nationale et coloniale de

Rouen (1896); membre du jury à l'Exposition internationale de Bruxelles de 1897.

Un décret du Président de la République en date du 31 mai 1888, l'a autorisé à joindre le nom de Deschamps à son nom patronymique : Freund.

Aux élections du 1er mai 1892, M. Freund-Deschamps fut élu premier conseiller municipal de Lisle-en-Rigault et de Trémont. Il opta pour Lisle-en-Rigault et fut élu maire le 15 mai 1892. Il a été délégué sénatorial le 25 février 1894 et le 26 février 1896. Réélu 1er conseiller de Lisle-en-Rigault le 3 mai 1896, le 17 mai il fut choisi de nouveau comme maire.

Le 14 mars précédent il avait été élu président de la Société de secours mutuels de Saudrupt (utilité publique). Cette société comprend la population ouvrière de la région.

M. Freund-Deschamps a dans ses usines 23 contre-maitres et ouvriers qui ont la médaille de 30 ans.

Il est membre du *Comité de la Grande Industrie chimique*, membre de la *Chambre syndicale des produits chimiques*, membre du *Comité départemental pour l'Exposition de 1900*.

Le personnel d'élite des usines Deschamps a pour directeur commercial M. Emile Prévot, ancien directeur des forges de Danmarie (Meuse); le directeur technique est M. Reichmann, ancien directeur de la fabrique de Moscou, Tchèque d'origine, naturalisé Français, appartenant à l'armée de réserve.

La marque de fabrique de la maison porte l'écusson de la " Croix de Lorraine " avec les lettres DF.

M. Freund-Deschamps a le droit d'être fier du succès commercial obtenu par sa fabrication. Les témoignages d'affection que lui donnent les populations lorraines sont la récompense d'une popularité honnêtement acquise et d'un dévouement sincère à la classe ouvrière et à la cause républicaine. Lors de sa première élection, une haute personnalité Jeune-Tchèque lui adressa le télégramme de félicitations suivant : « Avec la sympathie qui unit les deux nations, l'élection d'un de nos enfants nous est doublement chère. » Puis celui-ci : « Remplis d'orgueil, nous partageons votre satisfaction de votre élection comme maire. La patrie tchèque bénit son enfant qui a su conquérir la confiance des citoyens de la noble France. Vive la France ! »

Enfin cet autre : « La Société de gymnastique les Sokols, envoie à M. Freund-Deschamps ses plus chaleureuses félicitations au sujet de son élection comme maire de Lisle-en-Rigault. Vive la France ! »

La maison Deschamps frères est en bonnes mains. M. Ch. Freund-Deschamps continue les habitudes de ses prédécesseurs pour conserver à sa maison la bonne réputation qui la consacre sans rivale sur le marché européen.

LAVERGNE (Georges-Claudius), né à Paris, le 16 juillet 1847; artiste-peintre-verrier, écrivain et archéologue; Président de la Société des Artistes chrétiens de France, Membre de l'Académie des Arcades et de plusieurs Sociétés savantes.

Adresse : 84, rue Dutot, Paris.

La première apparition du vitrail d'art remonte à quinze siècles. On en trouve des traces certaines avant la fin de l'empire d'Occident, car il était classé parmi les arts somptuaires.

Sous Justinien, sous Constantin, sous Charlemagne, les édifices étaient éclairés par des verres variés de couleur; des descriptions en font foi. Vers le XIe siècle, les ouvertures étaient plus grandes. Le goût des compositions décoratives apparaissant, on trouve pour la première fois des panneaux à personnages enchâssés dans du plomb.

Depuis, cette industrie a reçu une extension considérable. C'était une des plus florissantes du Moyen-Age. Le manuel que nous a laissé au XIIe siècle le moine Théophile nous montre que, en ce qui concerne la coupe du verre, les fours à cuire, le montage des différentes pièces et la mise en place, nous n'avons fait que peu de progrès.

Les vitraux les plus beaux, d'une simplicité pleine de grandeur, d'une palette étincelante et merveilleuse, aux tons chauds et pleins de charme mystérieux, sont ceux du XIIIe siècle. On peut considérer comme des chefs-d'œuvre ceux de la Sainte-Chapelle de Paris, de l'église de Saint-Denis, des cathédrales de Bourges et de Chartres.

Au XIVe et au XVe siècle, on trouve plus de

variété dans le dessin et la couleur, plus de soin dans la dissimulation des plombs, plus de hardiesse dans les dimensions à couvrir, mais aussi moins de grâce, moins d'unité. Le vitrail est un art naïf; il ne faut pas perdre de vue que, loin d'être traité avec des finesses comme un tableau de chevalet, il doit être réduit aux grandes lignes, parce que le spectateur est toujours placé très loin.

Au XIVe siècle commence l'emploi des émaux, et des tons jaunes dus aux sels d'argent qui eurent une si grande vogue; les habitations privées font un usage de plus en plus fréquent des émaux, et au XVIe siècle les Jean Cousin, les Pinaigrier, les Le Pot, couvrirent la France de chefs-d'œuvre. Puis vint une réaction. Au XVIIe siècle on n'en voit plus guère, moins encore au XVIIIe. La Révolution a emporté les dernières écoles, en même temps qu'elle détruisait presque partout les anciens vitraux. C'est seulement dans ces dernières années qu'on a régénéré cet art perdu.

Maréchal, de Metz, le premier en date, Didron, Gérente, N. Coffetier, Claudius Lavergne et ses fils, ont eu la plus grande part dans ce mouvement de reconstitution, et leurs efforts ont trouvé plein succès.

Claudius Lavergne, né à Lyon en 1815, commença ses études artistiques à l'École Saint-Pierre. Venu à Paris, il fut l'élève d'Ingres et d'Orsel.

Claudius Lavergne exécuta un grand nombre de tableaux dans sa ville natale. Médaillé au Salon de 1839, il s'adonna spécialement à la peinture sur verre à partir de l'année 1854.

Archéologue éminent, érudit distingué, artiste de haute valeur, homme à l'esprit très religieux, il arriva à des résultats remarquables.

« On peut dire justement — écrivait naguère un critique français — que Claudius Lavergne éleva l'art du vitrail à sa plus haute expression, tant en s'appropriant ses brillantes ressources qu'en s'affranchissant des barrières qu'une certaine école voudrait lui imposer.

« Cet art exige des connaissances multiples en plus de tout ce qu'il faut connaître pour dessiner et peindre. Le procédé a ses difficultés, l'architecture ses exigences, et la chimie a ses secrets dont la connaissance met à l'abri de mille exigences. »

« Claudius Lavergne n'a jamais rien composé qui ne fût irréprochable au point de vue historique. Il a même abordé des sujets où il a fait preuve de connaissances théologiques bien rares chez les artistes même très chrétiens. »

Son œuvre est très considérable.

Ajoutons que Claudius Lavergne ne s'est pas borné à peindre. Il a écrit un grand nombre de travaux consacrés spécialement à l'archéologie et à la critique d'art. Il a été pendant longtemps un des meilleurs collaborateurs du journal catholique l'*Univers*.

M. Georges-Claudius Lavergne, son fils aîné, est son digne successeur. Élève de Claudius Lavergne et de l'École des Beaux-Arts qu'il fréquenta pendant sept années et où il eut pour maîtres Alphonse Perrin et Michel Dumas, il a exposé à plusieurs reprises au Salon des Champs-Elysées. A l'Exposition universelle de Lyon, il obtint deux médailles pour ses beaux travaux.

Son ambition, du reste, a toujours été celle de continuer l'œuvre de son père et de mettre à profit les enseignements qu'il en a reçus, à la manière d'autrefois, c'est-à-dire par la vie commune et la collaboration discrète d'un élève qui adore son maître.

En 1886, M. Gorges-Claudius Lavergne perdit sa mère, née Julie Ozaneaux, femme de lettres distinguée, auteur des *Neiges d'Antan*, des *Légendes de Trianon* et de nombreuses nouvelles du goût le plus délicat.

C'est alors qu'il s'établit à Vaugirard, où il est depuis à la tête d'un atelier de choix, entouré d'élèves et de collaborateurs qui lui sont tout dévoués.

Ses travaux personnels figurent à côté de ceux de son père et maître dans un grand nombre d'édifices religieux ds la France et de l'étranger.

M. Gorges-Claudius Lavergne, comme son père, s'occupe beaucoup d'archéologie et de critique. L'histoire des anciennes corporations a surtout attiré son attention. Joignant la pratique à la théorie, il s'est occupé d'en rétablir plusieurs, notamment celle des *Artistes chrétiens de France* dont il est le Président.

Depuis 1890, il a succédé à son père comme critique d'art à l'*Univers*.

Il est l'un des fondateurs du journal catholique *La Vérité*.

On lui doit plusieurs tableaux.

M. Lavergne s'est également fait apprécier comme sculpteur et comme portraitiste.

M. Georges-Claudius Lavergne fait partie de plusieurs sociétés artistiques, savantes ou littéraires.

A la célèbre *Académie des Arcades*, il porte le nom de Téophane Clitoneo.

Nous apprenons, au moment de mettre sous presse, que M. Lavergne, qui vient de célébrer ses noces d'argent, est père de quatorze enfants dont sept filles et sept garçons.

Madame Lavergne est la nièce du R. P. Monin, auteur de la vie du curé d'Ars. Malgré sa nombreuse famille, elle n'a jamais cessé de cultiver la musique et de donner aux travaux de son mari un précieux concours.

MAHÉ (Pierre-Marie), A. ⓘ, né à Paris, le 6 janvier 1833; président d'honneur de la *Société philatélique française* (française de timbrologie); membre du jury (hors concours) des *Expositions de Paris*, 1892 et 1894; membre du comité d'honneur de l'*Exposition de Genève*, 1896; membre du jury de l'*Exposition de Londres*, 1897; membre du comité d'honneur de l'*Exp. de Turin*, 1898; membre d'honneur des Sociétés : *Timbrologique de Valenciennes*, *Philatéliques lorraine*, *lyonnaise* et de *Mul-*

house; membre des Sociétés : *Ph. havraise, Ph. belge, Ph. du Nord, Ph. de Dresde, Ph. scandinave* etc., etc.; membre de la *Société de Londres* pour la suppression des émissions spéculatives.

Adresse : 24, rue de Varenne.

Il serait difficile de préciser à quelle époque de l'histoire de l'humanité le goût des collections est entré dans l'esprit des hommes. Les peuples primitifs ont collectionné et collectionnent les amulettes, les gris-gris et les fétiches. L'antiquité historique connut ses grands collectionneurs. Notre époque connait un genre de collection inconnu — et pour cause — de nos ancêtres : la *Timbrophilie.*

S'il est vrai, comme l'a dit quelque part certain auteur, que celui qui invente un mot rend à la Société un plus grand service qu'un César conquérant une ville, M. Pierre Mahé devrait, à bon droit, être placé au rang des bienfaiteurs de l'humanité.

Très peu de temps après s'être intéressé aux timbres-poste, l'idée lui vint de créer un journal, et à ce journal, il fallait bien donner un nom ! Alors, dans le premier numéro de celui-ci, il publia un article intitulé : « A nouvelles choses, nouveaux noms », dans lequel il expliquait ce nom nouveau de *Timbrophilie,* qu'il avait trouvé le plus propre à définir la science, aussi nouvelle qu'amoureuse, que professent les amateurs pour leur chère collection de timbres.

Puis, de *Timbrophilie,* naquirent : *Timbrographie, Timbrologie.*

Les amateurs de timbres sont légion et se rencontrent dans tous les clans de la Société. Plusieurs souverains ont des albums d'une grande richesse. Ce goût a donné lieu à un trafic immense. Les collectionneurs font remarquer que tout est en faveur des timbres considérés comme objets de collection : ils enseignent l'histoire et la géographie ; il n'exigent pour leur classement que de simples albums ; ils ont des valeurs cotées, sujettes généralement à la hausse, et forment ainsi un excellent placement.

Les timbres-poste sont une invention anglaise. C'est Rowland Hill qui les a, sinon créés, du moins fait mettre en œuvre le 6 mai 1840 par sa propagande sur la réforme postale, car le véritable inventeur de la marque mobile d'affranchissement serait James Chalmers, libraire de Dundee. Cependant, en 1653, un Français, M. de Vélayer, avait émis les billets de port payé destinés à la poste, portant une marque, figurine ou monogramme qui donnait un caractère fiduciaire au papier. Le résultat fut nul (1).

Vers 1852, on commença à collectionner les timbres. Le premier collectionneur fut un ciseleur, Auguste Mancin. Pendant vingt ans, les timbres demeurèrent des choses fort mystérieuses faute de catalogues. Le 21 décembre 1861, parut le premier catalogue de timbres dû à un Français, Potiquet. Les collectionneurs eurent bientôt d'autres catalogues ; ce furent ceux de Moens, Laplante, Valette, Mout-Brown, Ed. de Gray, Booty, etc.

En 1863, parut le catalogue rédigé par M. Pierre Mahé, un des premiers qui, en France, se fussent mis à collectionner des timbres. Ces catalogues étaient encore incomplets, car ils ne contenaient pas d'autres indication que la valeur des timbres. Néanmoins, ils facilitèrent dans une large mesure la tâche des amateurs.

Le premier journal de timbrologie parut en Angleterre en 1852, sous le titre de *Stamp Collectior's Monthly Advertisers.* En novembre 1861, M. Pierre Mahé fondait à Paris la revue *Le Timbrophile,* le premier journal français de quelque importance, qui s'imposa bientôt dans le monde des collectionneurs par la valeur de ses renseignements. Actuellement, on a fondé environ 1.100 journaux consacrés à la Timbrophilie.

Les Sociétés d'amateurs et de collectionneurs sont nombreuses et sillonnent le monde entier. Les plus importantes sont, pour l'Europe : la *Société française de Timbrologie* (1), qui comprend l'élite des collectionneurs français, avec une partie étrangère ; la *Société Philatélique de Londres,* celle de *Dresde,* etc., etc.

Dans l'histoire de la Timbrologie, nous retrouvons constamment le nom de M. Pierre Mahé.

(1) Plus tard, en 1833, un Suédois, M. de Treffenberg, avait précédemment déjà présenté un projet analogue qui n'eut pas un meilleur succès.

(1) Fusion de deux Sociétés : française de Timbrologie et Philatélique française.

C'est qu'en effet M. Mahé a consacré la plus grande partie de son existence à l'étude des timbres. Il passe à juste titre comme l'homme le plus expert dans l'appréciation de la valeur et de l'authenticité de ces vignettes. Et c'est une véritable science jointe à une expérience consommée, qu'il faut montrer dans l'appréciation des 50.000 timbres différents qui composeraient une collection complète !

M. Pierre Mahé a écrit beaucoup sur la Timbrophilie. Ses nombreux travaux se trouvent répandus dans les trois journaux qu'il a publiés entre les années 1864-1895 :

Le Timbrophile, 1864-71 ; *La Gazette des Timbres*, 1872-76 et *Le Questionneur Timbrophilique*, 1892-1895. Ce dernier journal a été, à l'*Exposition du Livre*, en 1894, récompensé d'une *médaille en argent*, récompense la plus haute affectée à la classe dans laquelle il était exposé.

Les Timbrophiles soucieux de collectionner en connaissance de cause et désireux de connaître le comment et le pourquoi des timbres, retireront le plus grand profit de la lecture des articles si techniquement documentés, écrits par M. Pierre Mahé et publiés dans les trois journaux ci-dessus.

En plus des articles de journaux, M. Pierre Mahé a composé, en 1874, un grand *Album pour Timbres-Poste*, édité par la Maison Lenègre.

Cet Album était le premier qui fut publié en grand format (in-4°) à la française, et qui réunit toutes les indications en français et anglais avec la représentation des types et des filigranes. Il eut un très grand succès et obtint une mention honorable de la Société française de Timbrologie, laquelle en avait accepté la dédicace.

M. Pierre Mahé, si on ne peut absolument l'appeler « l'homme-timbre », aurait tous les droits à être nommé « l'homme-papier », car, en effet, sa carrière, déjà longue, s'est depuis le jeune âge exercée sur tout ce qui part du papier pour repésenter les connaissances humaines, qu'il s'agisse d'étude ou qu'il s'agisse d'agrément.

En 1846, il avait alors 13 ans, il débutait comme petit commis chez un marchand de musique du boulevard Poissonnière.

Là, il se trouva en rapport avec les maîtres de la musique d'alors : Meyerbeer, Halévy et autres, pour les anciens ; Victor Massé, François Bazin et *tutti quanti*, pour les jeunes et le peu de différence d'âge avait même établi entre lui et Victor Massé une certaine camaraderie.

La révolution de février aidant, les affaires de la maison de musique ayant faibli et deux des fils pouvant remplacer le commis, M. Mahé dut se retirer. Il allait atteindre sa seizième année.

Le commerce ne lui souriant plus, ses apirations se dirigeaient alors vers l'étude du dessin pour lequel il se croyait avoir certaines aptitudes et avait sûrement un goût très prononcé. Mais les Dieux ne l'ont pas voulu !

Un hasard fit que sa mère apprit une vacance d'emploi dans une importante maison d'imagerie religieuse. Les offres qu'on lui fit, relativement importantes par rapport à ses premiers appointements, le décidèrent à accepter cette situation qu'il occupa pendant 14 ans.

Après quelques années, il devenait premier employé, et, dans la période de 1858 à 1862, chef à peu près suprême de la maison et directeur de l'édition, ce qui lui permit de donner un libre champ à une imagination inventive, qui donna lieu à de nombreuses et heureuses créations.

Là aussi des relations s'établirent avec les maîtres artistes : Gustave Doré, Emile Lafon, Eugène Giraud, Glaize, etc., pour les peintres ; Henriquel-Dupont, Waltner, Buland, etc., pour les graveurs ; Lafosse, Sirouy, Bargue, pour les lithographes.

De même qu'avec Victor Massé, des relations s'étaient nouées, tout amicales, avec Gustave Doré, l'égalité d'âge aidant.

C'est à cette époque que M. Pierre Mahé put, fréquentant constamment les ateliers et les imprimeries de tous genres : lithographie, taille-douce, typographie, compléter ses études sur tous les genres de gravure, les papiers, les couleurs, les huiles et les vernis dans leur composition, de même que les acides et tous les éléments constitutifs de l'impression, ce qui lui permet aujourd'hui d'exercer en toute connaissance de cause ses difficiles fonctions d'expert en timbres-poste.

En 1857, M. Mahé avait, pour la Maison Turgis, composé sous le nom d'*Alphabets artistiques* une suite de 24 jeux d'alphabets et chiffres français et étrangers, ornés, qui obtint un éclatant succès. Ce recueil est encore aujourd'hui un des classiques du genre.

Quittant, en 1862, les estampes, mais non le papier, M. Mahé s'adonna à la recherche des timbres-poste dont, par succession, il ne tarda pas à entreprendre le commerce dans son appartement de la rue des Canettes, n° 18.

En 1867, M. Pierre Mahé transporta ses pénates à la rue de Clichy, n° 9, et adjoignit alors, aux timbres-poste, une partie de livres anciens.

Changeant de nouveau, en 1876, pour ouvrir, rue de Châteaudun, 57, un grand magasin de librairie ancienne, il continua encore à s'occuper de timbres, mais d'une manière secondaire, jusqu'au moment où il finit par s'en séparer entièrement.

En 1882, M. Pierre Mahé avait obtenu à l'exposition des arts rétrospectifs une *médaille de bronze* pour son exposition de reliures précieuses.

Revenant à ses premières amours, les timbres furent de nouveau en honneur à la rue de Châteaudun, et finirent, à leur tour, après un dernier changement de local, de la rue de Châteaudun à celle de Varenne, par chasser complètement les livres, devenant ainsi maîtres absolu du terrain.

Aujourd'hui, les affaires sont conduites par Mme Mahé, avec l'aide de l'un des fils de la maison, et quant à M. Pierre Mahé, il consacre presque tous ses instants à la conservation et l'organisation de la plus importante collection de timbres-poste qui ait jamais existé et n'existera jamais, collection tellement célèbre qu'il nous paraît inutile d'imprimer ici le nom de son heureux et modeste possesseur.

M. Pierre Mahé a le tempérament essentiellement collectionneur et, comme beaucoup de collectionneurs, il a les goûts changeants. Il collectionna d'abord les portraits, ensuite les publications de de la première révolution, puis les ex-libris.

Diverses circonstances lui firent abandonner ces collections.

Aujourd'hui il s'est donné pour but la recherche des cartes d'adresses anciennes, historiées, des programmes de spectacles, billets d'invitation et pièces analogues, etc.; enfin, des autographes contemporains. Ces diverses collections sont en formation.

En dehors des collections proprement dites, M. Pierre Mahé est très amateur de choses d'art et de curiosité.

Peu nombreuses sont les pièces que renferme son cabinet. Nous pouvons cependant citer, entre autres : *Henri IV et Marie de Médicis*, médaillon en fonte signé G. Dupré, 1605; un admirable *Cadre de Miroir* en argent oxydé, repoussé au marteau et rehaussé d'or, travail précieux d'un artiste ferrarais du XVIe siècle. Un cadre analogue existe dans la collection Ziem.

Le *Marchand de Chapeaux*, peinture émaillée sur faïence, variante d'un sujet gravé sur bois, publié dans le *Magasin Pittoresque* en novembre 1856; Un très curieux *Saint François d'Assise*, travail de broderie et peinture sur soie du XVIIe siècle, avec cadre du temps; un splendide *cadre de miroir* à centre ovale, avec ornements et mascarons sculptés sur bois, renfermant six compartiments, émaux signés de *Léonard Limosin*, l'une de ses dernières œuvres.

Et enfin, comme pièce capitale, le *Livre de Mariage* de Philibert-Emmanuel de Savoie, avec Claude de France, fille de François Ier. Ce livre porte sur les plats les portraits des deux époux dans des médaillons ovales en argent, repoussé au marteau et ciselé. On attribue ces deux portraits au célèbre orfèvre italien *Le Molo*. C'est, croit-on, le seul livre connu de ce genre.

Puis, des livres, gravures, tableaux, bronzes, émaux, miniatures, terres cuites, faïences et bibelots de tous genres que l'on rencontre partout où il y a un collectionneur.

Le combat pour la vie n'avait pas permis à M. Pierre Mahé, à l'âge où l'on s'asseoit sur les bancs des écoles, de faire aucune étude.

Ce n'est que plus tard et, grâce à une grande somme de volonté, qu'il parvint à acquérir l'instruction qu'il n'avait pu plus tôt recevoir.

M. Pierre Mahé a été nommé officier d'Académie en 1896.

BLACK (Gustave), C. ✠, ✠ (Commandeur de l'Ordre de Saint-Grégoire-le-Grand, Chevalier de l'Ordre de Léopold de Belgique), né à Cambrai, le 27 avril 1845, industriel, fabricant de chicorée.

Adresse : Sainte-Olle, par Cambrai (Nord).

Depuis l'introduction dans l'Europe occidentale de la fève du caféier, dont le prix est relativement élevé, on a cherché dans le règne végétal de nos climats un succédané du café. Tour à tour on a proposé certaines céréales, les glands doux, les glands communs, les féverolles et les autres légumineuses, etc. Ajoutons tout de suite que ces essais n'ont donné que des résultats insignifiants.

Une seule plante, la chicorée, a permis, par la torréfaction de ses longues racines pivotantes, d'obtenir un produit hygiénique se rapprochant du café et pouvant être employé aux mêmes usages.

La chicorée est d'emploi obligatoire avec le bon café, mais en petite proportion. Elle donne à la décoction de café une belle couleur; elle lui communique un goût tout spécial que les gourmets nomment le *velours*. C'est une hérésie de croire qu'on peut faire une bonne tasse de café sans l'adjuvant de la chicorée. Proportion : 15 à 20 grammes de chicorée par 125 grammes de café. A un autre point de vue, la chicorée est précieuse pour les personnes à qui est interdit l'usage du café. Le café au lait se fait aussi fort bien avec du lait et de la chicorée pure ou en mélange avec le café. La chicorée au lait convient aux personnes dispeptiques. Enfin, ajoutons que la chicorée rend de grands services aux populations laborieuses par son prix peu élevé.

La chicorée est cultivée en grand dans nos deux départements septentrionaux et en Belgique. Mais la nature du sol, le choix du terrain, des semences, le soin apporté à la culture et à la récolte, ont une grande influence sur la valeur des racines.

Les procédés de préparation et de torréfaction ne jouent pas un rôle moins important dans la valeur des produits.

D'un autre côté, d'après l'éminent chimiste Payen, quelques industriels peu scrupuleux ne se font pas faute d'adultérer par des mélanges innommables un produit que son bas prix semblerait devoir mettre à l'abri des falsifications.

La marque la plus estimée est celle de la *Cantinière française* sortie de la maison G. Black de Sainte-Olle-lès-Cambrai.

C'est en 1850 que fut fondée cette maison qui est devenue la plus importante du monde pour la fabrication de la chicorée extra.

Georges Black, le père de M. Gustave Black, et le fondateur de la maison, était né à Douai en 1818. Ses études s'étaient portées tout particulièrement vers les sciences exactes et la mécanique. Inventeur breveté à six reprises différentes, mécanicien de premier ordre, il n'eut jamais besoin de faire appel aux ingénieurs. Il transforma à lui seul l'outillage et les procédés de fabrication d'une industrie encore dans l'enfance.

Le matériel entier de Saint-Olle-lès-Cambrai: broyeur, concasseurs, meules, torréfacteurs, nettoyeurs, tamiseurs, machines à paqueter agencement : presque tout est l'œuvre, l'invention de cet industriel éminent.

L'homme était à la hauteur du savant. La contrée n'oubliera pas de longtemps le fondateur de la maison Black, qui se recommandait à l'attention et à l'affection autant par la loyauté de son caractère et par son austère probité, que par sa bonté et sa philanthropie.

Les usines Black n'ont pas cessé de se développer depuis bientôt un demi-siècle. On peut les citer comme modèle pour la fabrication de la chicorée. Qu'on nous permette quelques détails sur leur fonctionnement.

1° *Choix de racines.* — Le centre de production de la racine de chicorée est la Belgique. Certains terroirs sont particulièrement renommés ; le plus célèbre est celui de Roulers et de Kerkhove. Certains spéculateurs belges achètent aux fermiers producteurs et revendent en gros aux fabricants, des racines de sols et d'expositions différents. Cela donne un mélange qui ne peut produire qu'une qualité inférieure. La maison Black, elle n'achète que des racines de premier choix.

Elle a installé, à Kerkhove, un comptoir où ses agents achètent directements aux cultivateurs les marchandises de première qualité.

A l'aide de cette installation unique, M. Black a pu arriver à une heureuse sélection de matières premières.

2° *Triage des racines.* — Si bien récoltée que soit la racine, elle contient toujours une quantité notable d'éléments étrangers. D'ordinaire, les fabricants se préoccupent peu de ce fait, la loi tolérant la présence de ces détritus dans une certaine proportion.

La maison Black expurge complètement les racines à l'aide d'un *extracteur ventilant*, inventé par le fondateur des usines, et qui débarrasse la matière première de toutes les poussières et produits inertes.

3° *Fabrication.* — La fabrication, à l'aide d'appareils et de procédés perfectionnés, est l'objet d'un contrôle incessant. Dans les caves sombres et vastes, fonctionne l'extracteur ventilant. Les racines passent ensuite par les torréfacteurs, concasseurs, blutoirs, etc., jusqu'au moment où la chicorée est empaquetée, mise en caisses et prête à être livrée au commerce.

4° *Usines de Saint-Olle.* — La maison G. Black est une vaste ruche où se rencontrent nombre de métiers : maçons, menuisiers, ferblantiers, tourneurs, mécaniciens, forgerons, etc. Elle possède tous les éléments nécessaires à sa vie et à son entretien.

Dans les immenses magasins sont entassées des matières premières pour une valeur énorme.

Pendant la période d'imposition en France de la matière fabriquée, et alors que la maison n'avait pas, à beaucoup près, l'importance d'aujourd'hui, elle paya à la régie 3.000.000 de francs !

Marque de la maison Black. — La marque de la maison G. Black est universellement connue. C'est la *Cantinière*, charmante lithographie qui a fait depuis longtemps son tour du monde et a pénétré dans les palais aussi bien que dans les plus pauvres chaumières.

Cette firme a été contrefaite à plusieurs reprises, mais les sévères condamnations prononcées contre les contrefacteurs ont empêché l'imitation frauduleuse.

La marque à la *Cantinière*, par son succès, a pu dispenser M. Black de présenter sa chicorée aux expositions où elle eût été constamment récompensée. La préférence marquée du public ne vaut-elle pas toutes les médailles du monde ?

La chicorée des usines G. Black est, à cause de sa préparation de choix, un peu plus chère que celle des autres marques. Mais depuis longtemps, le consommateur a reconnu qu'il était plus avantageux d'acheter un produit présentant toutes les garanties au point de vue de l'hygiène et du goût, que de risquer de s'empoisonner à bon marché. Au surplus, la chicorée de Saint-Olle est encore la plus économique, puisqu'il faut en employer beaucoup moins que d'autres plus faibles en sucs et en saveur.

M. G. Black n'emploie que peu de voyageurs. Une maison arrivée à ce degré de popularité n'a pas besoin de faire vanter ses produits.

La prospérité des usines de Saint-Olle est dûe à l'intelligence et à la loyauté de son fondateur et de son fils.

Quand M. G. Black père mourut, en 1882, son fils, associé depuis longtemps à ses travaux, lui succéda. Il s'attacha à marcher dans la voie tracée par son père ; il y a réussi.

Au cours de la guerre de 1870-1871, M. G. Black fit vaillamment son devoir dans la cavalerie de l'armée du Nord.

Fils de père d'origine anglaise et d'une mère française, et bien que né en France et ayant servi dans l'armée française, M. Black n'était pas officiellement Français.

Mais, en mai 1898, la naturalisation du sympathique industriel de Saint-Olle-lès-Cambrai lui fut accordée par le ministère vraiment libéral Méline-Barthou, qui reconnut ainsi le dévouement de M. Black en 1870.

Nous espérons que M. G. Black profitera de la première occasion pour solliciter un siège au Parlement où sa compétence reconnue dans les affaires commerciales et industrielles servira à éclairer bien des discussions. La France est la France par ses artistes, ses écrivains, ses penseurs, et aussi par ces hommes qui, comme M. Black, maintiennent haut et ferme le drapeau du Commerce et de l'Industrie. On réclame à grands cris des hommes d'action pour guider la jeunesse vers le Travail utile et pratique. M. G. Black n'est-il pas de ces hommes?

Ajoutons que M. Black consacre à un journalisme bien entendu les rares loisirs que lui laisse la direction de ses usines et d'une culture importante.

M. Black est, depuis presque quinze ans, chevalier de l'Ordre de Léopold de Belgique. Plus récemment il a été créé Commandeur avec plaque de l'Ordre de Saint-Grégoire-le-Grand.

ROIRON (AUGUSTE-MICHEL), né au Puy (Haute-Loire), le 6 mars 1847; Fabricant de Vermouths; Négociant en Vins et Spiritueux.

Adresse : 12, rue de Lyon, à Genève (Suisse).

Après de bonnes études classiques dans sa ville natale et après avoir obtenu son diplôme de bachelier ès-sciences en 1865, M. Auguste Roiron hésita quelques années sur la carrière qu'il embrasserait; puis un jour, à l'âge de vingt-trois ans, plus riche d'ambitions que d'écus, il partit pour Lyon, la seconde capitale de la France, avec l'intention de se consacrer au professorat. Pendant une dizaine d'années, il fut à la tête d'une maison d'enseignement libre où le succès ne lui fit pas défaut, car il s'y fit apprécier par les familles comme par les élèves.

Mais tout le monde sait que la fréquentation de Virgile et d'Homère procure plus de satisfactions morales et intellectuelles que de profits pécuniaires. M. Auguste Roiron en fit l'expérience comme bien d'autres, et pour élever une famille de plus en plus nombreuse (12 enfants), il dut, non sans regrets, songer à trouver dans les branches de l'activité humaine, une carrière qui pourrait récompenser davantage son intelligence, son énergie et ses hautes facultés de travail.

Il entra d'abord comme associé dans une maison de commerce de Lyon et y resta quelques années, le temps nécessaire pour bien se pénétrer des notions commerciales que n'avait pu lui fournir l'enseignement classique. Puis lorsqu'il se sentit suffisamment armé pour la grande bataille des affaires, en 1887, à l'âge de 40 ans, en pleine possession de ses forces, il acheta à Genève une maison de premier ordre, celle qu'il dirige depuis avec un succès toujours croissant.

Non seulement M. Auguste Roiron a su maintenir son établissement, mais il a étendu sa clientèle dans la Suisse entière, l'Allemagne, la Belgique, la France, l'Algérie, etc.

L'établissement de M. Roiron occupe une superficie de près de 2,000 mètres carrés. Ses chais, les plus vastes de Genève sont pourvus de vins de toutes provenances. On y trouve les meilleurs crûs de France, d'Italie, de Dalmatie, de Hongrie, d'Espagne, de Grèce, de Turquie, et l'on y peut déguster ces vins de la Californie, nouvelllement lancés dans la consommation, et sur lesquels les viticulteurs américains fondent de si légitimes espérances.

La fabrication des vermouths n'est pas moins importante et c'est même la grande spécialité de la maison Roiron.

Un grand nombre de négociants de Paris, de Nice, de la Côte d'Azur, de l'Algérie, de l'Amérique du Nord et de l'Amérique du Sud, s'approvisionnent chez M. Auguste Roiron d'un excellent vermouth de Turin, récompensé dans plusieurs grandes Expositions, et qui le sera une fois de plus au grand tournoi international de 1900.

Un autre article pour lequel il a obtenu également de beaux résultats, c'est le rhum de la Martinique. En onze ans, il a importé en Suisse quelques milliers d'hectolitres de cette précieuse liqueur. Il s'est fait une réputation qui a franchi les océans et lui a valu la visite de planteurs qui désiraient s'entendre directement avec lui et le charger exclusivement de la vente de leur récolte.

Parlons également de la vente des vins fins d'Espagne, du Madère, du Malaga, du Xérès, etc., dont il est un des plus forts importateurs en Suisse, d'après le témoignage des transitaires de Marseille.

Quand le système protectionniste de M. Méline voulut leur fermer la France, les maisons de Malaga, de Xérès et de Cadix vinrent, à la suite de M. Roiron, frapper aux portes plus hospitalières de la République helvétique. Aujourd'hui, il est difficile de se faire une idée de la quantité de Malaga, Madère, etc., qui est importée en Suisse et se consomme dans ce petit pays cher aux touristes des deux mondes.

En présence des résultats obtenus en Suisse pour ces vins fins, M. Auguste Roiron eut l'idée de les offrir aux centaines de clients qu'il a à Paris. Il leur fit valoir l'avantage qu'ils auraient de recevoir ces vins délicats directement, sans intermédiaires, de chez le producteur dans leurs caves. Les Parisiens, nés malins, comprirent vite, et, en quelques années, plus de trois mille fûts (de Madère surtout), franchirent l'octroi de Paris avec la marque « Auguste Roiron, à Cadix ».

Récemment, M. Auguste Roiron a introduit en Suisse le célèbre vin de St-Raphaël Quinquina, parvenu très rapidement à prendre le premier rang parmi les apéritifs.

Bien que la Suisse consomme peu ce genre de produits, M. Roiron est fort satisfait des premiers résultats obtenus. Il espère parvenir à acclimater, dans un avenir rapproché, ce vin éminemment français, parisien même, et cela sur tous les points où circulent les touristes étrangers.

Ceux-ci, rentrés dans leur pays natal, propageront à leur tour le St-Raphaël Quinquina. Ainsi, ce vin délicieux pénétrera dans les régions les plus lointaines, au grand bénéfice de ses inventeurs et pour le plus grand bien de l'hygiène générale.

Enfin voici encore un projet qui ne tardera pas à être mis à exécution : Importer en Suisse nos grands vins français, Bordeaux, Beaujolais, Bourgogne, etc., grâce à une nouvelle combinaison où trouveront leur profit, et les propriétaires des grandes marques, et les consommateurs suisses.

Comme conclusion de ce qui précède, il résulte que M. Auguste Roiron est un énergique et un combatif.

« Je n'ai jamais l'esprit libre de projets, nous disait-il dernièrement. Quand quelque chose est en train, je cherche déjà par quoi je pourrais le remplacer en cas d'insuccès. »

Il semble s'appliquer à suivre les règles fondamentales que préconise M. Russel Sage, le grand négociant américain, pour réussir dans le commerce : « Etre honnête, tempérant, patient, ponctuel, et observer strictement ces règles déterminées, tant au travail qu'au foyer domestique; avoir un goût réel pour la tâche que l'on remplit, un cerveau frais et dispos, une volonté de « bulldog » résolu à surmonter tous les obstacles naissant au jour le jour, enfin posséder une bonne instruction — ne fût-elle que primaire — et avoir le goût de la lecture. »

M. Auguste Roiron est un de ces hommes comme on en voudrait voir beaucoup dans nos colonies et à l'étranger.

Ces Français travaillent pour le bon renom de la Mère-patrie; ils assurent la réputation des produits de leur pays natal, ils les répandent au loin, les popularisent. Ils sont les principaux facteurs de nos marques les plus appréciées et contribuent ainsi à l'accroissement de la fortune nationale.

Or, parmi les villes de l'étranger où nos compatriotes montrent le plus de zèle pour les intérêts de la France, nous devons surtout signaler la ville de Genève. Là, une colonie de plus de 30,00 Français, groupée autour de son très sympathique consul, M. Regnault, tient haut et ferme le drapeau tricolore et le fait aimer comme celui du peuple qui fut toujours à l'avant-garde du Progrès.

C'est surtout à la Chambre de Commerce française que ce patriotisme a trouvé ses interprètes les plus éloquents.

Si le cadre de cet ouvrage le permettait, nous dirions quelques mots de l'activité et de l'importance des questions traitées dans les réunions de la Chambre de Commerce.

Cependant citons rapidement : le percement de la Faucille dans un but patriotique et commercial; — le service militaire des jeunes gens établis à l'étranger; - les questions de transports, de douanes, de postes, etc., toutes tendant au progrès et au profit de la Patrie française, sans oublier le pays hospitalier et si charmant qu'est la République helvétique, sœur aînée de la République française.

Tel est le milieu où vit ce négociant dont nous donnons la biographie ci-dessus.

Nous terminons ces notes brèves en engageant les Français, que le plaisir ou les affaires attirent en Suisse, à ne pas manquer de visiter les maisons françaises importantes d'en delà du Jura et du lac Léman, par exemple la Grande Fabrique d'Horlogerie Patek Philippe et Cie, la Fabrique de biscuits Pernot, la Fabrique de bijouterie Glaton, la Fabrique de vermouths Auguste Roiron. Partout ils seront accueillis en compatriotes et en amis, et ils trouveront l'occasion d'apprécier des hommes aussi modestes qu'intelligents, des travailleurs dont la devise est : *Toujours vers le mieux! Toujours en avant!*

BOLL (François-Marie-Joseph-Léon); né à Eguisheim (Haute-Alsace), le 25 mars 1862, propriétaire-viticulteur à Ribeauvillé (Haute-Alsace), secrétaire, pour la Haute-Alsace, de l'*Association viticole d'Alsace-Lorraine*, membre de la *Société des Sciences, Agriculture et arts de la Basse-Alsace* et de plusieurs Sociétés savantes; écrivain et homme politique.

Adresse : Ribeauvillé (Haute-Alsace).

M. Léon Boll descend d'une vieille famille alsacienne. Parmi ses ascendants figurent des Stettmeister de la ville de Colmar, des prieurs de l'abbaye de Marbach, des évêques et un grand nombre d'illustrations alsaciennes.

Il fit de brillantes études au Collège libre du Haut-Rhin, transféré, après la guerre, de Colmar à La Chapelle-sous-Rougemont. Reçu bachelier ès-lettres et ès-sciences complet, il s'était d'abord destiné à la Magistrature.

Il s'apprêtait à faire son droit à Nancy, lorsque des événements de famille l'obligèrent à retourner en Alsace.

Une polémique relative aux élections législatives attira sur lui l'attention du Comité directeur de l'*Union d'Alsace-Lorraine*, le grand organe des revendications alsaciennes qui paraissait à cette époque (1883) à Strasbourg et qui devait succomber plus tard sous le couperet de la Dictature. On lui offrit la rédaction française de ce journal et il resta sur la brèche, pendant toute une année, combattant, journellement, avec toute l'ardeur de ses 20 ans, le bon combat pour le Droit et la Liberté.

S'étant fiancé, entre temps, avec Mademoiselle Schiffmann, la fille du 1er adjoint au maire de Ribeauvillé, il quitta l'*Union d'Alsace-Lorraine* pour se marier et s'établir à Ribeauvillé.

Placé par le fait même à la tête d'une des plus importantes exploitations viticoles de la Haute-Alsace et d'un grand commerce de vins, il ne se laissa pas absorber pourtant par le souci prosaïque des affaires et il voua tous ses loisirs aux choses intellectuelles.

Collaborateur attitré du *Journal d'Alsace* où il traite avec la plus grande conscience et sous une forme toujours attrayante les questions tant économiques que politiques qui intéressent sa petite patrie, il correspond, en outre, à l'*Express* de Mulhouse et au *Journal de Colmar*.

Il s'est fait recevoir membre de la *Société des Sciences, Agriculture et Arts de la Basse-Alsace*, la plus ancienne association scientifique de Strasbourg (sa fondation remonte au siècle dernier) et il y fait des conférences et des rapports qui sont très remarqués.

Il a publié successivement une *Etude sur Mathias Holtzwarth, poète alsacien du XVIe siècle* (1885), différentes brochures relatives à des questions de législation intérieure, une plaquette : *Guide du touriste à Ribeauvillé* (1889) qui sous ce titre trop modeste renferme une notice historique très détaillée et des impressions de plein air pleines de fraîcheur et de saveur.

On en jugera par le joli tableau panoramique que l'auteur déroule aux yeux du lecteur, avant de ramener sa pensée aux faits de l'histoire et aux contes de la légende :

« A peine descendu du train et monté sur la plate-forme du tramway, le touriste qui s'est proposé Ribeauvillé comme but de promenade ou lieu de villégiature, passe par toute la gamme des sensations visuelles, depuis les notes légères et riantes jusqu'aux tons imposants et grandioses.

« Ce sont d'abord, à droite et à gauche du

chemin de fer routier, des prés luxuriants qui développent jusqu'à la base des collines dont ils dessinent les gracieux contours, leur peluche épaisse, piquée de pâquerettes et d'anémones. La fumée de la locomotive déroule et dissipe sur cette étendue verte ses rapides volutes, puis brusquement, après une dizaine de minutes de trajet, elle se trouve captée entre des massifs de treilles et d'arbres fruitiers qu'elle traverse en s'effilochant. Nous pénétrons dans la zone des vergers : les pommiers, pêchers, abricotiers l'égayent de leur frais coloris et l'embaument de leurs subtiles senteurs.

« Voici les premières maisons: le sifflet retentit, le tramway s'arrête; on débarque, et, immédiatement en face de la station, le Jardin de ville attire les regards, avec ses marronniers séculaires et ses profondes charmilles aux voûtes architecturales. Tout autour de la ville qu'ils ceignent d'une coquetterie de parure s'élèvent ces coteaux fameux, aux pentes abruptes, au sol calcaire et siliceux, dont les vignobles inspiraient déjà au moyen âge la muse bacchique.

« Depuis dix, quinze ans, la vigne y a subi une transformation complète : rajeunie, replantée, attachée au fil de fer, suivant une culture rationnelle et intensive, elle présente une exubérance de végétation remarquable dans le cadre le plus solide et le plus correct qui se puisse voir. C'est ici le triomphe de la symétrie; la nature y est assujettie par l'homme au gré de ses besoins.

« Mais disciplinée, vaincue dans les vignobles, la nature ne tarde pas à reprendre son libre essor, dès que l'altitude augmente. C'est la forêt et ses essences diverses jetant des alternances de teintes sur le fond vert-bleu de la montagne ; ce sont les fûts des hautes sapinières étendant leurs sombres et mystérieuses colonnades, où le soleil accroche, de ses rares rayons, brisés par les branchages, des lampadaires d'église ; ce sont des éboulis de rocs aux angles adoucis par les mousses, ce sont des corbeilles de fougère, des parterres de muguet, des crépelures de bruyère, des zigs-zags folâtres de sources... et en montant toujours, ce sont, heurtant tout à coup la vue, au fond d'une éclaircie, les antiques manoirs mi-écroulés sous le revêtement du lierre, mélancoliques dans leur ruine solitaire, mais fiers quand même, sur leurs assises rocheuses, et empreints de grands souvenirs. »

N'est-ce pas là une façon charmante et originale de vous montrer le chemin et de vous faire connaître la composition du sol et les progrès de la viticulture ?

C'est du reste le tour naturel, original et spirituel de son style qui valut à M. Léon Boll le rare succès de se faire agréer au *Figaro* du premier coup, sans autre recommandation. Une de ses nouvelles, le *Chapeau du père Regenwald* (1889), parue au Supplément littéraire du grand journal de la Capitale, a fait le tour de la presse en France et en Allemagne.

A ses moments perdus, il taquine la muse. Tantôt on perçoit le tourment de l'au-delà dans son poème : *Immortalité* (1888); tantôt on le voit revenir aux sensations d'en-deçà, à la ligne bleue des Vosges, dont les contours sont si bien rendus dans ses *Paysages d'Alsace* (1896); et dont nous extrayons la pièce suivante :

WALBACH

(A la gare, entre deux trains)

La douceur d'Avril baigne la vallée,
La Terre frémit aux baisers vainqueurs
Du Soleil : épouse, amante éveillée
A l'aube nuptiale, en son lit de fleurs.

Autour, la courbe moëlleuse des cimes
Monte claire à la lumière ou fléchit
Sombre vers d'imaginaires abîmes,
D'où la Légende s'impose à l'esprit.

Le Pflixbourg, tout là-haut dans la ramure,
Assiste muet à ce renouveau :
Immuable, il a, lui, la vie dure,
Philosophe blasé, le vieux château.

Le manoir moderne assis dans la plaine,
N'ayant pas d'aussi grandiose destin,
Comprend qu'à chaque jour suffit sa peine
Et se complait aux gloires du matin.

Par devant sa façade, court la voie
De fer, reluisante à travers les prés,
Et en arrière la route poudroie,
Ourlant de blanc les versants diaprés.

Voici Trois-Epis, le pieux sanctuaire
Où la Vierge s'élève sur l'autel,
Qui montre radieux du haut de son aire
Sa petite église et son... Grand-Hôtel.

Au fond du tableau, la chaume s'irise
D'un tapis de neige frais tombé d'hier,
Mais déjà la printanière brise
Nargue ce dernier adieu de l'hiver.

Cependant voici qu'en la paix si douce
Du matin tranquille et majestueux
L'air s'ébranle d'une brusque secousse
Qui brutalise les beaux rêves bleus.

Hélas ! Je vois rangés en peloton
Des soldats au tir! Ils font violence
Aux tendres divinités du vallon
Et lèsent sa Majesté... le Silence!
25 avril 1896.

A la mort de Ch. Grad, le comité électoral de Colmar offrit à M. Boll la succession du célèbre député au Reichstag, et l'*Express* de Mulhouse recommanda cette candidature par les lignes suivantes de son rédacteur en chef :

« M. Léon Boll présente toutes les garanties d'indépendance, de dévouement et de savoir qu'on exige d'un député. Il a fait une étude spéciale des questions d'intérêt public que le Reichstag est appelé à trancher. Viticulture, agriculture, commerce, industrie, rien ne lui est étranger. La bonne volonté et l'intelligence lui sont départies au plus haut degré. »

Mais M. Boll se vit obligé de décliner ce périlleux honneur, se trouvant trop jeune d'abord, à 27 ans, pour aller au Reichstag, et n'arrivant pas comme cela, déjà, à faire face à la besogne courante.

Néanmoins, la cause sacrée de l'indépendance de son pays trouve toujours en lui un vaillant défenseur. Tout récemment encore, lors de l'inauguration du monument de Ch. Grad, à Türkheeim, il a prononcé un discours qui a fait vibrer tous les cœurs et qui lui lui a valu une véritable ovation.

Son pays saura le trouver à son heure.

THUILLIER (Henri-Joseph), O. ✿, né à Reims (Marne), le 2 avril 1857, ancien Négociant en laines, Propriétaire-viticulteur, Membre de plusieurs sociétés artistiques, agricoles ou savantes.

Adresse : rue Saint-Pierre-les-Dames, à Reims (Marne) ; — et à Meurad (Algérie).

M. H. Thuillier fit ses études au Lycée de Reims. Possesseur d'une belle fortune et grand négociant en laines, il a su se rendre indépendant et prendre une place honorable dans le monde commercial, agricole et viticole, ainsi que dans le monde artistique.

Membre de toutes les sociétés littéraires et artistiques de Reims, M. Henri Thuillier est le président de la musique municipale. Cette société lui doit une bonne part de sa prospérité.

M. H. Thuillier, d'autre part, a consacré ses

efforts et son activité au développement colonial du pays.

Très mêlé au mouvement d'expansion de la France, il a étudié les questions coloniales actuelles avec l'intention de se servir de ses recherches pour ajouter sa pierre à l'édifice qui sera l'une des grandes œuvres de la fin du XIXe siècle.

Après mûres enquêtes et recherches, M. Thuillier voulut expérimenter par lui-même.

Dans ce but, il visita l'Algérie et s'y rendit acquéreur d'anciens terrains. Il s'appliqua à y planter de la vigne. L'exploitation viticole qu'il entreprit ne tarda pas à couronner ses efforts.

Les résultats qu'il a obtenus sont si encourageants que M. Henri Thuillier est disposé à développer ses plans primitifs.

Nous croyons intéressant de nous arrêter un peu longuement sur cette entreprise qui comptera dans la mise en valeur et la colonisation de notre grande colonie méditerranéenne.

C'est en 1887, à la suite d'un voyage en Algérie, que M. Henri Thuillier devint propriétaire à Meurad. La richesse du sol, la beauté du pays, l'avaient décidé à coloniser dans le vrai sens du mot.

Bien des capitalistes ont acheté des propriétés toutes faites, où le capital engagé trouvait de suite un intérêt rémunérateur. M. Thuillier n'a pas agi de la sorte, il a créé de toutes pièces des vignobles, des cultures de céréales, des plantations d'amandiers, de caroubiers, d'oliviers, de sapindus, dans des terrains couverts de palmiers nains, de lentisques, de broussailles.

A la suite du défrichement, M. Thuillier défonça, pour la plantation de la vigne, à la main, à la vapeur, et avec le treuil à traction animale. La profondeur du défoncement atteignait une moyenne de 60 centimètres.

Les deux fermes de M. H. Thuillier, par acquisitions successives, ont chacune aujourd'hui une superficie de 400 hectares. Sur l'une d'elles, qui porte le nom de sa fille Marguerite, se trouve sa résidence, une villa style mauresque, avec rez-de-chaussée, premier et terrasse, minaret à l'Ouest, marabout à l'Est.

Les bâtiments d'exploitation se trouvent de chaque côté d'une cour de 100 mètres de largeur et de 200 mètres de longueur. Cette cour est entièrement plantée de caroubiers, ce qui procure fraîcheur et rapport.

A l'Est se trouvent les chais ayant 75 mètres de longueur et 20 mètres de largeur. Pour obtenir le plus de fraîcheur possible, M. Thuillier a fait planter des rideaux de casuarinas, dont l'effet pittoresque est admirable et dont l'utilité est considérable.

A l'Ouest se trouvent la maison du gérant, les écuries, les étables et enfin la bergerie en seconde ligne.

Toutes les écuries et étables sont disposées de façon à être ventilées par un courant d'air passant au-dessus de la tête des bêtes. Le sol est pavé en dalles de ciment, de manière à pouvoir recueillir tous les purins et les conduire à une fosse d'où on les distribue sur les fumiers.

Un bassin, d'une contenance de 100 mètres cubes, donne de l'eau sous pression à la cave, aux écuries et dans les maisons d'habitation; une pompe et une source, dérivée de 1,500 mètres, donnent à la ferme l'eau qui lui est nécessaire.

Des maisons ouvrières à rez-de-chaussée,

dissimulées dans des plantations, forment le complément de la ferme Marguerite.

On trouve assez facilement, en Algérie, des sarments de vignes pour faire d'importantes plantations; mais quand on veut planter par dizaines de mille des amandiers, des oliviers, des caroubiers, des sapindus (savonnier), il faut créer soi-même les pépinières nécessaires.

M. Henri Thuillier a créé une pépinière de 40,000 amandiers, 10,000 oliviers, 100,000 caroubiers et 10,000 sapindus. C'est dans ces pépinières que M. Thuillier prend à mesure de ses besoins tous les arbres qu'il veut planter.

Comme essences forestières, M. Thuillier a des pépinières de frênes, de casuarinas, de cyprès.

Les vignobles, situés en montagne, sont composés exclusivement de plants fins.

Pour les rouges : Morvèdre Cabernet, Carignan, Cinsault. Pour les blancs : Clairette et Ugni blanc.

Les produits de M. Thuillier présentés à tous les expositions ou concours ont obtenu les plus hautes récompenses depuis la Médaille de bronze jusqu'aux Diplômes d'honneur.

Depuis plusieurs années, comme membre du jury, M. Thuillier est placé hors concours.

Il a fait des essais de vins mousseux avec les vins de ses cépages blancs, et à l'heure actuelle, en France, en Asie, en Amérique et surtout en Algérie, ce vin mousseux commence à trouver des débouchés réguliers, des consommateurs fidèles.

Tel est le chemin parcouru par M. Thuillier après douze années d'efforts opiniâtres.

Une des richesses des fermes de M. Thuillier c'est d'avoir de l'eau en abondance : des sources, des puits, au nombre de six, à chacune d'elles assurent l'alimentation en eau potable et d'irrigation.

L'amande est un fruit d'exportation.

L'huile d'olive également, bien qu'une partie de la production de M. Thuillier trouve écoulement sur place.

Le caroubier produit un fruit charnu très nutritif pour l'alimentation des bêtes, ce qui est une précieuse ressource dans les années où le fourrage fait défaut.

Quant au fruit du sapindus, espèce de baie de la grosseur d'une cerise, il est vendu pour la droguerie sur la place d'Alger.

Peut-être deviendra-t-il un article d'exportation quand cet arbre sera cultivé plus généralement en Algérie.

Les deux fermes de M. Henri Thuillier, Marguerite et Tamelaht, ont chacune un vignoble de 100 hectares, par conséquent, sur l'une et l'autre, il a dû construire un chai, installer des cuves et le matériel le plus perfectionné pour la vinification.

C'est poussé par le désir de faire le mieux possible, et d'obtenir des produits capables de trouver une place très marquée à côté des produits de la France, que M. Thuillier a construit des cuves en ciment verré à l'intérieur; ces cuves, dues à l'intelligente initiative de M. Louis Meley, un des amis de M. Henri Thuillier, ont opéré une véritable révolution dans l'art de la vinification.

Avec ces cuves, il n'y a plus à redouter le moindre mauvais goût; on les lave comme les vitres d'une fenêtre; de plus, on peut s'en servir indistinctement pour rouge et blanc alternativement.

Un des grands obstacles à la réussite des vins en Algérie c'est la chaleur, qui ne permet pas au moût de transformer tout le sucre qu'il contient en alcool; de là résultent des vins doux avec tendance à l'acétisme. Le moyen infaillible de triompher de cette grande difficulté, c'est d'installer dans la cave des réfrigérants à eau, au travers desquels le moût circule à l'abri de l'air pour retourner à la cuve à la température de 28° centigrades.

Le moût reprend alors sa marche normale comme fermentation, le sucre se transforme complètement, entièrement en alcool, et l'on obtient des vins limpides et solides.

Depuis quelques années, M. H. Thuillier a monté un moulin pour la fabrication de l'huile d'olive avec les fruits provenant de ses plantations et de celles du voisinage, car aucun autre moulin à huile n'existe dans la contrée.

Le fruit du caroubier se récolte avec la plus grande facilité et pour ainsi dire sans frais. Quand il est mûr, il suffit de battre les branches avec des roseaux; les fruits tombés sont laissés sur le sol un ou plusieurs jours, puis ramassés et expédiés, ou mis à l'abri pour la consommation des bêtes de la ferme.

La récolte du sapindus a lieu en février; ce fruit a besoin d'être séché puis exposé.

Tels sont les genres de cultures auxquels M. H. Thuillier s'est adonné et qui semblent devoir récompenser les efforts de ceux qui s'y livreront.

M. Henri Thuillier a vu, du reste, les produits de ses domaines d'origine obtenir les premières récompenses aux Expositions. Citons : Diplôme d'honneur (Anvers, 1894); — Diplôme d'honneur (Bordeaux, 1895); — Vice-président du jury, hors concours (Rouen, 1896); — membre du jury, hors concours (Concours général agricole, Paris 1897); — Membre du jury, hors concours (Exposition de Bruxelles, 1897), etc.

Chevalier du Mérite agricole en 1892, M. Thuillier a été nommé Officier de cet ordre en 1897.

M. Thuillier a été élu membre du Conseil municipal de Reims en 1888 et réélu jusque maintenant; — élu conseiller général du département d'Alger en 1898.

Il est membre des sociétés suivantes :

Président d'honneur de la société mutuelle l'*Union des Travailleurs*; secrétaire du comité rémois de l'*Alliance française* et de l'*Association amicale des anciens Elèves du Lycée*; membre du Conseil d'administration du Lycée, des *Agriculteurs de France*, de la *Société de Géographie d'Alger*.

On voit par ces quelques notes rapides ce que peut donner l'intelligence servie par l'énergie et l'esprit d'initiative. L'exemple donné par M. Thuillier vaut d'être signalé. Si les capitaux français se portaient vers nos colonies plutôt que vers des mines imaginaires et des entreprises fantastiques et fantaisistes, notre domaine d'outre-mer deviendrait le plus florissant du monde. Ce serait l'honneur de la France et l'intérêt bien entendu des capitalistes, aussi bien que des hardis pionniers de l'Agriculture et de l'Industrie qui l'auraient entrepris.

FAVARON (Jean-Louis), ✻, Directeur de la Société *Les Charpentiers de Paris*, né à Valentine (Haute-Garonne) le 7 septembre 1856; Président de la *Chambre Consultative des Associations Ouvrières de Production*. Membre du *Conseil Supérieur des habitations à bon marché*, au Ministère du Commerce; du *Conseil d'Administration de la Banque Coopérative des Associations Ouvrières*; de la *Commission extra-parlementaire des cahiers des charges et marchés de l'Etat*; du *Conseil Supérieur du Travail;* membre de l'*Association Toulousaine*; membre du Comité d'admission pour l'Exposition universelle de 1900.

Adresse : 174, rue de Vaugirard.

M. Louis Favaron est très connu à Paris pour le rôle de propagande par le fait qu'il joue dans l'application de la Mutualité ouvrière pour la production. Jeune encore, M. Favaron occupe de hautes situations qu'il ne doit qu'à son labeur et à son activité. Il a mis en pratique cette méthode si simple et sage, la coopération, la mutualité qui sera, il faut l'espérer, la loi générale des ouvriers de demain.

M. Favaron débuta dans la mise en pratique de la coopération ouvrière, lors de l'organisation la de Société : *Les Charpentiers de la Villette* (1881) dont il fut membre-fondateur. Les premiers temps, la Société marcha péniblement, mais dès que M. Favaron en fut nommé directeur (1883), elle prit l'essor et gagna rapidement la tête des autres associations de ce genre. Reconnaissant la compétence et le zèle de M. Favaron, les directeurs d'associations similaires le nommèrent, en 1884, Président de la *Chambre Consultative des Associations ouvrières de production.* A l'Exposition du Travail, au Palais de l'Industrie, en 1885, les *Associations Ouvrières,* sur l'initiative de M. Favaron et sous sa direction, construisirent un pavillon qui fut très remarqué. Si l'on rendit justice au travail des Associations on jugea bien à propos de récompenser personnellement M. Favaron d'une médaille d'or. *Les Charpentiers de la Villette* furent chargés, pour l'Exposition Universelle de 1889, de l'entreprise générale des Pavillons de la Presse, des Postes et Télégraphes et de plusieurs autres travaux importants, notamment une œuvre difficultueuse, les deux grands échafaudages roulants de la vaste galerie des Machines; le directeur n'épargna pas ses soins et sa peine dans ces travaux. M. Favaron fut membre du Comité d'admission de la classe 63 à l'Exposition universelle. L'année suivante, à l'Exposition des Sciences et Arts Industriels, il obtint une médaille de vermeil. A l'Exposition du Travail de 1891, le pavillon conçu par M. Favaron et exécuté sous sa direction par les Associations Ouvrières, fit remarquer à nouveau les brillantes qualités techniques du directeur des *Charpentiers de la Villette.* Dans son rapport, le jury de l'Exposition insista longuement sur l'esprit d'initiative, la persévérance et les connaissances spéciales de M. Favaron.

En 1893, M. Favaron laissa *Les Charpentiers de la Villette* dans un état florissant, et fonda la Société *Les Charpentiers de Paris* dont le siège social est 24-26, rue Labrouste. Promptement, cette association est devenue la plus importante maison de charpente de Paris. Le 26 mai 1895, pour reconnaître autant l'importance des services rendus à la cause mutualiste que ses nombreux travaux et sa science du métier, M. Louis Favaron a été, sur la proposition du ministre du Commerce et de l'Industrie, nommé chevalier de la Légion d'Honneur.

Sous la direction de M. Favaron, la Société des *Charpentiers de Paris,* a exécuté les très importants travaux suivants : lycées Fénelon, Lamartine, Janson de Sailly, Victor Hugo, Louis-le-Grand; école J.-B. Say; Muséum d'Histoire naturelle; mairie du Xe arrondissement; moulins de Javel, etc. Ce sont *Les Charpentiers de Paris* qui, sous l'impulsion de

M. Favaron, se multipliant, établirent *en dix-huit jours,* les bâtiments nécessités par la conversion du 4 1/2; il y avait 3,000 mètres de superficie à construire. La Société a encore à son actif de nombreuses écoles et bâtiments industriels, et une foule d'hôtels privés, de maisons de rapport, d'habitations de villégiature, jusque dans la Somme. Ce n'est pas seulement de charpentes de bois et de fer que s'occupe la Société : elle comprend aussi la menuiserie et la serrurerie. Dans ses bureaux et son vaste chantier de la rue Labrouste, l'association a ses ouvriers, ses ingénieurs, ses dessinateurs, ses sculpteurs. Elle possède le brevet d'un escalier en fer à marches de bois mobiles. Non seulement elle exécute les gros travaux industriels, mais aussi des travaux d'art; elle a la spécialité des escaliers de style.

Cette Société est chargée de l'entretien des Edifices, Monuments, Etablissements et Palais nationaux, du département de la Seine et de la Ville de Paris : Arc de Triomphe (les Parisiens peuvent voir ces charpentes qui sont tantôt sur cette partie, tantôt sur l'autre, de l'énorme monument), Palais du Louvre et des Tuileries, Palais de Justice, Conservatoire des Arts-et-Métiers, Bibliothèque Nationale, Mont-de-Piété, Ecole des Beaux-Arts, Ecole Normale Supérieure, Institut Agronomique, nombreuses Ecoles, plusieurs casernes et prisons. Elle fournit l'Assistance publique, la compagnie des Chemins de fer du Nord, la compagnie des Chemins de fer de l'Est, la Compagnie Parisienne du Gaz, et plusieurs compagnies d'assurances. Elle exécute de nombreux travaux de l'Etat, de la Ville de Paris, et de tous les Ministères.

Parmi ses derniers travaux il faut signaler les vastes bâtiments de l'Institut Médical d'hydrothérapie à Billancourt; l'immense clôture du Palais de l'Industrie qui est autre chose que l'habituel assemblage de quelques planches mal jointes; et une grande maison industrielle, rue Réaumur, qui est un beau tour de force : la charpente *toute entière* d'une superfice de 1,200 mètres, sans points d'appui intérieurs, a été établie d'abord; grâce à ce système on a bâti ensuite très rapidement. En cours d'exécution : la nouvelle Sorbonne, magasins du Pont-Neuf, groupe de prisons de Fresnes (charpente en bois et grosse serrurerie dont le montant s'élève à 1,580,000 environ).

Voilà l'œuvre immense à la tête de laquelle est M. Favaron. Un directeur est la représentation obligatoire, effective d'un groupe, mais ordinairement une simple machine à signer; il flâne à son aise. Tel n'est point le cas pour M. Favaron : il a la haute main sur les entreprises, veille à leur succès; il se dépense; de bonne heure, on le voit donner partout le coup d'œil sûr et attentif du maitre. Simple et sans nulle morgue de parvenu, M. Favaron est connu pour sa haute compétence,son activité, et la loyauté qu'il apporte dans les affaires.

La *Société Centrale des Architectes Français* vient de lui décerner une médaille d'argent : c'est la plus haute récompense que cette Société donne à des personnes autres que des architectes. La carrière de M. Louis Favaron est magnifique et utile; elle aurait pu, au point où elle est, suffire à l'existence entière de deux hommes. Et cependant avec M. Favaron il ne faut point parler encore de carrière remplie; il a quarante ans à peine, il lui reste sans doute bien des années pour continuer le succès dans son beau rôle de travailleur et de mutualiste.

ARNOULD (Jean-Baptiste-Joseph-Charles), né à Reims (Marne), le 24 février 1847, Négociant en vins de Champagne, Viticulteur, Homme politique.

Adresse : Reims (Marne); et Birkadem (Algérie).

M. Ch. Arnould fit ses études successivement au lycée de Reims, puis au lycée d'Alger, où sa famille s'était rendue pour raisons de santé, et enfin au collège Sainte-Barbe, à Paris, où il eut pour maitres des hommes comme MM. Deschanel, Despois, etc., qui avaient refusé de prêter serment à l'Empire, et professaient des idées républicaines que M. Arnould prit pour guides dans sa vie.

Se destinant au commerce, M. Ch. Arnould pensa avec raison qu'il lui serait utile d'apprendre les langues étrangères les plus usuelles. Il passa, à cet effet, quelques années à Francfort-sur-le-Mein et à Londres.

En 1866, il revenait à Reims et faisait son apprentissage du commerce dans la grande maison de vins de Champagne de Saint-Marceaux et Cie. On sait qu'il est actuellement à la tête de cette importante maison, l'une des plus renommées de la Champagne.

M. Arnould est aussi propriétaire-viticulteur en Algérie, à Caïd-el-Bab, près Birkadem, où il a de magnifiques vignobles.

Dès 1869, M. Ch. Arnould, se mêla vivement au mouvement politique d'opposition contre l'Empire. Jules Simon, s'étant présenté à Reims contre le candidat officiel, le jeune homme prit une part active à la lutte électorale.

L'année suivante (1870), au moment du plébiscite, M. Ch. Arnould fut, avec M. Gustave Isambert, l'un des secrétaires du Comité rémois anti-plébiscitaire.

La guerre néfaste survint. M. Ch. Arnould, bien que réformé, s'engagea au 75e régiment de ligne et fit la campagne de la Loire. Il s'y conduisit si bravement qu'il obtint les galons de sergent.

Après la signature de la paix, M. Ch. Arnould se mêla plus que jamais au mouvement politique.

Comme secrétaire du Comité démocratique, il prit part à toutes les élections dans lesquelles le parti républicain se trouva engagé.

En 1877, après le 16 mai, M. Ch. Arnould se rangea avec le parti radical. Il fut désigné comme président du Conseil central des Comités républicains radicaux de Reims.

M. Ch. Arnould, en philosophie est un matérialiste convaincu. Conséquent avec ses opinions il refusa, en 1886, devant la Cour d'assises de la Marne, où il siégeait comme juré, de prêter le serment imposé « devant Dieu ». Il fut pour ce fait condamné à 500 fr. d'amende. Il est actuellement président de la *Ligue de la Libre Pensée* de Reims.

En 1888, M. Ch. Arnould fut nommé Conseiller municipal de sa ville natale. Il prit une part importante aux délibérations de cette Assemblée, notamment dans la discussion du budget, la laïcisation des hospices, les travaux de voirie, les questions d'enseignement, etc. Ses nombreuses occupations l'empêchèrent de demander, en 1892, le renouvellement de son mandat édilitaire.

Sur les instances du Comité radical socialiste du 4e canton de Reims, M. Ch. Arnould posa sa candidature au Conseil général pour ce canton. Il fut élu, au 2e tour de scrutin, par une belle majorité, conseiller général de la Marne, en novembre 1894.

Les opinions politiques et philosophiques de M. Ch. Arnould ont pu lui créer de nombreux adversaires, mais elles ne lui ont rien enlevé des précieuses sympathies qui l'ont toujours entouré dans la vieille cité champenoise.

WALTER-LECUYER, né le 20 février 1833, à Heidelberg (grand-duché de Bade), naturalisé Français par décret du 16 mars 1891, Constructeur d'appareils hydrothérapiques et aérothérapiques, membre de plusieurs Sociétés savantes.

Adresse : 138, rue Montmartre, Paris.

L'hydrothérapie a été d'un usage constant dès la plus haute antiquité. L'Egypte l'a connue et l'a pratiquée. Les Grecs et surtout les Romains — comme le prouvent maints passages des auteurs classiques, les ruines des Thermes répandues sur toute la surface des pays soumis à la domination latine, la renommée des stations balnéaires à l'époque d'Auguste — les Grecs et les Romains ont employé couramment les bains sous toutes leurs formes. Plus tard, les Orientaux, sous l'influence des prescriptions rituelles du Coran, ont développé à un haut point l'usage de l'hydrothérapie dans les hammams tout en fréquentant les localités qui donnaient des bains naturels.

Dans nos mœurs modernes, l'hydrothérapie ne s'est réellement implantée qu'à la suite des remarquables expériences de Priessnitz qui fut le véritable fondateur de cette science considérée comme méthode curative.

L'emploi de l'hydrothérapie a donné naissance à une importante industrie pour la création d'une infinité d'appareils spéciaux.

Depuis 1810, il existe à Paris un établissement qui, dans ce genre, s'est créé une renommée universelle. Nous voulons parler de la maison que dirige avec une si haute compétence depuis 1872, M. Walter-Lecuyer, rue Montmartre, 138.

M. Walter-Lecuyer vint en France en 1854; il entra, comme ouvrier, dans la maison Lecuyer, qui s'était déjà acquis une juste renommée dans la fabrication des appareils hydrothérapiques.

En 1871, M. Walter-Lecuyer prenait la direction de la maison qu'il devait élever au premier rang industriel.

On peut dire que cet éminent ingénieur a été un créateur, comme le fait remarquer M. Henri de Parville dans ses intéressantes *Causeries scientifiques :*

« Tout le monde, dit M. de Parville, n'a pas le loisir de se rendre chaque matin à l'établissement pour suivre un traitement régulier; et il est absolument essentiel que la douche soit prise avec persévérance si l'on veut en tirer tout le parti possible. Il fallait, pour mettre l'hydrothérapie à portée de tous, à Paris, comme en province, imaginer un appareil vraiment pratique qui permît de prendre la douche chez soi sans dérangement et sans aide; il fallait que cet appareil donnât le moyen d'obtenir sur place, sans pression d'eau, toutes les variétés de douches que l'on a à sa disposition dans les établissements, avec leur puissance de projection et leurs jets multiples. L'impulsion de l'eau et son choc sur les organes jouent un grand rôle dans le traitement selon l'affection à laquelle on est sujet; on se tromperait beaucoup en confondant la simple ablution d'eau froide avec la douche; les effets obtenus sont très différents. Un choc modéré sur la peau rend l'impression du froid moins pénible, et, en fouettant la circulation sanguine, tonifie le système d'une manière beaucoup plus active. Le jet fort, en minces filets d'eau, pique la peau et amène une révulsion puissante, un peu analogue à celle du sinapisme; dans beaucoup de cas, dans les névralgies, les migraines, les rhumes, l'action du jet est nécessaire.

« M. Walter est parvenu à condenser dans un seul appareil les principaux jets usités dans les établissements : douches en pluie, spinales, en cercles, en gros et en petit jet, en éventail, en lame, douches brisées, douches écossaises, etc. La puissance de projection atteint trois atmosphères; c'est celle qui correspond à une hauteur de réservoir de 30 mètres : en général, on se contente d'une hauteur de 10 à 20 mètres. Ce système est d'une extrême solidité, ne se dérange jamais, se démonte, se remonte sans ouvrier; une dame peut même en faire le service; on peut le disposer partout, dans une chambre, dans un cabinet; il suffit d'entourer l'appareil d'un rideau pour éviter la projection de l'eau au dehors et l'eau de la douche s'écoule dans un réservoir intérieur sans mouiller le plancher.

« Le système Walter consiste en un cylindre en tôle hermétiquement clos, dont la capacité est proportionnelle aux douches que l'on veut appliquer.

« On aspire de l'eau à l'aide la pompe, et on la refoule dans le cylindre; l'air enfermé dans cette capacité close est comprimé au fur et à mesure que l'eau y pénètre. Quand on a condensé le volume aux deux tiers, l'air n'occupe plus que le tiers du volume primitif ; l'eau est donc sous une pression de trois atmosphères; un tube de sortie plonge au bas dans l'eau, il est fermé à l'extérieur par un robinet que l'on règle à volonté; sur ce robinet s'embranchent les ajutages des douches; en ouvrant ce robinet, il est évident que l'air sous pression chasse violemment le liquide et détermine un jet puissant pendant trente ou quarante secondes, durée maximum d'une bonne douche. La projection de l'eau se maintient suffisante pour fouetter le système capillaire du malade.

« Ce n'est pas d'aujourd'hui que l'on trouve dans le commerce des appareils hydrothérapiques à pression d'air; il en existe plusieurs types. Il est peut-être utile de remarquer qu'ils diffèrent entièrement par le mode de chargement de l'appareil Walter qui lui donne toute sa valeur pratique et qui fait du reste l'objet d'un brevet.

« En effet, dans tous les autres appareils, on commence par mettre dans le cylindre l'eau à projeter, puis on comprime l'air par dessus à l'aide d'une pompe à air et non plus au moyen d'une pompe à eau. Or, l'air est compressible et ne se comporte plus comme un liquide; il faut pomper avec précaution, car un coup de piston vers la fin de l'opération pourrait déterminer une pression trop forte qui ferait éclater l'appareil; en outre l'air s'échauffe et fatigue les garnitures, le gaz s'échappe souvent par la pompe à air, qui est rapidement mise hors de service. Quand on laisse la pompe sans fonctionner quelques jours, il faut la remettre en état chaque fois, ou le chargement devient long et fatigant. La pompe à air est beaucoup trop délicate pour un appareil qui doit être mis dans les mains de tout le monde. La pompe à eau fonctionne au contraire sans dérangement, alors même qu'elle aurait été laissée sans soins. M. Walter a organisé un progrès très grand en ayant l'idée de substituer un engin facile à manier à un véritable instrument de physique délicat et d'un usage incommode et dangereux.

« C'est le côté pratique des appareils Walter que nous croyons utile de mettre en évidence et qui diffère complètement des appareils déjà construits. Il est indispensable qu'on ne fasse aucune confusion à cet égard et qu'on n'assimile entre eux tous les appareils à pression. On reproche avec raison aux appareils à air comprimé de se détériorer rapidement et d'être peu pratiques. Ces reproches s'adressent seulement aux appareils munis d'une pompe à air. Les appareils Walter sont absolument dépourvus de ces inconvénients.

« Les appareils Walter varient de forme et de grandeur suivant les douches qu'il faut appliquer, depuis 10 litres, pour douches vaginales rectales, jusqu'à 150 litres pour toutes les douches en général.

« On sait que la douche doit être prise toujours quand on a chaud; il serait imprudent de recevoir l'action de l'eau froide quand on n'est pas au moins en moiteur! la réaction se ferait mal si le corps n'avait pas chaud; l'hydrothérapie à domicile permet de choisir son heure et de ne pas attendre son tour une fois déshabillé, comme il ne survient que trop souvent dans les établissements; on arrive en sueur, on se déshabille et quelquefois on se refroidit avant de prendre la douche.

« C'est au médecin à indiquer la douche qui convient à l'affection qu'il s'agit de soigner. Le plus souvent, au début, il est bon d'éviter la douche sur la tête, et de se contenter d'une pluie générale sur le corps; il est utile de commencer par des douches très courtes, une simple aspersion de 5 à 6 secondes, jusqu'à ce que le corps soit devenu moins impressionnable à l'eau froide.

« Il résulte des observations obtenues dans les cliniques d'hydrothérapie que l'eau froide exerce une influence remarquable dans l'anémie, l'épuisement nerveux, la migraine, les différentes sortes de névralgies; on s'en sert avec succès pour combattre les rhumes persistants, les fièvres intermittentes, les faiblesses, les palpitations, l'hypocondrie, les paralysies, les contractures, certains rhumatismes, les inflammations, les congestions du foie, de la rate, des bronches, les maladies de l'estomac, les maladies d'intestin, etc. On a vu des fièvres qui avaient résisté à la quinine pendant des années disparaître comme par enchantement après quelques semaines de traitement par l'eau froide, on peut en dire autant des dysenteries, diarrhées persistantes, affections intestinales, etc.

« On ne saurait trop faire pour répandre la pratique hydrothérapique. Un professeur éminent le disait récemment et nous nous permettons de le répéter après lui : « Sous ce rapport, en mettant à la portée de tous le traitement hydrothérapique, M. Walter a rendu un véritable service à l'hygiène et à la thérapeutique. »

Encouragé par ses succès en hydrothérapie, M. Walter-Lecuyer s'est occupé également d'aérothérapie et de pneumothérapie.

Parlant des appareils imaginés par M. Walter-Lecuyer, M. le Docteur Ch. Belot de Régla écrivait récemment ;

« La pneumothérapie, c'est-à-dire la branche de la thérapeutique qui s'occupe du traitement des maladies des voies aériennes, a fait d'immenses progrès depuis qu'on est arrivé à pouvoir atteindre le siège même du mal par des moyens physiques.

« Les résultats obtenus donnent à cette partie des sciences médicales un caractère de certitude mathématique et de précision.

« Le moyen pour arriver à atteindre ce degré de précision est la gymnastique pulmonaire faite à l'aide des appareils pneumatiques.

« Et aujourd'hui, les docteurs les plus autorisés de la science les recommandent tous pour le traitement des voies respiratoires.

« L'usage de ces appareils n'est pas nouveau, mais ceux qu'on trouvait jusqu'à ce jour ne remplissaient pas le but que l'on se proposait, ce qui fait que leur manière d'emploi a été condamnée par l'éminent physiologiste Paul Bert qui en fait l'objet de sa critique dans un de ses ouvrages (*Pression barométrique*, page 1143).

« Les appareils Walter-Lecuyer, construits sur les indications du Dr Belot, ont atteint un grand degré de perfection. Pendant leur fonctionnement, ils agissent d'une manière directe sur les deux mouvements qui constituent l'acte de la respiration, c'est-à-dire le mouvement d'inspiration qui fait pénétrer l'air dans les poumons et celui d'expiration qui l'en fait sortir.

« La gymnastique pulmonaire consiste dans le perfectionnement de ces deux mouvements au moyen de cloches. La cloche d'inspiration agit comme le ferait une pompe foulante facilitant la sortie de l'air.

« Le but de ces appareils est de rendre la respiration aussi parfaite que possible, agissant séparément sur chacune des deux phases dont se compose cet acte si essentiel de la vie : l'inspiration et l'expiration ; c'est donc un agent hygiénique et thérapeutique à la fois, basé sur la gymnastique des muscles inspirateurs et expirateurs. On y peut :

« 1° Inspirer de l'air comprimé pur ou mélangé avec l'oxygène, de l'azote, de l'acide carbonique etc.

« 2° Expirer dans l'air raréfié ou dans le vide, ou encore à l'air libre.

« L'avantage des appareils Walter-Lecuyer sur tous les autres est que l'on peut faire usage de toutes les substances gazeuses, volatiles ou résineuses et qu'on peut mesurer exactement la quantité d'air ou de mélange gazeux qui pénètre pendant chaque aspiration, et le malade reste soumis à la pression atmosphérique normale. Pour faire pénétrer dans le poumon le volume d'air comprimé qui arrive avec une plus grande force, il est obligé de faire des inspirations profondes, mettant nécessairement en mouvement les muscles expirateurs.

« Le mélange respiratoire n'est pas altéré, car l'air rendu par le poumon passe dans un réservoir spécial. Le thorax, qui s'est dilaté à son maximum pendant l'inspiration, revient sur lui-même par l'expiration et l'air contenu dans le poumon est parfaitement renouvelé.

« Cette gymnastique pulmonaire ne peut donc qu'être suivie d'excellents résultats.

« Le traitement pneumatique accroît la force respiratoire en agissant séparément sur chacun des deux mouvements ; l'inspiration et l'expiration. Il amplifie la capacité pulmonaire et facilite la ventilation pulmonaire qu'il rend plus parfaite. Il sera donc indiqué toutes les fois qu'on aura à combattre un état de faiblesse des organes respiratoires, que la capacité pulmonaire se trouvera amoindrie et que la ventilation des poumons sera insuffisante. Or, comme ces états se rencontrent à un degré plus ou moins élevé dans presque toutes les affections des voies aériennes, il s'ensuit que le traitement pneumatique trouve son application dans la plus grande majorité des états pathologiques du poumon.

« Les maladies qui ont leur traitement par l'aérothérapie et l'oxyaérothérapie sont :

« 1° La faiblesse générale des organes respiratoires, la prédisposition à la phtisie, thorax peu développé, anémie.

« 2° Bronchites chroniques, catarrhes, catarrhes pulmonaires, phtisie au premier et au second degré, emphysème pulmonaire, asthme, etc. »

Partout où les appareils Walter-Lecuyer ont été présentés, ils ont obtenu les premières récompenses. Citons les suivantes : Paris, 1839 (Médaille de Bronze) ; — Paris, 1842 (Médaille d'Argent) ; — Bordeaux, 1854 (Médaille de Bronze) ; — Paris, 1855 (Mention honorable) : — Paris, 1872 (Médaille de Bronze) ; — Paris, 1878 (Médaille de Bronze) ; — Paris, 1879 (Médaille d'Or) ; — Francfort, 1881 (Médaille d'Or) ;

— Paris, 1886 (Diplôme d'Honneur); — Paris, 1887 (Diplôme d'Honneur); — Paris, 1888 (Diplôme d'Honneur); — Nice, 1884 (Médaille d'Or); — Paris, 1885 (Médaille d'Or); — Hanoï, 1887 (Médaille d'Argent); — Barcelone, 1888 (Médaille d'Or); — Paris, 1889, Exposition universelle (Médaille d'Or); — Paris, 1891 (Membre du Jury, — Hors Concours); — Paris, 1893 (Diplôme d'Honneur); — Paris, 1895 (Diplôme d'Honneur).

Depuis 1868, M. Walter-Lecuyer n'a pas pris moins de 11 brevets pour l'invention d'appareils se rattachant à l'hydrothérapie, à l'aérothérapie ou à l'inhalation des gaz. Ce sont là des états de services qui parlent d'eux-mêmes et qui font le plus grand honneur à cet inventeur distingué.

CARRÉ-PERSEVAL (Edmond-Théodore), né à Reims, le 30 avril 1851, directeur de la maison des Grands Vins de Champagne Carré-Perseval et Cᵒ.

Adresse: 50, rue Talleyrand, à Reims (Marne). — Magasins de vente et caves: 6, rue Noël, Reims; — et Rilly. — Maison à Londres: 26, Crutched Friars, E. C.

L'importante maison de champagne Carré-Perseval et Cie fut fondée près de Reims en 1803, par M. Jean-Baptiste Perseval et continuée par M. Pr. Carré-Perseval son petit-fils. Elle ne tarda pas à prendre un grand développement et à faire apprécier sa marque en France et à l'étranger. Sous la direction actuelle de M. Ed. Carré-Perseval, fils du fondateur, la maison a étendu considérablement son chiffre annuel de vente, en même temps qu'elle obtenait les plus hautes récompenses pour la qualité de ses produits.

Rappelons ses derniers succès: Médaille d'or à l'exposition d'Anvers (1888); Médaille d'or à l'exposition de Liverpool (1888); Grands Diplômes d'honneur aux expositions de Paris (1888), de Melbourne (1888-1889), de Rochefort (1898), de Bordeaux (1897).

Renommée par ses grands champagnes, la maison Carré-Perseval s'est mise hors de pair pour la préparation et la vente des champagnes hygiéniques qui sont sa propriété et sa spécialité.

Par lui-même, le vin de Champagne jouit de propriétés hygiéniques et thérapeutiques universellement reconnues. Il rend de grands services en médecine pour le rappel de l'énergie vitale dans les affaiblissements consécutifs aux hémorrhagies et aux opérations chirurgicales, dans les consomptions, la dyspepsie, dans les péritonites, dans les vomissements incoercibles de la grossesse, dans l'anémie, etc.

M. Carré-Perseval, avec la collaboration de M. le Dr Seuvre, ancien Président du corps médical de Reims, a tourné ses recherches vers la préparation de champagnes doués de propriétés hygiéniques et thérapeutiques nouvelles.

M. le Dr Seuvre, se basant sur les travaux du savant professeur Bourquelot, pharmacien en chef de l'hôpital Laënnec, sur les ferments solubles, et du professeur Albert Robin sur le traitement de la dyspepsie, entreprit de rechercher les conditions dans lesquelles la pepsine pouvait produire son maximum d'effets utiles. Il reconnut que le vin de Champagne des grands crûs est le meilleur excipient de la pepsine.

L'emploi de la pepsine extractive pure en paillettes de première qualité — la pepsine la plus active — permet d'employer des doses modérées pour obtenir cependant les effets les plus surprenants.

MM. Carré-Perseval et Cie, appliquant cette découverte du Dr Seuvre, furent bientôt en état de livrer au public le « Champagne bipepsiné » qui, expérimenté depuis dans les cliniques et les hôpitaux, a donné des résultats prodigieux; il est prescrit constamment par les maîtres de l'hygiène et de la thérapeutique.

Agréable et tonique, le « Champagne bipepsiné » de la maison Carré-Perseval et Cie est un vin eupeptique et réparateur par excellence. Contrôlé par un docteur expérimenté et additionné en proportion convenable de pepsine, digestif puissant, il combat efficacement la dyspepsie, la neurasthénie; il entretient la nutrition et rappelle l'énergie vitale. Il est excellent dans tous les autres cas qui demandent l'emploi du champagne et combat efficacement la dilatation de l'estomac et l'atonie de l'intestin. On le recommande dans les maladies graves, dans les fièvres infectieuses et dans les affections de poitrine.

Le vin de Champagne, même des grands crûs, a très souvent un peu d'acidité. Il arrive qu'après quelques jours d'usage, le malade se plaint de l'irritation de ses voies digestives. Chose curieuse, dès qu'il est pepsiné, le champagne est maître de tout acide. De plus, tout en ayant conquis de précieuses qualités hygiéniques et thérapeutiques, le champagne pepsiné Carré-Perseval ne perd rien de sa limpidité, de son aspect général, de son goût et de toutes les brillantes qualités qu'il avait avant sa préparation. Il est délicieux, avec plus de moelleux et de velouté.

Encouragés par le succès du champagne bipepsiné, MM. Carré-Perseval et Cie se sont attaqués à un autre problème qu'ils ont résolu tout aussi brillamment.

Des industriels ont lancé dans le public des vins à base de coca et de kola destinés généralement à remplacer le quinquina, la précieuse écorce américaine qui a fait ses preuves depuis longtemps. Les résultats obtenus sont très discutés.

Par contre, l'union intime du quinquina et des grands vins français est d'usage courant. Certains organismes, d'autre part, ne peuvent supporter les vins de Bordeaux et de Malaga. MM. Carré-Perseval et Cie ont songé au vin de Champagne, accepté par tous les organismes.

Voici ce qu'écrivait récemment M. Lecomte à ce sujet :

« Le Kina-Champagne, préparé par la maison de Reims que nous avons déjà citée, est un vin de choix, pétillant et léger; il est particulièrement précieux comme apéritif, pour réveiller les estomacs atones ou pour stimuler l'appétit, ainsi que comme fébrifuge, pour prévenir et maîtriser la fièvre. Il est également très recommandé comme tonique, pour combattre l'anémie, la consomption et l'affaiblissement nerveux. Mais son emploi ne s'impose pas seulement aux malades. Comme préservatif, en effet, on peut dire qu'il convient à tout le monde; car il ne s'agit pas seulement de se soigner quand on est malade, il est encore plus sage de prévenir les maladies dans la mesure du possible. Pris quelques minutes avant les repas, ou même dans l'intervalle des repas, il est d'une efficacité remarquable pour garantir des mille indispositions qui nous guettent perpétuellement. »

Comme les précédentes, cette préparation de la maison Carré-Perseval et Cie est exécutée suivant la formule du Dr Seuvre de Reims, et la dose incorporée au vin est soigneusement contrôlée.

En préparant ces vins — le champagne bipepsiné et le Kina-champagne — la maison Carré-Perseval a rendu un grand service.

Elle apporte à cette fabrication un soin méticuleux qui assure la livraison de produits de haute valeur.

Les résultats obtenus par la maison Carré-Perseval sont, comme on vient de le voir, d'une importance capitale.

La devise de la maison Carré-Perseval est : *Dieu en soit garde!*

La firme est bien gardée, car sa renommée ne fait que s'étendre chaque jour.

Et M. Carré-Perseval ne paraît pas encore avoir dit son dernier mot.

PAVIN DE LAFARGE (Joseph), né à Viviers, le 28 mai 1854 ;

PAVIN DE LAFARGE (Auguste), né à Viviers, le 3 juillet 1854, fabricants de chaux et ciments.

Adresse : Viviers (Ardèche).

Parmi les chaux les plus universellement connues, il faut citer celle du Teil. Les usines de Lafarge, au Teil, ont la réputation la plus justifiée dans ce genre d'industrie.

La montagne du Teil, qui nourrit aujourd'hui plus d'un millier d'ouvriers, dépendait en 1749 du fief de Lafarge, propriété d'un des ancêtres des Pavin de Lafarge actuels.

Les propriétés remarquables de cette pierre à chaux étaient connues seulement de quelques chaufourniers du pays.

Plusieurs des édifices du pays avaient été construits au moyen des matériaux extraits de la montagne. Parmi ces monuments, citons : l'Eglise et le Château de Saint-Victor, et le célèbre Pont-Saint-Esprit qui résiste depuis des siècles à la fureur du Rhône.

En 1830, M. Léon Pavin de Lafarge, amené par les circonstances, à s'établir à demeure dans les propriétés de la famille, agrandit les fours à chaux qui s'y trouvaient, en releva quelques-uns et en bâtit deux nouveaux. Une exploitation sérieuse commença.

M. Léon Pavin de Lafarge s'associa en 1833 avec son frère, M. Edouard de Lafarge. L'entreprise arriva à un degré de prospérité que ses fondateurs n'eussent pu prévoir.

Quand M. Edouard de Lafarge mourut en 1890, il venait de fêter ses cinquante ans de labeur ininterrompu dans un banquet fraternel qui réunissait ses 1,200 collaborateurs. Les

usines furent reprises par son fils, M. Joseph de Lafarge, et par son neveu, M. Auguste de Lafarge, qui apportèrent dans l'entreprise le concours de leur expérience et de leur compétence dans les questions commerciales et industrielles.

De 1839 à 1849, l'emploi des produits de Lafarge du Teil se généralisa dans le Midi. M. Noël, directeur des travaux pour la Marine, les employa pour les avant-cales du port de Toulon et les substitua à la pouzzolane.

Le vieux port de Marseille, le bassin de Carénage, le quai et la jetée de la Joliette, le phare de Faramarne, bénéficièrent également du développement de cette nouvelle industrie.

Dès 1859, la chaux du Teil traversait la Méditerranée pour se substituer à la pouzzolane à Alger, à l'île Rousse, à Bastia.

L'extinction et le blutage de la chaux à la sortie des fours, permirent d'employer ce produit à de longues distances. En 1848, une première machine à bluter permit de doubler la production de la chaux.

Dès l'année 1862, l'usine possédait 20 fours. Sa fabrication était d'environ 50,000 tonnes.

Le percement du canal de Suez lui donna un nouvel élan. Ses exportateurs attteignirent toutes les côtes de la Méditerranée, l'Italie, l'Espagne, la Russie et nos ports d'Afrique.

En 1866, les vieux fours construits à Alger pour cuire les pierres provenant des carrières de Lafarge, furent remplacés par une importante succursale commerciale. Enfin, avant l'année 1870, qui marqua un temps d'arrêt, on atteignit le nombre de 37 fours et une fabrication annuelle de 80,000 tonnes.

Les progrès de la science permirent d'utiliser les *gruppiers* ou résidus du blutage. L'analyse chimique révéla que ces grains de poussière, jetés au vent comme une chose sans valeur, recélaient un véritable trésor; ils avaient la composition des meilleurs ciments Portland, avec une proportion de chaux un peu plus forte, compensée par les facultés pouzzolaniques très développées des éléments vitrifiés. Ce ciment à prise lente est tout indiqué pour les travaux maritimes On l'emploie en grande quantité dans les revêtements en béton destinés à protéger nos forts contre les obus chargés des nouveaux explosifs. Il est d'une composition aussi régulière que les gangues obtenues par des mélanges préalables, et remarquable surtout par son durcissement progressif qui ne s'arrête qu'au bout de plusieurs années.

Les derniers progrès réalisés dans la fabrication des ciments par MM. Pavin de Lafarge et leurs ingénieurs, assistés de MM. Lascombe et Lubac, portèrent l'usine de Lafarge au plus haut point de prospérité.

Le 1er août 1887, l'établissement s'annexait des usines voisines, qui, tout en suivant ses procédés, lui faisaient une concurrence sensible à la fois au producteur et au public.

Le plus ancien de ces établissements annexés fut l'ancienne maison Soulié, Brunot et Cie, portant en dernier lieu le nom de *Société anonyme des Chaux et Ciments du Teil*. Cette usine, outre sa clientèle et l'expérience de ses administrateurs, apporta comme contingent à la Société 21 fours en activité, des salles d'extinction, des bluteries parfaitement installées et un embranchement spécial sur le chemin de fer. Sa production annuelle peut s'élever à 75,000 tonnes, chaux et ciments.

La *Société anonyme des Chaux de Cruas*, qui, en outre de sa propre carrière, exploitait aussi celle de l'ancienne usine Clère, fut également annexée. Aux quinze fours qu'elle possédait vinrent s'en ajouter trois autres, et le tout donne actuellement 63.000 tonnes, chaux et ciments.

La Société anonyme des chaux et ciments de Meysse fut la dernière annexée. Ses carrières, d'une exploitation facile, donnent 30,000 ton. de chaux et ciments, et ses fours, au nombre de 12, ajoutés aux 4 de la petite usine de Mélas, annexée à peu près à la même époque portèrent à 100 le nombre des fours exploités par la Société J. et A. Pavin de Lafarge.

Les procédés d'extraction employés dans ces différentes carrières sont multiples. Les principaux sont : l'abattage extraordinaire et l'abattage ordinaire.

La première méthode se fait au moyen de mines dont la charge atteint de 10,000 à 12,000 kilogrammes de poudre. Elle a le double avantage de produire un travail plus économique et d'éviter les accidents qui pourraient se produire si l'on attaquait par morceaux des bancs élevés de plus de cent mètres au-dessus de la plate-forme.

La seconde méthode s'opère à la mine Courbebaisse, à l'acide libre ou avec siphon. Elle est employée soit pour refendre les gros blocs abattus par les grandes mines, soit pour détacher de la montagne de petites masses de calcaire.

Après l'abattage vient le débitage, puis le cassage à la bourre et à la massette. Après quoi la pierre cassée en morceaux d'égale grosseur est chargée dans des wagonnets qui la conduisent aux fours.

Les fours modèles de l'usine de Lafarge sont des fours coulants à feu continu dont la hauteur a toujours été en augmentant depuis la création de l'usine.

Une fois cuite et refroidie, la première et la plus importante des opérations que doit subir la chaux est l'extinction.

Le procédé par aspersion et relèvement à la pelle, le plus ancien et le moins économique, est encore celui qui a donné les meilleurs résultats. Il se fait dans des salles couvertes, protégées contre les variations de température.

La chaux éteinte est blutée au bout de huit à quinze jours; elle passe sur une grille qui retient les morceaux trop volumineux, surcuits ou incuits; elle est ensachée dans des sacs de forte toile dont le contenu pèse exactement cinquante kilogrammes. Pour l'expédition dans les pays lointains on préfère des barils en bois variant de 160 à 250 kilog.

La chaux hydraulique de Lafarge est classée en tête des produits éminemment hydrauliques. Le commencement de la prise a lieu d'une manière à peu près constante au bout de cinq ou six heures, puis, rapidement, la pâte change de consistance, pour se durcir ensuite petit à petit, pendant un temps fort long. La fin de la prise s'obtient en quinze et vingt-quatre heures, suivant la saison et la température de l'eau.

La densité moyenne de cette chaux est de 0 k. 720 à 0 k. 800 par litre, sans tassement.

On aura une idée de sa finesse en sachant que, tamisée sur une toile de 5.000 mailles, elle laisse environ 24 p. 100 de résidus; son rendement est très grand; sa résistance à la traction ne le cède en rien à celle des chaux les plus renommées.

Ces avantages lui permettent de rendre les mêmes services que le ciment, dans tous les cas où l'on n'a pas besoin d'une prise très rapide ou d'une surface particulièrement dure et polie.

Sa conservation est facile par suite de son insensibilité à l'éventement; sa résistance à l'eau de mer et son homogénéité permettent de l'employer dans les travaux les plus délicats et les plus importants.

La chaux de Lafarge, à de très faibles dosages, donne un mortier plus résistant et plus économique qu'une chaux coûtant en apparence moins cher, mais dont on doit augmenter le dosage.

Le ciment de Lafarge, produit dérivé de la chaux, est la conquête personnelle des créateurs de cette usine et l'un des progrès les plus marquants qui y aient été réalisés.

C'est par une longue série de tâtonnements, d'expériences coûteuses, de broyages et de blutages successifs qu'on est arrivé à donner à ce produit la régularité nécessaire pour en faire un portland de première qualité, préféré à tous autres dans les travaux délicats : dallages, carreaux, mosaïques, etc. Ainsi que pour la fabrication de la chaux, on emploie dans celle du ciment, dans les usines de la Société J. et A. Pavin de Lafarge, l'outillage le plus perfectionné et le mieux en rapport avec les progrès de la science moderne. Ce produit peut aujourd'hui rivaliser avec les meilleurs ciments étrangers, sous le rapport de sa composition chimique, de sa finesse, de son rendement et de sa résistance à la traction.

Les fabricants de carreaux, mosaïques, incrustation de marbre, etc., apprécient tout particulièrement le ciment de Lafarge, tant en France qu'à l'étranger, et emploient de préférence à toute autre la qualité blanche, véritable monopole de la Société.

Celle-ci possède en outre un vaste atelier où se fabriquent des briques comprimées et des tuyaux en ciment qui sont très recherchés.

Les usines à chaux de la Société J. et A. Pavin de Lafarge sont situées dans la vallée du Rhône et le département de l'Ardèche. La population de ce beau pays est sobre, courageuse et de bonnes mœurs.

Les plus anciens ouvriers de l'usine de Lafarge, la plus importante du groupe, ont commencé, avec les pères de leurs patrons actuels, cette fabrication, alors nouvelle en France, des chaux blutées, et ont supporté courageusement les travaux toujours pénibles d'une industrie en transformation.

Les villages qu'ils habitaient ont prospéré, concurremment avec le développement croissant des usines. Beaucoup d'ouvriers sont devenus propriétaires et ont acquis une aisance inconnue de leurs ancêtres; aussi, quand le vieil ouvrier, fatigué du parcours quotidien — quelquefois fort long, — qui le mène aux usines, prend le parti de rester dans son petit domaine, il voit son fils demander avec empressement son admission dans l'atelier.

Tout contribue à maintenir les bonnes relations entre patrons et ouvriers; car si les premiers apprécient justement le dévouement et l'activité de leurs travailleurs, ceux-ci savent à qui ils doivent la mise en valeur de ces rochers dénudés, autrefois improductifs et maintenant source d'aisance pour le pays.

MARQUISE (Victor), ✠, né à Portieux (Vosges), le 10 mai 1838, fabricant de crayons en tous genres, porte-plumes et porte-mines, membre de plusieurs Sociétés industrielles, savantes, etc., membre du *Comité d'admission à l'Exposition universelle de 1900*, lauréat de nombreux concours et expositions.

Adresse : Saint-Paul-en-Jarez (Loire).

La France, avant 1872, était tributaire de l'Allemagne et de l'Angleterre pour les crayons en général et plus particulièrement pour les crayons de couleur. Depuis cette époque, nous nous sommes affranchis de ce tribut payé à l'étranger et nous avons pu à notre tour devenir exportateurs, grâce aux efforts de M. Marquise, le fondateur des grandes manufactures de Saint-Paul-en-Jarez (Loire).

M. Marquise avait servi glorieusement son pays pendant sept ans, au 2e régiment de zouaves. Il avait fait la campagne de Crimée et celles d'Afrique en qualité de sous-officier. Libéré en 1864, ayant à son actif treize campagnes, M. Marquise, qui est titulaire de la médaille coloniale, entra au service de la Compagnie Paris-Lyon-Méditerranée. Il y resta sept ans comme chef de gare.

En 1872, il fonda à Saint-Paul-en-Jarez (Loire), une petite usine pour la fabrication des crayons. Cette maison modeste ne devait pas tarder à prendre un rang important dans notre industrie nationale.

A ses débuts, M. Marquise ne fabriquait que 500 crayons par jour. Aujourd'hui, il livre journellement à la consommation 24.000 crayons et plus de 1,000 porte-plumes, porte-crayons et porte-mines or et argent et en bois.

Dans la grande lutte entreprise par les fabricants de crayons français, M. Marquise n'a jamais reculé devant aucun sacrifice, en même temps qu'il utilisait les travaux de ses devanciers, et qu'en établissant ses usines mues par trois puissantes roues hydrauliques et deux machines à vapeur, il faisait arriver sur des bases nouvelles la fabrication des crayons pierre noire, et principalement des crayons de couleurs, à un degré de perfectionnement que n'a pu atteindre ou du moins dépasser aucun de ses concurrents.

Aussi, dans chaque exposition industrielle, M. Marquise a-t-il obtenu de grandes médailles. Son œuvre a été couronnée. Le Jury de l'Exposition universelle de 1889 lui accorda la plus haute récompense (médaille d'or), bien qu'il n'eût obtenu qu'une médaille de bronze à sa première exposition de 1878. La maison Marquise s'est ainsi placée au premier rang parmi les fabricants de crayons français.

Citons parmi les autres récompenses obtenues par M. Marquise : Paris, 1878 (médaille de bronze); Paris, 1879 (médaille de vermeil); Melun, 1880 (médaille d'or); Bruxelles, 1880 (médaille d'or); *Académie Nationale* (médaille d'argent), et depuis, de la même société : médaille d'or, grand diplôme d'honneur et rappel

du grand diplôme d'honneur; Saint-Etienne, 1891 (grand prix); Tunis, 1892 (médaille d'or, grand diplôme d'honneur); Paris, 1889 (médaille d'or); Paris, 1892 (médaille d'or); Lyon, 1894 (médaille d'or).

M. Marquise est membre du Comité d'admission de l'Exposition de 1900.

Les nouveaux crayons pierre noire et couleurs sont dépourvus de toutes substances étrangères, pierres, grains, parties dures, etc.

La pointe en est solide et résistante, ce qui est un important progrès. Leur degré de dureté, de moelleux et de noir velouté est toujours le même, pour ceux en pierre noire, problème qui avait vainement occupé, pendant un siècle, les fabricants de crayons.

L'homogénéité de leur pâte est le résultat d'une fabrication soignée, de bonnes matières premières fabriquées et préparées aux usines mêmes par un procédé nouveau, particulier à la maison; elle permet d'obtenir des traits fins et surtout très veloutés.

Toutes ces propriétés sont le couronnement de l'œuvre de M. Marquise, qui s'était donné pour but d'obtenir de bons crayons et de pouvoir les livrer à la consommation à des prix abordables à toutes les bourses. La France était aussi tributaire, principalement de l'Allemagne, pour les crayons de couleurs et graphites des six nuances étrangères.

Vers l'année 1877, M. Marquise, par son travail et sa persistance dans ses nombreuses recherches, arriva à amener cette fabrication à un degré de perfectionnement tel que ses crayons de diverses couleurs et graphites à tous usages sont actuellement recherchés et demandés dans le monde entier.

La supériorité des crayons de M. Marquise est affirmée par tous les maîtres dessinateurs de notre époque. Voici ce qu'écrivait à M. Marquise l'excellent artiste parisien, M. Draner :

« Je vous remercie sincèrement des crayons que vous venez de m'adresser.

« Les crayons de couleurs me paraissent supérieurs à ceux dont je me suis servi jusqu'à présent.

« Les crayons graphites sont excellents, mais je préfère par dessus tout vos nouveaux crayons en pierre noire, avec lesquels on obtient des effets complets.

« Je n'userai désormais que de vos crayons pierre noire pour mes croquis. Ils sont d'un emploi si agréable qu'ils aident puissamment à traduire la pensée.

« Merci encore de votre envoi de spécimens et tous mes compliments pour leur perfection. »

De même, M. Mars, du *Journal amusant* :

9 décembre 1887.

« Vous avez eu l'amabilité de m'envoyer dans le courant de cet été un choix de vos excellents crayons.

« J'étais en voyage, et, avant de vous remercier, je tenais à faire l'essai de vos différents genres.

« C'est fait aujourd'hui, et j'ai hâte de vous adresser tous mes compliments.

« Toutes vos qualités me plaisent et vos graphites veloutés (bois rond mat), sont notamment, pour moi, une vraie trouvaille. Ils donnent des effets charmants. »

Voici encore l'extrait d'une lettre de M. A. Villette, artiste dessinateur.

« Grand merci de vos crayons qui ont, par ma foi, la meilleure mine du monde.

« Ils auraient fait la joie de M. Ingres, et je regrette de ne pas les avoir connus plus tôt.

« Recevez, monsieur, l'assurance de mes sentiments distingués.

A. Villette,

A l'Isle-Adam (Seine-et-Oise).

Quel chemin parcouru depuis 1872 ! Et comme pourrait s'en enorgueillir M. Marquise, si ce n'était l'homme le plus modeste du monde! L'usine de Saint-Paul-en-Jarez tiendra l'année prochaine une place d'honneur au grand tournoi international, où elle se présentera dans des conditions tout exceptionnelles. Une fois encore, l'industrie française triomphera, et MM. Marquise père et fils enregistreront un nouveau succès.

BESSERAT (Edouard-Victor), né à Ay (Marne), le 8 mai 1872, propriétaire-viticulteur, négociant en vins de Champagne, lauréat de plusieurs expositions.

Adresse : Ay (Marne).

La renommée des vins blancs de la Champagne remonte à une époque déjà bien éloignée. Il est certain qu'au moyen-âge, la faveur des grands s'était portée vers les crûs des coteaux crayeux champenois. Les rois de France et d'Angleterre s'approvisionnaient aux environs de Reims de *vin paillé* et de *vin gris*. C'était de ces deux noms qu'on désignait les produits vinicoles de la Champagne. Charles-Quint, François Ier, Henri VIII d'Angleterre peuvent être cités parmi les amateurs de *vin paillé*.

Mais, à cette époque, les grands vins de la Champagne n'étaient pas bus mousseux. Ce fut un moine de l'Abbaye de Hautvillers, dom Parignon, qui découvrit l'art de rendre mousseux et d'éclaircir le vin gris. Cette découverte fut le point de départ de la renommée universelle du champagne.

Les vins des coteaux champenois sont classés en plusieurs crûs en tête desquels figuren Ay, Bouzy, Verzenay, puis Vertus, Ambonnay, Mareuil, Cumières, Hautvillers, Dizy, Rilly, Avenay. On cultive généralement le *pineau* et le *vert doré* pour les raisins noirs, et le *mélier* pour les blancs.

Le vin doit être de bonne garde, ferme et vineux, surtout pour les réserves et pour les cuvées destinées à l'exportation.

D'autre part, la préparation du champagne, les soins apportés à sa fabrication, le choix judicieux des raisins, l'outillage perfectionné, les caves, etc., sont des facteurs importants qui assurent le succès des marques réputées.

Parmi les firmes les plus recherchées, figure depuis quelques années celle de M. Edouard Besserat, d'Ay. Cette maison de premier ordre, dirigée par le plus jeune négociant de la Champagne, a su, en peu de temps, s'imposer par la valeur de ses produits.

M. Edouard Besserat appartient à une très ancienne famille de la Champagne, originaire

BESSERAT (Edward-Victor), born at Ay (Champagne), on the 8th of May 1872 — a landowner, Champagne wine-grower and laureate at several exhibitions.

His address is : Ay (Marne), France.

The renown of white wines of Champagne arises from a very remote period.

It is a fact that in the middle-ages, the great people were particularly fond of the wines coming from the chalky hill side of Champagne. The kings of France and England made a provision of the "*vin paillé*" and "*vin gris*" from the suburbs of Rheims. The wine productions of Champagne were known by those later names. Charles the Fifth, Francis the First and Henry the Eigth of England can be cited as "*amateurs*" of "*vin paillé*".

But at that period, the Champagnes wines were never drunk in a frothy state. It was due to a monk of the Abbey of Hautvilliers, Dom Parignon, to discover the art of making the "*vin gris*" frothy and light. This dis covery was the "*point de départ*" of the universal renown of the Champagne wines.

The wines in the hilly side of Champagne are classed in several "*crûs*" or vineyards — at the head of which figure Ay, Bouzy, Verzenay, — then comes Vertus, Ambonnay, Mareuil, Cumières, Hautvillers, Dizy, Rilly, Avenay. The "*pineau*" and the "*vert doré*" are generally cultivated for black grapes, and the "*mélier*" for white ones.

The wine must be "*bonne garde*", firm and vinous, — especially for the wines in store and those in vats for the exportation.

On the other hand, great care must be taken for the fabrication : the judicious choice of grapes, first class tools, cellars, etc. — those are very important matters that assure success to renowned wines.

Among the most esteemed warehouses figures for some years back, that of Mr Edward Besserat, of Ay. This first class firm carried on by the youngest merchant of Champagne, has acquired, in a very short time, great celebrity

d'Hautvilliers, dont l'Abbaye fut, comme nous le disions plus haut, le berceau du vin célèbre.

Son père, Edmond Besserat, fonda la maison en 1842. Propriétaire de très importants vignobles, il s'occupa de spéculation. On entend par ce mot, en Champagne, la composition des cuvées qui sont ensuite revendues aux maisons d'expédition.

C'est ainsi que plusieurs marques sont celles de négociants qui n'ont jamais eu un arpent de vignobles!

Après la mort de son père, M. Edouard Besserat, qui était allé à Londres et à Hambourg, pour se perfectionner dans la connaissance de l'Anglais et de l'Allemand, et qui venait de terminer son service militaire — il est actuellement Officier de réserve — ne se contenta pas de la spéculation. Il voulut trouver un débouché aux produits de ses vignes dans l'expédition de sa propre marque, certain qu'il était de livrer à la consommation un vin authentique rivalisant avec les premiers grands crûs.

M. Edouard Besserat a vu ses efforts couronnés par le succès. Sa marque s'est imposée sur nombre de marchés dont les principaux sont l'Angleterre, l'Australie, le Transvaal, la République-Argentine, l'Indo-Chine, etc.

Paris est aussi l'un des principaux acheteurs des champagnes Edouard Besserat. La marque du jeune négociant se trouve sur la carte de tous les grands hôtels et restaurants de la Capitale fréquentés par la clientèle élégante française et étrangère : Grand-Hôtel, Hôtel Ritz, Restaurant des Ambassadeurs, Maire, Paillard, Sylvain, Café de Paris, etc.

L'établissement de M. Edouard Besserat est à Ay; il est agencé d'une façon exclusivement moderne et pratique. D'immenses berceaux de caves, passant sous les jardins, font communiquer de plain-pied les deux parties de l'établissement, le cellier de dégorgement et les halliers d'emballage, et réduisent la main-d'œuvre à sa plus simple expression.

Cette situation exceptionnelle permet à la maison Edouard Besserat de fournir par sa production et son organisation, la clientèle d'élite très étendue, dont elle a su mériter la confiance et les sympathies.

Entre autres récompenses obtenues par M. Besserat, citons : le Grand Diplôme d'honneur (Paris, 1896), la plus haute récompense accordée aux vins de Champagne et qui suffirait pour attester la valeur toute particulière des produits de la maison d'Ay.

La réception la plus cordiale est réservée aux visiteurs qui, désirant s'initier aux détails de l'industrie des vins de Champagne, s'arrêtent à Ay et viennent visiter l'établissement et les vignobles de M. Edouard Besserat.

for the value of its productions.

Mr Edward Besserat belongs to a very old family of Champagne, originally from Hautvilliers, whose Abbey — as we have already cited above — was the craddle of celebrated wines.

His father, Edmund Besserat founded the firm in 1842. A landowner of very important vineyards, he occuped himself with "*spéculation*". By this latter word, in Champagne, is understood the making of vats, which are afterwards sold again to the houses of expedition.

In this way, many "*marques*" belong to merchants who have never possessed an acre of vineyards!

After his father's death, Mr Edward Besserat, who went to London and Hambourg to acquire a thorough knowledge of English and German, and who had just finished his military service — for he is at the present moment an officer in reserve — Mr Besserat did not feel satisfied with "*spéculation*" alone; he wished to find an outlet for the productions of his wines in sending of his own "*marque*" — so sure he was that, by doing so, he would give out, for the public supply, genuine wine that could compete with the first great "*crûs*".

Mr Edward Besserat witnessed his efforts crowned with success. His wines have taken the head of many others, principally in England, Australia, the Transval, the Republic Argentine, Indo-China, etc.

Paris is also one of its principal purchasers. The young wine merchant's "*marque*" is mentioned on the bill of fare of almost all the great hotels and restaurants of the Capital frequented by rich customers both French and foreigners: the Grand Hôtel, Hôtel Ritz, Restaurant des Ambassadeurs, Maire, Sylvain, Café de Paris, etc.

Mr Edward Besserat's establishment is at Ay, and is arranged in quite a modern and practical style. An immense number of cellars pass under the gardens, and communicate on a level with the other part of the building, the clearing cellar and the package idem, and in this way shortening the manual work very considerably.

This exceptional establishment owing to its production and organisation, enables the firm of Mr Edward Besserat to extend its customers whose confidence and sympathy they have fully acquired.

Amongst other rewards obtained by Mr Besserat, let us cite : the "*grand diplôme d'honneur*" (Paris, 1896), the highest reward granted to Champagne wines, and which would suffice to testify in itself the particular value of the productions of the firm of Ay.

The most cordial welcome is granted to the visitors who wish to initiate themselves in all the details and manufactory of Champagne wine, stopping at Ay and visiting the establishment and vineyards of Mr Edward Bes-

Et c'est de grand cœur qu'en dégustant les excellents vins de réserve, ils boivent au succès toujours croissant du sympathique propriétaire et à la gloire des nobles vins de France.

serat.

And, while they are tasting the excellent wine, they will drink to the health and increasing prosperity of the genial landowner and the glory of the noble wines of France.

MAISON LÉON CARON, Couleurs, Vernis, Siccatifs et Enduits; à Paris, 58, rue du Cherche-Midi, et fabrique à Malakoff.

CARON (Léon-Charles), A. ✠, ✠, ✠, né à Vitry-sur-Seine (Seine), le 2 février 1842, industriel, membre de plusieurs sociétés savantes.

Adresse : 58, rue du Cherche-Midi, Paris. — Usine, 7, rue Parmentier, Malakoff (Seine).

M. Léon Caron succéda en 1869 à Louis Bignon dans son commerce de couleurs en détail. La maison avait été fondée en 1820 par Peulvey-Chapelle au n° 46 de la rue du Cherche-Midi et transférée plus tard, pour cause d'agrandissement, au n° 58 de la même rue.

En 1873, M. Léon Caron, dont le commerce de détail ne suffisait pas à son tempérament actif et à sa nature entreprenante, fondait au Petit-Vanves — depuis Malakoff — une fabrique de Siccatifs et d'Enduits hydrofuges dont la vogue ne devait pas tarder à répondre à ses efforts.

Avant 1870, les architectes n'avaient à leur disposition, pour parer aux effets désastreux de l'humidité sur les plâtres, les boiseries ou les peintures, que diverses préparations qui étaient loin de donner des résultats satisfaisants.

La question de l'humidité intéresse cependant au plus haut point les propriétaires et, par conséquent, les locataires soucieux de leur santé.

Aussi la science moderne — qui n'a pas dit son dernier mot, — nous habitue au confort, tout en respectant les lois de l'hygiène.

Nous sommes heureux d'en ressentir les bons effets partout où l'hygiène est répandue et quelle qu'en soit la méthode.

Les enduits hydrofuges étaient souvent considérés comme d'une importance secondaire dans le bâtiment, en raison des résultats incertains que l'on obtenait. Mais depuis la création des *Enduits Caron*, les architectes n'ont plus les mêmes préventions que leurs anciens, et ils les emploient suivant les besoins de l'assainissement.

C'est en 1871 que M. Caron, s'inspirant de l'expérience acquise par son père, ancien entrepreneur de peinture, trouva le *desideratum* des hydrofuges en appliquant industriellement l'ardoise pilée dans la préparation de son enduit qu'il appela le *Préservatif Léo* ou « Lion des Préservatifs ».

Cet enduit, dès son apparition, fit une grande sensation. Il promettait beaucoup. Son emploi ne tarda pas à se propager parmi les entrepreneurs de peinture qui accueillirent favorablement ce nouveau procédé. Contrairement à tous autres produits similaires, M. Caron élimine absolument l'huile ou les corps gras qui provoquent la saponification des peintures au contact des plâtres frais.

Ce produit, qui s'emploie à froid, a la consistance de la peinture; il sèche et durcit très vite et résiste aux acides et aux alcalis. On peut en faire l'application sur tous les matériaux.

Les services qu'il a rendus sont nombreux. Il est indispensable pour assécher les plâtres afin de permettre l'application immédiate de la peinture ou la juxtaposition des tentures.

Encore aujourd'hui, il est considéré comme étant le plus efficace ; il est toujours employé avec le même succès.

En 1876, M. Caron voulut réaliser définitivement, et d'une façon plus certaine, le problème de la peinture sur ciment et mortier. Il ajouta à son « Préservatif Léo » un autre produit qui devint son complément.

Alors parut le *Liquide Caron*, ou gluco-métallique, composé de sels métalliques combinés à un glucosé-acide

Le nouveau produit est approprié à la neutralisation des sels calcaires dont se composent les ciments. La peinture à l'huile est rendue facile et satisfait les peintres qui appréhendaient jadis, avec raison, d'exécuter des travaux de décoration sur ces matériaux.

L'accueil fait au nouveau produit démontre bien que M. Caron a enfin résolu le problème : faciliter la peinture à l'huile sur le ciment sans lui retirer aucune de ses propriétés hydrofuges.

La Compagnie P.-L.-M., qui en fit l'essai dans les bâtiments de la rue de Rambouillet, en ordonna ensuite l'emploi dans les gares de son réseau.

M. Th. Château, le regretté technologiste du bâtiment, fit un rapport élogieux de ce nouveau produit et appela l'attention des architectes et des entrepreneurs sur le *Liquide Caron* dont la renommée n'a fait que croître depuis son invention.

M. Caron, qui pensait, au début, s'en tenir à ces deux enduits, s'est vu pourtant, par la suite, obligé de créer d'autres produits réclamés par la clientèle, ou appropriés à des cas d'assainissement non prévus à l'origine.

C'est ainsi qu'il créa plus tard :

1° Son Enduit n° 2 (ou *Email Blanc)*, destiné à être appliqué sur plâtre frais et à servir de peinture finale en cas de besoin;

2° Son Enduit n° 5 (ou *Préservateur transparent)*, pour être employé sur briques apparentes et les imperméabiliser.

Nous n'avons pas à développer ici les causes de l'humidité, qui sont nombreuses et souvent dues aux matériaux, au sol, à l'emplacement des constructions, aux pluies et à divers accidents.

La Commission des Logements insalubres reconnaît elle-même l'utilité d'obvier aux inconvénients d'habiter une maison humide en indiquant divers moyens palliatifs parmi lesquels les *Enduits hydrofuges*.

C'est en se basant sur ces indications officielles que M. Caron s'est donné la tâche, aride parfois, de travailler à l'hygiène de l'habitation en n'obligeant plus les locataires à essuyer les plâtres neufs d'une maison nouvellement construite.

Par l'emploi de ses enduits appropriés, le locataire n'a plus en effet à craindre les nombreuses maladies dues à l'humidité, maladies d'autant plus pernicieuses que l'effet se fait sentir le plus souvent à l'insu des personnes qui en subissent les funestes atteintes.

Ces succès auraient pu suffire à M. Caron, mais, continuant néanmoins ses recherches, il a clos, en quelque sorte, la série de ses hydrofuges, en créant tout dernièrement un nouvel enduit spécial, qu'il nomme *Paranitre*, dont le véhicule est le Toluène (dérivé de la houille).

Nous ne pouvons dès maintenant en apprécier les qualités car il est trop récent pour juger de toutes ses propriétés; mais il paraît devoir convenir aux travaux publics, génie civil, génie militaire, ponts et chaussées, constructions navales, etc.

Il nous suffit de le signaler et de lui souhaiter le même succès qu'aux autres *Enduits Caron*.

Le Paranitre est d'une couleur noire mate; il est imperméable et résiste aux acides, même concentrés, aux alcalis, à l'urine, à l'eau de mer, au salpêtre; son application sur les fers des constructions les rend inoxydables; appliqué sous les tentures, il en empêche la moisissure et évite la décoloration et le décollage du papier. C'est de plus un antiseptique par excellence.

Les *Enduits Caron* sont portés à la série de la *Société centrale des Architectes* depuis 1887. A ce propos nous ferons remarquer un désaccord complet entre les prix portés, par erreur sans doute, dans la série et ceux que facture M. Caron aux entrepreneurs. Il y a lieu, dans l'intérêt de tout le monde, de rectifier une faute d'impression préjudiciable à la responsabilité même de l'architecte qui en ordonne l'emploi.

M. Caron fabrique à Malakoff, en dehors de ses enduits, des peintures en poudre, des peintures laquées appelées : *Emaillo-peinture* et *Ambroline*, des peintures anticorrosives, des vernis et siccatifs de toutes sortes qu'il expédie dans toute la France et à l'étranger.

M. Caron a un médaillier comprenant 22 médailles or, argent et bronze, et 8 diplômes d'honneur obtenus notamment à Paris, Lyon, Bordeaux, Blois, Le Hâvre, Toulouse, Bruxelles, Anvers, etc.

M. Caron a souvent prêté son concours officieux comme expert-arbitre dans des questions douanières et à diverses Expositions comme membre du Jury : Paris, 1886, 1888, 1890, 1893; le Hâvre, 1887; Anvers, 1896. Il fait cette année (1899) partie d'un comité parisien d'organisation de l'Exposition nationale et internationale du Mans, qui sera la dernière étape avant 1900.

Il est aidé par son fils et collaborateur, M. Henri Caron, qui continuera par la suite l'œuvre de son père en lui donnant une plus grande extension.

Bien que resté modeste commerçant, M. Caron a été récompensé de ses efforts en 1893, par sa nomination d'Officier d'Académie. De plus il est décoré des Ordres du Nicham Iftikhar et du Dragon-d'Annam qu'il a obtenus à la suite de l'Exposition d'Anvers.

M. Caron est aussi l'auteur d'ouvrages professionnels très intéressants. Son *Guide du Peintre* a été tiré à de nombreux exemplaires.

PAPELIER (Pierre-Albert), O. ✠, né à Nancy (Meurthe-et-Moselle), le 5 décembre 1845, homme politique, économiste et négociant français, député de Meurthe-et-Moselle.

Adresses : 10, avenue de l'Alma, Paris; — et, 45, avenue de la Garenne, à Nancy (Meurthe-et-Moselle).

M. Albert Papelier, après d'excellentes études classiques au lycée de Nancy, fut admis en 1865, à l'École spéciale militaire de Saint-Cyr. Sa vocation fut contrariée par une grave maladie qui obligea M. Papelier à renoncer à la carrière des armes.

M. Papelier se fit inscrire aux cours de l'Ecole de Droit. Il terminait ses études quand éclata la guerre de 1870-71. Il fit partie de l'armée assiégée dans Paris.

Après la signature de la paix, M. Papelier retourna dans sa ville natale où son père possédait une importante maison de graines fourragères et légumes secs. Sous la direction commune de MM. Papelier, la maison prit un nouveau développement. M. Albert Papelier s'ouvrit des débouchés à l'Etranger. Il fonda les « Docks Nancéens » et publia dès cette époque un certain nombre de travaux sur l'agriculture et l'économie politique, dont nous donnerons la liste plus loin. Comme conseiller municipal de la ville de Nancy, pendant dix ans, comme administrateur du Mont-de-Piété et de la Caisse d'épargne de Nancy, M. Albert Papelier avait rendu de grands services à la cause ouvrière, aussi, en 1889, les électeurs nancéens chargèrent-ils M. Papelier de les représenter à la Chambre des Députés.

Après avoir jusqu'en 1889 résisté aux sollicitations de ses amis, M. Albert Papelier se présenta aux élections législatives du 22 septembre 1889, dans la 2e circonscription de Nancy avec un programme nettement républicain progressiste et protectionniste. C'était au moment de l'agitation boulangiste. Le général Boulanger venait d'être nommé conseiller général à Nancy. Le parti du général lui opposa M. Welche, ancien ministre réactionnaire et M. Paul Adam, au 2e tour de scrutin; M. Papelier fut élu par 6,749 voix contre 4,128 obtenues par son adversaire.

Au renouvellement de la Chambre des Députés, le 20 août 1893, M. Papelier fut réélu, cette fois sans concurrent, par 8,285 suffrages.

Le 8 mai 1898, M. le Dr Baraban, conservateur, essaya de lutter contre le distingué député sortant; M. Albert Papelier fut réélu. Il obtint 8,170 voix contre 3,834 attribuées au Dr Baraban.

M. Papelier a été membre de grandes commissions parlementaires, telles que celle des Chemins de fer, de la Navigation intérieure, des Chambres d'agriculture (1890), des Patentes (1893), des Douanes, du Commerce, de Prévoyance (1898), etc.

Il a fait diverses propositions de lois ayant pour objet l'organisation d'une Caisse de retraites (1890) et d'une Caisse d'épargne-retraite (1891); il a été chargé de nombreux rapports, notamment sur la proposition de loi de M. Laisant tendant à instituer une Caisse nationale des retraites du travail (1890), sur le projet de M. Déandreis, relatif à l'admission des Syndicats d'ouvriers français aux marchés et fournitures à passer pour le compte des communes (1893). Il prit part aux discussions sur le budget des Travaux publics et sur le tarif général des Douanes (1891 et 1893), sur le régime des boissons, en faveur des bouilleurs de crû (1893), sur la réforme de la législation des patentes, la marine marchande, le budget des finances (1894); il a prononcé des discours remarqués en diverses circonstances, sur des sujets agricoles, de transport et de marine marchande. Il est vice-président de la Commission chargée d'étudier les lois nécessaires au commerce et à l'industrie.

Partisan convaincu des sociétés de secours mutuels, de prévoyance et de retraite, l'honorable député a fondé la « Prévoyance Nancéenne ». Cette société organisée d'une façon spéciale et unique en France a pour but d'encourager à la mutualité, en majorant les retraites des vieux mutualistes, et en donnant des subventions aux sociétés mutuelles en formation.

Nommé, en 1897, président de la *Société centrale d'agriculture de Meurthe-et-Moselle*, il créa l'*Assurance mutuelle contre la mortalité du bétail*, le *Crédit agricole*, et une *Société mutuelle de retraites pour les travailleurs agricoles*.

Il fit, en 1896 et en 1897, une vigoureuse et longue campagne en faveur de la défense de Nancy, campagne qui aboutit à la création du 20e corps d'armée.

M. Albert Papelier a collaboré à plusieurs journaux et revues de Paris et de la province, entre autre au *Courrier de Meurthe-et-Moselle*, ancien journal républicain de Metz. Il fut le fondateur du journal la *Navigation*, journal parisien qui s'occupe spécialement des transports par eau et de la défense des mariniers.

Parmi ses publications citons : *Situation de l'agriculture; — Grande et petite culture; — Transports français*; etc.

Membre du Comité consultatif des Chemins de fer, rapporteur du Comité du Syndicat agricole de l'Exposition universelle de 1900, M. Papelier est titulaire d'une médaille du ministère du Commerce pour ses travaux sur les Retraites ouvrières. Il a été nommé officier de l'Ordre de Léopold de Belgique, comme membre du Comité de l'Exposition internationale de Bruxelles en 1894 et comme fondateur de la *Prévoyante Nancéenne*.

M. Papelier est un fort charmant homme qui a su s'attirer de vraies sympathies dans tous les partis politiques au Parlement. Il jouit à Nancy de l'estime de tous ses concitoyens : c'est le plus bel éloge que nous en puissions faire.

PEUGEOT (Pierre-Godefroy-Armand), ✻, A. ✪ (Chevalier de la Légion d'honneur, Officier d'Académie), né à Valentigney (Doubs), le 18 juin 1847. Président du Conseil d'administration et Directeur de la *Société anonyme des Automobiles Peugeot*; industriel et homme politique français; Conseiller général du Doubs, membre de plusieurs Sociétés savantes.

Adresse : Valentigney (Doubs); — et : 83, boulevard Gouvion-Saint-Cyr, à Paris.

Après d'excellentes études secondaires, M. Armand Peugeot alla passer un an en Angleterre, dans une grande usine métallurgique de Leeds, puis il vint se fixer à Valentigney pour se préparer, sous la direction de son père, M. Émile Peugeot, à la gérance de la Société : *Les Fils Peugeot frères*. Cette Société, créée en 1849 sous la raison sociale Peugeot frères, exploite à Valentigney, Beaulieu et Terre-Blanche, trois grandes usines pour la fabrication des scies, aciers laminés, outils de toutes sortes, fourches en acier, ressorts, etc., etc.

En 1875, M. Armand Peugeot devint l'un des gérants de cette importante entreprise et contribua pour une large part au développement de l'affaire.

Il fut le créateur de la branche d'industrie des Vélocipèdes (1885). L'organisation des ateliers spéciaux pour cette fabrication à l'usine de Beaulieu est son œuvre. Cette usine est, à l'heure actuelle, des plus importantes, sinon la plus importante, des fabriques françaises de Vélocipèdes. Elle occupe plus de 500 ouvriers.

Dès 1888, il commença à étudier la question des Voitures automobiles. Il fabriqua à cette époque plusieurs véhicules munis du moteur et du générateur Serpollet. Les premiers essais ne donnèrent pas de résultats satisfaisants, et ce n'est que deux ans après que, de concert avec M. Levasseur, il fit l'application à la locomotive sur routes, des moteurs à essence de pétrole, système Davimler, fabriqués par M. M. Panhard et Levassor.

De cette époque (1892-1893), datent les premiers succès des voitures Peugeot,

En 1894, le 1er prix de la course d'automobiles Paris-Rouen, organisée par le *Petit Journal*, fut partagé entre la maison Peugeot et la maison Panhard et Levassor.

Tout en fabriquant des voitures actionnées par le moteur Davimler, M. Armand Peugeot, voulant à tout prix rendre son industrie absolument indépendante, étudiait un moteur horizontal à essence de pétrole. Ce moteur, breveté en 1895-1896, fut depuis cette époque appliqué aux voitures Peugeot avec un plein succès.

Le développement de la nouvelle industrie fut si important et si rapide qu'en 1896, la nécessité se fit sentir d'en faire l'objet d'une affaire spéciale.

M. Armand Peugeot la reprit pour son compte personnel, et en fit l'apport à la *Société des Automobiles Peugeot* créée à cet effet (octobre 1896).

Il quitta alors la gérance de la *Société des Fils de Peugeot frères*, pour se consacrer exclusivement aux automobiles.

Une usine nouvelle fut construite à Audincourt et, le 12 avril 1897, elle fut mise en activité.

Cette usine a pris rapidement un grand développement.

Au début les ateliers et magasins occupaient environ 4,000 mètres de surface couverte, avec 120 ouvriers.

Le 1er janvier 1899 cette surface était portée à plus de 8,000 mètres. Le nombre d'ouvriers occupés à cette époque était de 350, et il va toujours en augmentant. La production étant encore insuffisante, une deuxième usine fut créée à Lille (Nord), rue de Flers, en 1898. Le nouvel établissement occupait déjà, en janvier 1899, 150 ouvriers, et ses ateliers couvraient une superficie de 2,500 mètres.

La production de tous ces établissements a atteint en janvier 1890, 30 voitures par mois et va en s'augmentant continuellement. Dans toutes les courses d'automobiles qui ont eu lieu, les voitures Peugeot se sont toujours classées dans les premiers rangs. Mais depuis 1899 elles ont conquis avec une supériorité considérable, la première place.

Dans la course de Nice-Castellane (mars 1899), une voiture Peugeot, actionnée par un moteur de 20 chevaux, et dont le poids total ne dépassait pas 1,100 kilogs, a marché, conduite par M. A. Lemaitre, d'Ay, avec une vitesse qui n'avait jamais été atteinte auparavant par des véhicules à pétrole.

Cette voiture a gravi la côte de Nice à la Turbie (16 kilomètres, avec des déclivités de 10 à 11 0/0), à la vitesse de 40 kilomètres à l'heure.

Elle a atteint dans une épreuve de vitesse sur la Promenade des Anglais à Nice, l'allure de 76 kilomètres à l'heure.

Ce sont là des résultats tout à fait remarquables, et qui placent M. A. Peugeot au premier rang dans l'industrie des voitures automobiles.

Ses usines sont outillées pour faire la voiture complètement. Elles comprennent, à côté des ateliers de mécanique, des ateliers pour la carrosserie et l'achèvement complet des véhicules. Ce sont les seules en France qui soient organisées de cette façon.

En dehors de son activité industrielle proprement dite, M. A. Peugeot s'est occupé depuis sa jeunesse de toutes les questions d'économie sociale qui sont à l'ordre du jour : *Sociétés coopératives de consommation, Caisses des retraites pour les ouvriers, Sociétés de secours mutuels*, etc., etc.

Il a créé à Valentigney et à Audincourt des sociétés coopératives immobilières qui ont contribué largement à augmenter le bien-être de la population ouvrière.

Il a inscrit dans les statuts de la *Société des Automobiles Peugeot* une clause qui réserve une part des bénéfices pour la création d'institutions patronales.

Il est Maire de la commune de Valentigney depuis 1886, et Conseiller général du canton d'Audincourt depuis 1892.

Il a été pendant six ans Président de la Chambre syndicale des Fabricants français de Vélocipèdes. Il est Président de la Chambre syndicale des Industries métallurgiques de l'Est.

M. Peugeot est également membre de la *Société des Ingénieurs civils de France*, membre du *Comité de l'Automobile-Club de France*, membre de diverses sociétés savantes et d'économie sociale.

M. Peugeot a été nommé Chevalier de la Légion d'honneur en 1889, Officier d'Académie en 1886.

La *Société d'Automobiles Peugeot* qu'il a créée n'est encore qu'à ses débuts, mais elle a devant elle un grand avenir. Elle contribuera largement à développer en France l'industrie de l'automobile, industrie dans laquelle notre pays, grâce surtout à M. A. Peugeot et au regretté M. Levassor, a conquis dès le début une place absolument prépondérante.

DAISSON (Jules-Gérard), ✠, né à Gujan (Gironde) le 7 mars 1852, écrivain, musicien, collectionneur, membre de plusieurs sociétés artistiques et littéraires, administrateur délégué de la *Société des Charbonnages de l'Esera*.

Adresse : 17, rue Drouot ; Paris.

M. Jules-Gérard Daisson, enfant du beau pays de Guyenne, a conservé les usages, les habitudes, les traditions d'urbanité et de travail qui distinguent ses compatriotes, et qui accompagnent en lui un esprit vif, alerte, primesautier, une intelligence ouverte à tous les progrès, et, surtout, une bonté native, compatissante à toutes les infortunes, que ne peut rebuter l'ingratitude la plus noire.

Ses études terminées, M. Daisson comprit que par le travail seul, l'homme s'élève dans la société. Il prit la résolution de se vouer au labeur et à l'étude. Et cette résolution, il l'a tenue.

En dehors de ses occupations industrielles et commerciales, il a cultivé avec un égal succès les études économiques et historiques, les lettres et la musique. Les œuvres de charité ont toujours trouvé en lui un protecteur dévoué.

Républicain sincère, ami de l'ordre et de la

liberté sans licence, M. Daisson délaissa la politique et fonda tout d'abord une maison de banque importante. Il engagea ensuite ses capitaux dans de nombreuses entreprises industrielles : Usines, Carrières, Pétroles, Chemins de fer, pour arriver à la constitution de la *Société des Charbonnages de l'Esera*, dont il est actuellement l'Administrateur-Délégué à Paris.

M. Daisson est le fils de ses œuvres. C'est un travailleur dans toute l'acception du mot. C'est aussi un modeste — ce qui ajoute à ses qualités naturelles de bonté et d'équité. Dans ses nombreuses entreprises, au lieu de conserver pour lui seul la part du lion, il a toujours remis à ses collaborateurs la plus forte partie des bénéfices obtenus par son intelligence des affaires.

Les chiffres, les bordereaux, plans ou devis, ne pouvaient suffire à une imagination constamment en éveil, toujours à la recherche du « mieux ». Aussi, après être devenu un collectionneur émérite recherchant surtout les vieux maîtres des Ecoles italienne et espagnole, M. Daisson faisait-il apprécier dans les salons son mérite de musicien.

Dans les cérémonies religieuses, ses compositions d'orgue lui valurent les chaleureux remerciements des auditeurs de ses morceaux. *La Foi* eut, notamment, un réel succès.

La littérature l'attirait comme la musique. Dans des études scientifiques de haute portée, il publiait pour les délicats son remarquable ouvrage du *Psychisme féminin*, qui résoud — à son avis — les grands problèmes de la morale et de la religion.

Comme poète, il donnait *Mes Souvenirs*, où se rencontrent souvent des pièces d'une belle envolée poétique : *L'Agonie du Pauvre*, *Le Tumulus*, *Mon Ame*, *les Fleurs bleues*, vantées par une Muse aujourd'hui disparue, mais alors dans tout l'éclat de sa gloire.

Parmi ses ouvrages d'érudition, citons : *Le Dernier des Bénédictins*, travail original sur le « *Beau dans la Nature* ».

Au point de vue historique, signalons son *Résumé satirique de l'Empire des Napoléon*; et *La Reine Christine d'Espagne*, qui lui valut les remerciements de S. M. Catholique et une haute distinction honorifique.

On doit encore à M. Daisson une importante étude économique sur le *Travail* et un ouvrage historique sur *La Monarchie au Brésil et au Portugal*, qui lui valut de l'empereur Don Pedro de chaleureuses félicitations. On voit par ce résumé forcément écourté que c'est une existence bien remplie que celle de cet homme voué au travail dès son enfance, de ce modeste et de ce sympathique que ses amis seuls savent apprécier, de ce philanthrope qui ne recherche point le bruit, mais ne laisse passer aucune occasion de manifester sa charité.

En ce monde, un des meilleurs moyens d'être utile c'est de compatir aux souffrances des humbles, c'est de faire le bien en se hâtant, c'est d'oublier le lendemain ce que le cœur a dicté la veille. M. Daisson l'a compris. Il doit en être félicité. Son socialisme est du socialisme pratique. Si ses imitateurs étaient la majorité, la question sociale serait bien près d'être résolue.

COLLARD (Léon), né à Saint-Germain-la-Ville (Marne), le 28 novembre 1856, agriculteur, fabricant de Blanc de Craie de Champagne, érudit, membre de la *Société académique de la Marne*.

Adresse : Saint-Germain-la-Ville (Marne).

M. Léon Collard appartient à une honorable famille établie à Saint-Germain-la-Ville, depuis le commencement de ce siècle. Son grand-père, Sébastien Collard (1794-1883), né à Vilseneux, fut instituteur à Saint-Germain de 1818 à 1855. Son père, Alexandre Collard, comme conseiller municipal de Saint-Germain de 1860 à 1892, réélu conseiller le 10 mai 1896, et comme maire de 1871 à 1888 a rendu de grands services à la commune. On lui doit une école de garçons (1879), le pont sur la Marne entre Saint-Germain et Mairy (1883), le chemin vicinal entre ces deux communes (1884), le bureau télégraphique (1885) et la halte du chemin de fer de l'Est (1887). Agriculteur émérite, il développa, dès 1856, l'exploitation de ses parents et contribua à la prospérité des cultivateurs de la vallée de la Marne en écoulant sur Paris le lait de leurs fermes. En 1873, il fonda une importante usine à vapeur pour la fabrication du blanc de craie de Champagne. Le 23 août 1888, la *Société académique de la Marne* lui décerna une médaille d'argent pour le récompenser de la bonne qualité des produits de son usine.

Ajoutons aussi ces titres qui honorent M. Collard père :

Délégué cantonal pour l'instruction primaire, depuis 1878; — Membre fondateur de la Caisse d'épargne (Succursale de Pogny), en 1876. — En 1873, il a fondé la fanfare *Les Enfants de la Marne*, dont il reste président. — En 1879 a fondé la Société de Secours Mutuels dite des *Sapeurs-Pompiers de Saint-Germain-la-Ville* dont il est toujours le Président; par décret du 14 juillet 1892, une mention honorable lui a été accordée pour le récompenser de ses bons efforts pour la prospérité de la Société. Membre du Comité d'organisation de l'Exposition universelle de 1900 (Comité de l'arrondissement de Châlons-sur-Marne). — Nomination du Ministre du Commerce du 30 octobre 1896.

Lors de la guerre 1870-1871, M. Collard a fait partie du Comité de la Défense nationale pour le département de la Marne, et il a dirigé le déraillement de Montjalons, près Châlons-sur-Marne.

M. Léon Collard fit ses études au collège de Châlons-sur-Marne. Il y obtint de nombreux succès. Le 28 octobre 1875, il fut reçu bachelier ès-lettres par la Faculté de Nancy.

Quelques jours plus tard (le 2 novembre 1875), il entrait au 8e régiment d'artillerie, en qualité d'engagé conditionnel. Il en sortit dans les premiers rangs, ce qui lui a valu le grade d'officier de l'Armée territoriale. (Il est actuellement lieutenant au 6e régiment territorial d'artillerie.)

M. Léon Collard a été, depuis cette époque, le collaborateur de son père dans son exploitation agricole et dans son usine de blanc de craie de Champagne.

Les progrès qu'il a réalisés dans la fabrication industrielle de ce dernier produit lui ont valu une médaille de bronze à l'Exposition universelle de 1889, dans la section des blancs minéraux. — Médaille d'argent (Exposition universelle, Anvers, 1894).

M. Léon Collard emploie ses rares loisirs à des travaux littéraires et historiques qui lui ont valu d'être élu, le 15 février 1886, membre de la *Société académique de la Marne*.

Le passé de sa commune natale a été l'objet de ses recherches. Avec beaucoup de bons esprits, il a pensé que chaque commune de France doit avoir son histoire, et que ce sont ces histoires locales qui seules permettront de tracer le tableau exact de l'histoire provinciale et, partant, de la grande histoire nationale. Il a dépouillé les archives de Saint-Germain, les minutes des notaires, les documents conservés dans les manuscrits, il a interrogé les vieillards et et a pu, enfin, publier, en 1887, une *Histoire de Saint-Germain-la-Ville* (1 vol. in-8°) qui a été l'objet de nombreuses appréciations élogieuses et qui peut servir de modèle pour des monographies locales.

Il a collaboré à la fondation de la *Ligue agricole de la Marne*, dont, pendant de nombreuses années, il a été le dévoué et désintéressé trésorier.

REDFERN (Charles Poynter), né dans le sud de l'Angleterre, le 23 juillet 1853; Directeur de la Maison Redfern; Tailleur-couturier breveté de toutes les cours d'Europe.

Adresse : 242, rue de Rivoli, Paris. — et Londres.

La Maison Redfern a été fondée en 1842, dans l'île de Wight (Angleterre), par M. John Redfern, homme de goût et de haute intelligence, qui ne tarda pas à attirer la clientèle aristocratique de la Grande-Bretagne.

Peu après la fondation de la maison, M. Redfern obtenait la haute faveur d'habiller la Reine. Ce début sensationnel détermina le genre de clientèle que devait adopter la maison.

Quelques années s'étaient à peine écoulées, que M. Redfern comptait pour clientes tous les personnages des cours de l'Europe en relations avec l'Angleterre.

Les succès de la maison engagèrent, en 1881, M. Charles-Poynter Redfern, le directeur actuel de la maison de Paris, à fonder l'établissement merveilleux de la rue de Rivoli.

Depuis l'installation de la maison française, les autres cours de l'Europe sont venues se grouper autour des premières, de sorte que, aujourd'hui, il est acquis que la maison Redfern est bien le « Fournisseur breveté de toutes les Cours d'Europe. »

La maison Redfern de Paris s'est formée depuis son début, c'est-à-dire depuis dix-huit ans, en maison française unique en son genre, car elle a su allier les choses simples et unies, qui sont une spécialité propre à l'Angleterre, avec tout ce qui est artistique et du goût le plus parisien.

Aujourd'hui, le nom de Redfern est devenu une autorité absolue, incontestée, autant sur la question du goût dans l'art de l'habillement de la femme, que dans la correction de l'essayage.

La maison de Paris emploie environ cinq cents personnes, presque toutes françaises. Ses salons sont merveilleux en leur riche simplicité, leur ornementation fleurie de palmiers et de plantes exotiques.

Le loyer dépasse le chiffre annuel de 100.000 francs, ce qui dit l'importance de cette maison, située dans le cœur de Paris, à l'extrémité de la rue de Rivoli, à proximité des grands hôtels et des quartiers aristocratiques et mondains.

La maison Redfern s'étend de la rue de Rivoli à la rue du Mont-Thabor.

L'hiver, elle a trois succursales sur la Côte d'Azur, à Nice, Cannes et Monte-Carlo, ce qui lui permet ainsi d'accompagner ses clientes, de leur éviter des dérangements et d'être toujours à leur disposition dans les cas imprévus.

Citer ces clientes ce serait établir l'annuaire

de la Haute Société du monde entier. A chaque saison, les créations nouvelles de Redfern font sensation dans les fêtes, les réunions sportives, les solennités mondaines ou officielles. L'hiver, il transforme les fourrures de Sibérie et du Canada en vêtements d'une coupe, d'une élégance et d'une richesse hors ligne.

M. Redfern, sous l'apparence froide de l'Anglais, est tout ce qu'il y a de plus Français dans l'âme, aussi bien comme commerçant que comme homme privé.

Nous pouvons même ajouter que l'homme mondain ne le cède en rien au plus raffiné de nos Parisiens.

Au point de vue commercial, il mérite les remerciements de toutes les ouvrières en couture, car, depuis que la maison est fondée et longtemps avant que la loi fût votée, il n'a pas fait veiller.

Il savait, en Anglais pratique, que l'on ne peut demander un bon travail irréprochable en exigeant un surmenage, surtout lorsqu'il s'agit de cet être nerveux qu'est la femme.

Lorsqu'il fut question d'élaborer la loi réglant le travail des femmes et des ouvriers, M. Redfern, consulté, déclara qu'il était possible de faire exécuter les ordres sans demander de veiller.

Ce fait prouve les sentiments humanitaires de cet homme de valeur que nous sommes heureux d'avoir parmi nous et de présenter à nos lecteurs, et dont le beau rôle consiste à donner, par un travail sagement réparti, le moyen de vivre à un si grand nombre d'abeilles de notre grande ruche parisienne.

MANUFACTURE DE CÉRAMIQUE de la GRANDE MAISON de *Loc-Maria-Quimper* (Finistère). — Grès, Poteries, Terres cuites, Faïences artistiques et ordinaires. Récompenses aux Expositions de Paris : 1844, 1849, 1876 (Mentions honorables); Mayenne : 1855; Paris, 1878; Paris, 1889; Vannes, 1892 (Médailles, Diplômes d'honneur).

Mme DE LA HUBAUDIÈRE, née MALHERBE DE LA BOUÉXIÈRE, propriétaire de l'ancienne et importante manufacture de faïences, grès et poteries connue dans l'histoire de la Céramique sous le nom de Loc-Maria ou de Quimper, dite de la *Grande Maison*, fondée, Grès, Poteries et Terres cuites vers 1420, et pour la Faïence vers 1652.

Adresse : Loc-Maria, Quimper (Finistère).

En 1882, Mme de la Hubaudière devint seule propriétaire de l'importante Manufacture céramique de la Grande Maison de Loc-Maria-Quimper. Sa première éducation, faite en grande partie au Sacré-Cœur de Rennes, n'avait point été dirigée pour les soucis du commerce et des affaires. Aussi pensa-t-elle à faire une liquidation générale de l'industrie qui lui échéait d'une façon inattendue.

A cette nouvelle, l'émotion causée parmi les ouvriers fut aussi immense que douloureuse.

Eux, qui travaillaient de père en fils depuis des siècles à cette importante industrie, sans les soucis du lendemain, qu'allaient-ils devenir? Ils vinrent en corps, les larmes aux yeux, se jeter aux pieds de Mme de la Hubaudière; ils la prièrent, la conjurèrent de ne pas les réduire à la misère, et, avec eux, leurs enfants; ils lui affirmèrent qu'ils la mettraient au courant du métier et que jamais elle n'aurait à se plaindre de ses modestes collaborateurs.

Mme de la Hubaudière, mère elle-même d'un fils de 17 mois, fut émue de la misère que sa décision allait provoquer et, courageusement, elle se mit au travail journalier de la Manufacture, ainsi qu'à l'étude de la fabrication, de la comptabilité et des notions les plus urgentes du droit commercial.

L'année suivante, en 1883, Mme de la Hubaudière créait un nouveau décor, dit *Breton*, reproduisant dans leur poésie et leur ingénuité les anciens costumes du pays sur une masse de bibelots et d'objets d'usage journalier dont il est inutile ici de décrire la vogue, le public leur ayant fait un accueil enthousiaste.

Toutes ces faïences sont marquées **HB**, marque connue depuis plus d'un siècle et déposée au Tribunal de Commerce en conformité de la loi de 1846 et des lois suivantes sur la matière.

Malgré toutes ces précautions, certains fabricants indélicats ont poussé l'audace jusqu'à contrefaire cette marque par l'adjonction d'une lettre similaire pouvant tromper la bonne foi du public.

Mme de la Hubaudière dut poursuivre les contrefacteurs devant les tribunaux compétents, qui lui ont tous rendu justice.

Ce qui caractérise la faïence actuelle de la

Manufacture de la Grande Maison de Loc-Maria-Quimper, c'est son émail d'un blanc d'ivoire pour les pièces dites *à la Bretonne*, ainsi que la pièce de service de table; et, l'émail légèrement verdâtre pour la pièce de style genre Rouen, Moustier, Delft, Marseille, Strasbourg, Oiron.

Tous les historiens céramistes de nos jours, Garnier, Champfleury, Ris-Paquot, Brongniard, Jacquemard, Le Meu, etc., parlent dans leurs publications de cette célèbre industrie sans s'être cependant donné la peine d'en compulser les manuscrits, les titres et les plans; de sorte que beaucoup d'erreurs se sont ainsi propagées par tradition.

La fabrique dite « de Rouen » est continuée d'après un manuscrit laissé par Pierre-Clément de Caussy (1739), propriétaire de la Manufacture de Loc-Maria de Quimper, dite de la Grande Maison, et dont le père, Antoine-Jean de Caussy, était directeur à Rouen de la Manufacture du Roy.

D'après des lettres patentes de 1764, il est dit : « *Que noble homme de Caussy*, ayant donné une grande extension à sa manufacture de Quimper, en a été récompensé par l'abandon qui lui a été fait par le duc de Penthièvre, *à titre de féage*, de tous les vases et marais bordant l'Odet à Quimper, jusqu'au niveau des eaux du grand flot de Mars, et ce, pour le remercier de tous ses travaux qui ont été avantageux aux malheureux habitants de ce canton de la Province de Bretagne, qui employés dans cette manufacture en grand nombre, ont trouvé par ce travail, une subsistance aisée, tandis qu'auparavant, *ils languissoient dans dans la misère*.

« L'extension que le sieur de Caussy a donné à sa manufacture, a encore été d'une utilité plus directe au Gouvernement, puisque par là il s'est mis en état de fournir à la marine du Roy toute la poterie commune nécessaire au port de Brest, qui, auparavant, tiroit à grands frais ces articles de la Manufacture de Rouen ».

D'autre part, dans un acte de vente datant de 1725, il est dit : « Que la Manufacture de Loc-Maria-Quimper étoit une des plus importantes du Royaume et qu'on y travaille à l'instar de Rouen, Marseille et autres lieux ».

En redonnant un nouvel éclat à la Manufacture de Loc-Maria-Quimper, dite de la Grande Maison, Mme de la Hubaudière a rendu un service signalé tant à l'art du céramiste qu'aux ouvriers et au commerce du pays.

La façon toute maternelle dont les ouvriers y sont traités a constitué autour des propriétaires actuels comme une nouvelle famille.

Jamais un apprentissage n'est payé par l'ouvrier.

Mme de la Hubaudière forme tous ses ouvriers et elle paye de suite la pièce assez bien faite pour avoir mérité d'être classée dans les rayons de vente.

Il y a d'ailleurs dans son établissement bon nombre d'ouvriers qui y travaillent depuis 62, 58, 56, 45, 32 ans, etc., etc.

Chaque année, les ouvriers de tous les groupes de service souhaitent la fête patronale aux propriétaires de la maison, et la galerie des anciens modèles est ce jour-là, décorée de bouquets et de plantes vertes, hommage du personnel à leur patronne.

Le soir un lunch leur est offert dans la charmille, et les souhaits de longue vie, les chants et souvent le biniou et les danses donnent leur note locale à cette fête de famille. Le lendemain une Messe est chantée pour les patrons et ouvriers morts et pour demander à Dieu le travail et la prospérité pour la Maison.

Cette belle entente des ouvriers et des patrons n'est-elle pas réconfortante en cette fin de siècle qui voit les luttes ardentes du prolétariat et des employeurs?

Nous en félicitons la propriétaire d[illegible]a Manufacture de la Grande Maison qui [illegible]t pas qu'une femme de cœur, mais qui [illegible]rait encore se glorifier d'être une artiste céramiste accomplie. Les collectionneurs ne nous contrediront pas.

LEPRINCE (Dr Maurice), A. [illegible], né à Paris le 18 février 1850, Docteur en médecine, Pharmacien de 1re classe, ancien Interne des Hôpitaux, Lauréat des Hôpitaux et de l'Ecole de Pharmacie de Paris, Membre correspondant de la *Société de Pharmacie de Paris*, de la *Société de Médecine légale de France*, de la *Société Chimique de Paris*, etc., Inventeur et Préparateur de la *Cascarine Leprince*.

Adresse : 24, rue Singer (Passy), Paris.

M. Maurice Leprince se fit inscrire à l'Ecole Supérieure de Pharmacie de Paris en 1877. Il en sortit avec son diplôme de Pharmacien de 1re classe et s'installa à Bourges (Cher), où il ne tarda pas à se créer une situation exceptionnelle par ses travaux, son dévouement et le concours empressé qu'il apporta aux médecins du pays et à l'Administration.

C'est ainsi qu'il remplit pendant dix-huit ans (1877-1895), les fonctions d'Expert-Chimiste près la Cour d'Appel, de Membre du Conseil central d'Hygiène, et, pendant dix ans, celles d'Inspecteur des Pharmacies (1885-1895).

M. Leprince eut l'occasion de rendre de nombreux services à plusieurs sociétés d'utilité générale qui le comptaient parmi leurs membres et dans le bureau desquelles il occupa à diverses reprises les fonctions de Vice-Président : *Société d'Horticulture et de Viticulture; Société de Pisciculture; Société Historique et Scientifique du Centre*, etc.

Il était en même temps admis parmi les membres des grandes sociétés savantes de la Capitale : *Société de Pharmacie de Paris; Société de Médecine légale de France; Société Chimique de Paris*, etc.; et il adressait à ces associations des notes et mémoires remarqués.

Les travaux publiés par M. Maurice Leprince

sont aussi nombreux qu'importants. Ils ont trait à des questions de Chimie agricole et de Pharmacie, à la falsification de divers produits, notamment du thé, enfin à l'étude du *Rhamnus Purshiana* ou *Cascara sagrada* (Ecorce sacrée), plante de Californie dont nous étudierons plus loin les propriétés, et dont M. Leprince parvint à isoler le principe utile, la *Cascarine*.

Ce corps fut l'objet d'un travail thérapeutique qui fut présenté à l'*Académie de Médecine*, à la séance du 14 juin 1892, et à l'*Académie des Sciences* (Cf. *Comptes rendus de l'Académie des Sciences)*, à la séance du 1er août 1892.

En 1889, M. Leprince fut un des exposants de la Collectivité scientifique. La Collectivité obtint une Médaille d'or et M. Leprince fut nommé Officier d'Académie.

La " Cascarine Leprince ", l'un des *composants* du *Rhamnus Purshiana*, est devenue une spécialité pharmaceutique; son succès sans précédent obligea M. Leprince à quitter Bourges pour venir installer, rue Singer, à Paris-Passy, une usine actuellement trop petite pour satisfaire aux demandes du monde entier.

Parmi les récompenses obtenues par M. Maurice Leprince, nous citerons :

Paris, 1887 (Médaille d'or); — Orléans, 1891 (Médaille de vermeil); — Exposition universelle de Lyon, 1894 (Médaille d'argent); — Exposition universelle de Bruxelles, 1897 (Médaille d'or); — Exposition Internationale de Rochefort, 1898 (Membre du Jury); — Exposition de Poitiers, 1899 (Membre du Jury).

M. Maurice Leprince publie, au moment où paraissent ces lignes, sa thèse pour le doctorat en médecine, intitulée : *La Puberté masculine au point de vue médico-légal*.

Après ces brèves notes biographiques, il nous paraît intéressant de rappeler rapidement l'histoire de la *Cascara* et de son dérivé, la *Cascarine*, dont l'usage thérapeutique s'est répandu avec une rapidité merveilleuse en ces dernières années.

Nous empruntons les éléments de ces notes à un travail intitulé : *Contribution à l'étude de la Cascarine*, paru récemment.

De temps immémorial, les indigènes de la Californie ont employé, pour combattre la constipation, l'écorce d'une plante appartenant à la famille des Rhamnées, étudiée sur place en 1881 par le botaniste allemand Frédéric Pursh, et qui a reçu plus tard le nom de *Rhamnus Purshiana*. Cette écorce leur paraissait douée de propriétés si précieuses qu'ils la désignaient sous le nom de *Cascara sagrada* (Ecorce sacrée).

Introduite dans la thérapeutique, en 1877, par le docteur Bundy, de Calusa (Californie), elle fut étudiée à nouveau en Amérique par les docteurs Pearse et Hansen; en France, par Landowski, par Dujardin-Beaumetz (Hôpital Cochin) et par Eymeri, son élève, qui fit de l'étude de cette écorce l'objet de sa thèse inaugurale.

Toutes les expériences thérapeutiques furent instituées tout d'abord avec les extraits fluides ou la poudre de la drogue, dont le débit était assez considérable pour qu'en 1890, on pût évaluer à cinq mille livres anglaises la consommation annuelle de la « Cascara sagrada ».

Il y avait lieu de penser que cette énorme quantité d'écorce ne provenait pas seulement du *Rhamnus Purshiana*, d'autant plus que les extraits, bien que préparés de la même façon, ne donnaient pas tous des résultats semblables.

L'analyse chimique de cette écorce s'imposait donc dans le but de connaître le ou les principes actifs qu'elle renferme, et ceux-ci, une fois isolés, avec leurs caractères chimiques nettement définis, de les soumettre à l'investigation thérapeutique pour connaître leurs véritables propriétés.

Après Prescott, Limousin, Wenzel, Meier, Leroy-Webber et Ecclès, qui n'étaient pas parvenus à isoler le corps parfaitement défini, principe utile de l'écorce, M. Maurice Leprince fut plus heureux. Il découvrit la *Cascarine* et put l'isoler par un procédé qu'il communiqua à l'*Académie des Sciences*, et qui fut inséré dans les Comptes-Rendus du 1er août 1892 (T. CX, p. 286 et suiv.).

La Cascarine, dont la formule est représentée par $C^{12}H^{10}O^{5}$ se présente sous forme d'aiguilles prismatiques, d'un jaune orange, dont l'intensité varie suivant le degré d'hydratation.

Elle est inodore, insipide, soluble en rouge pourpre foncé dans la potasse et les solutions alcalines, insoluble dans l'eau, soluble dans l'alcool pur, l'alcool éthéré, moins soluble dans le chloroforme.

Vers 280° elle brunit pour entrer en fusion

et se décomposer à 300°, en laissant un résidu charbonneux. Traitée à chaud par la potasse et épurée par l'eau, après refroidissement, la solution aqueuse, acidulée d'acide sulfurique et agitée avec l'éther, laisse par évaporation une substance blanche, cristallisée donnant les réactions de la Phloroglucine.

« C'est donc une substance tertiaire appartenant à la série aromatique, puisqu'elle donne un phénol par la fusion avec la potasse ».

« La Cascara, dit Bundy, agit comme tonique sur le système musculaire général, mais surtout sur les fibres lisses de l'estomac et de l'intestin auxquelles elle restitue la contractilité, la tonicité perdues. Sous son influence, les sécrétions des glandes voisines de l'intestin et celles de l'intestin lui-même, deviennent plus abondantes, en même temps qu'il se produit une congestion légère des muqueuses stomacales et intestinales. »

Conséquent avec ses idées, Bundy prescrivait la Cascara dans les troubles hépatiques et les cas d'ictère.

« Elle excite la sécrétion du suc gastrique et l'augmente pendant la digestion.

« La sécrétion du suc pancréatique est aussi augmentée. Cette drogue excite et augmente la sécrétion biliaire, mais n'a pas d'action sur la sécrétion salivaire (Dr Tcheltzeff). »

Avec des doses de 20 à 30 centimètres cubes d'extrait, le même médecin provoqua des selles, mais point de diarrhée.

Pour lui, la Cascara n'est pas un drastique. Des expériences entreprises par un grand nombre de médecins démontrèrent que l'ingestion de l'extrait fluide n'était pas sans inconvénients.

Les préparations, même les mieux faites, provoquent souvent une diarrhée très forte accompagnée de coliques, et parfois aussi de vomissements. On avait attribué ces effets aux modifications qui se produisent dans l'écorce. A l'état frais, en effet, elle est à la fois émétique et cathartique, puis, quand elle est desséchée et ancienne, ses propriétés cathartiques subsistent seules.

Le docteur Laffont, ancien chef du laboratoire de Paul Bert, et ancien professeur de physiologie à l'Ecole de Lille, dans un travail fort remarquable sur les *Rhamnées* et la *Cascarine,* travail présenté à l'*Académie de Médecine* par Dujardin-Beaumetz, et à la *Société Thérapeutique* par Constantin Paul, étudia séparément chacune des substances composantes de la Cascara, en même temps que la *Cascarine* isolée par Leprince. Voici les conclusions qu'il tire de ses travaux :

« La *Cascarine* est le seul principe ayant une action nettement localisée sur les organes digestifs, sur le foie et sur les glandes annexes. A petite dose, elle agit lentement mais efficacement, et son effet se continue longtemps. Elle ne donne lieu à aucun inconvénient. Elle détermine l'écoulement de la bile, qui agit comme excitant de la tunique intestinale, de telle façon que la *Cascarine,* tout d'abord cholagogue, devient secondairement copragogue ».

La *Cascarine* ne peut se déceler dans les urines. Elle est donc décomposée dans l'organisme.

Ces travaux montraient d'une façon bien évidente que la *Cascarine* est le principe utile de l'écorce sacrée et que c'est à elle qu'elle doit toutes ses propriétés cholagogues et copragogues. La Cascarine offre donc un moyen d'obtenir les effets si utiles de la Cascara, sans les inconvénients qui accompagnent l'administration de sa poudre ou de ses préparations pharmaceutiques.

Le docteur Tison, médecin de l'Hôpital Saint-Joseph, de Paris, en partant de cet ordre d'idées, constata par une pratique fort étendue que la Cascarine fournit au médecin l'une des meilleures armes qu'il puisse employer contre la constipation, cette affection si commune chez les gens sédentaires et surtout chez les femmes, Se ralliant à l'opinion de Laffont, il admet qu'elle n'agit pas par osmose comme les eaux purgatives salines, ni par irritation locale comme les cathartiques.

Elle stimule les fibres musculaires de l'intestin, en sollicite doucement les contractions et cela grâce à l'action cholagogue qu'elle exerce tout d'abord. « Seulement, ajoute-t-il, l'effet de la Cascarine est quelquefois long à se produire, et il faut en continuer l'usage pendant au moins quinze jours, ou même davantage. Parfois l'effet, pour demeurer constant, exige l'administration régulière de la Cascarine. »

Tison conseille de donner le soir deux pilules de cascarine et, une fois les gardes-robes régulièrement établies, de prescrire une pilule avant chacun des principaux repas. En raison de ses propriétés cholagogues, il l'a employée avec succès contre l'ictère et obtenu dans la constipation opiniâtre des résultats excellents.

Dujardin-Beaumetz, l'éminent thérapeute de l'hôpital Cochin, avait étudié la « Cascara sagrada » et constaté également son bon fonctionnement sur l'intestin. Aussi employait-il la Cascarine, dont, la découverte, dit-il, est un véritable progrès, car on peut avec elle éviter les effets émétiques et irritants tout en obtenant les mêmes effets laxatifs. »

Le professeur Lemoine, de Lille, dans son *Traité de Thérapeutique clinique,* constate aussi les bons effets qu'il a obtenus de l'emploi de la Cascarine.

On ne s'étonnera pas, étant données les propriétés de la précieuse substance isolée par Leprince, que son emploi soit devenu d'un usage universel et que sa préparation exige des installations de plus en plus considérables. L'usine de la rue Singer, à Paris, est dotée des procédés mécaniques et chimiques les plus perfectionnés ; elle expédie chaque jour, dans le monde entier un produit absolument pur, inodore, sans saveur, dont l'absorption, en pi lules, ou en un Elixir agréable à prendre, est un sûr préventif contre les digestions difficiles, prémonitaires de la dyspepsie, et de nombreuses maladies.

ÉTABLISSEMENTS DE BAINS DE GURNIGEL-BERNE (Suisse), Fr. Hoffmann, Directeur.

HOFFMANN (Frédéric), né le 23 octobre 1866, à Frédéricia (Danemark), Directeur des Etablissements balnéaires de Gurnigel-Berne.

M. F. Hoffmann fit ses études secondaires au Lycée de Strasbourg, ville où ses parents étaient venus se fixer en 1871. Par vocation, il se sentit attiré vers la vie des forestiers. Aussi se préparait-il à cette carrière, lorsque les médecins l'obligèrent, en 1889, à interrompre complètement ses études et à se fixer pour quelques années dans la Forêt-Noire.

Le hasard le fit entrer comme secrétaire au Kurhaus Saint-Blasien. On sait que le Sanatorium de Saint-Blasien, dans la Forêt-Noire, est un des plus célèbres des Provinces rhénanes.

La fièvre des voyages poussa ensuite M. Fr. Hoffmann à visiter le Midi de la France, l'Italie, l'Algérie, la Suisse, Constantinople, Londres, Paris et Bruxelles.

Dans la capitale de la Belgique, il dirigea pendant deux ans (1894-1895), l'Hôtel de Flandre, qui compte parmi ses clients réguliers de sang royal, S. A. le duc d'Orléans. En Suisse, M. Hoffmann avait passé trois saisons au Quellenhof, à Ragaz, qui est certainement un des meilleurs établissements de l'Europe.

Enfin, au mois d'avril 1898, M. Fr. Hoffmann, fut placé à la tête des Bains de Gurnigel-Berne, dont la renommée est universelle, et qui ont pris un développement rapide depuis quelques années.

On n'a pas reculé devant les sacrifices nécessaires, d'abord pour mettre, et ensuite pour maintenir, l'Etablissement au premier rang. Le nombre des logements a presque triplé ; la station a subi des transformations telles que les anciens baigneurs auraient peine à la reconnaître. Les efforts de la direction ont été couronnés de succès, car malgré ces agrandissements qui permettent de loger plus de 600 personnes, l'affluence est telle, qu'au milieu de la saison, il est souvent impossible de recevoir tous les baigneurs.

La réputation du Gurnigel a franchi les limites de la Suisse. L'établissement est devenu un lieu de bains cosmopolite qui attire la haute société internationale.

Il est situé sur le versant septentrional de la Montagne du Gurnigel, contrefort avancé du Stockhorn, à 6 lieues de Berne. Il est placé à 3.850 pieds d'altitude (1.155 mètres).

Bâti à mi-côte de la montagne, une lieue à peine le sépare de son sommet, le Haut-Gurnigel, dont la croupe allongée forme un beau pâturage et d'où l'on découvre un des plus merveilleux panoramas de la Suisse.

Ce qui en fait l'intérêt principal, c'est le lac de Thoune et les Alpes de l'Oberland, car le regard domine et embrasse de là toute la chaîne.

En voiture, le trajet de Berne au Gurnigel est de cinq heures. Au beau village de Riggisberg, se trouve le relais. On quitte la grande route pour s'engager dans la montagne. A l'auberge de Dürrenbach commence la montée qui continue à travers la forêt.

L'ascension s'effectue en une heure.

Un double service régulier de voitures a lieu journellement entre Berne et le Gurnigel. Les voyageurs ont en outre la ressource des excellentes voitures particulières de l'Etablissement lui-même.

Les piétons prennent le pittoresque chemin qui va de la station d'Uttigen au Gurnigel, par Wattenuyl.

L'établissement se compose de plusieurs corps de bâtiment et d'annexes de construction récente. Au-devant du bâtiment principal, du côté du Nord, s'étend une superbe terrasse de huit cents pieds de longueur, d'où le regard embrasse un vaste horizon. Par les journées chaudes, cette terrasse, bordée d'arbres, est le séjour préféré des baigneurs. Par les temps humides et froids, on se réunit sous la grande Galerie, dallée, vitrée et couverte qui occupe dans toute sa longueur tout le côté sud du Bâtiment.

Au rez-de-chaussée, sont les Bains, les bureaux, la poste et le télégraphe, le café, le billard, deux salles à manger, deux salons de réunion et de conversation, et un grand salon de musique et de danse.

Aux étages, se trouvent environ 400 chambres

contenant 600 lits, et les salons particuliers. Les chambres sont meublées avec tout le confort désirable. Beaucoup s'ouvrent sur des balcons, d'où la vue est la même que sur la terrasse.

Les dépendances, cuisines, boulangerie, boucherie, lingerie, écuries, gazomètre, etc., sont situées en dehors de l'Etablissement proprement dit. Trois fermes avec une cinquantaine de vaches et une centaine de chevaux, appartiennent au Gurnigel.

200 employés assurent le service. Un orchestre complet est attaché à l'Etablissement. Une chapelle assure le service religieux.

Les prairies et les forêts de sapins voisines ont été transformées en un parc immense. Mais on a pris soin de ne pas violenter la nature et de lui laisser son aspect alpestre. Les buts de promenade sont nombreux : la *Solitude*, *Heimweh-Fluh*, la *Fontaine ferrugineuse*, le *Banc du Docteur*, l'*Ermitage*, *Rathsaal*. *Waldeck*, *Züm Vis-à-Vis*, *Helenenruhe*, les *Wettertannen*, *Stockhütte*, *Belvédère*, *Freie Aussicht*, le *Pavillon* (4.400 pieds d'altitude), etc. Et plus loin : *Seftigschwand*, le *Haut-Gurnigel*, couvert de rhododendrons, les *Bains de Langeneibad*, les excursions de *Gautrisch*, de l'*Ochsen*, du *Stokhorn*, etc.

Le climat est celui que comporte une élévation de 1.155 mètres, c'est-à-dire que le Gurnigel a un air de montagne, *vif*, *tonique*, sans variations trop désordonnées. L'action de cet air sur la respiration et la circulation entre comme élément important et modificateur dans nombre d'affections morbides traitées avec succès au Gurnigel. L'ouverture de l'établissement au commencement de juin et la clôture vers la fin de septembre, se justifient par l'état atmosphérique.

Les sources sont au nombre de trois : deux sulfureuses et une ferrugineuse.

1° La *Stockwasser*. — Au XVIIIe siècle, elle sortait d'un tronc d'arbre *(Stock)*, d'où son nom. Il y a une centaine d'années on alla la chercher dans le flanc de la montagne. L'eau a une odeur sulfureuse très marquée ; elle est claire, mais sa limpidité est parfois troublée par des flocons blanchâtres. Le débit est de 20 litres par minute.

2° La *Schwarzbrünnli*. — Elle est située à dix minutes de la *Stockwasser* ; elle est moins abondante que cette dernière ; son odeur est plus sulfureuse. Son nom vient de la rapidité avec laquelle elle noircit les feuilles d'argent. Sa saveur est plus salée que celle du *Stock* et laisse un arrière-goût légèrement astringent.

3° *Source ferrugineuse*. — Cette source fournit une eau fraîche, claire, limpide, perlante, et présente une saveur ferrugineuse très caractéristique. Elle se digère facilement à doses modérées.

Les eaux du Gurnigel s'emploient de différentes manières : comme boisson, à la dose maximum de 6 à 7 verres de 180 grammes par jour ; sous forme de bains, de douches et d'inhalations.

Célèbre depuis longtemps dans le pays comme *Heilwasser* (eau salutaire), le Garnigel se recommande aux malades dans un grand nombre d'affections : 1° *Maladies du tube digestif* (Nez, Pharyngite, Catarrhe chronique de l'Estomac, Dilatation de l'Estomac, Gastralgie, Entéralgie, Catarrhe de l'Intestin) ; 2° *Maladies du Foie* (Congestion et Engorgement du Foi, Ictère, Coliques hépatiques) ; — 3° *Circulation abdominale* (Pléthore abdominale, Hémorrhoïdes) ; — 4° *Maladies des Reins et de la Vessie* (Albuminerie, Coliques néphrétiques, Catarrhe vésical) ; — 5° *Maladies des Organes génitaux* ; — 6° *Maladies des Organes respiratoires* (Bronchite chronique, Emphysème, Pleurésie chronique) ; — 7° *Maladies du système nerveux* (Migraine, Hypocondrie, Hystère, Névroses, Névralgies diverses) ; — 8° *Maladies de la Peau* (Eczéma, Urticaire, Acné, Erysipèle, Furoncles, Varices, Ulcères variqueux) ; — 9° *Anomalies de la nutrition* (Chlorose, Anémie, Débilité, Scrofules, Obésité, Diabète, Goutte) ; — 10° *Intoxications* (Alcoolisme, Malaria, etc).

En résumé, l'Etablissement du Gurnigel offre aux curistes une source ferrugineuse, diurétique et purgative, une source sulfureuse antispasmodique, une eau ferrugineuse tonique, le lait et le petit lait, un climat alpin avec forêts de sapins, un aménagement balnéaire complet, un établissement de premier ordre avec toutes les ressources et le confort désirables, enfin l'expérience et la science reconnues du docteur Ch. Rhohr, de Berne, médecin attaché à lE'tablissement du Gurnigel.

C'est ce qui explique le nombre, chaque année plus élevé, de curistes français, anglais, allemands, etc., qui vont demander aux eaux du Gurnigel le rétablissement de leur santé compromise par la vie sédentaire, l'abus des excitants, le travail intellectuel, des prédispositions morbides ou des accidents consécutifs à diverses affections des organes vitaux.

Sous l'habile direction de M. Fr. Hoffmann, le Gurnigel est appelé certainement à devenir l'une des premières stations balnéaires de la Suisse.

CHANDON DE BRIAILLES (COMTE RAOUL), C. ✠, C. ✠, ✠, né au château de Beauregard, près de Châlons-sur-Marne, le 23 février 1850, membre de la Chambre de Commerce de Reims, président du Tribunal de Commerce d'Epernay, membre de plusieurs Sociétés artistiques ou savantes, Directeur-gérant de la Maison Moët et Chandon.

Adresse : Epernay (Marne) ; — et : 12, rue François Ier, à Paris.

M. le comte Raoul Chandon de Briailles appartient à une famille célèbre dans les fastes de l'Industrie et du Commerce français. La firme Moët et Chandon, d'Epernay, est, sans contredit, la plus renommée parmi les marques de notre grand vin national. Il n'est pas un pays du globe où n'ait pénétré le vin pétillant sorti des caves de la célèbre Société champenoise dont il serait inutile de faire ici l'éloge. La réputation de la marque Moët et Chandon s'est universalisée pendant de longues années et toujours elle est restée à la place d'honneur.

Fondée en 1743 par Claude Moët, la maison Moët passa dans les mains de Claude et J.-R. Moët en 1762.

En 1816, M. Jean-Rémy Moët mariait sa fille avec M. Pierre-Gabriel Chandon et s'associait avec son gendre.

En 1832, 1852, 1869, les descendants directs des deux familles gérèrent la maison sous la raison sociale « Moët et Chandon ».

Depuis 1882, les arrière petits-fils des fondateurs ont pris en main à leur tour le patrimoine de famille.

La maison Moët et Chandon pourra donc s'enorgueillir l'an prochain de cent cinquante-sept ans d'existence, de plus d'un siècle et demi de labeur et d'honorabilité dus aux efforts d'une famille unie.

C'est à cette persévérance que les diverses générations doivent la constitution progressive du lot de vignes qui est la garantie d'origine des produits vendus sous leur nom, aujourd'hui populaire dans le monde entier. Dans le cours de cette longue existence commerciale, MM. Moët et Chandon se sont rendus acquéreurs, à des prix variant de 6,000 à 60,000 francs l'un, et quelquefois plus, de 750 hectares de vignes qu'ils cultivent eux-mêmes.

Beaucoup des crûs renommés dans les derniers siècles sont aujourd'hui leur propriété : Abbaye d'Hautvillers, Closet d'Epernay, vignes du Marquis de Sillery, Domaine des sieurs de Partelaines, Côtes d'Ay, etc., et ils emploient à la culture de ces vignobles, sous la surveillance de 40 maitres-vignerons, 1,500 ouvriers à la tâche ou à la journée.

Depuis 1869, 95 millions et demi de bouteilles et demi-bouteilles sont sorties de leurs caves pour aller porter le renom du vin de Champagne dans l'univers entier.

Pour suffire à la tâche annuelle qu'impose cette expédition, 500 ouvriers sont attachés à des titres divers à l'établissement principal d'Epernay.

La direction imprimée par les chefs de la maison Moët et Chandon est avant tout paternelle. Nous trouvons à cet égard les renseignements suivants dans un ouvrage intitulé : *Les Gloires de la Champagne*, et publié en 1894, par M. Bonnedame, directeur du *Vigneron Champenois* :

« En sortant de l'atelier des bouchons, on se dirige vers la grande salle des machines qui distribuent l'électricité dans le vaste établissement de MM. Chandon et Cie.

« On y arrive par un couloir très élégant, garni à droite et à gauche de vitrines, derrière lesquelles se trouvent les accumulateurs. Au bout de ce couloir, un appartement orné de verrières remarquables représente le travail de la vigne et la cueillette du raisin telle que les moines d'Hautvillers les pratiquaient autrefois.

« Ce salon est tapissé de dessins graphiques donnant d'intéressantes statistiques sur le fonctionnement des nombreux rouages de la Maison : Tableaux du personnel depuis une cinquantaine d'années, États comparatifs des salaires dans la même période, Tableaux des secours de toute nature, tels que soins médicaux, indemnités aux malades, secours aux veuves, aux orphelins, dons en vêtements, chauffage, aliments, espèces, etc., accordés au personnel.

« Ces statistiques donnent en même temps une idée nette et précise des phases par lesquelles la Maison a passé, en même temps qu'elles révèlent un système d'économie sociale solidement établi. Au milieu des graphiques, figure le brevet d'une Médaille d'or de première classe, accordée à MM. Chandon et Cie, pour cette organisation sans rivale.

« Dernièrement encore, sur la proposition de M. Barbry, inspecteur départemental, la *Société protectrice des Apprentis et Enfants employés dans les Manufactures*, décernait au chef de la maison, M. Paul Chandon de Briailles, une mention spéciale de reconnaissance, avec ces mots flatteurs :

« Création de retraites aux ouvriers de la
« Maison à 55 ans d'âge et 25 ans de service.
« Assistance médicale, secours mutuels en hiver,
« grande sollicitude pour assurer, au prix de
« sommes considérables, le bien-être général de
« tous les collaborateurs de la Maison. »

« Un instructif tableau quinquennal nous apprend qu'avant 1839, le travail d'un hectare des vignes à la tâche était payé 400 francs ; le prix de la journée des vignerons qui était alors de 1 fr. 50 dépasse aujourd'hui 4 francs et celui de l'hectare à la tâche, atteint presque 1,000 fr. Ce tableau indique une gradation dans les chiffres à peu près égale tous les cinq ans. Ces prix, et ceux des vins, qui augmentent assurément dans les mêmes proportions, expliquent la hausse que subit de temps en temps le consommateur et dont il est souvent étonné.

« Un autre graphique donne des renseignements complets sur le personnel. En 1889, il y avait 1,289 employés et ouvriers à la culture, 288 pour la manutention des vins, 56 occupés à des industries diverses, et 27 aux constructions... Ces chiffres se sont augmentés depuis.

« Durant les tirages, le personnel, par suite du travail supplémentaire du rinçage et de la mise en bouteilles, s'augmente de 400 à 500 personnes.

« Une puissante organisation est, on le comprend, nécessaire pour faire fonctionner une semblable Maison.

« Il y a une trentaine d'années, le besoin se fit sentir d'imprimer une maîtresse direction à la Maison Chandon et Cie. Un Service du Matériel fut établi ; les bureaux furent confiés à une douzaine d'employés attachés à la correspondance et à la comptabilité.

« Dans les caves et dans les chantiers d'expédition, furent créés des chefs, des sous-chefs, des chefs de brigades, etc. : tout un système hiérarchique dont les rouages fonctionnent admirablement aujourd'hui.

« Cette organisation était devenue indispensable, car la Maison déjà importante à cette époque, compte aujourd'hui de 1,000 à 2,000 employés de toutes sortes, tant aux caves qu'aux vignes.

« De plus, elle possède des ouvriers de tous les corps d'états. Sans compter la tonnellerie, qui occupe un très vaste atelier, elle emploie des électriciens, des maçons, des menuisiers, des serruriers, des charrons, des zingueurs, des peintres, des bourreliers, des fumistes, des charretiers, etc., des architectes et des dessinateurs.

« La Maison a pour son personnel une sollicitude qui lui assure la reconnaissance générale.

« En plus des secours de toute espèce dont elle comble les familles nécessiteuses de ses ouvriers, la Maison Chandon et Cie possède un service de santé complet. Chaque jour un médecin vient donner des consultations et visite à domicile les ouvriers qui ne peuvent se déplacer. Tous ces soins sont gratuits, comme, au reste, les frais de pharmacie.

« Les ouvriers malades sont en outre payés comme s'ils travaillaient ; la demi-paye est accordée à ceux qui ont contracté une maladie en dehors du service. La Maison favorise aussi les jeunes gens qui sont appelés au service militaire et qui retrouvent leur place au retour. Les jeunes gens qui font vingt-huit jours dans la réserve touchent demi-paye.

« Chaque année, au commencement de l'hiver, la Maison achète chez les divers marchands de la ville d'énormes ballots d'étoffes pour faire des draps, des milliers de mètres de lainages de toute sorte pour des robes, des jupons, des pièces de coton pour des tabliers, des blouses et des pantalons, des couvertures, des tricots, des bas, des chaussures, et mille autres objets d'usage journalier. Les ouvriers sont appelés successivement, et, selon leurs besoins, leurs charges de famille, ils reçoivent un lot d'objets utiles qui les aide à passer la mauvaise saison.

« Ces distributions sont faites par Mesdames Chandon, qui connaissent ainsi les familles de chacun de ces ouvriers dont elles sont la Providence, et peuvent à l'occasion leur venir efficacement en aide.

« Aucune retenue n'est faite sur le salaire des vieux serviteurs de la Maison qui jouissent d'une pension viagère leur permettant de vivre tranquillement, à l'abri des nécessités.

« Tous les deux ans, le montant du produit des cadeaux donnés par les visiteurs, de la vente des verres cassés, et des débris de toute sorte trouvés dans les caves est partagé entre les ouvriers. Ce chiffre considérable, arrondi par un don de 10,000 francs versés par les chefs, atteint ordinairement de 20 à 25,000 fr. qui sont répartis *au prorata* des salaires entre tout le personnel.

« On comprend par ce qui précède, quelle est la solidarité qui unit cette grande famille, depuis les chefs jusqu'aux plus jeunes apprentis.

« Les ouvriers, certains qu'ils sont de se créer un avenir, de n'être en aucun cas dans le besoin, assurés d'une pension sur leurs vieux jours, travaillent avec courage et sont très attachés à leurs patrons.

« 32 familles d'ouvriers se succèdent de père en fils depuis la fondation de la Maison.

« La Maison accorde à tout son personnel des secours en argent et en nature, des gratifications et des retraites dont les chiffres s'expriment ainsi :

SECOURS (*Pour dix années*)

Service médical	138.000 fr.
Indemnités de maladies	87.300 »
Secours aux veuves et orphelins	28.000 »
Dons divers en argent	93.808 »
Produits alimentaires	146.900 »
Vêtements, layettes, chaussures	121.000 »
Chauffage	15.200 »
	580.200 fr.

Moyenne : 58.020.

GRATIFICATIONS (*Pour dix années*)

Employés et chefs de services	112.000 fr.
Ouvriers	301.000 »
Sapeurs-pompiers et musique	55.000 »
	468.000 fr.

Moyenne 46.800

ASSURANCES SUR LA VIE AU PROFIT DU PERSONNEL

Capital : 100.000 fr.; primes annuelles : 2.800

RETRAITES SANS RETENUES

(Après 25 ans de service et 55 ans d'âge)

Sommes payées en 1888 à 24 pensionnaires	24.940 fr.

INSTRUCTION

Construction d'une école primaire pour 250 élèves, coût 62.000 francs; intérêts	3.100 fr.
Subvention pour l'entretien de l'école	3.500 »
Subvention pour cours d'adultes	500 »
Rétributions dans les villages	750 »
	7.850 fr.

LOGEMENTS

La Maison loge 25 employés et chefs de service	16.900 fr.
135 ouvriers	23.800 »
Indemnité de loyer à 207 ouvriers	25.080 »
	65.780 fr.

PRÊTS D'HONNEUR

Avances aux ouvriers : 68.500 fr.

Intérêts de cette somme : 3.430 francs, dont il est fait abandon.

Moyenne annuelle totale : 234.920 francs ».

En 1852, le père du senior partner actuel, M. le comte Paul Chandon de Briailles, né en 1821, devint directeur de la maison. Comme juge au Tribunal de Commerce, membre de la Chambre de Commerce de Reims, Conseiller général, Conseiller municipal, adjoint au maire d'Epernay et Grand Croix de Saint-Grégoire, il rendit des services signalés au commerce et joua un rôle politique important, en 1870, en sauvant sa ville natale du pillage et de l'incendie.

En 1875, le comte Raoul, puis en 1882, le comte Gaston Chandon de Briailles, s'associèrent à l'importante maison d'Epernay.

M. le comte Raoul Chandon de Briailles est né au château de Beauregard, chez son grand-père maternel, le marquis de Mordant de Massiac. Il fit ses études d'humanités au lycée Louis-le-Grand, et suivit les cours des Ecoles de Commerce de Paris et de Lyon.

Il compléta ses études commerciales par des séjours prolongés en Angleterre et en Allemagne.

Lorsque éclata la guerre de 1870, M. Raoul Chandon de Briailles, n'écoutant que son devoir, s'engagea volontairement. Il prit part à toute la campagne, fut fait prisonnier deux fois et devint sous-officier. C'est en cette qualité qu'il prit part à la défense de Belfort. Il est aujourd'hui capitaine au 6e Régiment territorial d'artillerie.

Chargé de l'importante culture du lot de vignes de la maison Moët et Chandon, il a su acquérir une notoriété qui lui a valu les titres de vice-président de la *Société des Viticulteurs de France* et de la *Société d'Ampélographie* et de membre du Conseil de rédaction de la *Revue de Viticulture* à laquelle il a collaboré activement.

Le comte Raoul Chandon de Briailles s'est dévoué à la fondation de Syndicats communaux pour la lutte contre le Phylloxéra et a été nommé Président d'honneur de beaucoup d'entre eux.

Il a créé un Laboratoire vinicole et d'œnologie qui publie une revue sous sa direction, sous le titre de : *Bulletin du Laboratoire expérimental de Moët et Chandon*, et une bibliothèque de Chimie au collège municipal d'Epernay.

Amateur de photographie, il est membre de la *Société Française de Photographie*, et fondateur de la *Société internationale de Photographie*, membre perpétuel de la *Société des Amis des Sciences*. On retrouve son nom sur les listes de toutes les associations qui se proposent un but d'utilité scientifique.

C'est ainsi qu'il est vice-président du Comité départemental, président du sous-comité de l'arrondissement d'Epernay, et secrétaire de la classe 50 — vins et liqueurs, — pour l'Exposition universelle de 1900.

Ses encouragements vont aussi vers les choses de l'Art. Musicien distingué, il a, comme Fondateur de l'*Harmonie Moët et Chandon*, organisé une des meilleures sociétés de France.

Le comte Raoul a constitué à son Harmonie qu'il dirige lui-même un répertoire par des œuvres achetées aux musiciens en renom, orchestrées et éditées par lui, ce qui lui a valu l'honneur d'être nommé membre du *Comité de la Société des Jurés Orphéoniques*.

Le comte et la comtesse Raoul Chandon de Briailles, née de Clermont-Tonnerre, sont des collectionneurs de goût. Leur château d'Epernay renferme des merveilles d'orfèvrerie ; leur bibliothèque est remplie de livres rares, d'autographes, de manuscrits précieux : un grand nombre d'objets de curiosité en tous genres ont été réunis par leurs soins éclairés.

Conseiller municipal d'Epernay, membre du Conseil d'administration de la *Société d'Horticulture d'Epernay*, membre de la *Société des Agriculteurs de France*, de la *Société Hippique*, etc., le comte Raoul Chandon de Briailles est décoré de nombreux ordres. Il est Chevalier de Charles III d'Espagne, de Saint-Grégoire le Grand, Commandeur de l'ordre de Takowo, Commandeur avec plaque de l'ordre du Christ de Portugal, etc.

Disons pour terminer que le comte Raoul Chandon de Briailles s'est prodigué pour l'organisation des œuvres de bienfaisance en dehors de tout esprit de parti.

Il a développé les institutions patronales de sa maison par la fondation d'une œuvre d'assistance par le travail en fournissant aux familles inscrites au Bureau de Bienfaisance d'Epernay, des terrains, des outils et des graines pour l'établissement de jardins maraîchers, et en instituant des prêts d'honneur pour ses ouvriers. Ces prêts consistent en l'avance d'une somme de 5,000 à 8,000 francs remboursables par 25 ou 30 francs par mois, sans intérêts, à tous ceux qui ont acheté avec leurs économies un terrain susceptible de recevoir une habitation. Les plans et devis et la construction sont surveillés par l'architecte de l'établissement.

C'est l'application de sages théories économiques et sociales qui ont le mérite d'être pratiques et de concourir à l'amélioration du sort des employés d'une des plus importantes maisons du monde. On ne peut qu'en féliciter M. le comte Raoul Chandon de Briailles et souhaiter que son exemple trouve de plus nombreux imitateurs.

CHANDON DE BRIAILLES (Comte GASTON), G. O. ✠, ✠, ✠, ✠, ✠, etc., né à Epernay, le 4 août 1852; directeur-gérant de la maison Moët et Chandon.

Adresse : Epernay (Marne). Et 81, avenue Marceau, Paris.

M. le comte Gaston Chandon de Briailles a largement collaboré avec son frère, le comte Raoul Chandon, au développement de l'industrie des vins de Champagne ainsi qu'aux institutions patronales charitables et de bienfaisance de la maison Moët et Chandon.

Maire depuis près de seize années de la commune d'Hautvillers, dont il est le bienfaiteur, il a siégé comme conseiller au conseil général de la Marne et serait très certainement entré au Parlement si, comme président des comités conservateurs de la Marne, il eût voulu affaiblir ses opinions royalistes.

Abandonnant une lutte inutile et le terrain politique, le comte Gaston Chandon se consacre aux questions économiques, viticoles, commerciales et sociales.

Depuis vingt ans, en qualité de président de la *Société d'Horticulture d'Epernay*, le comte Gaston Chandon de Briailles a rendu cette Société (qui compte près de 3,000 adhérents), l'une des plus prospères et des plus renommées de la France. Les expositions horticoles et viticoles d'Epernay, visitées par toutes les sommités françaises et étrangères, sont universellement connues et réputées.

Le comte Gaston Chandon de Briailles a fait ou fait partie des jurys horticoles aux plus grandes expositions connues, à Paris, à Londres, à Gand, à Hambourg, à Moscou, etc.

C'est grâce à ses efforts qu'Epernay a obtenu le concours régional en 1884 et que la grande exposition viticole et vinicole dont il était le président et l'organisateur a été inaugurée par le ministre de l'Agriculture.

M. le comte Gaston Chandon de Briailles a été également premier vice-président du comice agricole d'Epernay et membre de la chambre syndicale du commerce des vins de Champagne.

Il est vice-président de la *Croix rouge* à Epernay.

A titre de Président du Conseil de Fabrique, c'est sous sa haute direction et sous son inspiration personnelle que l'église Saint-Pierre-Saint-Paul d'Epernay, fondée en 1895 par son père, le comte Paul Chandon, son frère le comte Jean-Remy et lui-même, a été construite et ornée. C'est à lui qu'on doit l'unité de style qui règne dans toutes les parties de cette église remarquable.

Une pareille compétence artistique se rencontre rarement; mais elle ne saurait surprendre chez le comte Gaston Chandon de Briailles dont la collection d'émaux du XIIIe siècle est unique en France.

M. le comte Gaston Chandon est le président-fondateur de l'*Œuvre des Pauvres du S. C. de Montmartre*. Cette œuvre comprend un Dispensaire, une Imprimerie, une Assistance par le travail et un Bureau de placement pour les malheureux vagabonds. Elle a distribué plus de 800.000 livres de pain depuis 1896, époque de sa fondation.

La comtesse, née Re-Tellack-Garrisson, Dame Grand-Croix du Saint-Sépulcre, prend une grande part, tant à Epernay qu'à Paris, aux œuvres charitables de son mari.

M. le comte G. Chandon de Briailles est membre de la *Société des Agriculteurs de France*, de la *Société Nationale d'Horticulture de France*, etc., etc. Il est Grand Officier des Ordres de Saint-Grégroire le Grand, d'Isabelle la Catholique, du Saint-Sépulcre, du Christ du Portugal, du Medjidié, Chevalier d'Honneur et Dévotion de l'Ordre de Malte, Chevalier de l'Ordre teutonique d'Autriche, etc...

Disons pour terminer que le comte Gaston de Briailles a toutes les sympathies qui vont aux hommes intelligents et sincères.

Membre de plusieurs Cercles sportifs, tels que le *Polo*, la *Société de l'île de Puteaux*, la *Société hippique*, etc., l'homme du monde est allié chez lui au philanthrope et à l'homme d'affaires.

CHANDON DE BRIAILLES (Comte JEAN-RÉMY), ✠, né à Epernay (Marne), le 30 octobre 1869, Docteur en Droit, Membre de la *Société d'Economie sociale* et de plusieurs Sociétés savantes, associé-gérant de la Maison Chandon et Cie, successeurs de Moët et Chandon.

Adresse : Epernay (Marne).

Le Comte Jean-Rémy Chandon de Briailles ses humanités achevées se fit inscrire au cours de l'Ecole de Droit de Paris et fut reçu licencié en Droit.

Les questions sociales intéressent tout particulièrement le comte Jean-Rémy Chandon de Briailles. On a vu plus haut les belles applications pratiques que les trois frères ont faites de leurs théories et de leurs idées. Cette œuvre leur est commune et ils peuvent en être justement fiers.

Le comte Jean-Rémy Chandon de Briailles, à maintes reprises, a traité dans les Revues savantes les questions complexes et qui se rattachent aux études sociales. Il a collaboré à plusieurs publications scientifiques, économiques ou littéraires.

Le comte Jean-Rémy jouit d'une grande popularité à Epernay. Les ouvriers l'aiment à cause de son aménité de caractère et de son inépuisable bienfaisance.

Il est membre de nombreuses Sociétés savantes, artistiques et littéraires. Comte romain, Chevalier de Saint-Grégoire, il a épousé, le 22 novembre 1897, Mlle Laure de Salignac-Fénelon, fille du général de Salignac-Fénelon, descendant d'une des plus illustres familles françaises.

ETABLISSEMENT THERMAL D'URIAGE-LES-BAINS (Isère). — Edmond BUISSON, Directeur-concessionnaire.

Adresse : Uriage (Isère).

Une des plus anciennes stations thermales de la France et l'une des plus réputées à juste titre est celle d'Uriage-les-Bains, à trois heures de Grenoble, dans l'une des vallées les plus pittoresques de notre pays, au pied du versant ouest des Alpes dauphinoises.

Les Romains, qui usaient et abusaient presque de l'hydrothérapie, avaient créé des stations thermales dans tous les pays conquis où ils trouvaient des sources susceptibles d'être aménagées au point de vue hygiénique et thérapeutique. La Gaule leur offrit bon nombre de ces stations privilégiées.

A divers époques, on a mis au jour de nombreux débris d'anciens thermes romains à Uriage. Le sol est sillonné de pans de murailles et de restes de constructions ayant appartenu à une station thermale. Outre les piscines, on a trouvé de nombreux fragments de briques et de tuiles que leurs inscriptions font remonter au Ier siècle de notre ère, des ex-voto en plomb, des statuettes en bronze, un hypocauste servant à élever artificiellement la température des eaux, etc. Ces débris ont été transportés au château. M. de Saint-Ferriol a publié (in *Bull. de Statist. du Départ. de l'Isère*, t. III) une note détaillée sur le résultat des fouilles.

Guy-Allard, en 1684 (*Dict. Histor. et Géogr.*); Guétard, en 1779 (*Minéralogie du Dauphiné*); le Dr Nicolas, en 1781 (*Histoire des Epidémies de la province du Dauphiné*); Carrère, en 1795 (*Catal. raisonné des Eaux minérales*), ont mentionné les eaux d'Uriage et ont donné quelques renseignements sur leur composition et leurs usages.

Il faut arriver à 1820 pour trouver des recherches sérieuses sur l'aménagement et l'emploi de ces eaux minérales d'Uriage.

Mme la marquise de Gautheron jeta à cette époque les fondements de l'Etablissement thermal. Le comte de Saint-Ferriol, son neveu et héritier, eut l'honneur de faire d'Uriage l'importante station balnéaire que nous connaissons aujourd'hui. A la mort de M. Louis de Saint-Ferriol, son frère, M. Emmanuel de Saint-Ferriol, prit la direction de l'Etablissement. En 1897, la famille de Saint-Ferriol afferma les bains à M. Edmond Buisson, qui ne ménage rien pour conserver et développer la vieille réputation des eaux.

Les sources minérales d'Uriage sont de deux espèces. L'une, la source saline et sulfureuse, est celle qui alimentait les thermes romains. C'est elle aussi que l'on emploie pour les bains actuels. Elle réunit les propriétés des eaux chlorurées fortes et des eaux sulfureuses. C'est une eau sulfureuse purgative. A tous ces titres, elle présente des avantages incontestables dont l'importance ne saurait échapper aux curistes.

L'analyse en a été faite par un distingué chimiste, M. Lefort. Elle a démontré sa richesse en principes bienfaisants.

L'eau, à son émergence du rocher, a une température constante de 27°,25. Elle est amenée à l'Etablissement dans une conduite de plomb qui lui conserve toute sa chaleur et son gaz.

La source ferrugineuse contient une notable proportion de fer. Elle n'est utilisée qu'en boisson, soit pure, soit coupée avec le vin aux repas.

De travaux publiés par MM. les Drs Gerdy (*Etudes sur les Eaux minérales d'Uriage*) et Doyon (*Uriage et ses Eaux minérales*), nous tirons les renseignements suivants sur les maladies traitées avec succès à Uriage.

Ces médecins citent tout d'abord les affections de la peau (eczéma, acné, psoriasis, éruptions furonculeuses, prurigo, lichen, urticaire, scrofulo-tuberculose de la peau et des muqueuses, lupus, herpès récidivant, etc.), le lymphatisme, la scrofulose, dont les manifestations si variées sont de tous points justiciables de ces eaux; à ce titre, elles s'adressent en premier lieu à tous ces enfants lymphatiques, scrofuleux, anémiés, délicats, qui s'enrhument facilement, sont sujets aux bronchites; à ceux, lymphatiques aussi et prédisposés aux inflammations de l'appareil oculaire, des oreilles, des fosses nasales (le coryza chronique, l'ozène sont souvent très heureusement modifiés); en second lieu, à ceux affectés d'engorgement ganglionnaire du cou, d'affections des articulations, des os, de rachitisme. C'est surtout dans ces cas bien spécifiés que les

eaux d'Uriage, en raison de leur composition chlorurée sodique sulfureuse, peuvent être considérées comme de véritables bains de mer sulfureux en montagne.

C'est particulièrement en qualité de reconstituantes, de modificatrices de l'économie, dans le sens d'un nisus régénérateur, que ces eaux réussissent et sont indiquées au même degré chez les enfants prédisposés héréditairement à la phtisie (par contre, une fois la tuberculose pulmonaire déclarée, elles sont formellement contre-indiquées).

Outre la médication principale, l'eau minérale en boisson, en bain et en douche, il est encore un ensemble d'agents naturels, à influence aussi continue que doucement exercée, dont l'emploi raisonné et méthodique fait de cette station le séjour préféré des catégories de jeunes sujets que nous venons de passer en revue. C'est d'abord une eau ferrugineuse dont la source est presque à côté de l'Établissement thermal; c'est aussi une altitude modérée mais dont l'effet est on ne peut plus sensible, un climat salubre, l'air des montagnes, des promenades faciles, des excursions variées; enfin tout ce qui peut utilement concourir à la régénération d'un organisme débilité ou atteint de lymphatisme, de scrofulose.

A côté de ces affections, inscrivons encore comme modifiés favorablement par Uriage, les états suivants : le rhumatisme, les lésions articulaires, la coxalgie, affections qui, à des degrés divers, sont justiciables de ces eaux, mais, de préférence, s'il s'agit de sujets délicats, lymphatiques, scrofuleux, anémiés.

Les troubles nerveux fonctionnels, quand ils procèdent de l'anémie, du lymphatisme, etc., sont encore justiciables de ces eaux.

Il en est de même des affections utérines, surtout lorsque les malades présentent les indications générales signalées ci-dessus, même en dehors de tout état morbide; aussi Uriage rend chaque jour des services signalés chez les jeunes filles mal réglées ou retardées dans leur développement, ainsi que chez les femmes arrivées à l'âge critique qui, plus que les autres, à ce moment difficile, sont exposées à des localisations morbides (éruptions de diverses natures, prurit, leucorrhée, etc.).

N'oublions point les affections syphilitiques, qui trouvent à Uriage une médication parfaitement appropriée.

Les eaux sulfureuses et salines de cette source sont en effet un auxiliaire puissant de la médication spécifique ; elles favorisent son action et permettent d'élever les doses de mercure sans que les malades en soient incommodés. Quant au traitement dit d'épreuve, il ne donne, comme d'ailleurs dans toutes les eaux sulfureuses, qu'une sécurité purement relative.

C'est sous les formes les plus variées que l'on emploie l'eau d'Uriage :

1° En boisson. Elle constitue, à la dose de quatre à six verres, un purgatif excellent ne déterminant ni coliques ni irritation.

A faible dose, — à dose dite altérante, un ou deux verres par jour, — elle stimule les fonctions digestives, la sécrétion urinaire, favorise l'élimination de l'acide urique, excite et maintient l'appétit et agit favorablement sur la nutrition.

2° Bains. Les bains peuvent se prendre avec l'eau minérale pure ou mitigée d'eau douce en toute proportion. Il existe aussi des cabinets pour douches locales de toutes espèces, d'autres avec bains de siège, douches ascendantes, etc.

3° Douches. Les douches sont un moyen énergique de traitement dans bon nombre de maladies chroniques. Il y a des douches chaudes, chaudes ou froides (alternées, écossaises), dont on peut graduer les températures, suivant les indications des médecins.

La grande douche a 8 mètres de pression. Elle comprend 8 hectolitres. Elle est administrée avec des ajutages variés suivant les effets qu'on veut obtenir.

La douche locale ou demi-douche, contient 4 hectolitres.

Les douches sont accompagnées de massage, qui est le médicament presque indispensable de cette médication.

4° Bains de vapeur. Ils sont installés dans une des salles du pavillon de pulvérisation.

5° Inhalation. Une salle est affectée à ce mode de traitement qui, ici, s'adresse aux affections catarrhales chroniques des bronches, à certaines formes d'asthme.

6° Pulvérisation. Deux salles sont consacrées à ce genre de médication; elles renferment 40 appareils pulvérisateurs, en plus deux cabines particulières. La pulvérisation avec l'eau d'Uriage donne d'excellents résultats dans certaines affections de la face (eczéma, acné, rosée, etc.), de l'appareil oculaire (blépharite ciliaire, conjonctivite granuleuse, pustuleuse, etc.), du pharynx (pharyngite granuleuse, etc.), des oreilles (eczéma du conduit auditif externe, otorrhée chronique, etc.)

7° Médication par gargarisme, irrigations nasopharyngiennes. Derrière la buvette et en communication directe avec elle, se trouve une salle dans laquelle sont installées des cuvettes à eau courante pour les gargarismes, et les appareils pour les irrigations nasales.

8° Hydrothérapie. Cette médication possède, à son usage, un pavillon spécial. Il renferme tous les appareils employés aujourd'hui dans le mode de traitement par l'eau froide.

L'établissement d'Uriage ouvre le 25 mai et ferme le 15 octobre.

La station est éclairée à l'électricité.

L'établissement thermal comprend :

1° La buvette, avec galerie et promenoir couvert;

2° Les bains des femmes et ceux des enfants;

3° Les bains des hommes;

4° Les douches des femmes;

5° Les douches des hommes:

6° Les bains de vapeur;

7° Une salle d'inhalation chaude;

8° Une salle de pulvérisation pour hommes;

9° Une salle de pulvérisation pour femmes;

10° Une salle d'hydrothérapie;

11° Une salle de gargarisme et d'inhalation nasopharyngienne.

Les douches des femmes sont précédées d'une vaste galerie vitrée. Les parois des cabinets et celles des vestiaires sont revêtues de plaques de faïence.

Le Casino est ouvert du 10 juin au 20 septembre. Il comprend un théâtre, un grand hall dans lequel sont données, pour les enfants, des représentations de guignol, d'ombres chinoises, etc., de nouvelles salles de jeu et de billard, un salon de conversation, une salle de lecture, etc. Tous les jours, la musique se fait entendre deux fois dans le parc.

Le culte catholique est régulièrement organisé, de même que le culte protestant.

Uriage offre toutes les facilités pour les communications postales, télégraphiques et téléphoniques.

D'autre part, Uriage est merveilleusement situé pour les promenades et les excursions dans un pays pittoresque.

Nous recommandons tout particulièrement aux touristes de visiter les caves et les galeries naturelles de *Sassenage*, les *châteaux d'Herbeys*, de *Vizille*, de *Franquières*, de *Revel*, le lac de *Porcelet*, le *Lac Noir*, le *Cottage du Mûrier*, la *Ferme du Marais*, le *Mont Chamrousse*, les *lacs Robert*, la *cascade de l'Oursière*, la *Grande Lance de Domène*, le *Massif de Belledonne*, les *Glaciers de Freydane*, la *route du col du Galibier*, la *Salette*, les *Goulets*, la *Grande Chartreuse*, le *Château Bayard*, etc.

On voit par ces notes brèves le charme qu'offrent aux malades et aux touristes les eaux d'Uriage. Quant à leur valeur médicale, leur réputation n'est plus à faire. Elles tiennent un des premiers rangs parmi les eaux françaises les plus réputées.

VUITTON (Louis), né le 25 août 1821 dans le Jura, décédé à Paris, en février 1891.

LOUIS VUITTON FILS (Georges VUITTON), fabricant d'articles de voyage.

Adresses : 1, rue Scribe, Paris; — 57, avenue Marceau, Paris; — Londres, 454, Strand; — Fabrique : 18, rue du Congrès, à Asnières (Seine).

Le commerce primitif et tous les transports nécessités par les besoins de nourriture, de refuge, de repos, de plaisir et de guerre, furent accomplis sur la tête ou le front, les épaules, le dos ou dans la main des hommes et des femmes. Dans la suite des âges et, suivant les peuples, des procédés particuliers, des appareils, des inventions, sont venus dont le but était d'améliorer ces transports.

L'homme a été guidé par deux sortes de besoins : son transport et celui des marchandises et des impedimenta dont il doit s'entourer pour son confort.

Les Indiens Piñas de l'extrême-sud de la Californie se servent de gourdes végétales pour le transport du grain et de l'eau.

Ailleurs, chez les Publas, par exemple, l'art du potier vient en aide aux porteurs. La vannerie a offert très largement ses services au transport humain, de même que l'art du corroyeur, et, à l'occasion, celui du ferronnier et du menuisier.

Dès les époques historiques, comme l'a fort bien démontré M. Georges Vuitton dans son bel ouvrage illustré : *Le Voyage à travers les âges* (1 vol. in-8°, Paris, Dentu, 1894), l'homme s'est préoccupé de fabriquer des coffres de bois et de métal destinés à renfermer les bijoux, les parfums, les vêtements, les armes, etc., et à être facilement transportables. Viollet-le-Duc, dans son *Dictionnaire raisonné du Mobilier français* (1872, t. I, p. 370 et suiv.), a réuni une foule de documents sur l'art du *Huchier*, de l'*Ecrinier* et du *Serrurier*.

Les chemins de fer ont transformé complètement l'art du huchier.

Lavolaille, créa la malle dite : *Voyageuse*, modèle encore employé par les voyageurs de commerce, puis la *Marmotte*, ou valise à échantillons.

Pierre Godillot, dès 1826, inventa le sac de voyage ou *sac de nuit*. Godillot. aidé de Cote, imagina le premier fermoir en fer, dit *feuillard* qu'il adapta au sac.

Puis vint Louis Vuitton père, à qui l'on doit une transformation radicale des articles de voyage.

Louis Vuitton, né en 1821, dans le département du Jura, vint à Paris à l'âge de treize ans et fut placé comme apprenti emballeur rue Saint-Honoré. Doué d'une intelligence remarquable, il donna à son métier toutes ses pensées et devint peu à peu un ouvrier hors ligne. En 1854, il s'établit au n° 4 de la rue Neuve-des-Capucines, et là, on peut le dire, créa réellement l'industrie de l'emballage de modes. Au début, Louis Vuitton dut faire fabriquer les malles pour sa vente, mais, trop exigeant pour les fabricants, il ne tarda pas à monter un atelier, rue du Rocher, dans lequel il fut son premier ouvrier.

Le soin méticuleux apporté à sa fabrication le fit remarquer. L'aisance vint, et, quelques années plus tard, le besoin de s'agrandir devenant impérieux, il installa ses ateliers à Asnières 18, rue du Congrès, où l'importante fabrique de son fils est encore située aujourd'hui.

Un premier modèle de malle à couvercle plat attira l'attention, et, malgré la préférence du public pour le modèle à couvercle bombé, le seul existant à l'époque, il persévéra avec ténacité dans sa voie s'attachant au perfectionnement de ce nouveau modèle, lequel offrait plus de résistance et était d'une contenance plus grande.

La malle Vuitton faisait petit à petit son chemin dans le monde, lorsqu'un des contremaîtres, peu délicat, crut pouvoir s'établir à son tour et, profitant de ce qu'il avait appris, offrit des malles « genre Vuitton ». C'était le début de la contrefaçon que M. Vuitton devait toujours rencontrer dans l'avenir.

Ce fut un coup de fouet pour l'intelligent ouvrier. Sans désemparer, il se mit à étudier les résistances, à chercher, à combiner ses efforts, et finit par créer la malle dite « *à lattes* » qui devait révolutionner son industrie.

En effet, à l'Exposition de 1867, où il obtint une Médaille de bronze, il vit son modèle copié dans le monde entier et principalement aux Etats-Unis où les Américains s'empressèrent d'abandonner leurs procédés et d'adopter le sien.

En 1868, il exposa au Hâvre une malle en zinc absolument étanche, offrant pour les voyages d'oûtre-mer et principalement pour ceux à destination des Indes et de l'Afrique, des avantages tellement importants qu'une Médaille d'argent le récompensa de ses travaux.

Le magasin fut alors transporté au n° 3 de la rue des Capucines — avec annexe rue St-Amand (aujourd'hui Volney).

L'Année terrible arriva, et, sans l'énergique volonté de son créateur, la déjà florissante entreprise commerciale aurait pu sombrer. Il sut se maintenir et dès la reprise des affaires réorganisa ses ateliers d'Asnières qui avaient beaucoup souffert de l'Invasion et de la Commune.

En 1872, le magasin fut transféré 1, rue Scribe, où il est encore actuellement.

De cette époque date la création de la malle en toile à rayures, toujours fortifiée de lattes en bois dur maintenues par des rivets en cuivre, et terminée par des équerres fixées solidement aux angles.

La fermeture en était assurée par deux serrures et une courroie de cuir.

En 1874, son fils, Georges Vuitton, entra aux ateliers, et en 1880, prit la direction de la maison de Paris.

Les ateliers d'Asnières, de nouveau agrandis, furent complétés par une annexe pour le travail de la maroquinerie et du cuir.

Depuis le commencement du siècle, les fabriques anglaises d'articles de voyage, avaient su à force de talent et d'argent conquérir une situation hors pair auprès des voyageurs soucieux de la solidité. Souvent Louis Vuitton avait rêvé d'aller porter la guerre au pays même de ses concurrents et d'affirmer dans le Royaume-Uni la supériorité de la fabrication française.

Mais le projet était bien téméraire. Les Anglais avaient une avance et une réputation difficile à égaler; la tentative était scabreuse; son fils Georges s'y décida.

C'est en mars 1885 que s'ouvrit la première succursale de Londres dans Oxford Street au 289, et la même année à l'Exposition de Londres, il eut la grande joie d'obtenir une Médaille d'argent — la seule récompense qui fut décernée à l'article de voyage; — les maisons anglaises qui avaient exposé n'obtinrent rien.

En 1886, G. Vuitton modifia la fermeture de tous les modèles de la maison, en adoptant le système d'une seule serrure avec deux boucles à ressorts.

En 1887, une nouvelle serrure à foyer mobile et se fermant seule, vint donner un nouvel appoint.

La contrefaçon continuant son œuvre, la malle rayée se trouva dans toutes les maisons d'articles de voyage. Une erreur dans la rédaction du dépôt des modèles avait permis cette imitation.

Ce type fut donc remplacé par une toile d'un dessin genre damier — lequel malheureusement devait plus tard obtenir également les faveurs de la copie.

En 1889, le Jury de l'Exposition décerna une Médaille d'or à la maison Vuitton.

A la fin de cette année, le magasin de Londres fut transféré dans le Strand, au 454 — près de la gare de Charing-Cross — et de cette époque également date l'invention de la serrure actuelle, serrure qui, tout en ayant des avantages de solidité incomparables, met le contenu de la malle à l'abri des escarpes.

Cette serrure, par une combinaison toute spéciale, offre à chaque acheteur la propriété exclusive d'une clé unique qui ne sera jamais reproduite pour une autre serrure.

Chacune de ces serrures porte un numéro d'ordre reproduit sur la clé et permettant d'en faire un duplicata de façon à ce que chaque client puisse ouvrir ses malles avec la même clé, sans que cette clé puisse ouvrir une malle ne lui appartenant pas.

De nombreux essais de vol toujours sans succès, ont confirmé la garantie donnée par la maison Vuitton.

Louis Vuitton mourut en 1891, laissant son fils seul directeur de la maison.

La dernière création date de 1896. C'est une malle d'une très grande légèreté tout en conservant la résistance des autres modèles.

La maison Vuitton a exécuté des modèles spéciaux pour des échantillons de tous genres d'industries, principalement pour la bonneterie, la parfumerie, la photographie, etc., et ces modèles ont toujours été trouvés supérieurs à ce qui avait été fait précédemment. Elle est organisée tout spécialement en dehors de l'article courant et peut répondre à toutes les demandes.

Ses inventions de malles-lits, de tentes, de malles-cantines pour selles, fusils, etc., sont innombrables et trop longues à énumérer. Nous ne pouvons ajouter qu'un mot : c'est que rien n'a jamais été trouvé impossible à faire.

Nous terminerons en rappelant que M. Georges Vuitton a réuni dans l'ouvrage précédemment cité : *Le Voyage, depuis les temps les plus reculés jusqu'à nos jours*, des renseignements puisés aux meilleures sources et dont l'ensemble forme un volume intéressant, écrit avec goût et rempli de documents d'érudition de premier ordre.

ODINET (René), ✵, G. O. ✠, G. O. ✠ C. ✠, C. ✠, O. ✠, O. ✠, ✠, ✠, etc., né à Vezin (Moselle, aujourd'hui Meurthe-et-Moselle) le 5 novembre 1834 ; consul de Perse au Havre; armateur, agent des Messageries maritimes, de la Cie des Bateaux à vapeur du Nord, etc., etc.; homme politique.

M. René Odinet vint tout jeune au Havre où, grâce à son intelligence, son énergie et sa volonté, il ne tarda pas à conquérir une des premières situations commerciales.

Agent des Messageries maritimes, directeur des Messageries nationales pendant de longues années, Administrateur de plusieurs grandes Compagnies, il s'est fait hautement apprécier par le Commerce havrais.

En 1872, il a été nommé consul de S. M. I. le Schah de Perse.

Il est aussi, depuis 1880, vice-président de la *Société des Sauveteurs* de la Ville et de l'arrondissement du Hâvre.

M. René Odinet, un des hommes les plus connus et les plus estimés du Havre, a rendu de grands services privés et publics.

Pendant la guerre franco-allemande de 1870-1871, alors que les communications étaient devenues très difficiles, périlleuses même pour nos paquebots transatlantiques, M. René Odinet, agent d'une grande compagnie maritime étrangère : la *National Line*, assura le transport, sous pavillon anglais, des malles et des dépêches du Gouvernement français.

M. René Odinet, en politique, est républicain sans épithète. C'est un indépendant, qui n'a jamais voulu s'inféoder à aucune coterie, ni prendre le mot d'ordre d'aucun groupe politique.

En 1888, il se présenta au Conseil d'arrondissement du Havre où il fut élu.

Il a été nommé aux élections des 5 et 12 août 1888, par 1,092 voix, battant au premier tour de scrutin M. Jardin, et au second tour, M. Marais, adjoint au maire du Havre, tous deux républicains également.

Aux élections législatives du 22 septembre 1889, M. René Odinet se présenta comme candidat républicain indépendant, dans la première circonscription du Havre, contre M. Jules Siegfried, député sortant. Il obtint 3,196 suffrages et ne fut pas élu. Il ne s'est pas représenté aux élections de 1893.

M. René Odinet a été nommé chevalier de la Légion d'Honneur, en 1878, sur la proposition du Ministre du commerce. Il est également décoré de plusieurs ordres étrangers; citons :

Grand-Officier du Lion, et du Soleil de Perse; de l'Ordre royal de Portugal N.-D. de la Conception, de Villa Vicioza; Commandeur de l'Ordre de Medjidié, de Saint-Grégoire-le-Grand; Officier de l'Ordre royal de Léopold II de Belgique, de l'Ordre de Saint-Marin, et de l'Ordre de la Couronne d'Italie; Chevalier de l'Ordre du Christ de Portugal; de Para-Bolivar (Vénézuela); de l'Ordre de Charles III d'Espagne; Titulaire de 2 médailles argent (1re et 2e cl.) et d'un témoignage officiel de satisfaction.

SOUDES & PRODUITS CHIMIQUES SOLVAY et Cie, société fondée en 1863 pour l'application des procédés Ernest SOLVAY. — Gérants : MM. Ernest SOLVAY, Louis SEMET-SOLVAY, Armand SOLVAY, Fernand VAN DER STRAETEN.

Usines à : Varangéville-Dombasle (Meurthe-et Moselle), Salin-de-Giraud (Bouches-du-Rhône), Couillet (Belgique), Jemeppe-sur-Sambre (Belgique).

Usines en association pour l'exploitation du procédé Solvay : Angleterre : *Société Brunner, Mond and Co (Lim.)*; Usines à Northwich, Sandbach (Cheshire), Middlesbro et Middlewich. — Allemagne : *Deutsche Solvay Werke Actien Gesellschaft*; Usines à Bernburg, Wyhlen (Bade), Sarralbe (Alsace-Lorraine). — Russie : *Société par actions Lubinoff, Solvay et Cie*; usines à Beresniki (gouvernement de Perm) et à Lissitchausk (Donetz). — Amérique : *Solvay, Process Cy*; Usines à Syracuse (N.-Y.) et à Détroit (Michigan). — Autriche : *Œsterreichischer Verein für chemische und metallurgische Production und Comp. Ammoniaksoda-Fabrication* (System Solvay); usines à Ebensee (Salzkammergut) et à la Maros Ujvar (Hongrie).

Le procédé de fabrication de la soude par l'ammoniaque qui a révolutionné une foule d'industries, a été réalisé industriellement par MM. Ernest et Alfred Solvay vers 1863. Avant eux, ce procédé avait été l'objet de tentatives aussi infructueuses que nombreuses. On lira l'historique de cette question dans *The Journal of the Society of chemical Industry* (1885, vol. IV, p. 527 et suiv.), dans le *Bulletin de la Société chimique* (1886, t. XLV, p. 302), dans la *Chemiker Zeitung* (1880, t. IV, p. 815 et suiv.)

En 1863, M. Ernest Solvay prit un brevet pour ses premiers appareils. Il avait auparavant fondé une usine d'essais près de Bruxelles, et les résultats furent assez satisfaisants pour le décider à ériger à Couillet une usine définitive. Il eut à vaincre toutefois bien des difficultés avant d'arriver à une fabrication régulière, et des capitaux considérables furent dépensés à modifier successivement et à transformer les appareils primitifs.

Enfin, ces efforts furent couronnés du succès le plus ample.

Une note de MM. Scheurer-Kestner et Kolb établit que M. Ernest Solvay est incontestablement l'inventeur du procédé industriel de la soude à l'ammoniaque.

En 1867, la Société Solvay et Cie exposait ses produits à l'Exposition universelle de Paris où elle obtint une Médaille de bronze, mais cette industrie encore naissante n'attira pas l'attention du grand public. Aussi, ce fut un véritable évènement lorsque l'Exposition de Vienne, en 1873, vint démontrer que MM. Solvay avaient enfin réussi à créer une industrie importante, occupant plus de 1.000 ouvriers et produisant annuellement plus de 4.500.000 kilogr. de carbonate de soude.

La plus haute récompense, le Diplôme d'honneur, lui fut remise, et depuis lors, le vote du jury de l'exposition de Vienne a été ratifié à toutes les expositions, notamment à Philadelphie, 1876 (médaille), à Paris, 1878 (grand prix, grande médaille); Sidney, 1879 (1er degré de mérite); Melbourne, 1880 (1er ordre de mérite, médaille d'or); Amsterdam, 1883 (diplôme d'honneur); Anvers, 1885 (diplôme d'honneur); Barcelone, 1888 (médaille d'or); Paris, 1889 (grand prix, 4 médailles d'or), etc.

La fabrication de la soude au moyen du sel marin peut être considérée comme la principale cause de l'essor extraordinaire qu'a pris l'industrie moderne, dans toutes les directions.

Le procédé Solvay amena la diminution considérable que l'on remarque dans ce tableau :

1865	Prix de vente :	300 fr.	les 1.000 kilogr.
1873	—	280 fr.	— —
1896	—	110 fr.	— —

La production, de son côté, a subi une progression constante :

En 1850, elle était annuellemt de	150.000	tonnes
En 1863 —	300.000	—
De 1892 à 1896 —	1.150.000	—

Le procédé Solvay produit actuellement plus de la moitié de cette énorme quantité. L'économie réalisée par le procédé Solvay peut être évaluée annuellement à 150.000.000 de francs.

USINES DE VARANGEVILLE-DOMBASLE

(M.-et-M.). — Directeur : M. Aimé Boulvain. — Bureau pour la France : Directeur : M. Louis Talvard, 44, rue du Louvre, Paris.

Le département de Meurthe-et-Moselle, grâce à son riche gisement, était tout désigné pour l'exploitation, en France, du procédé Solvay.

Dès 1870, des négociations furent entamées pour l'établissement d'une vaste soudière.

En 1872, la nouvelle soudière était en marche et ne cessa, depuis, de se développer. La production de soude, de 3.000 tonnes, s'éleva en 1878 au chiffre de 20.000 tonnes; elle peut atteindre aujourd'hui 140.000 tonnes.

Les fabrications de produits dérivés : cristaux de soude, soude caustique, sels de soude caustiques, bicarbonate de soude, chlorure de calcium, acide chlorhydrique, alcali volatil, furent successivement introduites. La production des cristaux de soude est de 30 à 36.000 tonnes annuellement; celle de soude caustique et sels caustiques, de 20 à 25.000. Une saline, qui ne tarda pas à prendre place parmi les plus importantes du pays, fut créée en 1882; sa production en sels raffinés de différentes marques, est actuellement de 22.000 tonnes et pourrait s'élever à 36.000.

1° L'eau salée nécessaire à la fabrication de la soude et du sel raffiné, est extraite de la concession des mines de sels et sources salées de Flainval, dont la superficie est de 799 hectares. En 1886, la Société a obtenu une nouvelle concession de 870 hectares, dite de Haraucourt.

2° Calcaire. — L'établissement tire la pierre calcaire dont il a besoin de ses carrières de Liverdun et Villey Saint-Etienne, en Meurthe-et-Moselle, sur le canal de la Marne au Rhin, et de Void, dans la Meuse.

Les carrières couvrent une superficie de 25 hectares.

Les carrières de Nancy fournissent, en outre, un tonnage très important de calcaire de Laxou.

3° Combustible. — Les usines de Dombasle reçoivent la houille et le coke des départements du Nord et du Pas-de-Calais, de Belgique et du bassin de la Sarre. Elles en consomment de 140 à 150.000 tonnes, dont la plus grande partie est amenée par canal.

4° Ammoniaque. — Elle est fournie par le traitement des eaux ammoniacales des usines à gaz et des fours à coke à récupération de sous-produits, système Semet-Solvay.

Pour se faire une idée de la quantité de matières premières consommées dans les usines de Dombasle, il suffira de dire que si l'eau salée, le calcaire, le combustible, arrivaient par chemin de fer dans l'usine, il faudrait chaque jour un train de plus de 300 wagons de dix tonnes.

Ajoutons que le tonnage des marchandises reçues ou expédiées par bateaux sur le canal de la Marne au Rhin, au port de la soudière, surpasse le tonnage total des divers ports de Nancy.

L'établissement de Varangeville-Dombasle occupe, tant pour les usines mêmes que pour le service des carrières, environ 1.600 ouvriers dont 95 % sont de nationalité française.

La force motrice totale utilisée est de plus de 2.000 chevaux vapeur.

Les emplois industriels de la soude Solvay sont nombreux, tant par voie humide que par voie sèche.

1° Par voie humide. — Dans toutes les réactions où il y a un acide à neutraliser : dans la fabrication des savons durs et des savons de résine, et par extension pour le crêmage, le blanchiment des tissus, la préparation de la pâte à papier; pour la dissolution des matières grasses et résineuses dans le lavage des laines, la teinturerie, la préparation de diver s sels, borax, oléates, acétates, pour la préparation de la soude et des lessives caustiques, pour l'épuration des eaux d'alimentation des chaudières à vapeur.

2° Par voie sèche. — A haute température, il forme avec le sable des silicates dans la verrerie et analogues; il fixe le phosphore et le silicium dans le puddlage du fer; il est employé dans la préparation du bleu d'outremer, de l'alumine, de la soude castique, par le procédé Löwig, etc.

En enlevant au carbonate de soude son acide carbonique, qui masque en grande partie la causticité énergique de l'hydrate de soude, on obtient la soude caustique.

Le bicarbonate de soude contient un équivalent d'acide carbonique de plus que le carbonate. Sa valeur réside dans la quantité d'acide carbonique qu'il renferme (26 p. 100). Il est surtout employé pour la préparation des eaux gazeuses, et particulièrement en Amérique et en Angleterre pour remplacer la levure dans la préparation du pain.

Le carbonate de soude fourni par le procédé Solvay est presque chimiquement pur. Il est exempt de causticité et de sulfate de soude et ne contient que des quantités à peine appréciables de fer.

Le procédé Solvay livre régulièrement la soude carbonatée au titre minimum de 98 p. 100 de carbonate de soude garanti, et, au besoin, c'est-à-dire pour certaines industries spéciales, il peut garantir une teneur se rapprochant de très près de la pureté absolue.

Pour terminer ces notes relatives aux usines de Varangéville-Dombasle, disons quelques mots sur les institutions de la Société Solvay et Cie en faveur de son personnel.

Les principales sont :

1° Le service de secours et soins médicaux. — Ce service a été établi sur les bases les plus larges et de manière à assurer les soins médicaux gratuitement aux employés, aux ouvriers et à leurs familles; de plus, les ouvriers blessés ou malades touchent, les premiers intégralement, les autres partiellement, leur salaire pendant la durée de leur incapacité de travail.

La Société a aménagé des salles de bains, ainsi qu'un hôpital à Dombasle, pour le traitement des ouvriers blessés et des maladies contagieuses.

Un fait assez remarquable, c'est qu'aucune maladie professionnelle n'a été reconnue jusqu'ici par les médecins attachés aux nombreux établissements de la Société. Les hygiénistes les plus autorisés ont constaté la supériorité, à ce point de vue, du procédé Solvay sur les anciens procédé de fabrication de la soude.

2° Caisse de retraite en faveur des ouvriers et des employés. — Désirant assurer ses ouvriers contre les suites des infirmités et de la vieillesse, la Société les affilie à la Caisse nationale des Retraites pour la vieillesse.

Moyennant une retenue de 1 1/2 p. 100 sur les salaires et un versement de la Société d'une somme double, une pension normale d'environ 400 francs par an, avec jouissance à soixante ans, est assurée aux ouvriers.

Dans le but de récompenser les ouvriers ayant plus de dix ans de service ininterrompu, la Société fait, en outre, en leur faveur, un versement spécial progressant avec les années de service.

Elle a fait aussi, lors de l'établissement de cette Caisse, un premier versement de 12 francs par année de service pour chaque ouvrier affilié.

Pour les employés, il a été institué, en 1880, une caisse d'allocations de retraites, alimentée exclusivement par la Société, qui y fait des versements annuels, au nom de chaque employé, versements proportionnels aux appointements et à la durée des services, et représentant 20 pour 100 des traitements en moyenne.

Caisse de retraite des ouvriers de la Société Solvay et Cie (usines de Varangéville-Dombasle).

Situation au 31 décembre 1898. — Nombre d'ouvriers affiliés au 31 décembre 1898 : 1.598.

Versements effectués par les ouvriers (1 1/2 pour 100 du salaire) : 213.510 fr. 95.

Dons de la Société au profit des ouvriers : 487.349 fr. 60.

3° Caisse d'épargne. — La Société a fondé, en 1877, une Caisse d'épargne pour encourager les ouvriers et les employés à l'économie.

Le taux de l'intérêt est de 5 pour 100; les dépôts ne peuvent dépasser un maximum de 5.000 francs.

Montant des dépôts au 31 décembre 1898 : 417.472 francs.

Nombre de livrets : 425.

4 Maisons d'habitations d'employés et cités ouvrières.

Le rapide développement de son industrie a amené la Société à construire des maisons et cités ouvrières pour y loger ses employés et ouvriers. Ces habitations sont déjà au nombre de 330, abritant 1.650 personnes et représentant un capital de 1.550.000 francs.

Les employés et contre-maîtres sont logés gratuitement. Les ouvriers paient un loyer servant à couvrir en partie les frais d'amortissement, d'entretien et de surveillance, le paiement des contributions et assurances des logements et du mobilier; le revenu net du capital engagé dans ces constructions ressort à 1 1/2 pour 100.

Ces habitations, suffisamment spacieuses, sont composées de quatre pièces avec cave; elles sont entourées d'un jardinet de 1 are 75 à 2 ares et sont installées suivant toutes les règles de l'hygiène.

Dans le but de venir en aide dans une large mesure aux ouvriers chargés de famille et ayant un certain temps de service, la Société accorde sur les loyers des remises variant de 20 pour 100 pour les ouvriers ayant au moins cinq années de service et cinq enfants à leur charge, à 80 pour 100 pour vingt années de service et six enfants.

5° La Société a encore créé ou encouragé d'autres œuvres ayant pour but principal le développement de l'instruction, la bienfaisance publique et les œuvres d'agrément destinées à procurer de saines et honnêtes distractions aux heures de loisir, comme la bibliothèque populaire de Dombasle, la Société philharmonique, la Société de gymnastique.

MASSOL (C.), ✠ (Chevalier du Mérite agricole), né à Roquefort (Aveyron), le 27 octobre 1851 ; Propriétaire de vignobles (Clos Massane), près Montpellier (Hérault); Bouilleur de crû; Membre de la *Société centrale d'Agriculture de l'Hérault* et de la *Société des Agriculteurs de France*.

Adresse : Au Clos-Massane, près Montpellier (Hérault).

Le Clos Massane est situé sur les coteaux de Saint-Georges, chemin de Maurin, à trois kilomètres environ du chef-lieu du département de l'Hérault. Malgré son heureuse exposition, il n'avait pas échappé aux ravages du phylloxéra. Quand M. Massol en fit l'acquisition en 1878, toutes ses vignes, contaminées par le terrible fléau, avaient été arrachées. Le précédent propriétaire était même convaincu qu'il était désormais inutile de faire des plantations de cépages quelconques dans ce domaine. Mais M. Massol n'était pas homme à se rebuter en acceptant sans examen des opinions toutes faites. Entré en possession de la propriété, son premier soin fut, après en avoir observé attentivement l'orientation et avoir constaté qu'elle était parfaitement favorable à la culture de la vigne, de faire analyser soigneusement la composition du terrain.

C'est ainsi qu'il se rendit compte que le sol était argilo-silico-ferrugineux, et par conséquent admirablement propre à la prospérité d'un vignoble. En conséquence, M. Massol se mit résolument à l'œuvre.

En six ans (de 1879 à 1885), tout le vignoble était reconstitué au moyen de jeunes plants. En parfaite connaissance, le vaillant propriétaire du Clos Massane, n'emprunta les plants nouveaux qu'aux cépages à la fois les plus fins et les plus résistants. Aussi les vignes de M. Massol défient-elles toute récidive du fléau.

Viticulteur éclairé, patient, et généreux, M. Massol n'épargna ni ses soins ni ses peines, ni son argent pour maintenir son domaine au niveau des mieux entretenus qui existent et y appliquer les procédés œnologiques reposant sur les données les plus récentes et les plus sûres de la science viticole. Le résultat ne pouvait être douteux. Dès la troisième feuille, les jeunes ceps commencèrent à produire et le vin ainsi obtenu présenta une grande finesse et un arôme incomparable. Ces vins exquis ne font qu'acquérir, à chaque récolte, de nouvelles qualités. Ils sont de plus en plus fins et de plus en plus corsés.

Leur bouquet gagne en même temps de la force et de la délicatesse d'année en année. Actuellement ils titrent, en moyenne, 10° 5 d'alcool. Quel admirable succès quand on songe que ces plantations ne donnent que depuis une douzaine d'années à peine, puisque l'achèvement de la reconstitution ne date que de 1885 et qu'il a fallu trois ans à chaque nouveau cep pour donner ses premiers fruits.

Ajoutons, pour compléter — ou à peu près — que les vins du Clos Massane s'améliorent considérablement de deux à cinq ans,

L'étendue du vignoble est de trente-deux hectares. Il en est — même beaucoup — qui sont plus considérables, mais il n'en existe point de mieux soignés. Aussi ses vins sont-ils réputés parmi les meilleurs dans tout le Midi de la France.

Nous avons parlé de la culture. Parlons un peu, maintenant, de l'installation des celliers ou *chais*, de la vinification. L'installation est aménagée à la perfection et l'on ne saurait désirer mieux. Aussi bien, la description, quoique sommaire, que nous allons en faire, sera suffisamment complète quand même, pour que les lecteurs les moins initiés à l'art œnologique se rendent un peu compte de l'opération et conservent un rudiment d'enseignement spécial, petites notions toujours précieuses aux yeux des personnes qui sont d'avis qu'aucune occasion de s'instruire ne doit être négligée. A cet égard, nous ne pouvons mieux faire que de transcrire ici quelques lignes empruntées au « *Moniteur illustré des Expositions internationales* ».

Cette revue s'exprime ainsi au sujet de la vinification au Clos-Massane :

« A côté des foudres de fermentation en bois, d'une contenance de 200 à 300 hectolitres, se trouvent quatorze foudres de garde rangés les uns à côté des autres; au-dessus, est installé un plancher sur lequel circulent, grâce à des rails et à des plaques tournantes, les wagonnets qui, au moment des vendanges, viennent se déverser dans les cuves.

« La fermentation est suivie minutieusement ; rien n'est laissé au hasard ni à la routine. Aussi les vins obtenus par M. Massol sont-ils à la fois corsés et fins de goût ».

Le système de culture et celui de vinification employés par le propriétaire du Clos-Massane, ainsi que les méthodes adoptées par lui pour la marche générale du domaine, sont hautement appréciés aux environs, et M. Massol aura eu le rôle bienfaisant et fort enviable de sonner le réveil de l'industrie vinicole dans la contrée et de lui imprimer une vigoureuse et salutaire impulsion.

Disons un mot de la couleur du vin récolté au Clos Massane. Notre notice serait incomplète si nous omettions ce point qui est essentiel pour tout gourmet. Eh bien, le vin du Clos-Massane possède la teinte vermeille et transparente du rubis le plus éclatant. C'est la nuance la plus prônée par les véritables connaisseurs.

M. Massol ayant rompu en visière avec tous

les préjugés de culture et de vinification autrefois répandus dans sa région, et s'étant promis de terrasser la routine, a étendu jusqu'au traitement des marcs de ses pressoirs les méthodes les plus nouvelles de la science. Dès 1891, alors que ses jeunes vignes, déjà suffisamment reconstituées dans leur ensemble, commençaient à donner assez, il a établi chez lui une distillerie modèle en s'imposant l'obligation stricte de n'en tirer que d'excellents produits, afin de faire revivre la vieille renommée des eaux-de-vie de Montpellier. Conséquent avec lui-même, M. Massol, afin de briser la coutume routinière et de ne plus traiter le marc tel quel, fit construire de vastes cuves en pierre, avec revêtement intérieur en briques vernies. Chacune a la capacité de 500 hectolitres environ. Il fait passer dans ces vaisseaux, annuellement, 200.000 à 300.000 kilogrammes de marc frais.

On comprend que nous n'entrions pas ici dans le détail de la distillation. Ce serait oiseux. Qu'il nous suffise d'indiquer les principales manipulations que subit le marc. D'abord, celui-ci est tassé dans les cuves, puis arrosé d'eau, par un procédé ingénieux. Les robinets placés au bas des cuves sont ouverts et l'eau s'écoule entraînant le vin que contenait encore le marc. On obtient ainsi successivement, plusieurs qualités de petit vin (entre 9 degrés et 1 degré d'alcool). Puis on introduit successivement ces vins dans l'alambic dit « multiplex », chauffé à la vapeur. Cet alambic sort de la maison Egrot de Paris.

Nous ne parlerons pas des alcools « de tête » ni de ceux de « queue ». Nous nous en tiendrons à ceux de « cœur », qui titrent 70 degrés environ. Ils ont tout le bouquet et toute la saveur des vins d'où ils proviennent. M. Massol pousse le goût de son art jusqu'à loger ses alcools dans des fûts en bois du Limousin, fabriqués à Cognac, qui sont renfermés dans un chai où s'opère leur vieillissement.

Les produits du Clos Massane ont obtenu jusqu'à ce jour 5 Médailles d'or et 2 Médailles d'argent, et ont valu à M. C. Massol le ruban du Mérite Agricole, distinction très justifiée, comme on l'a vu dans les notes brèves que nous avons eu le plaisir de consacrer à cet intelligent viticulteur.

LEROUDIER (Mme Marie), A. 🎓, née à Belfort (Haut-Rhin), le 29 octobre 1838, artiste en Broderies d'art, Membre des *Comités de l'Exposition de 1900*, Lauréate de nombreux Concours et Expositions.

Adresse : 86, Boulevard de la Croix-Rouge, à Lyon (Rhône).

L'art essentiellement féminin de la broderie remonte à la plus haute antiquité. On peut affirmer que plusieurs milliers d'années avant l'ère chrétienne, on connaissait déjà cet art infiniment charmant qui tient une grande place dans la symbolique orientale. Les brodeuses de Babylone et celles de Tyr, de Sidon et de la Phrygie étaient renommées dans l'antiquité. Athènes connut cet art. Rome appela des femmes de Syrie pour initier les jeunes filles et les matrones aux secrets de leur habileté. Après l'époque d'Alexandre, du reste, les Grecs d'abord, les Romains ensuite, employèrent pour la décoration de leurs temples des tapisseries retraçant les hauts faits des héros mythologiques.

Le Christianisme marcha dans cette voie.

L'usage de ces tissus travaillés devint général à la fin du IXe siècle, ainsi que le prouvent entre autres les documents des archives de l'abbaye de Cluny.

Les tissus en usage alors étaient importés de Byzance ou de l'Asie. On ne tarda pas à les imiter, puis à les transformer. Les compositions orientales, païennes souvent, froissaient les idées religieuses des chrétiens. Les abbayes se livrèrent à la fabrication des tapisseries. Au XIVe siècle, celles d'Arras étaient renommées. Une collection de tapisseries de cette ville, représentant l'histoire légendaire d'*Alexandre le Grand*, fut envoyée à Bajazet en rançon du fils du comte de Flandre.

L'Italie et les Flandres, à la même époque, se livrèrent activement à ce travail d'art.

C'est à Lille que Mahaut de Flandre, femme de Guillaume le Conquérant, acquit cette virtuosité dans le travail de l'aiguille qui lui permit de créer le chef-d'œuvre connu sous le nom de *Tapisserie de Bayeux* (fin du XIe siècle) et qui n'occupe pas moins de 70 mètres de longueur (Bibliothèque de Bayeux).

Au Moyen-Age, la broderie constituait presque uniquement l'occupation des châtelaines reléguées au manoir seigneurial. La broderie pénétra de plus en plus dans les usages proines. La Renaissance donna un nouvel essor à et art féminin. Les dessins varièrent à l'infini, uivant le caprice des artistes. Les allégories, s emblêmes, les devises, les armoiries, s'étarent à profusion. Catherine de Médicis, habile rodeuse, encouragea cette industrie de luxe.

C'est de cette époque que date la célébrité de yon pour ses broderies. Chacun voulut possér des baldaquins, des pentes de lit, des garitures *parfilées à la Lyonnaise.* Jusqu'à la Révolution, les broderies furent de plus en plus echerchées. Après quelques années d'arrêt, yon put se remettre à sa fabrication célèbre.

De nos jours, 150.000 femmes gagnent leur ie à broder. A Nancy et dans les Vosges, on rode sur le blanc; à Paris et à Lyon, dans les ouleurs, sur la soie et le velours, surtout pour s ornements d'église.

On voit donc que la curieuse industrie artisique de Lyon n'est pas perdue. Elle le serait eut-être, cependant, sans l'initiative et le alent d'une femme dont le nom restera dans histoire de la Broderie : Mme Marie Leroudier.

Née à Belfort, elle vint très jeune à Lyon vec ses parents. En sortant de l'école des Dames Saint-Charles, aux Brotteaux, où elle idait ses petites amies dans les travaux de l'aiguille, et remportait tous les prix d'ouvrage manuel de couture, la jeune fille se sentait une éritable vocation pour la broderie d'art, mais on goût protestait contre la mode de l'époque t la vulgarité des dessins qu'elle avait à exéuter. Elle se soumit, impuissante, attendant le pouvoir s'établir et d'être ainsi en mesure le travailler suivant ses idées.

Ayant épousé en 1862, M. Leroudier, elle put nfin fonder une maison de broderie d'art. Dirigée par son mari, elle se mit à fouiller dans e passé et commença la belle collection qu'elle réunie depuis.

Dessinant déjà, elle suivit les cours de Mlle Aillaud, sentant bien que tout progrès en lessin était un grand progrès dans son art.

Dès lors, de plus en plus convaincue, se dégageant de plus en plus des méthodes surannées, ressaisissant les vieilles traditions oubliées, aidée, soutenue par les chefs intelligents des maisons qui relevaient, elles aussi, les traditions des vieux arts lyonnais, Mme Leroudier entrait dans la voie des progrès continus... Que d'efforts et de constance il lui fallut !

« Les anciennes ouvrières regimbaient ; les plus habiles étaient les plus rebelles... Il fallait former un personnel nouveau, être sans cesse en éveil et lutter avec la clientèle jusqu'à refuser des commandes ! Mais ces efforts n'étaient pas inutiles; le succès arrivait peu à peu; la réputation s'établissait. On racontait qu'à Lyon se brodaient de nouveau des choses merveilleuses ; et aujourd'hui Vienne et Paris quêtent dans l'atelier de Mme Leroudier ses magnifiques ouvrages. »

Dès lors, il sortit des ateliers de Mme Leroudier toutes, ou presque toutes, les riches broderies artistiques que Lyon a produites depuis une trentaine d'années et dont quelques-unes sont de merveilleuses œuvres d'art.

Parmi ces dernières nous citerons :

1° Les *Lambrequins en application* d'un si grand effet qui ornent le foyer du *Grand Opéra* de Paris ;

2° La *Chappe faite pour Pie IX* en 1869 ;

3° La *Chasuble de Léon XIII;* cette chasuble porte au centre, brodée au point des Gobelins et sur fond de fils d'or formant trame, la figure du Christ, copie d'un chef-d'œuvre d'Hippolyte Flandrin, à laquelle, malgré ses grandes dimensions et en dehors de l'exécution en tous points parfaite, Mme Leroudier a su donner au visage la suavité du modèle ;

4° La *Mise au Tombeau* pour l'église métropolitaine de Jassy, reproduction du tableau original d'un peintre roumain. La savante brodeuse a interprété la toile du jeune maître avec une délicatesse toute féminine.

« Le paysage du fond, représentant une Palestine toute de convention, avec le Golgotha et ses trois croix comme silhouettes, est délicieusement traité. La souplesse des draperies des personnages qui entourent Jésus, Saint Jean, la Vierge, Joseph d'Arimathie, les Saintes Femmes — 11 figures au total — la légèreté des chevelures et des barbes de ces figures, le costume des anges auréolés d'or, l'harmonie des nuances, le mysticisme de la composition, rendue plus nuageuse encore par la matière même employée par les ouvriers, l'expression de ces groupes harmonieusement disposés, font de cette tenture une œuvre mystérieuse, pour ainsi dire, d'un sentiment religieux tout à fait remarquable. »

Le cadre rouge, également exécuté à l'aiguille, aux quatre coins duquel figurent les Quatre Evangélistes, est lui-même un pur chef-d'œuvre.

Ajoutons que cent nuances et couleurs ont été employées dans ce travail par Mme Leroudier et sa fille et collaboratrice;

5° La *Maraichère*, de David, de grandeur naturelle, incroyable d'expression, de résignation farouche et si vivante que l'on a peine à croire qu'elle est exécutée à l'aiguille. La figure et les mains sont supérieurement traitées. L'expression de cette *tricoteuse* avec un air de défi est inoubliable. Certainement il n'est pas possible de pousser plus loin le talent de copiste. Quant à l'expression, il est difficile de réunir plus de difficultés d'exécution, de coloris et de travail à l'aiguille dans un espace aussi restreint. Dimension, dessins et couleurs : tout est en complète harmonie.

6° La *Fontaine de Jouvence*, tapis pour lequel le panneau d'un vieux coffre a servi de modèle. C'est toute une chasse qui s'arrête pour boire à la Fontaine de Jouvence, si souvent mise en scène dans les sujets traités aux XVe et XVIe siècles. Tout le monde se presse autour de l'onde jaillissante. Hautes dames, cavaliers, fauconniers veulent éprouver la vertu de l'eau merveilleuse. Même les chevaux, il faut le croire, ambitionnent une jeunesse éternelle, car ils s'abreuvent consciencieusement.

7° Les *Douze Mois de l'Année*, le chef-d'œuvre de Mme Leroudier.

Cette œuvre représente, en forme de panneaux, les *Douze mois grotesques* qui furent composés et dessinés par Claude Audran et gravés par son frère à cette époque resplendissante de l'art décoratif, sous Louis XIV. Chacun de ces panneaux représente l'une des divinités de l'Olympe. Au-dessus comme au-dessous du motif principal, des animaux, des oiseaux et des attributs symboliques, réunis par une décoration des plus gracieuses, des plus variées, des plus riches, composée de fleurs, de rinceaux, etc. Ces panneaux sont brodés en couleur sur fond de satin couleur crême.

Ils ont demandé douze années de travail et ont été exécutés directement sur l'étoffe sans le secours de *cartons*. Mme Leroudier a fait une œuvre réelle d'artiste, de créatrice. C'est son goût, son idée, son inspiration qui lui ont fourni le coloris des célèbres compositions d'Audran, pour lesquelles elle n'avait à sa disposition que la très petite collection gravée de celui-ci. On est émerveillé de voir l'harmonie qui règne dans cet ensemble de douze panneaux brodés à l'aiguille par une fée possédant tous les talents de conception imaginables. Que de patience, que d'efforts il a fallu! que de difficultés à vaincre! Des aiguillées de soie, simplement passées à plat, modèlent les figures, rendent la saillie des ornements et des décors, donnent l'illusion de charmantes fleurs dont certaines parties sombres se trouvent étoilées. Il y a dans le panneau de *Junon* des plumes de paon qu'on craint de faire envoler d'un souffle, et, sous *Vénus*, une cascade écumeuse semble bouillonner sous l'étoffe.

Mme Leroudier possède tous les secrets de son art : elle restaure, elle imite, elle interprète, elle crée.

Mais ce qu'elle sait, ce qu'elle a courageusement appris seule, elle l'enseigne avec bonheur. Elle a voulu, pour rétablir définitivement à Lyon son art oublié, former des élèves habiles. Elle y a réussi. Son atelier de la place Tholozan a été pendant trente ans une pépinière d'artistes. En 1888, le Conseil municipal de Lyon plaça sous la direction de cette femme d'élite un cours de broderie artistique que professe actuellement Mme Guillemet-Leroudier.

Mme M. Leroudier a élevé cinq enfants. Ses fils et ses filles occupent une place honorable dans les sciences et dans les arts industriels.

De nombreuses récompenses ont, aux concours et aux expositions, consacré l'œuvre de Mme Leroudier : à Paris, en 1867; à Lyon, à Vienne et à Paris, en 1878; à l'Exposition des Arts décoratifs de Lyon, 1884 (grand prix); à l'Exposition d'Anvers, 1885 (médaille d'or); de Paris, 1887 (médaille d'excellence des Arts décoratifs); de Lyon, 1891 (grand prix), etc.

A la suite de l'Exposition de Chicago, Mme Leroudier a été nommée Officier d'Académie.

Nous terminons ces brèves notes en complétant la gravure sur bois ci-dessus par ce portrait à la plume très réussi que nous empruntons à un critique apprécié : « Toute menue, figure expressive éclairée par des yeux vifs qui pétillent lorsqu'on parle avec elle de son art, sourcils noirs et cheveux légers que semble recouvrir la poudre du XVIIIe siècle : voilà notre brodeuse au physique. Une femme vaillante : la voilà au moral. »

OUSTAU (Laurence), né à Burg (Hautes-Pyrénées), le 16 avril 1835, Directeur et l'un des Propriétaires de l'importante fabrique de tuiles, briques et autres produits céramiques d'Aureilhan-Tarbes (Hautes-Pyrénées). Récompenses : 1er prix (médaille d'argent, Tarbes, 1876); 1er prix (médaille d'argent, Exposition universelle, Paris, 1878); 1er prix (médaille de vermeil, Pau, 1881); 1er prix (médaille d'or et grand prix avec diplôme d'honneur et médaille d'or, Tarbes, 1884); 1ers prix aux Expositions de la *Société des Agriculteurs de France* et des Sociétés horticoles, dans les Basses-Pyrénées, avec médailles de vermeil et diplômes d'honneur, en 1885, 1886 et 1887; médaille d'or à l'Exposition universelle de 1889.

Adresse : Aureilhan-Tarbes (Hautes-Pyrénées).

Nous ne ferons pas ici l'historique de l'art du tuilier. Son origine, on le sait, est très ancienne. Mais, depuis cette époque jusqu'à nos jours, il s'est transformé du tout au tout et il y a loin entre les premières tuiles creuses, séchées au soleil, et les admirables morceaux de céramique, ingénieusement façonnés, qui font d'une toiture moderne, couverte de ces produits, une mosaïque variée de couleurs, de dessins et de récréation pour les yeux. Parmi les industriels qui ont su, dans cette seconde moitié du XIXe siècle, imprimer une nouvelle impulsion à cet art, il faut citer, au rang des plus habiles, des plus intelligents et des plus consciencieux, M. Laurence Oustau.

La maison à la tête de laquelle il est placé, a été fondée en 1873, sous la raison sociale : Oustau et Cie. Dès 1878, elle attirait tout particulièrement l'attention des spécialistes, au point que, produisant à peine depuis cinq ans, elle remporta une Médaille d'argent à l'Exposition universelle de l'année précitée. C'est grâce à l'expérience déjà suffisante de M. Oustau dans les travaux publics, à son activité, à sa persévérance que ce résultat a pu être acquis. L'usine avait adopté les procédés de fabrication et l'outillage les plus perfectionnés qui existassent, et cela dès sa création.

M. Oustau s'est attaché aussi, dès le début de son entreprise, à étudier les moyens d'abaisser le prix des tuiles, des briques, des tuyaux et, généralement, de tous les objets qui sont fabriqués dans son Etablissement. Nous devons dire, en effet, que la Manufacture d'Aureilhan fournit tout ce qui concerne la maçonnerie et ses accessoires les plus variés, ainsi que les conduites les plus diverses, destinées aux travaux les plus composites et de tous les diamètres désirables. M. Oustau est parvenu à réaliser l'abaissement du prix des objets dont il s'agit dans la proportion de 35 p. 100 comparativement aux prix usités jusqu'alors. Un des principaux éléments qui lui ont permis d'amener ce résultat, a consisté dans l'examen des terres du pays et dans leur analyse géologique, étude qui a démontré que ces terres étaient parfaites pour l'emploi qu'on en attendait.

Stimulé par les encouragements éclatants reçus à l'Exposition universelle de 1878, M. Oustau donna dès lors une première extension à sa Manufacture, cependant très considérable déjà ; il y fit ajouter un four à poteries, avec d'autres constructions couvrant une superficie de 1.000 mètres carrés. En 1888, édification d'un nouveau four et de nouveaux bâtiments occupant ensemble 500 mètres carrés. En 1881, développement grandiose : l'usine est presque doublée par la construction d'un nouveau four comprenant seize compartiments et ayant une capacité de 410 mètres cubes. La construction qui le contient est élevée de deux étages et comprend un séchoir à tuiles. La superficie de ces édifices réunis, construits en ladite année, occupe une surface de 1200 mètres carrés. M. Oustau ne s'en est pas tenu là : en 1883, il a fait édifier deux nouveaux fours, avec un laboratoire de deux cents mètres carrés.

A cette époque, la tuilerie et la poterie couvraient une surface de 20.000 mètres carrés et les constructions une superficie de 6.219 mètres carrés.

A mesure que M. Oustau developpait les constructions de son usine et augmentait le nombre de ses fours, il l'assortissait des appareils les plus récents et les plus perfectionnés.

Ainsi, dès 1883, l'outillage se composait de quatre paires de cylindres, de deux forts malaxeurs, de deux fortes galetières (systèmes Pinette et Chambrette), d'une forte mouleuse (système Joly) à deux hélices, de trois fortes presses à friction (système Pinette), d'une rebatteuse à moteur, de cinq rebatteuses à bras, etc. A l'usine sont annexés : un atelier d'ajustage et de réparations avec perceuse, tour parallèle, et un atelier de charronnage. Les deux sont desservis, pour la mise en mouvement de leurs gros outils, par une machine à vapeur de 35 à 40 chevaux.

Peu après, M. Oustau installa des dépôts de ses produits à Lannemezan, Lourdes, Pau, Orthez, Arcachon, Bayonne, etc. ; tous, sauf celui de Bayonne, à proximité des gares de chemins de fer.

Ces succès constants et toujours grandissants incitèrent M. Oustau à rechercher les moyens d'accroître encore l'importance pourtant si considérable de ses établissements industriels. Il se mit au courant des études scientifiques les plus récentes auxquelles s'étaient livrées diverses Sociétés savantes, ainsi que plusieurs ingénieurs, et il acquit la certitude que les meilleures terres à poteries se trouvaient précisément dans un rayon d'une vingtaine de kilomètres autour de la ville de Tarbes. Aussitôt, M. Oustau et ses co-intéressés décidèrent l'édification d'une nouvelle usine.

Voici la description sommaire de l'usine construite en 1888 par MM. Oustau et Cie. Nous l'empruntons à un article très complet, publié, en 1890, par la *Gazette des Travaux publics*.

« Sur un terrain de 10.000 mètres carrés environ, faisant suite aux 20.000 de la tuilerie, ils établirent une usine spéciale pour les pavés et les carreaux en grès céramés-unicolores, et les tuyaux en grès. Cette usine, qui occupe une surface couverte de 2,893 mètres carrés, comprend, outre les bureaux :

« 1° Un atelier d'ajustage pour les moules;

« 2° Un atelier de pulvérisation, avec 2 broyeurs, et de fabrication de galettes, avec un très fort malaxeur;

« 3° Un atelier de pressage, avec 2 puissantes presses:

« 4° Un atelier de fabrication de cazettes et de pièces réfractaires;

« 5° Des chambres de dépôt pour les diverses matières pulvérisées;

« 6° Un séchoir pouvant enfermer plus de 400.000 produits dans les étagères;

« 7° Deux fours intermittents à flamme renversée et à haute température, ayant chacun un laboratoire de plus de 60 mètres cubes;

« 8° Un magasin pour les produits triés;

« 9° Deux hangars, pour les approvisionnements des diverses natures de matières premières et de la houille.

« Une machine à vapeur de 30 chevaux active le matériel de cette usine.

« Dès les premières fournées, MM. Oustau et Cie tinrent à faire constater officiellement les résultats acquis. Le procès-verbal des essais faits au laboratoire de l'Ecole nationale des Ponts et Chaussées, portant le n° 3868 et la date du 22 février 1889, indique une résistance à l'écrasement de 1.033 kg. par centimètre carré, d'après le tableau suivant :

Désignation des échantillons expérimentés.	Pression produisant la rupture au poinçonnage. Charge totale sur le bloc.	Charge par centim. carré de la surface du bloc.
Carreau blanc. . .	16.598 kg.	1.321 kg.
— brun clair .	13.406 —	1.067 —
— brun foncé.	8.937 —	711 —
		3.099 —

Moyenne de résistance : 3.099 : 3 = 1.033 kg.

« Des essais comparatifs à l'usure furent également faits au grand lapidaire de la marbrerie Géruzet, de Bagnères-de-Bigorre (6 juin 1889). La durée de chaque expérience fut de 20 minutes ; chaque pavé fut chargé de 10 kg. et la vitesse du lapidaire fut de 35 tours à la minute. On obtint ainsi :

	Epaisseurs. Avant l'expérience.	Après l'expérience.	Usure.
1re EXPÉRIENCE :			
Pavé de Boulogne	0m0413	0m0390	0m0023
Pavé Oustau et Cie......	0m0374	0m0351	0m0023
2e EXPÉRIENCE :			
Pavé de Bordeaux (Cannéjean)....	0m0362	0m0321	0m0041
Pavé Oustau et Cie	0m0375	0m0351	0m0024

En 1895, un moteur à gaz de 60 chevaux fut ajouté à l'usine principale.

Les établissements d'Aureilhan occupent, en temps ordinaire, plus de deux cents ouvriers. Le salaire est de deux à six francs par jour, pour les hommes, et de un franc à un franc cinquante centimes pour les femmes.

MM. Oustau et Cie assurent tous leurs ouvriers contre les accidents et supportent une grande partie des charges de la prime. C'est aussi l'usine qui paie les médicaments. Elle acquitte à l'ouvrier blessé la moitié du prix de sa journée, pendant la durée de l'incapacité de travail. En cas d'incapacité permanente, il est conclu un arrangement à forfait. D'ailleurs, il est arrivé dans les établissements Oustau peu d'accidents graves depuis leur création, proportionnellement au grand nombre d'ouvriers occupés.

On a organisé à l'usine une Société de secours mutuels approuvée, qui fonctionne depuis près de 15 ans (nous sommes en 1899), et dont M. Oustau est toujours resté le Président.

Nos lecteurs voient que M. Oustau ne néglige pas le côté philanthropique de son œuvre et l'on peut le classer parmi les patrons soucieux à un haut degré du bien-être de leurs ouvriers. Aussi nous avons lieu d'espérer qu'il ne tardera pas à recevoir de précieux témoignages de ssatifaction de la part de l'autorité publique.

BERNARD-CÉSAR, né à Saint-Remy (Vosges), le 4 juillet 1815, Fabricant de Madeleines et de Macarons de Commercy, propriétaire de l'Hôtel de Paris, Lauréat de nombreux concours et expositions.

Adresse : Commercy (Meuse). — Et : Château de Vassimont, à Aulnoy-sous-Vertuzey (Meuse).

Dijon a son cassis et sa moutarde, Amiens ses pâtés de canard, Pithiviers ses brioches, Pontarlier son absinthe, Montélimar son nougat, Fougerolles son kirsch, Arras ses « cœurs » et son pain d'épices, Verdun ses dragées, Bar-le-Duc ses confitures, — Commercy a ses *madeleines* dont la réputation s'est depuis longtemps répandue bien loin des frontières de la Lorraine.

Quelle est l'origine des « madeleines »?

Voici ce que nous trouvons à ce sujet dans l'excellent ouvrage de M. Paul Patte O'Brien : *La Lorraine*, publié en 1892 à la Librairie de l'Art (un vol. in-8° illustré).

« On ne peut exactement retrouver l'origine, la naissance de la « madeleine » ; on n'en a que des indices, et ce serait au commencement du XVIIIe siècle que le premier... exemplaire de ce dessert aurait été confectionné. On dit que Stanislas Leczinski, le beau-père de Louis XV, qui était un gourmand et un gourmet, possédait dans sa domesticité un cordon-bleu qui excellait dans la fabrication des bonnes choses. Elle avait promis, un jour que le roi de Pologne recevait quelques hôtes de haute distinction, de se surpasser et de leur faire goûter une nouvelle friandise. Mais un malheureux hasard voulut qu'elle manquât son œuvre.

« Désolée, elle s'apprêtait à faire avertir le roi de l'accident regrettable qui lui arrivait, quand un marmiton, ayant goûté les morceaux du gâteau, le déclara exquis. Cette appréciation contrôlée et reconnue exacte, le roi ne fut pas prévenu, et lui et ses amis furent enchantés de cette friandise.

« La cuisinière avait oublié quelque assaisonnement à son premier gâteau, mais avait trouvé la madeleine.

« Quand Stanislas reçut le duché de Lorraine, son cordon-bleu l'y suivit, et c'est ainsi que cette province obtint la renommée qu'elle possède actuellement.

« Nous ne donnerons pas en terminant la règle, bien connue du reste, qui préside à la confection des madeleines, disons seulement que rarement on obtient, en les faisant soi-même, le goût exquis de celles faites à Commercy, et que jamais elles n'ont ce je ne sais quoi qui distingue les madeleines faites à l'établissement de MM. J. Bernard et Cie.

« Secret de fabrication, sans doute, que nous n'avons pu découvrir. »

Ce qu'il y a de certain, c'est que cette recette demande, pour donner des produits dotés de toute la finesse dont ils sont susceptibles, à être appliquée avec des soins infinis et des précautions méticuleuses à des matières premières de qualité absolument supérieure.

En face de la gare de Commercy, se trouve la Grande Fabrique de Madeleines, dirigée par M. Bernard-César, propriétaire du château de Vassimont d'Aulnois-sous-Vertuzey. Cette maison, fondée il y a de longues années, est certainement au premier rang comme installation d'usine autant que comme importance de production.

Le système des fours Rollant est très intéressant. C'est grâce à une fabrication consciencieuse et raffinée que M. Bernard assure à ses madeleines la perfection qui leur a valu une renommée universelle.

En 1876, on employait chaque année 45 quintaux de farine, 50 quintaux de sucre, 6.000 douzaines d'œufs, 3.650 kilos de beurre; aujourd'hui la production de l'usine dépasse ce qui pourrait s'imaginer. Disons seulement qu'on emploie chaque année 14.600 douzaines d'œufs, 13.700 kilos de sucre, 9.200 kilos de beurre et 11.000 kilos de farine.

Cette maison, par sa supériorité, a obtenu les plus hautes récompenses aux Expositions de Bar-le-Duc, en 1880, de Paris, en 1878 et 1889, de Bordeaux, en 1896, et d'Epinal en 1881.

M. Bernard est également propriétaire de l'Hôtel de Paris qu'il a dirigé avec une grande intelligence pendant de longues années et qui est aujourd'hui entre les mains de son neveu, M. Receveur.

Situé au fond d'un grand jardin qui le sépare de l'usine de M. Bernard, l'Hôtel de Paris offre aux voyageurs et aux touristes tous les avantages que l'on peut désirer : proximité de la gare et installation des plus confortables, mise en rapport avec les exigences de la vie moderne.

De plus, les ombrages précieux d'un véritable parc qui font l'admiration de tous pendant la belle saison, ne sont pas un des moindres attraits de l'établissement modèle.

ROCHEFORT (Octave-Maximilien), né à Paris, en 1861, ancien élève de l'Ecole centrale, ingénieur des Arts et Manufactures, constructeur-mécanicien et électricien (Machine à écrire : *Dactyle*, et : *Transformateur électrique à haute tension*), membre de plusieurs Sociétés savantes.

Adresse : 4, rue Capron, Paris. — Magasins d'Exposition et de Vente des Machines à écrire *Dactyle* : 46, boulevard Haussmann, Paris.

M. Octave de Rochefort-Luçay est le fils du célèbre pamphlétaire, M. Henri Rochefort.

Ses études secondaires achevées, M. Octave Rochefort entra à l'Ecole centrale des Arts et Manufactures. Il en sortit en 1884 avec son diplôme d'Ingénieur. Ne se sentant aucune vocation pour les luttes politiques, il s'est depuis consacré constamment et entièrement à sa profession.

L'année qui suivit sa sortie de l'Ecole centrale, M. Octave Rochefort prit la direction d'une importante exploitation forestière en Algérie. Il y resta deux ans.

En 1887, il partit pour la République Argentine. Il s'occupa de travaux de ponts en qualité d'ingénieur attaché au Gouvernement platéen, et professa un cours technique à la Faculté de Cordoba, en même temps qu'il était ingénieur de la ville.

De retour en France en 1890, M. Rochefort partit peu après pour les Etats-Unis où il s'occupa de mines de charbon.

Son attention fut alors attirée sur les machines à écrire, qui semblaient appelées à remplacer le travail du scribe et qui commençaient à entrer dans les usages journaliers de l'Amérique.

Le jeune ingénieur s'attacha avec passion à cette question. Finalement, en 1896, il revint en France pour y installer une fabrique de machines à écrire connues sous le nom de *Dactyle*, dont le magasin de vente est actuellement boulevard Haussmann, 46.

Les avantages de la machine à écrire ne

sont plus à démontrer. En écrivant à la plume, on ne produit guère plus de 15 à 20 mots à la minute ; à la machine, on obtient couramment 60 mots. Les professionnels arrivent à dépasser 120 mots.

Un nouveau perfectionnement apporté à la *Dactyle* par M. O. Rochefort supprime le temps qui était employé à frapper les intervalles entre les mots, ce qui augmente la rapidité de 20 %. L'écriture à la machine, quelle que soit sa rapidité, est toujours la même, propre et facile à lire. L'uniformité pour toute la correspondance d'une maison, la suppression de toute erreur due à un mot illisible, sont des avantages très grands. La *Dactyle* permet, d'autre part, d'écrire d'un seul coup un certain nombre de duplicata, en interposant entre les feuilles de papier mince, des papiers à calquer chimiquement colorés — papier carbone. — La première feuille, celle sur laquelle l'écriture est directe, peut se copier à la presse, comme une lettre ordinaire écrite avec de l'encre à copier. L'écriture à la machine est bien moins fatigante et surtout moins énervante que l'écriture à la main, presser une touche étant moins asservissant que de former un caractère plus ou moins compliqué, de veiller à l'espacement et à l'accentuation. Enfin, un secrétaire dactylographe rédige directement à la machine la lettre qu'il écrit, et, dans les administrations et maisons de commerce, on peut employer des sténographes-dactylographes. Le chef de la maison, en ouvrant son courrier, dicte ses réponses au sténographe ; les dictées prises, celui-ci va les écrire sur sa machine. Il apporte les lettres écrites au directeur qui les relit et les signe à la main. Les duplicata sont déjà obtenus ; la copie à la presse est prise et les lettres envoyées.

La *Dactyle* se prête merveilleusement à la reproduction à un grand nombre d'exemplaires — jusqu'à 300 par cliché — au moyen de papiers stéarinés spéciaux *Stencils*. Les *Stencils* perforés par l'écriture sur la *Dactyle* forment des

clichés qui, mis dans des appareils spéciaux à main ou automatiques, permettent de tirer des exemplaires comme avec une presse. Il existe plusieurs systèmes de ces appareils qui, tous, sont applicables au tirage des clichés. Le *Cyclostyle automatique* paraît cependant le meilleur. On peut ainsi tirer chez soi des exemplaires propres et lisibles.

En dehors du monde commercial, la machine *Dactyle* rendrait de grands services aux érudits, aux savants, aux écrivains, qui doivent généralement faire recopier leurs travaux avant de les donner à l'impression, et qui sont souvent affligés d'une écriture désespérante. On hésite parce qu'on craint les difficultés de l'apprentissage. Il n'y a en réalité rien d'aussi

simple. Un essai de quelques minutes le montre. Dans la *Dactyle*, 28 touches donnent 84 signes, et 26 de ces touches donnent le même caractère deux fois en minuscules et en majuscules. On n'a donc à apprendre que 58 touches différentes, dont une vingtaine servent bien rarement. Après une demi-heure d'essai, il est possible de rédiger une lettre sur la *Dactyle*.

Un autre avantage de la *Dactyle*, c'est qu'elle permet de voir ce qu'on écrit du commencement de la page au caractère même que l'on vient d'imprimer, et cela sans interrompre son travail.

Dans les autres machines, le remplacement d'un caractère usé exige le transport de la machine à l'atelier du constructeur ; dans la *Dactyle*, le barillet portant les caractères s'enlève en quelques secondes par l'écrivain lui-même. Un barillet neuf coûte un prix minime et tous les caractères sont remplacés d'un seul coup.

Il est possible de prendre des barillets de rechange portant des caractères différents, ce qui permet d'écrire en caractères étrangers avec une même machine. M. O. Rochefort fournit des claviers de toutes langues et des claviers combinés pour écrire deux langues différentes avec la même machine.

Les corrections, grâce au repéreur, se font avec la plus grande facilité sans enlever la feuille du rouleau.

D'autre part, un repéreur tabulaire, de fonctionnement instantané, permet de disposer tout calcul et de faire facilement les tableaux synoptiques. Ce « tabulaire » est l'objet d'un brevet spécial.

L'encreur de la *Dactyle* se compose d'un petit rouleau imprégné d'une encre spéciale. Chaque caractère du barillet, au moment de se poser sur le papier, s'imprègne de cette encre.

La *Dactyle* ne donne donc pas un décalque comme dans la "*Remington*", mais une impression directe et nette.

M. O. Rochefort, tout en perfectionnant la *Dactyle*, est parvenu à la livrer à la portée de tous. De là son succès énorme : la *Dactyle n° 2, modèle 1897*, est vendue 250 fr.; la *Dactyle n° 3, modèle 1898*, 300 fr. avec tous les accessoires.

Le jeune ingénieur a mis dernièrement en vente une merveilleuse *Machine à calculer "Dactyle"*, dont le maniement s'apprend en quelques minutes et qui permet, après quelques heures d'exercice, de calculer quatre fois plus vite que le plus habile calculateur, et cela sans la moindre fatigue. Cette machine n'a aucun rapport avec les règles à calculer et les appareils analogues ; c'est un compteur automatique donnant des résultats rigoureux pour les règles fondamentales et permettant l'extraction de la racine carrée.

M. Rochefort peut fournir également, à l'usage des aveugles, la machine à écrire *Holl*, écrivant en relief Braille, et la machine *Harrison*, pour repousser les plaques de cuivre destinées à l'impression des caractères Braille. Les *Dactyle* elles-mêmes sont très employées, sans aucune modification, pour écrire aux voyants. On peut ajouter, du reste, sur les touches du clavier des *Dactyle*, les lettres caractères Braille, en relief.

Un grand succès de la maison est aussi actuellement le *Cyclostyle automatique*, pour la reproduction à un grand nombre d'exemplaires d'un cliché effectué en perforant un papier paraffiné spécial (papier Stencil). Ce cliché est obtenu avec un stylet pour l'écriture à la main, ou avec la machine à écrire. Le tirage s'effectue en tournant la manivelle de la machine et peut être accompli par le premier venu.

Citons également le nouveau *Perforateur de Chèques*, à chiffres colorés remplaçant avantageusement les appareils compliqués employés jusqu'à présent et dont le moindre tort de coûter cinq fois plus cher.

La fabrication des *Dactyle* installée, M. Octave Rochefort s'occupa d'électricité. Il ne tarda pas à se signaler au monde savant par des découvertes importantes sur la production des courants de haute fréquence et de hauts potentiels.

La bobine de Ruhmkorff, en usage depuis plus de quarante ans, permet d'obtenir des courants de très grande tension et de faible débit.

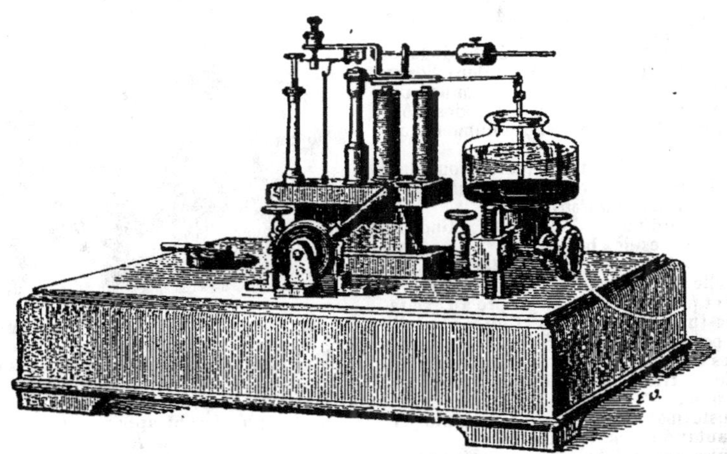

La découverte du Dr Rœntgen, les beaux travaux de M. d'Arsonval sur la haute fré quence, les effets de résonnance, la télégraphie sans fils, etc., montrèrent que la bobine d'induction était insuffisante pour répondre aux nouveaux besoins.

Le *Transformateur Wydts-Rochefort à haute tension* apporte la solution du problème. Le *Transformateur* est simple, à grand rendement, de faible dépense du primaire, sans fragilité et d'effets nombreux. Pour obtenir une étincelle de 20 à 25 cm. de longueur, il suf-

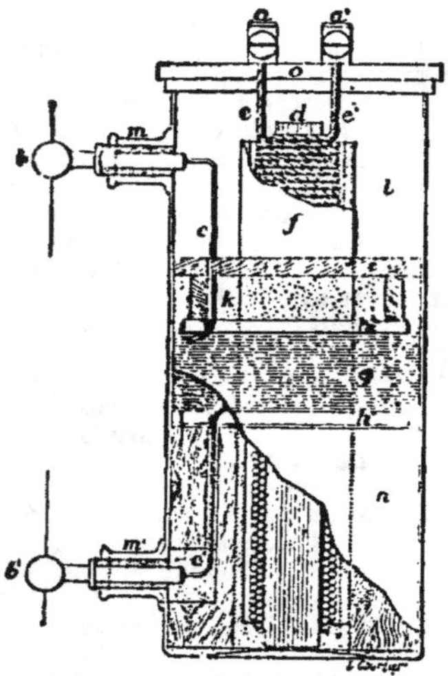

fit d'employer une batterie de 3 accumulateurs (6 volts); le courant qui passe dans l'inducteur est de 3 à 4 ampères (énergie de 20 watts environ). Une bobine de même largeur d'étincelle nécessiterait une batterie de 14 à 16 volts et consommerait 120 watts.

Le *Transformateur* peut être établi de façon à donner des tensions égales à ses deux bornes secondaires, ou bien de façon à donner une tension sensiblement nulle à celui des pôles que l'on veut. Ce résultat est absolument nouveau.

En même temps, les inventeurs trouvaient le moyen de modifier à volonté la *qualité* et la *nature* du *Transformateur*.

L'appareil ordinaire donne des étincelles identiques à celles des bobines.

Les *Transformateurs intensifs* donnent une étincelle plutôt courte, mais extrêmement puissante et particulièrement propre à l'excitation des tubes de Crookes. Cette étincelle nouvelle permet d'employer des tubes radiographiques très durs, ce qui permet la radiographie des parties très épaisses et diminue le temps de pose.

Le Transformateur de 50 cm. d'étincelle permet l'instantané en radiographie.

M. le professeur d'Arsonval a présenté, le 25 juillet 1898, le *Transformateur* à l'*Académie des Sciences*.

Le *Transformateur Wydts-Rochefort* a été également l'objet des éloges les plus flatteurs du Dr G. Bardet *(Soc. de Thérapeutique)*, de la *Soc. des Ingénieurs civils* (5 nov. 1897), de la *Soc. de Physique*, etc., et des grandes revues scientifiques.

Chaque jour, de nouvelles propriétés sont découvertes au Transformateur. C'est ainsi que le dispositif unipolaire permet maintenant l'Endodiascopie ou production des rayons X dans le corps des vivants sans aucune sensation pour le sujet.

Un dispositif simple permet, au moyen d'un tabouret isolant, d'employer le Transformateur unipolaire pour donner des bains statiques avec le fluide positif ou négatif.

Telle est, en 1899, l'œuvre de M. Octave Rochefort. Cette œuvre et ces découvertes ont été accomplies en trois années. Combien de surprises ne nous ménagera pas le distingué ingénieur au commencement du xxe siècle!

MAISON JOSEPH FIESCHI Père et Fils, à Propriano (Corse).

FIESCHI (Joseph), ✠, père, né à Sollacaro (Corse), le 30 mars 1843, Propriétaire-Viticulteur (Vins de Quatrina), Banquier, Négociant

importateur et exportateur, Vice-Consul d'Italie, Membre de la Chambre de Commerce de Bastia, Lauréat de plusieurs Concours et Expositions.

Adresse : Propriano (Corse).

M. Joseph Fieschi appartient à une vieille famille de l'ancienne *Kyrnos*, la *Corsica* des Romains, la Corse de nos jours.

Son père, qui était médecin, comptait bien lui faire suivre la carrière dans laquelle il s'était distingué en obtenant l'estime générale.

Mais M. Joseph Fieschi se sentait peu de vocation pour la médecine; il préféra tourner son activité vers les questions industrielles et agricoles.

En 1860, M. Joseph Fieschi fut attaché à la maison de commerce que son frère avait établie à Sartène. Dès qu'il se trouva initié aux affaires, M. Fieschi se rendit à Marseille. Il y étudia consciencieusement les différentes branches du Commerce et de l'Industrie et put revenir en 1863 à Sollacaro se mettre à la tête d'une maison de tissus, nouveautés et articles divers.

En 1876, M. J. Fieschi céda sa maison de Sollacaro à son beau-frère. Il s'installa à Propriano et y fonda une fabrique de cigares et de tabacs à fumer.

Propriano, qui n'était avant 1860 qu'un simple hameau de Fozzano, commençait à prendre de l'importance. On sait que ce port occupe le fond du golfe de Valinco. C'est le débouché naturel des vallées de Taravo, Baraci et Tavaria, les plus peuplées de la Corse et riches en produits agricoles et forestiers. L'exportation des vins y a pris en ces dernières années de grands développements. Le mouvement commercial y a acquis une sérieuse importance.

Proprino est relié à Ajaccio, à Bastia et à Bonifacio par un service quotidien de malle-poste. Il est en outre relié : d'une part, à Ajaccio, par trois services de bateaux à vapeur se faisant l'un trois fois par semaine, et les deux autres une fois par semaine; d'autre part, à Bonifacio, par deux services de bateaux à vapeur, l'un hebdomadaire et l'autre semi-mensuel; enfin à Bastia, par un service hebdomadaire de bateaux à vapeur.

Le port est abrité par une jetée de 300 mètres de longueur enracinée au rivage et aboutissant aux rochers de Scoglio-Longo, et dont l'extrémité est signalée par un phare de 4e ordre. Un projet a été adopté en principe pour compléter l'abri au moyen d'une seconde jetée enracinée au groupe de rochers précité. Une route carrossable, longeant la plage, relie la jetée et le débarcadère à la route nationale no 196, qui part d'Ajaccio et conduit à Sartène.

Tel est le Propriano actuel dont l'importance ne fait que grandir chaque année et qui semble appelé à prendre un beau rang parmi les ports de la Corse.

Ce rôle de Propriano, M. Joseph Fieschi l'avait prévu, Le distingué négociant fut toujours un de ceux qui, par tous les moyens, se consacrèrent au développement commercial et maritime du port.

De même, en 1876, Propriano était, pour les tabacs, tributaire d'Ajaccio L'installation de la fabrique de cigares Joseph Fieschi fit cesser cet état de choses.

La cigarerie nouvelle employa bientôt plus de 30 ouvrières cigarières venues du chef-lieu de l'ile, et ses produits obtinrent une réputation qui les fit rechercher de tous les fumeurs.

En 1878, la *Société d'Agriculture, Sciences et Arts* de Sartène décerna à M. Joseph Fieschi une Médaille d'or offerte par le Ministre du Commerce.

Les nombreuses occupations du directeur de la fabrique de cigares l'avaient toujours tenu à l'écart de la politique. Il dut cependant finir par s'incliner devant la volonté des électeurs qui le nommèrent membre du Conseil municipal en 1884. Quinze jours après, M. Fieschi était élu maire de Propriano. Et ce n'était que justice.

Les services rendus à Propriano par M. Fieschi ont été cités par un de ses adversaires politiques, un homme de grande valeur, M. J. Bartoli, dans un article publié par la *Petite Revue du Midi* (no 74), article auquel nous empruntons les lignes suivantes :

« ... Nous vous demandons de faire pour Bonifacio et la côte orientale ce que le patriotisme ardent et sincère de M. Fieschi, livré à ses propres forces, a fait pour Propriano. Ce dernier port était une légère partie — au point de vue commercial - du golfe d'Ajaccio. Ici la douane percevait les droits sur les sucres et les cafés; là on était esclave et l'on rongeait son frein, lorsque M. Fieschi, au prix des plus grands efforts, est arrivé à libérer Propriano de la servitude d'Ajaccio.

« Je suis l'adversaire politique de M. Fieschi, mais je respecterai toujours l'homme de bien qui consacre ses veilles et son talent à la prospérité de ses concitoyens. Propriano était un hameau. C'est une ville aujourd'hui et son importance est telle qu'Ajaccio son ancien maître est devenu son égal.

« Ce qu'un simple particulier a fait pour Propriano, une compagnie ne pourrait-elle pas le faire pour Bonifacio et la côte orientale.

« M. Fieschi a lutté contre toutes les puissances financières et politiques d'Ajaccio. Qu'avait-il à leur opposer? Une volonté de fer, celle de faire du bien, car sa compétence commerciale, il l'a acquise en travaillant, et sa fortune n'est que le fruit de son honnêteté. »

Les services signalés rendus à titre gracieux par M. Fieschi à la marine espagnole qui fréquentait le port de Propriano, lui ont valu d'être nommé par S. M. Alphonse XII, Chevalier de l'ordre de Charles III d'Espagne (10 juillet 1884).

En maintes circonstances, M. J. Fieschi eut l'occasion de montrer son dévouement pour les sinistrés de mer. Lors du naufrage sur le banc des Moines de la *Tasmania*, navire anglais, M. Fieschi organisa les secours et fut la providence d'une partie des naufragés.

En 1888, M. Fieschi, qui ne cessait d'engager ses compatriotes à développer la culture de la vigne, se décida à prêcher d'exemple.

Aux portes mêmes de Propriano, il planta les vignobles de Quatrina avec maison de maitre, caves, écuries, chais, etc. Ce vignoble est maintenant en plein rapport et produit un des meilleurs vins du sud de la Corse, la région vinicole par excellence. Les vins exquis de Quatrina ne sont vendus qu'en bouteilles cachetées demandées par les nombreux amis et clients que M. Fieschi a en France.

La maison Fieschi père et fils est l'une des plus importantes de la Corse. Ainsi qu'il se pratique dans le pays, elle réunit toutes les branches du commerce. Les magasins de vente et de dépôt sont des mieux établis pour les denrées coloniales, les farines, les tissus, la sucrerie, la quincaillerie, les exportations les plus diverses, etc.

Pour donner plus d'importance aux affaires, la maison s'occupe de Banque et de Recouvrements sous la surveillance de M. Fieschi père qui emploie ses heures de loisir à diriger sa propriété de Quatrina, et qui est admirablement secondé par son fils unique, rompu aux affaires et déjà bien connu dans le petit monde commercial de la Corse.

En 1898, M. Joseph Fieschi fut nommé Vice-Consul de S. M. le roi d'Italie à Propriano. Le gouvernement italien ne pouvait faire un meilleur choix. Par sa situation de famille, par sa fortune, par l'importance de sa maison de commerce, M. Fieschi se trouvait tout désigné pour ce poste. Les nombreux Italiens domiciliés à Propriano et aux environs et ceux de Lucques qui viennent chaque année travailler aux exploitations agricoles ou industrielles, trouvent auprès du Consul toute la protection à laquelle ils ont droit.

Agent de la *Nouvelle Compagnie maritime des Messageries insulaires*, membre correspondant de la Chambre de Commerce de Bastia (23 novembre 1898), ancien maire de Propriano, M. Joseph Fieschi a obtenu en 1878 une Médaille d'or pour ses tabacs et cigares; en 1889, une Médaille de bronze à l'Exposition universelle de Paris; en 1894, au Concours industriel et commercial de Propriano, la Médaille d'argent offerte par le Ministre du Commerce. Cette dernière récompense fut accordée à ses excellents vins de Quatrina.

Si la Corse comptait une centaine d'hommes de la valeur de MM. Fieschi, la vieille Kyrnos retrouverait sa richesse d'autrefois.

La Métropole ne s'occupe pas assez du développement commercial et économique de la grande île méditerranéenne.

Il appartiendrait du moins au gouvernement de la République d'encourager les initiatives individuelles d'hommes qui, comme M. Joseph Fieschi, font l'application journalière du vieux proverbe : *Aide-toi, le Ciel t'aidera!*

MANUFACTURE DE ROSEAUX POUR ANCHES D'INSTRUMENTS DE MUSIQUE ET CANNES A PECHE, de Victor Abbe fils, à Sainte-Maxime-sur-Mer (Var).

ABBE (Jacques-Victor), né Sainte-Maxime-sur-Mer (Var), le 11 avril 1871, Directeur-propriétaire de la Grande Manufacture de Roseaux de Sainte-Maxime-sur-Mer.

Le coquet et riant village de Sainte-Maxime-sur-Mer, sur les bords du golfe de Saint-Tropez, est un des sites les plus pittoresques du littoral méditerranéen.

Sur l'avenue de la gare de cette station hivernale et balnéaire, l'étranger qui vient de Saint-Raphaël-Fréjus et descend du chemin de fer du Littoral, est tout étonné de voir de grands entrepôts de plusieurs hectares de superficie, occupés par un nombre considérable de cloches ou meules de roseaux, et d'apercevoir une fourmilière d'ouvriers et d'ouvrières occupés à un genre de travail tout à fait spécial.

A côté est une grande usine de 400 à 500 mètres carrés, à plusieurs étages; c'est la Manufacture de Roseaux de Victor Abbe fils.

Cette Manufacture remonte au commencement du siècle, car elle fut créée, en 1811, par les frères Sigalas. M. Auguste Abbe père, s'en rendit acquéreur en 1884, après la mort de M. Ed. Sigalas. C'est M. Victor Abbe fils qui en est actuellement le directeur.

Le Roseau croit à peu près partout dans les terrains humides ou marécageux. Il en existe un grand nombre d'espèces sous le climat de la France. Mais le vrai Roseau employé à la fabrication des Anches et des Cannes à pêche, ne se trouve qu'au bord des rivières avoisinant Fréjus et Sainte-Maxime-sur-Mer.

La récolte a lieu chaque année en janvier et février lorsque la sève a cessé de monter.

Une équipe de 50 ouvriers, sous les ordres d'un contremaitre, en fait la coupe ou cueillette. Munis de longues serpettes, ils découpent le Roseau à ras de terre. Ficelés provisoirement par paquets de 50, ces roseaux sont tous portés par wagons et charrettes dans les entrepôts dont nous avons parlé plus haut.

C'est le Roseau dit « vieux » ou de deux ans, avec branches en rejetons, qui sert à la fabrication des articles de valeur.

Le restant, formé par les Roseaux d'un an, est vendu; on l'utilise couramment dans la Manufacture pour la fabrication des paniers à fleurs et des canisses de lambrissage.

La réputation que M. Victor Abbe fils a acquise dans la fabrication du Roseau pour Anches est le résultat de son travail et de l'expérience qu'il a acquise dans la culture et l'entretien des « roselières » ou « cannières ». Elle est due aux soins qu'il donne aux Roseaux triés et destinés à ce genre de travail.

M. Victor Abbe fils a employé et perfectionné les procédés mis en pratique par M. Abbe père, et par son ami, M. Girard, ancien négociant en Roseaux à Fréjus (Var), dont la réputation était très répandue pour ce genre de travail.

Il nous est interdit de dévoiler ces procédés de fabrication qui sont des secrets de métier.

La réputation de M. Victor Abbe fils pour la

fabrication des tubes pour Anches, n'est plus à faire.

Il est le fournisseur direct de presque toutes les grandes manufactures d'Anches de Paris et de province ; sa marchandise est aussi vendue sur la place de Paris par des intermédiaires ou revendeurs.

En relations constantes avec les sommités musicales, il a pu se créer une clientèle d'élite parmi les artistes les plus réputés des divers Conservatoires de l'Europe, les Concerts, Casinos, Musiques, Orchestres, Académies de Musique, Opéras, etc., etc., du monde entier.

Il montre avec plaisir les milliers de lettres de félicitations qui lui sont venues et qui lui viennent de tous les points de l'Europe et de l'Amérique.

M. Victor Abbe est, d'ailleurs, un excellent clarinettiste ; il ne vend jamais de Roseau pour Anches, sans l'avoir lui-même expérimenté. Des échantillons de Roseaux pour bassons, hautbois, etc., sont envoyés à titre gracieux à divers artistes de l'orchestre de Monte-Carlo et des concerts d'Allemagne pour être éprouvés sur leur sonorité, et ils sont mis au rebut lorsqu'ils ne remplissent pas les conditions requises.

M. Victor Abbe, avons-nous dit, est l'élève de M. Auguste Abbe et de M. Girard, de Fréjus. Il a perfectionné leur œuvre et est arrivé à des résultats qui ont dépassé toutes ses espérances. Son industrie a pris une extension considérable. Il ne fait d'ailleurs aucune réclame et n'a jamais voulu exposer ses produits ni en France ni à l'étranger. « Bon vin, dit-il, n'a pas besoin d'enseigne ».

Dans la Manufacture de Sainte-Maxime se fabriquent également des articles secondaires, tels que la Canne à pêche de toutes dimensions, en longueur et grosseur, les tubes pour mirlitons et jouets, les brochettes ou lamelles pour peignes à tisser, les cannisses de lambrissage, les paniers pour l'expédition des fleurs, les abris pour l'horticulture, les pieux pour échalas, etc., etc.

La Canne à pêche à cime est triée spécialement dans la récolte de Fréjus. Elle doit posséder de la rigidité dans le pied et de la souplesse dans la cime. M. Victor Abbe fils fait sur la place de Paris une vente considérable aux diverses fabriques d'articles et ustensiles de pêche, de Roseaux à cime depuis 2m,50 jusqu'à 6m,50, ainsi que des gros pieds ou *caloux* servant à l'article riche dans la Canne à pêche à plusieurs brins.

Le *caloux* ou gros roseau sans cime nécessite une culture spéciale. M. Auguste Abbe père s'est rendu acquéreur, depuis quelques années, d'un grand domaine pour la culture de ce genre de Roseau et il y obtient d'excellents résultats.

Le Mirliton est débité à la scie à main en diverses longueurs dans le Roseau rebuté. La maison expédie chaque année à plusieurs fabriques de jouets de Paris et de la province une moyenne de 600 balles de Mirlitons de 2 à 10 pouces de longueur, pesant 70 kilogs l'une environ. Or il faut 150 mirlitons au kilog ; au lecteur de juger de l'activité et du travail qui se déploient dans cette immense Manufacture.

La " Brochette " est découpée en lamelles plus ou moins larges dans des tubes triés spécialement. Elle est passée dans des laminoirs ou raboteuses actionnées par un volant. La Brochette sert à fabriquer le peigne à tisser, mais ce genre de travail, qui a été le point de départ de la Manufacture de Roseaux, au siècle dernier, n'est plus guère en vogue actuellement. On a remplacé la majeure partie des lamelles en Roseaux par celles en acier nickelé.

Nous signalerons dans la Manufacture de Sainte-Maxime-sur-Mer, une ouvrière bientôt octogénaire, Mme Veuve Gimbert, qui travaille depuis plus de soixante-cinq ans dans le même atelier. Toujours robuste et active malgré son âge avancé, elle a d'ailleurs refusé à M. Abbe fils, de faire en sa faveur des demandes pour la médaille ouvrière.

Il n'existe plus à Fréjus aucune manufacture analogue à celle de M. Abbe fils. M. Girard a cédé à M. Abbe toutes ses roselières et lui a donné sa nombreuse clientèle.

M. Victor Abbe fils se met toujours à la disposition des clients et des étrangers pour leur montrer ses ateliers, chantiers et entrepôts.

Agé actuellement de 28 ans, il s'était destiné à l'armée. Quand il apprit que son père devait vendre son fonds de commerce pour se retirer des affaires, il abandonna la carrière militaire et se fit manufacturier.

Officier de réserve dans l'infanterie, il laisse

la surveillance des affaires à M. Abbe père pendant ses stages militaires.

D'une amabilité parfaite, très travailleur, très intelligent, aimant son métier, et vivant en camarade avec son personnel, M. Victor Abbe fils a fait faire à son industrie spéciale un grand pas à l'avantage de l'art musical et de l'industrie française.

COMPAGNIE CÉRAMIQUE DE POUILLY-SUR-SAONE ET BELVOYE. — Usines céramiques de Pouilly-sur-Saône (Côte-d'Or). Manufacture de Porcelaine. Manufacture de Cérames. — Usines hydrauliques de Belvoye (Jura). Moulins à Pâtes céramiques. — Ateliers de Constructions sanitaires de Bercy-Paris. Matériel du Génie sanitaire. — Siège social : 14, quai de la Rapée, Paris.

JACOB (EMILE), né le 1er août 1850, à Charette (Saône-et-Loire); directeur-gérant de la Compagnie céramique de Pouilly-sur-Saône et Belvoye ; lauréat, hors concours et membre du Jury de nombreuses Expositions ; vice-président du sous-comité de l'Exposition de 1900 pour l'arrondissement de Beaune (Côte-d'Or).

Son père, entrepreneur de maçonnerie, possédait deux tuileries à main. C'est là que débuta M. Emile Jacob à l'âge de 17 ans. Ses goûts et ses aptitudes le prédisposaient de bonne heure pour l'art du potier.

Tout jeune, son rêve, qu'il croyait ne réaliser jamais, était de diriger un jour une tuilerie mécanique.

Aussi, en 1873, c'est-à-dire aussitôt son service militaire terminé, le voyons-nous se livrer à des recherches qui l'amènent à découvrir près de Charette, à Navilly, des gisements d'argile qui lui permettent, en collaboration avec son père et son oncle, de fonder la tuilerie mécanique de Navilly ; plus tard, en 1882, il fonda celle de Chapot, commune de Ciel (Saône-et-Loire).

Cela ne suffisait pas à son activité, car, travailleur infatigable, son intelligence a besoin d'expansion.

A cette époque, la France était absolument tributaire des Anglais pour l'achat des tuyaux sanitaires en grès dits tuyaux Doulton. M. Emile Jacob rêvait d'introduire en France ce genre de fabrication, et il se mit à la recherche de gisements de terre spéciale et d'un emplacement convenable pour fonder une fabrique importante de tuyaux, afin de supplanter l'importation anglaise.

Une occasion se présenta dans la région : l'usine de produits chimiques de Pouilly-sur-Saône venait de disparaître ; beaucoup d'ouvriers se trouvaient sans travail, partant sans ressources. M. Emile Jacob remit la direction des usines de Navilly et du Chapot entre les mains de ses beaux-frères et vint s'établir à Pouilly où, en quelques années, il installa l'usine céramique actuellement une des plus importantes de France.

Au commencement de cette année, la société E. Jacob et Cie, dont il est le fondateur et l'un des directeurs, acheta les anciennes usines de Belvoye (Jura), établissement considérable qui était en chômage depuis 13 ans.

Entre de telles mains, il est à présumer que cette usine reprendra rapidement un nouvel essor. M. Emile Jacob semble prendre à cœur de ramener dans les anciennes régions désolées par la disparation de vieux établissements industriels, l'ancienne prospérité. A Pouilly,

l'usine des produits chimiques occupait environ 100 ouvriers; le personnel de la manufacture de produits céramiques atteint actuellement le chiffre de 300; à Belooye, l'ancienne usine avait un personnel de 800. Souhaitons voir M. Emile Jacob vivre assez longtemps encore pour ramener dans cet ancien centre industriel le travail et l'activité dont il est la personnification.

Laissons un instant de côté M. Jacob industriel pour nous occuper de l'homme et de ses rapports avec ses ouvriers.

D'une bienveillance qui n'a d'égale que son propre désir d'être utile, M. E. Jacob a toujours eu en vue l'amélioration du sort du pauvre. Non content d'avoir contribué plus que tout autre au progrès industriel de deux arrondissements, Châlons-sur-Saône (Saône-et-Loire) et Beaune (Côte-d'Or), M. E. Jacob a toujours cherché à adoucir les durs labeurs de ses ouvriers.

A peine les usines de Pouilly furent-elles créées, que M. Jacob groupa son personnel en une société de secours mutuels qui rend de sérieux services aux ouvriers : il fonda également une boulangerie-modèle qui livre le pain de première qualité dans des conditions exceptionnelles.

Avant de terminer cette notice toute personnelle, disons que quiconque frappe à la porte de M. Jacob est toujours assuré d'y trouver un secours s'il est dans le besoin, un bon conseil s'il est dans la peine ; sa maison représente d'ailleurs le type de l'hospitalité bourguignonne.

Examinons maintenant l'œuvre industrielle de M. Jacob. Actuellement les usines de Navilly et du Chapot occupent un personnel de 200 ouvriers. Les produits, d'une qualité exceptionnelle, s'écoulent en majeure partie dans la région lyonnaise, les départements de Saône-et-Loire, du Jura, du Doubs et de la Côte-d'Or.

M. E. Jacob, quoique s'occupant tout spécialement des usines de Pouilly, est resté directeur de ces usines en collaboration de son frère et de ses deux beaux-frères.

La manufacture de Pouilly, créée dans le début spécialement pour la fabrication des tuyaux en grès cérame, a peu à peu adjoint à cette déjà très importante fabrication celle de tous les appareils en faïence et en porcelaine tels que lavabos, cuvettes, siphons, éviers, sièges, etc., etc. Actuellement, pour ces divers appareils, la France n'est plus tributaire de la fabrication anglaise.

L'usine de Pouilly vient d'adjoindre aux autres productions céramiques celle de la fabrication des appareils destinés à la distillation des produits chimiques, qui avaient été jusqu'alors fournis par les maisons anglaises et allemandes.

Des ateliers de décor pour la porcelaine viennent d'être installés et la manufacture vient de créer toute une série de magnifiques modèles de services de toilette à destination de riches installations.

Enfin, M. E. Jacob ayant tout dernièrement découvert dans la région de puissants gisements de roches feldspathiques, la maison E. Jacob et Cie a établi dans la nouvelle usine de Belvoye de puissantes machines à broyer et préparer la pâte à porcelaine.

Une force hydraulique considérable, la proximité des carrières de feldspath, sa situation sur la canal du Rhône au Rhin, sont des facteurs qui permettent de tirer parti dans des conditions exceptionnelles de la nouvelle découverte de M. E. Jacob. L'industrie nationale va se trouver affranchie des grosses importations d'articles secondaires C'est donc une nouvelle richesse pour le pays.

M. E. Jacob ne s'est pas contenté d'être un industriel habile, il a abordé toutes les parties de la céramiques avec un égal succès. Simple fabricant de briques à la main, puis fabricant de tuiles mécaniques, il perfectionna l'outillage pour la fabrication des produits céramiques, prit plusieurs brevets de fours à feu continu et à flamme renversée. Il a également abordé avec bonheur la fabrication de la faïence et de la porcelaine. Des usines de Pouilly sont sortis aussi des spécimens de grès artistiques et les plus belles pièces de flammés qui embellissent les collections des grands amateurs parisiens proviennent souvent des ateliers artistiques de Pouilly-sur-Saône. M. E. Jacob aime se reposer de ses luttes pour la réussite des appareils d'une utilité pratique par les recherches dans le domaine purement artistique.

Les grès flammes de Pouilly sont de merveilleux bibelots, et non moins superbes sont les vases cristallisés imités de la manufacture royale de Copenhague et qui font l'admiration des amateurs; mais ne sont là que des voyages d'exploration pour M. E. Jacob ; l'amour de l'art ne lui fait point oublier la brutalité du domaine pratique.

Depuis sa fondation, en 1886, l'usine de Pouilly a obtenu les premières récompenses dans toutes les grandes expositions françaises : Rouen, Le Havre, Saint-Etienne, Tours, Toulon, Narbonne, Perpignan, Montpellier, Dijon.

A l'Exposition universelle, elle obtint la médaille d'or, la plus haute récompense donnée à l'industrie naissante du grès sanitaire. Il lui fut décerné ensuite un médaille d'argent et deux de bronze.

Aux expositions universelles de Lyon (1896) et Rouen (1896), la maison E. Jacob et Cie fut hors concours et M. E. Jacob membre du Jury.

Les bâtiments de l'usine de Pouilly s'étendent sur une superficie couverte de plus de 20.000 mètres ; la force motrice est d'environ 300 chevaux et le nombre d'ouvriers occupés de 300 environ. Avec les dépendances des ateliers de Paris et de Belvoye, la maison emploie plus de 400 personnes.

A Paris, quai de la Râpée, 14, sont installés de vastes entrepôts et des ateliers munis de moyens de production perfectionnés, produisant l'ébénisterie de luxe pour les cabinets de toilette, lavabos, etc. Les appareils en cuivre et en acier nickelé sont également fabriqués dans les ateliers de la maison.

A Belvoye, la production est exclusivement consacrée à la fabrication des pâtes à porcelaine et au broyage du feldspath.

Les produits s'expédient dans toutes les parties de la France et de ses colonies. Une maison de commerce importante a été établie à Marseille, rue de Jemmapes, 2. Cette maison, en dehors de Marseille et du littoral, s'occupe des expéditions en Egypte, Espagne, Italie, Russie, etc.

L'usine céramique de Pouilly compte dans sa clientèle toutes les grandes administrations publiques : Ponts et Chaussées, Service des voiries, Chemins de fer, Hôpitaux, Casernes, etc.

Actuellement d'immenses quantités de briques en porcelaine de Pouilly sont employées au revêtement des gares du Métropolitain à Paris.

Le domaine de Pouilly est situé sur les rives de la Saône, à une faible jonction du canal de Bourgogne et recélant dans son sol d'inépuisables gisements de sable et d'argile siliceux.

Outre ces avantages, l'usine se trouve à proximité des mines de houille. La matière première et le combustible économique existant ainsi à pied d'œuvre, la maison Jacob dispose des plus puissants moyens d'action pour imprimer à son industrie une impulsion extraordinaire, pour lui assurer la vitalité et lui permettre l'expansion lointaine de ses produits à un prix défiant toute concurrence sérieuse.

La découverte des matières premières pour la fabrication des porcelaines à proximité de l'usine de Belvoye, la facilité des communications par le canal de cette usine à celle de Pouilly, placent cette dernière, au point de vue matière première à porcelaine, dans des conditions uniques qui lui permettront d'accroître encore son énorme développement.

VERRERIE DE FOLEMBRAY (Aisne), de la « Société de Poilly de Brigode », fondée en 1709.

BRIGODE DE KEMLANDT (Marie-Henri-Georges-Emmanuel-Gaston, Comte de), né à Paris, le 1er juin 1850, Secrétaire d'Ambassade en disponibilité, Maire de Folembray (Aisne), Gérant de la Verrerie de Folembray.

Adresse : 6, rue de la Trémoïlle, Paris, — et Château de Folembray (Aisne).

M. le Comte Gaston de Brigode est le petit-fils du comte de Brigode qui fut Pair de France.

Après avoir été pendant quelque temps Secrétaire d'Ambassade, M. le Comte de Brigode a tourné son activité vers l'industrie de la Verrerie. Depuis 1880, il est Gérant de la Société de Poilly de Brigode (Verreries de Folembray, Aisne).

La Verrerie de Folembray, située dans le canton de Coucy-le-Château, sur la ligne de Chauny à Laon, par Anizy-Puion, et sur la route nationale de Béthune à Château-Thierry, est un des plus anciens établissements industriels de France.

Elle a été fondée en 1709 par Gaspard Thévenot, bourgeois de Paris, qui possédait " une cense " assez importante au hameau " du Vivier ", dans des conditions naturellement favorables à cette époque pour la fabrication qu'il voulait créer. Sa propriété, en lisière de la Basse-Forêt de Coucy, arrosée par un ruisseau dont un barrage retenait les eaux pour former un étang de quelques hectares, renfermait en outre de puissants gisements de sable glauconieux, très appropriés à la fusion du verre à bouteilles, tant à cause de la petite proportion de potasse qu'à celle de l'oxyde de fer qu'ils contiennent. La forêt de Coucy, faisant partie des domaines du Duc d'Orléans fournissait le bois nécessaire à la fabrication, et, sous ce rapport, la Verrerie du Vivier se trouvait aussi favorablement placée que celles de l'Argonne et de Saint-Gobain, sa voisine. Aussi, le succès fut-il assez rapide pour que, dès 1717, Thévenot, limité d'abord à la fabrication exclusive des Bouteilles et Carafons " *à la mode d'Angleterre* ", fut autorisé, par un nouveau brevet, à fabriquer " *toutes autres sortes d'ouvrages en verre* ".

C'est à cette époque qu'il mit dans le commerce, sous le nom de " Thévenot ", ces bouteilles, dont le type, conservé à la Verrerie, a été repris par MM. Legrand, de Fécamp, pour leur liqueur dite " Bénédictine ".

En 1729, par suite du décès de son fondateur, la Verrerie fut cédée par la veuve de Thévenot au fils d'un de ses premiers ouvriers, Guillaume Péret, qui prit pour associé en 1760, le sieur de Saint-Mars, conseiller du Roi, et contrôleur des ventes à l'Hôtel de Ville de Paris. Trois ans plus tard, Michel St-Martin de Valcourt, gendre de Saint-Mars racheta à Féret et à ses ayant-droits l'établissement du Vivier moyennant 100.000 livres.

La réputation de la Verrerie s'était assez étendue et maintenue pour qu'en 1780, Bosc d'Antic écrivit dans son ouvrage : « Je ne connais en France que trois Verreries où l'on fasse de bonnes bouteilles : Folembray, dans la forêt de Coucy, Anor, dans le Hainaut français et Sèvres, près Paris ». On fabriquait alors 600.000 bouteilles par an.

La Verrerie appartint, pendant la période révolutionnaire, à M. Tronson, gendre de Saint-Martin de Valcourt, puis à Mme de Montizeaux, née Tronson de Valcourt, et dont la fille, Julie de Montizeaux, épousa le Baron de Poilly, beau-père de la co-propriétaire actuelle.

Dans cette seconde partie de cent années et, plus exactement, dans les quarante années précédentes, les développements de cette industrie verrière, ont nécessité de nombreuses transformations. Le temps n'était plus où de modestes charrettes venaient prendre livraison de quelques centaines de bouteilles pour les transporter péniblement à Reims ou à Epernay. L'emploi de la houille se substituant au bois avait fait surgir à côté des mines un grand nombre de Verreries.

D'autres s'étaient placées à proximité des grands centres de consommation, sur les voies fluviales ou ferrées. Il fallut donc tout d'abord remplacer les primitifs foyers en bois par de nouveaux dispositifs appropriés au nouveau combustible, puis relier la Verrerie au canal de Saint-Quentin par un chemin de fer, avec double raccordement, d'une part de la gare de Chauny au port sur le canal, d'autre part de la gare de Folembray à l'usine et à ses magasins.

Les conditions économiques de transport ainsi réalisées, Folembray devait, de plus, compter sur les concurrences multiples que sa position désavantageuse avait favorisées. Ayant acquis sur la place de Cognac une clientèle de premier ordre, le Gérant tenait à la conserver tout en donnant satisfaction aux grands négociants de la Champagne.

C'est alors que furent décidés et réalisés les travaux de transformation ayant pour objet de substituer aux anciens fours à pots, les fours à gaz à travail continu. Entre temps, les procédés de moulage à moule ouvert avaient fait place aux nouveaux types de moules fermés.

Par suite de ces travaux poursuivis sans relâche dans cette dernière période, la Verrerie de Folembray qui, il y a cent ans, fabriquait 600.000 bouteilles, est en mesure d'en fournir 12 à 14 millions et de livrer des produits qui, par les soins apportés à leur fabrication, justifient la réputation dont elle jouissait déjà au siècle dernier et qu'attesteraient encore les maisons les plus renommées de la Champagne et de la Charente.

SOCIETE ANONYME DES PAPETERIES DE VIDALON, ancienne manufacture Canson et Montgolfier, à Annonay (Ardèche).

Adresse : Annonay (Ardèche)

Les moulins à papier de Vidalon appartenaient primitivement à la puissante maison de Boulieu, d'Annonay. En 1670, ils furent vendus par Louis de Boulieu, Seigneur de Charlieu, à Barthélemy Crottier, sieur des Marets, Avocat au Parlement.

Quelques années après, le 12 mars 1689, Antoine Chelles, marchand de papiers du dit Vidalon, acquit de demoiselle Olympe de Galbert des Fonds, veuve et héritière de Barthélemy Crottier, sieur des Marets, les dits moulins à papier, que sa famille et lui tenaient en ferme et exploitaient depuis fort longtemps pour le compte des précédents propriétaires.

Les deux filles d'Antoine Chelles ayant épousé, le 14 janvier 1693, Raymond et Michel, fils de Jean Montgolfier de Beaujeu, Raymond devint propriétaire de la Manufacture de Vidalon, qu'il légua à son tour à son fils Pierre.

Pierre, né à Tence, le 22 février 1700, et mort à Vidalon, le 2 juin 1793, père de seize enfants, est la souche de presque toutes les branches de la famille Montgolfier qui existent encore aujourd'hui,

C'était un homme d'une haute valeur intellectuelle et morale, qui, avec le concours si éclairé de ses fils, fit faire à la Manufacture de Vidalon les plus rapides progrès.

C'est ainsi qu'il avait fait construire des cylindres destinés à broyer le chiffon, dont il avait étudié le mécanisme en Suisse vers 1750, c'est-à-dire près d'un quart de siècle avant l'époque où Desmarets, inspecteur général et directeur des Manufactures de France, vint faire lui-même à Vidalon les premières installations de cylindres hollandais en collaboration avec Etienne Montgolfier et grâce à l'appui des Etats du Vivarais.

Pierre a laissé des travaux remarquables, notamment une série de *Mémoires sur l'Etat des Papeteries d'Annonay en 1769*, les *Défauts du Papier relatifs à la Pâte et à la Colle*, les *Droits de Douane*, les *Règlements concernant la Manufacture et les Ouvriers*.

En outre, les lettres-patentes données par le roi Louis XVI à Pierre Montgolfier constatent « qu'ayant reçu de ses parents une Papeterie située à Annonay, dans le Vivarais, il l'a rendue, par ses soins et par son intelligence, l'une des plus considérables du Royaume... et qu'il a fait dans sa Fabrique les premiers essais de papiers velins ».

Il y est dit, en outre, qu'en anoblissant le père, le Gouvernement entendait récompenser en même temps ses fils Joseph et Etienne, qui venaient de réaliser à Vidalon même les premières expériences de la machine aérostatique, expériences qui furent renouvelées d'abord à Annonay, le 5 juin 1783, devant les Etats du Vivarais, puis le 19 septembre suivant, à Versailles, en présence du roi.

Enfin, le 19 mars 1784, Vidalon reçut le titre de « Manufacture royale », ainsi que le prix, institué « par l'Ordonnance du 28 décembre 1777, en faveur de ceux qui auront frayé de nouvelles routes à l'industrie nationale ou qui auront contribué à la perfectionner ».

Pierre de Montgolfier acheva sa longue et belle carrière à l'âge de quatre-vingt-treize ans, et, le 5 Vendémiaire an V (26 septembre 1796), ses héritiers s'adjoignirent Barthélemy Barou Canson, gendre d'Etienne de Montgolfier.

Ce dernier se rendit ensuite acquéreur de la Manufacture de Vidalon qui, exploitée pendant plus de cinquante ans par lui et ses fils, obtint des Médailles d'or aux Expositions uni verselles en l'an XI, 1806, 1819, 1834, 1839, 1844 et 1849.

Barthélemy Barou de Canson augmenta considérablement l'importance et la puissance productive des usines, grâce aux découvertes qu'il fit pour la coloration des papiers et leur collage à la résine, puis en installant l'une des premières machines à fabriquer le papier continu. Aussi fut-il nommé Pair de France en 1830 et Chevalier de la Légion d'honneur en 1831.

Son fils Etienne inventa la Pompe d'aspiration permettant d'augmenter la vitesse des machines à papier et l'épaisseur de la feuille, un Alimentateur pour les chaudières à vapeur et enfin la Turbine qui porte son nom. Nommé Chevalier de la Légion d'honneur à la suite de l'Exposition de 1849, il fut membre du Jury international et mixte (X^{e} classe) à l'Exposition universelle de 1855, et, par cela même, placé hors concours. Le Jury déclara toutefois que, sans cette circonstance, il eût été de son devoir de classer au premier rang l'Etablissement de Vidalon.

A la suite du décès d'Etienne de Canson, Marc Seguin aîné, ingénieur civil, membre correspondant de l'Institut de France, officier de la Légion d'honneur, petit-fils de Pierre de Montgolfier, devint propriétaire des usines de Vidalon, le 1er janvier 1861, et en confia la direction à ses gendres et petits-gendres.

Il désigna comme gérant principal son gendre, Laurent de Montgolfier, qui, pendant vingt-trois ans, fut, dans l'accomplissement de sa tâche, le digne continuateur de ses ancêtres.

Il sut donner une impulsion nouvelle à cet Etablissement qui, sous sa direction à la fois énergique et paternelle, obtint : Price Medal à Londres, en 1862; Diplôme d'honneur, Paris, 1872, pour organisations ouvrières; grands Diplômes d'honneur à l'Exposition universelle de Vienne (Autriche), en 1873, et à celle d'Amsterdam en 1883.

Laurent de Montgolfier avait été nommé Chevalier de la Légion d'honneur le 15 août 1868, membre du Jury à l'Exposition internationale de Lyon en 1872, et Chevalier de l'Ordre impérial et royal de François-Joseph, en 1873.

Les descendants des familles de Montgolfier, de Canson et Seguin, co-propriétaires des usines, dans le but d'atténuer les droits de mutation excessifs que les familles nombreuses ont à supporter, durent, en 1880, adopter pour la réorganisation de leur Société, la forme anonyme, tout en conservant la dénomination d'ANCIENNE MANUFACTURE CANSON ET MONTGOLFIER, qui constitue en même temps la marque de fabrique.

Les récompenses décernées en dernier lieu à la Société des Papeteries de Vidalon : 1889, Exposition universelle de Paris, grand Prix, classe X, et Médaille d'or, classe XIV, Institutions patronales; 1892, Exposition universelle de Photographie de Paris, Diplôme d'honneur; 1895, Exposition universelle de Lyon, Diplôme d'honneur, témoignent qu'elle est demeurée digne de son rang.

Du reste, l'activité qui règne dans les vastes ateliers affectés au triage et à la préparation des chiffons de belle qualité est la meilleure preuve que ces usines ont maintenu, pour les sortes marquées et classées, les compositions de pâte classique et les soins minutieux de fabrication qui en garantissent la supériorité.

Il suffira de signaler quelques-uns de ces produits.

Les papiers à calquer de tous formats très recherchés par les dessinateurs, à raison de leur grande transparence, de leur solidité et de leur durée, toutes qualités essentielles obtenues à l'aide de procédés spéciaux, sans aucune addition de produits chimiques et sans trempage.

Les papiers à dessin blancs et de teintes très variées en formats et en rouleaux, si connus sous le nom de *Papier Canson*, qui, grâce à l'excellence du collage, la finesse et la régularité du grain, sont particulièrement estimés par les dessinateurs pour le lavis, l'aquarelle, le crayon, le fusain, etc.

Les papiers à registres de diverses qualités, offrent une résistance exceptionnelle à la traction due à la longueur des fibres et à l'action énergique d'un double collage.

Les papiers à lettres, depuis les pâtes fines ordinaires jusqu'aux sortes supérieures, forment un assortiment des plus variés et des plus complets. Les Papeteries de Vidalon fabriquent aussi les papiers pour impression de luxe, collés ou non, les papiers pour photographie industrielle pour tout procédé de sensibilisation, les cartons fins, la bande pour télégraphie, etc.

Les papiers à la forme occupent également une large place dans la fabrication et sont destinés aux emplois les plus divers : dessins au fusain et à l'aquarelle, vergés ou vélins pour impression de grand luxe, registre vergé blanc ou azuré très original, papiers pour lettres de faire part à filigranes ombrés, etc.

Les Papeteries possèdent en outre, et c'est l'objet d'un brevet spécial, un atelier pour l'entoilage en continu de tout papier pour la photographie industrielle, le dessin, l'impression, etc.

Cet entoilage donne aux papiers une résistance bien plus grande et leur permet de supporter les plus longues manipulations sans retrait.

Les belles affiches en couleurs d'Hugo d'Alesi sont généralement obtenues sur ce produit.

Cette énumération est bien incomplète, car, en dehors des sortes communes qui ne sont pas de sa fabrication, la Société des Papeteries de Vidalon est organisée pour faire face à toutes les exigences de sa nombreuse clientèle, puisque le travail est fait par cinq machines à papier continu, deux machines à la forme et dans toute une série d'ateliers de façonnage.

Cette clientèle est d'ailleurs répartie dans

les cinq parties du monde, et la Société des Papeteries a des agences sur tous les points civilisés du globe.

MAISON PAUL BRODARD (Ancienne Maison Moussin, puis Brodard et Gallois), Imprimerie typographique à Coulommiers (S.-et-M.).

BRODARD (Paul-Auguste-Frédéric), I Ⓘ, ☉, né à Villeneuve-sur-Bellot (S.-et-M.), le 9 janvier 1837, Imprimeur typographe, Maire de la ville de Coulommiers, Conseiller général de Seine-et-Marne, Membre du Conseil départemental de l'Instruction publique, etc.

Adresse : Place des Capucins, à Coulommiers.

Le dernier-né d'une nombreuse famille, M. P. Brodard avait, lors de sa naissance, un frère déjà établi imprimeur-libraire à Montmirail (Marne), et bientôt un second devait reprendre à Coulommiers la même profession. C'est chez les deux aînés qu'il prit le goût, on peut dire l'amour du métier qui devait l'attirer malgré les dispositions contraires de ses vieux parents.

Au commencement de l'année 1858, il fut appelé à remplir son service militaire au 1er régiment de zouaves dans la province d'Alger. En 1859, il partit pour la guerre d'Italie; il prit part au combat sanglant de Malegnano où il fut blessé d'un coup de feu au bras gauche, et à la bataille de Solférino où il reçut un coup de baïonnette dans le poignet droit. Resté à Pavie dans l'armée d'occupation, il rentra ensuite en Afrique où il prit part aux différentes expéditions qui eurent lieu à cette époque.

Dans les corps d'élite, comme étaient alors les régiments de zouaves, l'effectif comptait les deux tiers en rengagés, parmi lesquels une quantité d'anciens gradés. On était encore considéré comme jeune soldat avec trois années de service.

M. Brodard comprit qu'il lui serait difficile de se faire, de ce côté, une situation comme celle qu'il semblait pressentir dans l'avenir. Il quitta donc une vie qui lui plaisait, des camarades qui l'aimaient, des chefs qui l'estimaient pour rentrer dans la vie civile en faisant l'abandon des galons de sous-officier.

Libéré par anticipation en 1862, il revint à Coulommiers où il devait, l'année suivante, s'installer définitivement.

Au mois d'octobre 1863, il reprenait la librairie de la place du Marché en épousant la fille de la maison, Mlle Aline Béguin, qui devait être jusqu'à ce jour la fidèle et dévouée compagne, le bon génie, de M. P. Brodard.

La librairie était en pleine prospérité quand éclata la guerre de 1870. Comme ancien soldat, M. Brodard ne pouvait rester inactif. Avec plusieurs de ses amis, il fit le nécessaire pour ranimer les courages abattus par la nouvelle de nos premières défaites, et quand Gambetta appela au secours de Paris toutes les bonnes volontés, toutes les expériences, un détachement de volontaires de Coulommiers, sous les ordres de M. Brodard, élu capitaine, était prêt à répondre à l'appel du grand patriote. Incorporé dans le 17e bataillon de marche et augmenté d'une section de volontaires parisiens, qui en fit une belle et nombreuse compagnie, le détachement de Coulommiers fit le service des avant-postes pendant la saison la plus rude et prit part aux affaires de la Gare-aux-Bœufs (veille de Champigny) et à la bataille de Buzenval où le 17e de marche fut engagé en première ligne du commencement à la fin de l'affaire. M. Brodard, porté pour la décoration, vit cette récompense accordée à d'autres qui n'avaient même pas suivi la bataille en dehors des murs de Paris. L'influence de la rue Saint-Dominique faisait alors bien plus que n'importe quelle proposition, que n'importe quels bons services!

Rentré à Coulommiers après l'armistice, en 1871, M. Brodard eut à s'occuper de remettre sa maison en état et de réparer les pertes importantes subies du fait de la guerre. Les pertes matérielles peuvent se réparer par le travail, mais du fait du régime du siège, M. et Mme Brodard avaient perdu deux enfants, sur trois, pendant cette année terrible.

Ce fut en 1876 que M. Brodard se décida à reprendre, dans Coulommiers, l'imprimerie typographique Moussin, qu'il ne devait pas tarder à placer au premier rang des établissements similaires.

Au commencement du siècle, l'unique imprimerie de Coulommiers était installée à l'extrémité Nord de la ville, près de la vieille porte de Meaux. Le maître imprimeur, M. André, ne possédait qu'une presse à bras, en bois, format demi-raisin.

Vers l'époque de la Restauration, M. André,

céda son établissement à son gendre, M. Louis Brodard, qui vint s'établir imprimeur-libraire, rue de Melun, à côté du pont de la Ville.

C'est de l'année 1824 que datent les premiers labeurs exécutés dans l'imprimerie de Coulommiers. Un nommé Erasme Kleffer, ne pouvant obtenir pour son compte personnel un brevet d'imprimeur, s'entendit avec M. Louis Brodard, qui lui prêta son nom et lui céda tout un étage de la maison occupée par l'imprimerie.

Bon nombre d'ouvrages imprimés à Coulommiers constatent que Kleffer avait la clientèle des éditeurs de Paris.

On connait 125 volumes divers imprimés à Coulommiers par les soins de Kleffer qui avait pour principaux clients : Dufour et Cie, 1, rue du Paon, et Henri Servier, 6, rue de l'Oratoire. Pour ce dernier, il a imprimé les œuvres de Rabaud Saint-Etienne ; les cinq volumes in-18 composés en corps sept, type Didot, méritent l'attention des connaisseurs. Ils sont tirés bien en registre, la couleur est suivie et le papier des Vosges de belle qualité. Aussi l'ouvrage se vendait-il 22 francs ! En 1828, parut le *Petit Carême*, de Massillon, volume dont il fut beaucoup parlé à cette époque.

« Cette édition, dit un catalogue du temps, est remarquable sous tous les rapports, mais surtout en ce qu'elle n'a aucun mot coupé, et que la composition est d'une régularité extraordinaire ; ce tour de force, qu'on avait cru jusqu'à ce jour impossible pour un ouvrage du domaine public, où il fallait non seulement respecter le titre, mais aussi l'orthographe et la ponctuation, honore la presse française. »

Lorsque Kleffer obtint enfin un brevet d'imprimeur pour Versailles, il laissa à M. Brodard une partie de son matériel et le chemin tracé pour entrer en relations d'affaires avec les éditeurs de Paris. M. Brodard parait avoir recherché de préférence l'impression des romans pour cabinets de lecture, alors en vogue.

L'imprimerie de Coulommiers était riche d'une fonte à labeur, corps neuf, assez abondante pour permettre d'établir une vingtaine de feuilles in-8° de romans qui ne comptaient guère, il est vrai, que 18 lignes à la page, sur une très petite justification, avec des blancs prodigués partout. Le tirage à petit nombre se faisait sur trois presses ; l'ancienne presse en bois obligeant de presser par deux reprises pour couvrir le format carré, n'était plus employée que pour le tirage des épreuves et des travaux de ville.

Vers 1833, M. Louis Brodard imprima un *Annuaire commercial pour Paris*, édité par Cambon.

Pour ce travail, alors très important, mais continué pendant trois années seulement, il fallut acheter une forte fonte et du matériel nouveau qui seraient restés sans emploi si la clientèle ne s'était augmentée de M. Hippolyte Souverain, le célèbre éditeur des romans de Balzac, Frédéric Soulié, etc.

En 1841, l'imprimerie passa aux mains de M. Moussin, qui la dirigea pendant 35 années (1841-1875).

Peu de temps après son installation, il fit l'acquisition d'une presse à rotation, format raisin, que trois hommes se relayant faisaient mouvoir avec grande fatigue. Mais M. Moussin, entreprenant bientôt pour le compte de M. Gustave Barba la réimpression des œuvres de Paul de Kock, eut besoin de la vapeur comme force motrice.

C'est avec beaucoup de peine et après une enquête de *commodo et incommodo*, « défavorable », qu'il obtint « par protection », l'autorisation d'installer une petite chaudière dans ses ateliers. A partir de cette époque, l'imprimerie de Coulommiers entra dans une phase nouvelle.

M. Moussin compta successivement dans sa clientèle les éditeurs Garniers frères, Amyot, Dezobry et Magdeleine pour lesquels il composa presque toute l'importante *Collection des Classiques* de Guérard.

Les vieux bâtiments de l'Imprimerie étaient incommodes et beaucoup trop étroits.

En 1855, M. Moussin fit construire sur un côté de Coulommiers, entre deux bras du Grand-Morin, un vaste bâtiment devant contenir au rez-de-chaussée seulement la composition, les presses lithographiques et typographiques et les services annexes.

En 1864, M. Charles Unsinger devint l'associé de M. Moussin, mais l'impression en couleurs n'ayant pas donné de bons résultats, l'association fut rompue de plein gré après trois au quatre années d'essais.

En dehors de quelques ouvriers du pays, on recrutait la plupart des compositeurs parmi les ouvriers rouleurs. Il en résultait souvent l'impossibilité d'entreprendre des travaux sérieux exigeant de la célérité et de l'exactitude.

L'exemple déjà donné par différentes imprimeries fit naître l'idée d'établir une école d'apprentissage pour les femmes. Mme Moussin se chargea de ce soin. Dès 1865, une vingtaine d'apprenties, placées sous la direction de plusieurs maîtresses venues principalement de Corbeil ou de Châtillon-sur-Seine, commencèrent à donner des résultats satisfaisants, et quand le nombre en devint assez grand on fit construire à un étage de l'imprimerie une galerie spéciale pour la composition.

C'est de cette époque que date aussi l'installation de l'atelier de clicherie ; précédemment, on prenait les empreintes à Coulommiers et l'on faisait fondre à Paris.

En 1867, la clientèle s'étant augmentée de MM. Germer-Baillière, Hachette et Cie et Grassart, M. Moussin fit monter plusieurs presses à retiration double-jésus et l'Imprimerie de Coulommiers prit rang parmi les plus connues de la banlieue de Paris.

Quand, en janvier 1876, M. P. Brodard reprit la suite des affaires de M. Moussin, l'Imprimerie typographique (depuis trois ans, la lithographie avait été cédée à un tiers), comptait 45 ouvriers et apprentis pour les divers services et 22compositrices habiles. Le matériel roulant se composait de quatre presses double-jésus, à grand développement, trois double-jésus ordinaire, et une double raisin, toutes à retiration, une presse en blanc et un laminoir. Le nouvel imprimeur fit ajouter une presse double jésus à retiration. La force motrice transmise d'une usine voisine au moyen d'un câble, fut remplacée par une machine à vapeur de la force de 12 chevaux.

L'école d'apprentissage fut réinstallée sous la direction de Mme Brodard et, moins de deux ans après, le nombre des compositrices était doublé.

L'imprimerie construite vingt ans auparavant par M. Moussin et que l'on considérait dans la partie comme une installation remarquable, devint, malgré de récentes annexes, trop étroite à son tour; elle crevait sous le poids du matériel sans cesse augmenté.

M. P. Brodard, s'associant avec M. Gallois, fit construire en 1883, sur un autre emplacement et d'après un plan bien étudié, un vaste bâtiment pouvant contenir les divers services de l'imprimerie, aménagés de manière à les avoir facilement tous sous les yeux pour la surveillance et sous la main pour le travail.

Ce bâtiment est situé à l'extrémité Sud-Est de la ville de Coulommiers, dans des jardins entourés de grands arbres. Bien aéré, il mesure, à l'intérieur, 56 mètres de long sur 21 mètres de large, avec une hauteur moyenne de 6 mètres, soit 7.200 mètres cubes ou 40 mètres pour chaque ouvrier, emplacement du matériel déduit.

Dans les dispositions de la nouvelle imprimerie, on a cherché à concilier les intérêts du travail avec le bien-être des employés qui l'exécutent. Partout de l'espace, de l'air et de la lumière.

Une eau de source est distribuée sur les différents points de l'atelier.

La distance réservée entre chaque presse (plus de deux mètres), permet de circuler à l'aise. La transmission passe par le sous-sol; les plus grandes précautions sont prises contre les accidents, aussi sont-ils encore fort heureusement inconnus dans l'imprimerie de Coulommiers.

Les ouvriers apprentis de la maison, obligés de quitter le pays pour leur temps de service dans l'armée, retrouvent toujours à leur retour l'emploi qu'ils occupaient avant leur départ; les hommes pères de famille reçoivent après leur période de réserve ou de territoriale, une indemnité équivalente au moins à la moitié de salaire que leur aurait valu leur travail en temps ordinaire.

L'ancienne imprimerie, aménagée comme magasin de clichés, conservait le dépôt de 2.000 volumes en clichés et d'un millier de volumes en empreintes.

En résumé, en 1811, à la reprise par M. Moussin, l'Imprimerie de Coulommiers occupait 4 presses à bras et 10 ouvriers; elle est transformée par ce dernier qui la laisse en 1876 avec 6 presses mécaniques et 67 ouvriers. En 1889, elle occupe 10 presses mécaniques, 160 ouvriers et un matériel plus que triplé d'importance.

En tout 160 personnes dont 150 avaient été apprenties de la maison, 130 environ y comptaient un séjour de 5 à 30 ans et plus.

En 1899, le personnel de l'imprimerie atteint le chiffre de 240 et le matériel est augmenté en conséquence : seconde machine à vapeur, système Farcot, presses perfectionnées, calandre, galvanoplastie, etc.; et à l'ancienne et déjà belle clientèle venaient s'ajouter les noms des plus grands éditeurs parisiens.

A l'Exposition de 1889, la maison obtint une Médaille d'argent. Elle exposait pour la première fois et sans préparation aucune.

En 1890, M. Brodard reprit seul la direction de l'Imprimerie qu'il a continué à diriger depuis, avec le concours de son fils, M. Paul-René Brodard, bien connu aujourd'hui sur la place de Paris.

Aux élections municipales de 1878, M. Brodard fut élu Membre du Conseil municipal de la ville de Coulommiers. Il a toujours été réélu depuis. Adjoint au Maire (1893), Maire (1896), Délégué cantonal (1889) et Président de la Délégation cantonale (1890), Conseiller d'arrondissement (1892) et enfin Conseiller général (1897, réélu en 1898), M. P. Brodard n'a jamais marchandé son concours aux intérêts matériels et moraux de ses concitoyens, ce qui lui a valu une grande popularité dans son département natal.

Aussi la dernière élection, au mois de juillet 1898, fut-elle l'occasion d'une grande fête dans la ville de Coulommiers et d'une touchante manifestation de la part de tous les ouvriers de l'imprimerie.

D'autre part, M. Brodard est l'éditeur et le collaborateur de l'almanach *Le Briard*, si répandu en Brie et dans les régions voisines, et de la *Petite Géographie du Département de Seine-et-Marne* qui compte plus de cinquante éditions.

On lui doit un certain nombre de nouvelles littéraires, de contes, de légendes populaires qu'il serait intéressant — surtout pour ces dernières — de voir réunir en volume; elles intéresseraient particulièrement les folkloristes, car on s'est peu occupé, jusqu'ici, de recueillir les traditions populaires de la Brie et de la Champagne, alors que nos autres provinces, notamment la Picardie, la Bretagne, la Provence, la Normandie, ont été explorées consciencieusement.

Décoré de la Médaille d'Italie, nommé officier d'Académie en 1887, M. Brodard, qui est membre du Conseil départemental de l'Instruction publique, a été promu officier de l'Instruction publique en 1894, dernière étape avant la suprême récompense que l'Exposition de 1900 ne faillira pas d'apporter à ce travailleur toujours sur la brèche.

LA BÉNÉDICTINE, Société anonyme au capital de 2.500.000 francs.

LE GRAND (Alexandre-Prosper-Hubert), ✠, O. ✠, O. ✠. etc., né à Fécamp (Seine-Inférieure), le 8 juin 1830, décédé le 20 mai 1898, Fondateur.

LE GRAND (Alexandre-Eugène-Marcel-Victor), O. ✠, ✠, ✠, ✠, né à Fécamp le 8 mai 1859, Directeur-général.

LE GRAND (Fernand-Léonce-Georges-Raphael), né à Fécamp, le 14 juillet 1860, Directeur-technique.

Sous Richard II, l'Abbaye était déjà renommée et les moines nombreux. Au XIIe siècle, le monastère abritait 300 religieux; il était entouré de murailles fortifiées. Au XIIIe siècle, quand la Normandie tomba sous la domination des rois de France, l'Abbaye fut assimilée aux autres établissements du même ordre. C'est alors qu'on voit les Bénédictins assujettis à une règle, qu'ils observent, du reste, avec soin. Ils pratiquent la vie monastique dans toute sa pureté; chacun d'eux travaille pour le bien de la communauté, qui grandit en force et en in-

A. LE GRAND aîné, Fondateur de la Bénédictine

Siège social : à Fécamp (Seine-Inférieure).

S'il est vrai que les peuples heureux n'ont pas d'histoire, *la Bénédictine*, comme les souverains, — n'est-elle pas la Reine des liqueurs! — en a une. Mais si long que soit son règne, il n'a jamais été marqué que par la bienfaisance et la charité.

Les origines dans lesquelles elle naquit se perdent, en effet, dans l'obscurité des miracles.

M. Gourdon de Genouillac, dans son *Histoire de l'Abbaye de Fécamp* (édition de 1875), les fait remonter à l'an 665.

Vers le XIe siècle seulement, les faits historiques et positifs se dégagent du merveilleux.

fluence, et qui vient au secours de tous ceux qui ont besoin de son aide puissante.

« Ils étaient bons et humains, les Bénédictins de Fécamp ».

Ils étaient riches aussi, car à cette époque, un dicton déjà vieux disait :

De quelque côté que le vent vente,
L'Abbaye de Fécamp a rente.

C'est alors qu'un moine de l'Abbaye, Dom Bernardo Vincelli, profond érudit qui se consacrait à l'étude des simples et à la préparation des boissons médicinales, composa l'Elixir bénédictin. La *Bénédictine* (comme devait plus tard s'appeler cet élixir) fut donc à son origine, un simple cordial qui servait aux moines à relever leurs forces épuisées par l'étude, ou à combattre les maladies. Elle devint, pourtant, rapidement populaire.

Dans leurs excursions charitables, sous le toit du pauvre pêcheur ou au chevet du paysan malade, les bons moines emportaient toujours une ample provision du souverain Elixir, qu'ils distribuaient partout sur leur passage et qu'on recevait de leurs mains comme un don merveilleux du Ciel.

Dans une visite, en 1534, aux Bénédictins de Fécamp, François Ier, disent les chroniques, voulut goûter de cette liqueur dont la réputation était venue jusqu'au Louvre. Par la suite, entendant un jour certain gentilhomme breton vanter les vins de sa province :

« Vos vins de Bretagne ! s'écria le roi-chevalier, ils sont les plus verts et les plus aspres de mon Royaume, bons à donner la colique !... Ah! si vous me parliez de la bonne liqueur des Moines de Fécamp, Foy de Gentilhomme ! oncques ne goûtai meilleur ».

Dom Bernardo Vincelli prévoyait-il alors que, trois siècles et demi plus tard, son élixir serait réputé dans tout l'univers? Et lorsqu'il en écrivait pour ses successeurs la recette sur parchemin, savait-il qu'il léguait à la postérité un titre à l'immortalité de son nom parmi les hommes?

Pendant les XVIIe et XVIIIe siècles, les Bénédictins de Fécamp, tout en se consacrant aux travaux littéraires et scientifiques, eurent à soutenir les nombreuses luttes politiques et religieuses de ces époques.

Lorsqu'éclata la Révolution, l'Abbaye eut le sort de tous les autres établissements religieux. Elle fut livrée à la fureur révolutionnaire ; les moines furent expulsés, les bâtiments saccagés, détruits en partie.

Fort heureusement, le précieux manuscrit du moine Vincelli, contenant la recette de la liqueur bénédictine, ainsi que quantité d'autres ouvrages et objets précieux, fut sauvé de la tourmente et confié aux soins dévoués de l'ancien procureur fiscal de l'Abbaye, M. Martin Couillard, aïeul maternel de M. A. Le Grand qui fut le rénovateur de la Bénédictine et le Directeur de la Distillerie jusqu'à sa mort, survenue en 1898.

Est-il besoin de dire que ces précieuses reliques furent l'objet d'un véritable culte de la part des dépositaires successifs.

Ce n'est qu'en 1863 que M. Le Grand en devint l'heureux possesseur.

Esprit large, aux aspirations élevées, il pensa que l'élixir de Vincelli, dont la réputation, autrefois, n'avait pas franchi certaines limites, avait droit à une renommée universelle en ce siècle où les efforts du progrès tendent de plus en plus à étonner l'univers.

Ce ne fut cependant qu'après de laborieuses expériences, poursuivies sans relâche et sans découragement, avec toute la ténacité d'un vrai Bénédictin, montrant ainsi combien il était digne de sa mission, que M. Le Grand parvint à reconstituer le mystérieux élixir et — doté de cette science du goût que rien ne peut tromper — à atteindre la perfection de finesse et de douceur au palais, comme à l'odorat que devait avoir la liqueur préparée par Vincelli. Et Fécamp, qui avait vu sa vieille Abbaye rouverte au culte, apprit tout à coup avec une nouvelle joie, cette résurrection de la liqueur de ses moines.

C'est sur les vastes terrains dépendant de l'ancienne Abbaye dont nous venons d'esquisser à grands traits l'histoire, que s'élèvent aujourd'hui les merveilleux bâtiments de la Distillerie de la Liqueur *Bénédictine*.

Incendiés, en 1892, par l'effrayante stupidité de deux misérables qui ont depuis expié leur forfait, ces bâtiments ont été reconstruits avec un véritable goût artistique.

Nous allons essayer, par une description d'ensemble aussi complète que possible, d'initier le lecteur aux merveilles d'organisation et d'art que le nouvel édifice offre dans toutes ses parties.

Entrons par la cour d'honneur. On s'y croirait dans un nouveau Musée de Cluny, un jardin sur lequel s'ouvrent les bâtiments du Musée, peuplé de statues anciennes, de figures gothiques, de bas-reliefs et autres fragments d'architecture du Moyen-Age et de la Renaissance, vestiges de l'antique Abbaye.

M. A. Le Grand ne s'est pas borné à faire revivre l'œuvre du Bénédictin de 1510. Fervent collectionneur de tout ce qui pouvait évoquer la grandeur et la splendeur d'un passé violenté et meurtri par la Révolution, il compléta sa collection, déjà riche, d'une foule d'autres reliques échappées au pillage des révolutionnaires de 1793 et pouvant lui permettre de reconstituer, en quelque sorte, l'ancien monastère bénédictin.

Il faudrait un volume — un gros volume — pour détailler les mille et une curiosités qui se présentent aux yeux, à travers les salles de ce Musée. Il y a de tout dans ce petit Cluny : pierre, marbre, albâtre, bois, ivoire sculptés ; bahuts, crédences, sièges divers ; émaux, orfèvrerie d'église, ostensoirs, calices, ciboires, châsses, reliquaires, serrurerie, dinanderie, horlogerie, armurerie, tissus sacerdotaux, sceaux d'abbés, manuscrits, tableaux de piété et portraits de Bénédictins.

Le grand architecte Violet-le-Duc, à la suite d'une visite qu'il fit à Fécamp, consacra, du reste, au Musée de la *Bénédictine*, un compte-rendu très élogieux et très documenté qui parut dans le *Journal des Débats*.

A gauche, dans la cour d'honneur, sur une vaste terrasse, s'élèvent les superbes façades de la Salle des Abbés et des Bureaux de la Direction.

Cette partie des constructions est, sans conteste, la plus intéressante au point de vue

Grande Salle d'Étiquetage

architectural. On voit que l'artiste (1) s'est inspiré dans la composition de son œuvre de la meilleure époque de la Renaissance.

Contiguë et faisant angle avec la terrasse, s'offre aux yeux la façade principale des Bureaux et du Laboratoire, imposantes constructions d'une architecture hardie et d'une grande pureté de lignes.

Nous longeons la rue Théagène-Boufart

Au centre, sous le dôme, nous voyons une reproduction, en plomb doré, de la statue du moine Vincelli, l'inventeur de la *Bénédictine*, et, surmontant hardiment le monument, une statuette de la Renommée.

Rien ne s'est fait, jusqu'à notre époque, de plus grandiose dans ce genre de travail.

Cette fontaine, surhaussée sur une base en pierre, mesure, en hauteur, 10 m. (p. 120).

Vue générale de l'Abbaye de l'Etablissement de la Bénédictine à Fécamp

pour gagner la cour intérieure de l'usine qui, fermée sur toute sa largeur par une magnifique grille peinte et dorée, est dominée, au fond, par la tour du clocher.

A la partie supérieure, apparait le cadran d'une horloge électrique.

Le campanile effilé qui domine la ville, vrai bijou de ferronnerie dû à un artiste rouennais, M. Ferdinand Marrou, s'élance hardiment vers la nue et semble sourire, de loin, à la vieille Abbaye des Bénédictins.

C'est aussi à M. Marrou que l'on doit la superbe fontaine en fer forgé et martelé qui décore le square de la *Bénédictine* vis-à-vis de la cour de l'usine.

Cette fontaine monumentale n'est pas la moindre curiosité de la *Bénédictine*.

Ce ne sont qu'entrelacs, feuillages, brindilles en fer forgé et martelé, harmonieusement disposés, courant autour et le long de trois colonnes, et, au sommet, se réunissant en un dôme gracieux.

(1) C'est à M. C. Albert, lauréat de l'Ecole des Beaux-Arts, architecte de la ville de Fécamp, qu'ont été confiés les travaux des constructions de la *Bénédictine*.

Nous pénétrons maintenant dans l'intérieur des bâtiments. Laissant pour un instant de côté la partie industrielle, nous ne nous occuperons, quant à présent, que des richesses artistiques accumulées dans les nombreuses salles que nous allons traverser.

Après un véritable dédale de couloirs, nous arrivons dans un large hall, en portique sur la cour d'honneur, lequel sert de salle d'attente et de dégustation aux visiteurs de l'Etablissement.

L'escalier que nous montons est à double révolution ; à lui seul il constitue une merveille d'architecture. Il est éclairé par une large baie cintrée encadrant un vitrail représentant Vincelli dans son laboratoire dirigeant la fabrication du mystérieux élixir dont il possédait seul la formule.

Au bas de ce vitrail, une autre scène toute moderne a été figurée ; elle représente le Conseil d'administration et la Direction de la Bénédictine recevant les plans des constructions actuelles. Les personnages de ce groupe sont d'une ressemblance parfaite.

Dans l'axe du palier, pavé en mosaïque, se dresse la statue de Bernardo Vincelli, l'inven-

Grande Salle des Abbés

eur de la *Bénédictine*, à la mémoire duquel ce palais industriel semble avoir été dédié. Un grand lustre central, en bronze, de 5 mètres de hauteur et de 2m,50 de diamètre, aux branches feuillagées duquel ont été fixées des lampes électriques, occupe le centre de la voûte.

Une porte franchie, nous nous trouvons au seuil d'une merveilleuse salle qu'on dirait dérobée à quelque demeure princière ou château de fées (page 117).

Nous ne pouvons malheureusement, dans les étroites limites de cet article, que jeter un coup d'œil d'ensemble sur cette merveille de l'art du bâtiment à laquelle ont collaboré les meilleurs artistes de notre époque.

Du plafond, aux caissons richement ornés, descendent trois grands lustres semblables à celui que nous avons admiré tout à l'heure ; ils sont disposés de façon à éclairer la salle dans toutes ses parties et à en faire valoir toutes les lignes.

Façade des Bureaux

L'architecture est inspirée du style Renaissance le plus riche. Seize forts pilastres supportent autant de niches abritant les statues des seize principaux abbés de l'ancienne Abbaye bénédictine, qui donna asile, comme on le sait, à de puissants seigneurs, à des princes de sang royal et eut la gloire de voir un de ses membres occuper le siège de Saint-Pierre, Rogier des Roziers, 14e abbé de Fécamp, qui fut le pape Clément VI.

Au fond, un grand vitrail historié remplit la baie. Ce vitrail représente : « La réception de François Ier par les moines aux portes de l'Abbaye, en 1534 ».

Notre visite se continue par celle des bureaux installés dans le monumental corps de bâtiment contigu au laboratoire sur l'emplacement de l'ancienne maison du Directeur, dont l'incendie du 12 janvier 1892 ne laissa que les murs ; au premier étage sont les cabinets du Directeur-général, M. Marcel Le Grand, de M. Fernand Le Grand, directeur technique, et des Sous-Directeurs MM. Pierre et Eugène Le Grand. Ces bureaux et les pièces adjacentes sont luxueusement meublés et artistiquement décorés; d'admirables peintures ornent les murs et le portrait en pied de M. A. Le Grand occupe tout un large panneau. Au rez-de-chaussée, ont été répartis les différents services de caisse et de comptabilité, des expéditions et de la publicité.

Nous avons vu la Bénédictine sous son côté artistique.

Ici commence la Bénédictine industrielle et commerciale. Nous conduisons le lecteur à travers les nombreuses salles et ateliers où, partout règnent une activité extraordinaire, un ordre remarquable.

Nous voici dans le Laboratoire, vaste salle où sont groupés de nombreux appareils distillatoires en cuivre, étincelants, de gigantesques foudres réunissant ensemble près de 500.000 litres de *Bénédictine*; puis les caves aux souterraines profondeurs, où se trouvent les réserves d'eau-de-vie, les produits de la distillation des plantes, les esprits. C'est là que la liqueur subit les préparations définitives qui précèdent son refoulement, au moyen de l'air comprimé, à la salle de la mise en bouteilles.

Avant d'être prête pour l'emballage, la bouteille de *Bénédictine* passe par de multiples mains. Chacune de ces manipulations captive l'attention du visiteur. Il n'est pas jusqu'au rinçage des bouteilles qui n'offre son intérêt.

Là, quatre machines actionnées par l'électricité, rincent par jour 10.000 bouteilles. Celles-ci après avoir été séchées sont conduites dans la salle de mise en bouteilles, où leur remplissage s'opère à l'aide de tireuses automatiques.

Nous voyons, en passant, six grands casiers garnis de bouteilles de liqueur ; puis dans une immense vitrine est exposée une curieuse collection des contrefaçons de la *Bénédictine*, contre lesquelles elle a dû se défendre et intenter des actions en justice.

Les bouteilles pleines sont montées à l'aide d'un monte-charge électrique à l'étage supérieur, où a lieu l'opération complexe du capsulage, du plombage, de l'étiquetage. Ces diverses manipulations sont réparties entre une centaine d'ouvrières, la plupart appartenant à l'Orphelinat de la Bénédictine. C'est sous la surveillance des Sœurs de Saint-Vincent de Paul que travaillent ces jeunes filles.

Spacieusement installées au premier étage de l'aile droite, elles donnent l'idée d'une ruche en travail, que n'arrêtent ni les distractions de la rue, ni le va-et-vient des visiteurs. Quelques-unes s'emploient, à côté, à l'habillage des flacons d'Eau de Mélisse et d'Alcool de Menthe dont la « *Bénédictine* » s'est adjoint la fabrication, conforme également à la formule laissée par les anciens moines de l'Abbaye de Fécamp.

Un autre escalier nous ramène au rez-de-chaussée du même corps de bâtiment et le bruit des coups de marteau des ouvriers employés à l'emballage nous accueille, en même temps que l'énorme entassement des caisses pleines, marquées, cachetées, prêtes, en un mot pour l'expédition, frappe les regards. La quantité emmagasinée en cet endroit constitue un stock permanent de 15 à 20.000 caisses.

Puis nous traversons la cour de l'usine et nous passons par la salle des machines, où deux puissants générateurs fournissent la vapeur aux diverses machines actionnant l'outillage mécanique des nombreux ateliers.

La scierie, séparée de l'usine par une rue, de façon à diminuer les risques d'incendie, occupe un grand corps de bâtiment parallèle à ceux que nous venons de parcourir. La force motrice y est transmise, de la salle des machines, par un souterrain.

Salle d'Emballage et d'Expédition

Tous les métiers en usage pour le découpage, le façonnage et le marquage des bois y sont en œuvre ; le jour pénètre à flots par le toit vitré : des galeries contournent le bâtiment ; les ateliers de menuiserie et de confection des caisses y sont installés. Des annexes contiennent les ateliers de forge, de chaudronnerie, de plomberie, les salles de répétition de l'Harmonie de la Distillerie, etc.

Cette étude serait incomplète si nous ne disions pas un mot des splendides fêtes inauguratives qui furent célébrées le 30 juin 1895, et qui réunirent dans le nouvel édifice plus

Salle de mise en bouteilles

d'un millier d'invités venus de tous les points de la France et de l'étranger.

S. G. Monseigneur Sourrieu, archevêque de Rouen, assisté de Monseigneur Laborde, évêque de Blois, honorait de sa présence cette fête du travail, qui prit, dans la vieille cité normande, le caractère d'une imposante et cordiale manifestation populaire.

A l'issue d'une messe célébrée dans l'antique abbaye, l'éminent prélat, accompagné d'un nombreux clergé, se rendit à l'usine de la Bénédictine où il prononça une allocution exquise, dans laquelle il évoqua tour à tour la mémoire du Bénédictin Dom Vincelli, qui dota l'humanité d'un élixir réparateur, ainsi que les services rendus à la classe ouvrière par M. Le Grand, services qui valurent au Directeur de la Bénédictine, déjà chevalier de la Légion d'Honneur, d'être élevé, par S. S. Léon XIII, à la dignité de Commandeur de l'ordre de Saint-Grégoire-le-Grand. Puis, avec le cérémonial accoutumé, il bénit les nouveaux ateliers.

C'est pour perpétuer le souvenir de cette

solennité que fut frappée une superbe médaille commémorative : la face est à l'effigie de M. A. Le Grand, fondateur de la Bénédictine ; le revers représente les bâtiments inaugurés.

Disons un mot de la philanthropie du regretté Directeur général, si bien continuée par ses fils.

Dans l'établissement de la Bénédictine fonctionne une caisse de secours dont profitent les ouvriers chargés de famille, ceux atteints par la maladie. Des pensions alimentaires sont servies aux anciens ouvriers que la vieillesse ou les infirmités empêchent de continuer leur travail. Ces pensions varient suivant l'emploi ou le nombre des années passées à la distillerie.

L'administration de la Bénédictine, assure à ses frais ses ouvriers contre les risques d'accidents et le chômage qui en résulte.

Toutes ces libéralités de M. Le Grand, qui le faisaient justement vénérer de ses nombreux employés, le font regretter davantage. Ceux-ci, du reste, en maintes occasions, ont su lui montrer leur reconnaissance. Deux magnifiques bronzes lui ont, en effet, été offerts par son personnel : l'un, la *Renommée*, de Coutan ; l'autre, la *Vérité*, de Chapu ; le premier à l'occasion du 25e anniversaire de sa direction, l'autre lors des fêtes d'inauguration des bâtiments reconstruits après l'incendie de 1892.

Lorsque, de part et d'autre, les devoirs sont ainsi compris et pratiqués, de véritables liens d'estime et d'affection se forment dans l'usine et le bon accord de tous ceux qu'elle rassemble contribue à leur commune prospérité.

Aussi, la mort de M. Le Grand, en 1898, a-t-elle été un deuil général, non seulement pour ses ouvriers et employés, mais pour la ville de Fécamp.

Jamais obsèques ne furent plus imposantes que celles de cet homme de bien. De toute la Normandie étaient venues des députations, et de Paris, Marseille, Bordeaux, d'Algérie, de Hambourg, de Stockolm, de Londres, étaient arrivées de superbes couronnes. Jamais la Bénédictine ne fut plus fleurie que ce jour — fleurs tristes, qui témoignaient de l'attachement profond qu'avaient pour M. Le Grand tous ceux qui le connaissaient ou à qui son inépuisable charité n'avait jamais fait défaut.

La grande œuvre, l'œuvre de M. A. Le Grand, est aujourd'hui dignement continuée par ses fils, MM. Marcel et Fernand Le Grand, qui pendant de si longues années avaient été les collaborateurs dévoués de leur père.

Certes, l'élixir de Bernardo Vincelli — aujourd'hui la *Bénédictine* — n'est pas encore complètement arrivé à l'apogée de sa réputation méritée, mais n'est-ce pas une consommation prodigieuse celle qui, *par jour*, exige la production de 4 à 5.000 bouteilles !

Si nous comparons les résultats actuels, nous ne pouvons nous garder d'un sentiment de stupéfaction en face des développements rapides de la propagation de cette liqueur. En 1864, première année de cette « rénovation », il en est fabriqué 28.445 bouteilles ; pour l'année 1898, le chiffre de vente s'élève à 1.135.828 bouteilles, c'est-à-dire qu'en multipliant le chiffre de la fabrication accusé en 1864 par le chiffre d'années depuis écoulées, on reste encore au-dessous du résultat actuel.

La *Bénédictine* est devenue la liqueur française par excellence, et ce n'est pas certes exagérer de dire que, à l'étranger où elle est en faveur, elle contribue, en se faisant aimer, à faire aimer notre pays.

Et sans la moindre prétention au don de prophétie, de par la simple nature des faits et l'évidence d'une progression dont la limite ne saurait être fixée, il est permis de prédire à la *Bénédictine* l'avenir réservé aux choses destinées à l'universelle renommée.

Fontaine en fer forgé

PAGLIANO (Le Professeur Dominique-François-Marie), né à Marseille (Bouches-du-Rhône), le 20 octobre 1840, Naturaliste et Chimiste, membre de plusieurs Sociétés savantes, fabricant du Sirop élixir Pagliano et des Produits Pagliano, membre de la Chambre de Commerce française de Milan.

Adresses : Palais Fenci, 15, via del Corso, à Florence (Italie). — 133, boulevard Péreire, à Paris. — 14, rue du Grand-Puits, à Marseille (Bouches-du-Rhône).

Le Prof. D. Pagliano est un des derniers descendants de deux illustres familles florentines, les Médicis et les Buonaccorsi, qui occupèrent une si large place dans le monde à l'époque de la Renaissance et dans les deux siècles qui suivirent.

Parler des Médicis, c'est réveiller tout le passé de la Cité des Fleurs; c'est faire revivre les grandes figures du Pape Léon X de Médicis, de Laurent le Magnifique, de Cosme de Médicis; c'est rappeler la mère de François II, de Charles IX et d'Henri III, et Marie de Médicis, femme de Henri IV, protectrice de Rubens, grand'mère de Louis XIV; c'est évoquer l'une des époques les plus brillantes de la civilisation humaine.

Les Médicis ne se contentèrent pas de protéger et d'encourager les Sciences, les Arts et les Lettres, et d'être des politiques avisés; ils furent aussi des philanthropes, des amis de l'humanité souffrante. Au milieu du luxe merveilleux de leur existence princière, ils n'oublièrent jamais de venir en aide aux malheureux.

En effet, plusieurs Médicis fabriquaient eux-mêmes des remèdes pour la guérison des malades. C'est de ce seul fait que leur vint le nom de Médicis (*Medici, médecins*) et les emblèmes de leur blason : *palle* = boules, pilules.

La *Fonderia* des Médicis, distillerie de parfums, d'élixirs, de baumes et de quintessences, était célèbre dans l'Europe entière. Elle exista jusqu'à la fin du xviie siècle, à côté de la Galerie des Offices, à Florence.

Une autre famille non moins illustre, qui a laissé à Florence des souvenirs ineffaçables, est celle des Buonaccorsi, liée par la plus étroite parenté avec les Médicis; elle eut pour le parti guelfe un attachement que rien ne put ébranler, et fut de tout temps d'une grande popularité ; la preuve en est dans les hautes dignités dont elle fut si souvent investie, ayant joui vingt-sept fois du Priorat et quatre fois du suprême honneur du Gonfalionérat de justice.

Comme les Médicis, plusieurs Buonaccorsi fabriquaient aussi des remèdes, des élixirs pour guérir les malades indigents, et même ils ne dédaignèrent pas de se faire recevoir dans la Corporation des *Speziali (pharmaciens spécialistes)*, jouissant au moyen âge d'une grande réputation à Florence.

Cette famille, alliée avec les autres plus nobles familles de Florence, telles que celles de Salviati, Gherardini, Lenzi et Marzicchi, Cavalcanti, Miniati, occupa beaucou d'autres magistratures. On cite entre autres : Giovanni Buonaccorsi, qui, en 1197, siégeait dans le Conseil de la commune; Baldise Buonaccorsi, qui, en 1253, intervint au Conseil de la République réuni, le 4 février, pour ratifier la paix conclue entre les Florentins avec les citoyens de Prato, de Pistoja et de Lucques; Luigi Buonaccorsi, nommé deux fois Podestat de

Milan, et qui, à cause de sa bonne administration, fut, à l'unanimité, inscrit citoyen de cette noble cité; Antonio Buonaccorsi, commandant de la citadelle de Pise, en 1535 ; par suite de ses éminents services, il fut aussi nommé citoyen et autorisé à ajouter dans ses armes la croix de cette ville.

D'autres Buonaccorsi se trouvent parmi les cardinaux, les Chevaliers à éperons d'or, de Malte, de Saint-Pierre, avec le titre de comtes palatins.

Les archives de la Bibliothèque Royale de Florence disent qu'un membre de la famille des Buonaccorsi est entré en France avec Charles VIII; il continua, dans sa nouvelle patrie d'adoption, de suivre les préceptes de ses ancêtres, c'est-à-dire de pratiquer le bien pour le plaisir de le faire, et de soulager les souffrances de ses concitoyens pour la satisfaction de leur être utile.

Les descendants directs de ce Buonaccorsi, parmi lesquels se trouve le Professeur D. Pagliano, continuent, comme leurs nobles aïeux, à conserver, avec leurs anciennes traditions, leur blason sans tache, et prouvent ainsi que : *Honneur oblige*, n'est pas un vain dicton.

M. Dominique Pagliano, après d'excellentes

études classiques, fut reçu bachelier, le 20 octobre 1859, à Aix-en-Provence.

Son bisaïeul, Mathieu Pagliano, le *Docteur*, né à Laigueglia (Italie), fonda en France, en l'année 1780, la maison de commerce connue sous le nom de PAGLIANO DE MATHIEU.

Le Professeur D. Pagliano fut reçu, le 17 février 1860, en audience particulière par sa Sainteté le Pape Pie IX, qui l'honora de toute sa sollicitude et paternelle affection en le gratifiant en même temps d'un superbe cadeau.

Le Professeur D. Pagliano est actuellement le seul survivant de ce nom pour la vente des Spécialités Pagliano, brevetées du Gouvernement italien, ayant maisons à Florence, Paris et Marseille.

Ces spécialités, — et en particulier le « Sirop élixir Pagliano », — sont universellement connues et appréciées. Elles sont basées sur le système dépuratif. Il consiste à traiter et à guérir la masse du sang, à lui donner une libre circulation, à corriger les humeurs, à expulser la corruption, les acides, les biles, les matières âcres, vicieuses, muqueuses, corrosives, sources d'une foule de maladies.

Voici du reste quelques renseignements que nous extrayons de la *Médecine des Pères de Famille* (Florence, 1895; 1 vol. in-16), un excellent ouvrage du Prof. Pagliano :

« On ne pourrait pas alléguer que ce remède est violent, vénéneux, puisque, en prendrait-on un flacon au lieu d'une cuillerée, il n'en résulterait point le plus minime inconvénient, tellement sont innocentes les substances qui rentrent dans le « Sirop Pagliano », dont la composition ne contient que des sucs d'herbes, simples inconnus jusqu'à présent en médecine, et dont, grâce à des recherches assidués et à des expériences réitérées, j'ai pu faire la découverte. Les personnes qui en feront usage pourront en apprécier l'utilité, en se conservant, d'une manière permanente, dans l'état le plus florissant de santé, ou bien dans les cas de maladies auxquels nous sommes trop sujets. Je ne publie pas la recette de ce sirop, mais, en vue d'utilité générale, j'ai pris des mesures pour éviter qu'elle tombe dans l'oubli par suite d'un évènement quelconque qui pourrait m'arriver. Ma famille, à qui je l'ai communiquée, en continuera le commerce à Florence et aussi dans toute l'Italie, après ma mort. Le champ de l'émulation est vaste. Chacun a le droit d'améliorer honnêtement sa propre condition. Cet élixir ne se détériore jamais, pourvu que le flacon soit bien fermé.

« Ce sirop purifie le sang, chasse les humeurs corrompues; il le raréfie, le corrige, le ramène à l'état normal, et par conséquent, il conserve dans un état prospère de santé les personnes qui en feront usage tous les mois, pendant deux jours consécutifs. Il guérit les infirmes réputés incurables, et qui n'ont trouvé aucune amélioration dans les autres remèdes, pourvu qu'ils aient la constance d'entreprendre un traitement suivi et régulier de quinze à vingt jours, mettant trois ou quatre jours d'intervalle entre chaque période de quatre à cinq jours de traitement consécutif; et en trois ou cinq jours il débarrasse d'une maladie récente si grave qu'elle soit.

« On agite le flacon jusqu'à ce que la dépôt que forme le sirop soit tout à fait dissout. Pour les enfants, on peut allonger la dose du « Sirop Pagliano » avec une égale quantité d'eau sucrée ou d'eau pure, ou avec du sirop simple de chicorée, de citron ou de capillaire, etc., pour le rendre plus agréable, mais cependant moins efficace. Pourront agir de même les personnes qui éprouveraient quelque répugnance pour la saveur de ce remède, ou qui le désireraient plus doux. Mais nous engageons à le prendre pur. Il suffit de se rincer tout de suite la bouche, à plusieurs reprises, avec de la limonade sucrée ou avec quelques quartiers d'orange, sans avaler, après avoir pris le Sirop Pagliano, pour faire disparaître immédiatement cette aigreur de pharmacie que trahissent tous les remèdes; d'ailleurs, que ne prendrait-on pas quand on est sûr de guérir? La dose prescrite est de une à une cuillerée et demie à soupe pour les personnes de 18 à 50 ans, selon leur tempérament plus ou moins fort — de trois quarts à une cuillerée de 50 à 60 ans — d'une demie à trois quarts de cuillerée de 14 à 17 ans — d'un cinquième à un quart de cuillerée de 7 à 12 ans — d'une à deux cuillerées à café de 4 à 6 ans — d'une demie à une cuillerée à café de 1 à 4 ans. Aux enfants à la mamelle, une cuillerée à café avant de leur donner le sein.

« Si la dose que l'on prend n'opère pas au moins trois ou quatre écacuations abondantes, c'est une preuve qu'elle est insuffisante; alors il conviendra d'en prendre un peu plus le lendemain. De cette manière, chacun est en mesure de déterminer la dose qui convient à son tempérament.

« L'heure la plus convenable pour prendre ce Sirop est le matin à jeun, bien qu'on puisse le prendre à une heure quelconque du jour ou de la nuit; mais, lorsque la maladie donne lieu à ce choix, on doit préférer le matin, comme cela se prescrit dans un traitement régulier.

« Trois ou quatre heures après que le remède a agi, on prend une tasse de bouillon ou un potage pour collation; nourriture saine à l'heure habituelle, avec modération.

« Le traitement n'exige d'autre précaution que celle de se garantir du froid, parce qu'il provoque une légère transpiration; d'ailleurs, on peut prendre l'air de jour et de nuit. Les personnes qui désireraient prendre des bains chauds, pendant l'hiver, et des bains froids en été, pourront le faire le lendemain.

« Les spécialités Pagliano ont fait leurs preuves. C'est, au reste, un retour à la Médecine rationnelle par l'emploi des simples, à laquelle reviennent des savants chaque jour plus nombreux, désabusés de la Médecine chimique ou microbienne.

« Les *Poudres Pagliano* produisent les mêmes effets que le *Sirop Pagliano*, en évitant la nausée qu'occasionnent généralement tous les remèdes liquides. Elles enlèvent au sang, à l'économie animale, toutes les matières hétérogènes jusqu'à leur dernière parcelle. En en faisant usage tous les mois pendant trois jours de suite seulement, elles fortifient la santé, entretiennent une carnation fraiche, agréable, débarrassée de toute éruption, purifient l'haleine, rendent l'appétit, contribuent à une bonne digestion, donnent un sommeil tranquille, facilitent toutes les fonctions naturelles. »

D'autre part, par le prix modeste de ses préparations, le Professeur D. Pagliano a pu en vulgariser l'usage universel pour le grand profit des malades de tout genre, comme en témoignent des milliers d'attestations spontanées.

La contrefaçon n'a pas manqué de consacrer la valeur des produits Pagliano en les imitant.

Il s'est trouvé de nombreux Pagliano pour donner leur nom à des sirops inefficaces vendus comme sortant de la célèbre maison de Florence. Pour éviter toute tromperie, le public doit s'adresser directement à l'une des trois maisons de Florence, de Marseille ou de Paris, ou exiger des flacons revêtus de la signature du Prof. D. Pagliano, avec ses marques et documents authentiques. La maison du Prof. D. Pagliano est, au reste, la seule immatriculée à la Chambre de Commerce de Florence sous cette firme et brevetée du gouvernement italien sous la dénomination d'« Elixir Pagliano ».

Pour terminer ces notes rapides, donnons ce portrait du Prof. Pagliano que nous empruntons à M. Léon Larsis (in *Écho de Paris*) :

« Un homme de taille moyenne, un nez acquilin, à l'œil perçant et d'un bleu qui paraît refléter le ciel d'Italie, la barbe presque blanche et les cheveux drus; en un mot, une figure qui semble descendre d'un cadre de Giorgione, un lettré s'exprimant avec facilité et même élégance dans notre langue. Voilà le portrait. On voit bien là, par la distinction sans morgue, jointe à une cordiale bonhomie, qu'on se trouve en face du représentant d'un grand nom, de l'ultime descendant des fastueux seigneurs florentins. »

CURLIER (Félix), né à Mignovillard (Jura), le 6 septembre 1842, Négociant en Cognacs.

Adresse : quai de Bercy, 58 ; Cour Saint-Emilion, 69, Paris-Bercy ; — et : Jarnac (Charente).

De tous les terroirs vinifères, il n'en est aucun qui vaille le sol des coteaux des Charentes, dont l'incomparable vin blanc donne aux eaux-de-vie, dites de Cognac, la force et l'arôme qui leur ont à bon droit mérité une célébrité universelle. Même en employant les vins les plus nobles et les plus purs, ces vins fussent-ils le Tokay, le Lacrima-Cristi, les vins du Rhin, les plus authentiques Champagnes, même en y déployant l'ingéniosité la plus subtile, on n'est jamais parvenu à imiter les cognacs. Et Dieu sait, pourtant, tout ce que l'industrie humaine a tenté dans ce but.

Aussi quand le phylloxéra s'abattit sur les Charentes ce fut une vraie calamité nationale. Le cognac avait-il vécu? Un moment on put le croire dans le monde des viticulteurs. Pour le public on essaya de lui servir sous le nom de cognacs d'affreux produits obtenus par la distillation de vins étrangers, quand ce n'étaient pas d'horribles mixtures qui n'avaient aucune relation d'origine avec le fruit de l'arbuste cher à Dyonisos.

L'Allemagne fabriqua des cognacs de pommes de terre et en inonda le monde.

Fort heureusement pour le bon renom d'une industrie si essentiellement nationale, on vit surgir les efforts de fabricants intelligents et consciencieux, qui se mirent à lutter avec une énergie de tous les instants, d'abord contre le phylloxéra, puis contre la marée montante des produits sophistiqués et dangereux que les pêcheurs en eau trouble avaient lancés sous le noms de cognacs sur le marché international.

La Maison Curlier frères se montra au premier rang dans ce bon combat.

Elle ne faisait que suivre les traditions de ses fondateurs.

Alors qu'un très grand nombre de distillateurs des Charentes usaient et abusaient des eaux-de-vie étrangères ou d'infames trois-six, alors que la contagion gagnait les propriétaires eux-mêmes, dont tels ou tels, inconscients de leurs véritables intérêts, préféraient vendre leurs vins, sauf à n'en conserver que tout juste assez pour déguiser les alcools hétéroclites destinés à être livrés à la consommation sous le nom usurpé de cognac, les directeurs de la maison Courvoisier et Curlier aboutissaient à cette conclusion, que le seul moyen de sauvegarder, de maintenir et de grandir encore si possible, l'excellente réputation de leur marque, c'était d'entreprendre la distillation de leurs propres produits.

Nulle maison, il faut bien le dire, n'était mieux placée ni mieux armée pour ce faire que la maison Courvoisier et Curlier, fondée en 1828, et qui, depuis belle lurette, avait victorieusement conquis droit de cité dans tous les pays, sans en excepter la France, en dépit du malicieux proverbe qui veut que nul ne soit prophète chez soi.

Situé à Jarnac, sur les bords de la Charente, au cœur même de la région de production par excellence, à quelques centaines de mètres des fameux coteaux dits de " Champagne ", l'établissement Courvoisier et Curlier n'occupe pas une superficie moindre de deux hectares et demi; son outillage est à la hauteur des exigences les plus sévères de la science moderne, et ce n'est pas sans raison qu'il passe, même aux yeux de ses concurrents, pour peu qu'ils soient de bonne foi, pour le dernisr cri du genre.

Pour satisfaire aux innombrables commandes en toutes langues qui leur arrivent des quatre points cardieaux, MM. Curlier frères ne sauraient limiter leur œuvre à la distillation de leurs propres récoltes.

Forcément, ils sont obligés de compléter, en dehors de leurs propres domaines, leur approvisionnement de matières premières. Mais soucieux avant tout du prestige de leur marque et de la supériorité de leurs marchandises, ils apportent dans leurs achats, toujours faits à bon escient, aux meilleures sources, les mêmes soins de loyauté, d'esthétique et de science que dans les manipulations subséquentes.

C'est sous la propre surveillance de MM. Curlier frères, dans leur propre usine, la plus grande des Charentes, avec leurs propres appareils (qui sont tout ce qu'on peut rêver de plus parfait), qu'ils procèdent, sur une grande échelle, avec tous les raffinements que comporte l'industrie intensive et savante, à l'opération de la distillation des vins du terroir, sauf à en établir ensuite le classement *ad valorem*. De cette façon ils sont sûrs que leur pavillon ne couvrira nulle fraude, nulle défectuosité.

Sur les 500 " tierçons " de 8 chaudières de 640 litrés chacune, qu'elles distillent en une saison, il n'est pas un seul litre qui ne porte le cachet de la race, pas un seul litre qui ne soit préalablement issu, sous les espèces et apparences de pur jus de raisin, du commerce légitime de la terre Charentaise et du bon soleil de France.

Les seuls alcools que la maison Courvoisier et Curlier se permette d'acheter en dehors de sa propre fabrication, sont des alcools de luxe, de ces vieilles eaux-de-vie extra-fines et bien nées, véritables présents du ciel, et qui sont pour les esthètes ce que les rarissimes bibelots d'art sont pour les collectionneurs érudits.

De ce chef, MM. Curlier prennent leur bien où ils le trouvent, par gros lots si possible, ou par lots minuscules, selon les hasards de la fortune.

Nulle part, en tous cas, on ne saurait trouver un aussi merveilleux reliquaire. Certaines grandes " fine-champagne " aux millésimes légendaires de 1812, 1833, 1820, sont bien à peu près tout ce qu'il peut être donné à l'homme de savourer ici-bas de plus exquis. La grande champagne de 1815, à laquelle ni l'âge ni le deuil de Waterloo, ni tant de révolutions n'ont enlevé son bouquet pénétrant, est peut-être supérieure encore.

Les jeunes cognacs de la maison Curlier, — dont le stock moyen, à la disposition permanente des amateurs, ne descend jamais guère au-dessous de 10.000 à 15.000 hectolitres — ne sont pas inférieurs à leurs glorieux ancêtres. Ils sont de la même race, du même type et de la même école, ils portent la même marque et possèdent (au moins en puissance) les mêmes vertus. Il ne leur manque que l'expérience, qui est l'apanage exclusif de la vieillesse.

Dans toutes les Expositions nationales et internationales, depuis 1855 jusqu'à l'heure présente, la maison Curlier a toujours obtenu les plus hautes récompenses. En 1891 notamment, à Moscou, et en 1894, à Anvers, c'est la maison Curlier (dont le chef avait été, en 1878, choisi comme expert du Jury et arbitre du ministère du Commerce), qui a obtenu le seul diplôme de *Grand Prix* dans la section des cognacs.

Le Directeur actuel, M. Félix Curlier, entra dans la maison Courvoisier à l'âge de 22 ans et entreprit la représentation à l'étranger, tâche des plus délicates et des plus pénibles.

Dans ses voyages nombreux, il sut créer des dépôts aux Indes, en Chine, au Japon, en Australie, en Nouvelle-Zélande, en Afrique et dans les deux Amériques; des agences existent dans toutes les grandes villes d'Europe.

C'est à lui qu'on doit la maison de Londres, qui, auprès des Anglais, représente dignement le grand commerce des Charentes et jouit d'une réputation de loyauté et de probité sans égale.

On lui doit la vulgarisation des vrais produits de Cognac, l'amélioration des moyens d'action de la maison et le développement de la maison dont il est devenu le seul gérant.

La vie de M. Félix Curlier, comme on le voit, est intimement liée à l'histoire de sa célèbre maison. La France n'est pas grande que par ses savants, ses écrivains et ses artistes ; elle doit une bonne partie de sa gloire aux hommes de labeur qui, comme M. Curlier, se consacrent au développement de son commerce et de son industrie, à la conservation de sa renommée, à l'extension de ses relations internationales.

En tous cas, M. Curlier travaille à sa façon, au bon renom de la France. Nous l'en félicitons bien sincèrement.

PANNELIER (Victor), A. ✿, ✠, né à Fluguières (Aisnes), le 16 novembre 1840, ancien Président de la *Chambre syndicale de la Photographie*, Conseiller municipal de Paris.

Adresse : 76, avenue du Maine, Paris.

M. Victor Pannelier fut élevé à la dure école de la vie. Son enfance fut triste et malheureuse. Né au petit village picard de Fluguières, dans l'Aisne, il n'eut d'autre éducatrices que la solitude et la misère. Orphelin dès sa première enfance, il dut, du printemps à l'automne, travailler aux champs, et ne connut jamais les joies de la famille.

L'hiver venu, comme on ne pouvait l'employer à aucun travail utile, il consacrait à l'étude le long chômage du labeur agricole. Par son courage, son énergie, son application soutenue, il parvint à s'assimiler les premiers éléments de l'instruction et s'attacha à les développer lentement, mais sûrement, en employant à l'étude tous ses rares instants de loisirs.

Ainsi arriva l'heure de la vingtième année. M. Victor Pannelier, avide de l'inconnu, s'engagea au 1er bataillon de Chasseurs. Son rêve fut satisfait. Il fut embarqué pour le Mexique et prit part à la malheureuse campagne qui se termina par la tragédie de Queretaro. M. Pannelier fut décoré de la Médaille militaire de Maximilien.

Pendant l'Année terrible, M. Victor Pannelier eut l'occasion de montrer, en maintes circonstances, son courage et sa bravoure.

Incorporé au 137e régiment d'Infanterie, que commandait le colonel Defis, — mort il y a quelques années général à Saint-Cyr, — le sergent Pannelier fut proposé pour le grade de lieutenant. Objectant que, la guerre finie, il aurait à rentrer dans la vie civile, M. Pannelier s'effaça modestement devant ses camarades qui pouvaient se faire une situation dans l'armée. Le colonel insista mais ne put vaincre la détermination du sergent.

M. Victor Pannelier s'était depuis longtemps signalé par ses idées largement libérales et démocratiques. En 1870, au moment du Plébiscite, il avait engagé tous ses amis à déposer un *Non* dans les urnes. Aussi accueillit-il avec enthousiasme la proclamation de la République, le 4 septembre 1870.

A partir de cette époque, on retrouve toujours sur la brèche M. Pannelier. Il lutte à outrance pour le triomphe de ses idées et de ses aspirations ; il n'est pas une élection municipale ou législative où il ne soutienne de toutes ses forces le candidat de la démocratie.

En 1885, le XIVe arrondissement le déléguait au Comité départemental républicain de la Seine. Lorsque, en 1889, le général Boulanger faillit l'emporter, M. Pannelier fut de ceux qui se levèrent pour lui barrer la route. Il soutint son excellent ami M. Jacques, candidat de tout les républicains, qui, cependant, ne fut pas élu.

Deux fois Vice-Président, puis Président du Comité radical-socialiste du XIVe arrondissement, pour la 1re circonscription (1889-1893), M. Pannelier assura le succès de M. Ed. Jacques aux élections législatives

Aux dernières élections générales (1898), M. Jacques prit la résolution de se retirer du Parlement en raison de son âge et de sa santé qui semblait alors compromise. Un groupe important d'électeurs du XIVe arrondissement offrit la candidature à M. Pannelier, qui obtint une belle minorité.

Il ne tarda pas à prendre sa revanche et fut élu Conseiller municipal de la ville de Paris en remplacement de M. Girou, nommé député. Le distingué Conseiller du XIVe Arrondissement ne manquera pas de donner prochainement une fois de plus raison à ceux qui disent que le Conseil municipal de la Capitale est le vestibule de la Chambre des Députés. M. Pannelier y tiendra une bonne place si l'on en juge par ses débuts à l'Assemblée communale, où plusieurs de ses motions et de ses propositions ont obtenu l'appui de tous ses collègues.

M. Pannelier est fort au courant, du reste, des besoins de la population parisienne. Comme administrateur du Bureau de Bienfaisance du XIVe arrondissement (1887), puis comme adjoint au maire, il avait conquis depuis longtemps l'estime et la sympathie de ses concitoyens.

Tout le monde apprécie ses efforts continus pour développer l'instruction dans son quartier. Membre d'un grand nombre de Sociétés, de la Caisse des Écoles, de la Bibliothèque, etc., M. Pannelier s'est aussi dévoué aux œuvres philantropiques.

Ses opinions philosophiques l'ont dirigé depuis longtemps vers la libre-pensée. Mais il n'est pas sectaire, et tient avant tout à la liberté de conscience la plus complète. Déjà trésorier de « l'Union des Libres-Penseurs », il est devenu l'orateur de la Loge « les Cœurs unis indivisibles », puis le Président de cette Loge et du Chapitre « les Hospitaliers Français ».

Travailleur opiniâtre et modeste, M. Pannelier s'est fait un véritable renom d'artiste photographe dans un des quartiers les plus populeux de la Capitale.

Longtemps il a été secrétaire de la Chambre syndicale de la Photographie. En 1893, ses collègues unirent leurs voix pour l'élever à la Présidence. Lors de la première Exposition de photographie, dont il avait été l'un des zélés organisateurs, il fit partie du Jury supérieur et fut, à cette occasion, nommé officier d'Académie.

M. Pannelier n'oublie pas ses débuts modestes, ses jours malheureux. Aussi s'est-il attaché à toutes les œuvres utiles qui se sont élevées dans le quartier de Plaisance. Au Conseil municipal, sa bonne volonté trouvera un champ d'action plus vaste. Les malheureux et les vaincus de la vie ne s'en plaindront pas.

BOURBONNAUD (Mme), née Louise Cosseron, I. 🙰; née à Paris; exploratrice, écrivain et artiste, membre de la *Société de Géographie* de Paris, et de plusieurs Sociétés savantes; lauréate de la *Société polytechnique*, membre de la *Société de secours aux blessés militaires des armées de terre et de mer;* lectrice de l'*Académie royale d'Irlande*, etc.

Mme Louise Bourbonnaud épousa à quinze ans, M. Etienne Bourbonnaud, le plus grand entrepreneur de la Capitale.

M. Bourbonnaud fut le collaborateur et l'ami du baron Haussmann et d'Alphand. C'est la collaboration de ces trois hommes qui dota Paris de voies merveilleuses, larges et saines, qui n'ont de rivales en aucune ville du monde.

La plus belle création de M. Bourbonnaud est, peut-être, l'ouverture du boulevard Barbès, jadis boulevard Ornano, et des rues adjacentes, qui nécessita l'achat et la démolition de près

de quatre cents maisons de l'ancienne rue Lévis. Pour mener à bien cette entreprise gigantesque, il fallait la fortune considérable de M. Bourbonnaud. Cette fortune, M. et Mme Bourbonnaud en firent toujours le plus noble usage.

Il est triste d'ajouter que Mme Bourbonnaud fut toujours, malgré cela, victime des plus grandes injustices et de l'ingratitude la plus noire.

Toutes les œuvres philanthropiques du XVIIIe arrondissement de Paris — où ils demeuraient — furent patronnées et royalement dotées par eux. Mme Bourbonnaud, avec un dévouement et une activité étonnante, trouvait le temps de présider les Sociétés de secours, d'aide et de charité, de distribuer à tous les pauvres indistinctement, quelle que fût leur croyance ou leur opinion, les secours utiles, les vêtements, les vivres, l'argent du loyer, de procurer du travail aux victimes du chômage, d'être, enfin, la providence des malheureux et des déshérités de ce monde. Œuvre que rendaient encore plus touchante la grâce et la beauté de cette jeune et charmante femme.

La guerre de 1870-1871 survint. M. et Mme Bourbonnaud ne voulurent pas quitter la Capitale assiégée. Là encore, ils se surpassèrent en générosité et en dévouement.

M. le curé de Clignancourt, désireux de faire hisser sur son église le drapeau d'ambulance de la Convention de Genève, s'adressa à

M. Bourbonnaud qui confia cette entreprise dangereuse à une équipe de ses meilleurs ouvriers. Hélas! deux hommes firent une chute terrible et se tuèrent. M. Bourbonnaud donna

immédiatement 100,000 francs aux familles des victimes.

Après la guerre, l'Etat se trouvait être débiteur de 2,000,000 de francs envers M. Bourbonnaud. Cette somme représentait des dommages que le siège avait fait subir à ses propriétés.

M. Bourbonnaud, dont le cœur saignait encore des malheurs de la Patrie, refusa le remboursement des deux millions qui lui étaient dus.

Bien plus, il fit à ses locataires, en dehors des réductions votées, la remise toute spontanée et volontaire de 750,000 francs de loyers exigibles.

Ces traits font connaître l'homme et sa digne compagne. Sympathique, droit, loyal et obligeant, M. Bourbonnaud était unanimement estimé de sa corporation qui l'avait choisi comme Président-expert.

Avant de quitter cette époque troublée de 1870-71, rappelons encore ce fait tout à l'honneur de M. et de Mme Bourbonnaud :

Pendant la Commune, avec un grand mépris du danger auquel elle s'exposait, Mme Bourbonnaud s'était constituée la gardienne du trésor de sa paroisse. Les Fédérés, prévenus on ne sait comment, vinrent pour arrêter la courageuse jeune femme.

Avec le plus grand sang-froid, Mme Bourbonnaud fait cacher ses domestiques; puis, s'armant d'un revolver, elle assujettit le verrou de sûreté de la porte d'entrée, et menace de brûler la cervelle au premier soldat qui osera pénétrer dans l'appartement. Les Fédérés — au nombre d'une vingtaine — surpris de cette résistance, retournent au poste voisin pour revenir en plus grand nombre. Profitant de ce court moment de répit, M. Bourbonnaud attache une corde à nœuds à une fenêtre, prend sa femme sur les épaules et la descend du deuxième étage.

Quand les Fédérés revinrent, M. et Mme Bourbonnaud étaient en sûreté.

En 1875, M. Bourbonnaud mourut.

Mme Louise Bourbonnaud, accablée de chagrin, chercha un dérivatif à sa profonde douleur. Ce dérivatif, elle le trouva dans les voyages.

Elle se résolut à consacrer sa vie, son activité, sa fortune, à la propagation de la langue et de l'influence françaises dans tous les pays du globe.

Et depuis, énergique, vaillante, résolue, elle est le chevalier errant de la France moderne. Elle parcourt le monde dans tous les sens, sautant du sleeping-car dans la cabine du transatlanique ou sur le pont d'un voilier, employant tous les moyens de locomotion, les plus primitifs comme les plus perfectionnés, s'arrêtant, prenant des notes, repartant pour s'arrêter et repartir encore, et, revenue à Paris, se préparer à de nouveaux voyages.

Mme Bourbonnaud connaît le monde entier. Elle a parcouru les villes et les Etats de l'Union, le Canada, le Far-West, la région des grands Lacs, les montagnes Rocheuses, la Californie, le Texas (1885).

En 1886, elle visita les Sierras et les placers du Mexique, Cuba, Porto-Rico, la Guadeloupe, la Martinique, la Jamaïque et les autres îles des Antilles.

L'année suivante, nous la retrouvons dans les divers Etats de l'Amérique du Sud, remontant l'Amazone, pénétrant dans les forêts-vierges et les placers de Minas-Geraes, prenant contact avec les Indiens et les métis, faisant escale à Bahia, Pernambouc, Rio-de-Janeiro, repartant pour la Plata, l'Uruguay, le Pérou, le Chili, et franchissant les Andes.

Mme Bourbonnaud consacra l'année 1888 à un voyage en Egypte, aux Indes anglaises, à Ceylan, Singapoor et aux îles de la Sonde : Java, Sumatra, Bornéo.

Les années suivantes, elle parcourut le continent africain — Egypte, Tripolitaine, Tunisie, Algérie, Maroc, Sénégal, Congo, colonie du Cap, Transvaal, république d'Orange, Zanguebar, Madagascar, etc., — l'Europe et tous ses pays, on pourrait dire toutes ses villes, retournant en Amérique, en Asie, en Malaisie pour compléter ses précédentes explorations.

Partout, avec son tact de Française, son humour, sa grâce de Parisienne, elle a fait respecter et aimer la Patrie française.

Un jour, à la frontière de Serbie, Mme Bourbonnaud, faute de passeport, se trouvait dans l'impossibilité de continuer son voyage. Se souvenant tout à coup qu'elle avait sur elle son diplôme de membre-fondateur de la *Société française de Secours aux Blessés*, elle le montra aux gendarmes. Aussitôt tous les obstacles s'aplanirent. On la porta en triomphe aux cris répétés de : « Vive la Française ! Vive la France ! Vive la Croix-Rouge française ! »

Il n'en fallait pas moins un réel courage pour se hasarder seule, au milieu de ces populations si diverses.

Malgré les faiblesses inhérentes à son sexe, Mme Bourbonnaud a voulu quand même avoir sa part d'honneur sur le champ de bataille de l'inconnu. L'inconnu, Mme Bourbonnaud, dont la devise est : *Mon Mari et mon Pays*, l'a toujours recherché avec passion. N'a-t-elle pas pris part à des excursions en ballon ? Elle a voulu même scruter le fond de la mer et y est descendue en scaphandre.

A Wilzee, elle accomplit, seule avec l'ingénieur en chef, la descente dans les mines. Tout le monde sait combien cette descente est effrayante et combien peu de voyageurs se risquent à l'effectuer. Notons, circonstance qui fait bien ressortir le caractère chevaleresque et résolu de Mme Bourbonnaud, que les mineurs étaient alors en grève.

Il advint, cependant, qu'au cours de ses nombreux voyages, Mme Louise Bourbonnaud eut à faire face à de véritables dangers.

A Auckland, par exemple, elle dut se servir de son révolver pour écarter les indigènes qui l'avaient assaillie.

Entre Vera-Cruz et Mexico, le train qui l'emportait fut attaqué par des brigands.

Dans le détroit de Gibraltar, son navire fit naufrage ; elle ne dut son salut qu'à son talent dans la natation.

Mme Louise Bourbonnaud a rapporté de ses voyages des notes curieuses sur la vie, les mœurs, les usages, le folklore, la civilisation, le commerce et l'industrie des peuples qu'elle a visités.

Une partie de ces documents a été utilisée par elle pour la rédaction d'ouvrages écrits dans une langue claire, en un style humoristique d'un charme tout particulier et qui est bien personnel à l'aimable voyageuse. C'est ainsi qu'elle a publié : *Les Indes* (un vol. in-8) ; — *Les Amériques* (in-8) ; — *L'Extrême-Orient* (in-8).

Elle a en préparation plusieurs autres ouvrages qui seront accueillis par le grand public et les géographes avec la même faveur que leurs aînés.

C'est ainsi que l'on annonce la prochaine publication de notes et impressions de voyage sur les autres pays qu'elle a visités.

Mme Louise Bourbonnaud a formé d'intéressantes collections dont elle a offert une partie à nos grands établissements scientifiques. Elle a fait don au Muséum d'Histoire naturelle d'un superbe espadon offert par le Commissaire de la marine de Dakar et pris par l'équipage du navire de guerre l'*Albatros*, exprès pour Elle. Au Musée du Louvre, elle a offert un magnifique tableau de maître. La Bibliothèque nationale lui doit une collection de précieux ouvrages concernant des relations de voyage.

A la *Société de Géographie de Paris*, Mme Louise Bourbonnaud a fondé un prix annuel destiné à récompenser les voyageurs français. Ce prix, fondé en 1891, a été décerné depuis à MM. Henri Coudreau (1892) ; L. Teisserenc de Bort (1893) ; Marcel Monnier (1894) ; Rév. P. Colin (1895) ; Dr Lapicque (1896) ; Versepuy (1897).

La vaillante exploratrice a une connaissance approfondie des principales langues parlées dans les deux mondes, ce qui lui est d'un grand secours dans ses voyages.

Artiste de tempérament, elle cultive avec un égal succès toutes les branches des beaux arts. Tour à tour, elle manie la plume, le pinceau et l'ébauchoir. Musicienne accomplie, elle joue de l'orgue et montre un vrai talent sur le piano, la harpe, la mandoline et le violon.

En sa qualité de membre de la *Société de la Croix-Rouge*, Mme Louise Bourbonnaud a voulu pouvoir, le cas échéant, soigner les blessés de guerre. Elle a étudié la médecine et, plus d'une fois, elle a eu la joie de se servir avec succès de ses connaissances médicales et chirurgicales.

Un de nos plus grands horticulteurs du Midi, voulant reconnaître le talent d'artiste de Mme Bourbonnaud, l'a choisie comme marraine de la superbe *rose Louise Bourbonnaud*, qui fait, depuis quelques années, l'ornement de nos jardins.

Un bateau porte également le nom de l'Exploratrice : *France-Louise*. Et un commandant de navire a relevé la carte du Ciel aux Antilles pour l'offrir à Mme Bourbonnaud.

Mme Bourbonnaud, on vient de le voir, marche de pair avec cette élite de femmes de cœur, d'esprit et d'intelligence qui ont entrepris — avec succès — de démontrer par l'exemple qu'aucune qualité de talent, de volonté, d'énergie, de patriotisme n'est l'apanage d'un sexe au détriment de l'autre. Par ses voyages, elle s'est classée au rang de Mme Agazziz, d'Ida Pfeiffer, de Mme Dieulafoy.

Le gouvernement, en nommant Mme Louise Bourbonnaud officier d'Académie, puis officier de l'Instruction publique en 1897, à l'occasion de la réunion du Congrès des Sociétés savantes, a eu l'approbation du monde de la Science.

Si, à tous ces titres, on joint encore sa vie de dévoûment, son patriotisme, ses actes de haute et généreuse philanthropie pendant l'Année terrible, on pensera avec nous que Mme Louise Bourbonnaud mérite mieux encore : le ruban rouge, qui ne saurait être porté par une poitrine plus digne.

RAUDNITZ (Ernest), né à Paris, le 23 juillet 1850, Fondateur, en 1883, de la Maison Ernest Raudnitz.

Adresse : 23, rue Louis-le-Grand, à Paris.

Créateur d'un genre éminemment parisien, dit le « genre Raudnitz », qui allie la simplicité à l'élégance, genre net, sobre, qui présente cette particularité d'être surtout apprécié des femmes distinguées de tous les mondes, diplomatique, financier, de haute bourgeoisie et de noblesse, quoique très goûté par les artistes, qui aiment sa ligne impeccable et son coloris savant, M. Ernest Raudnitz, le distingué couturier, compte parmi ses clientes la plupart des têtes couronnées et leur entourage. Majestés et Altesses se coudoient chez lui avec les richissimes Américaines, car en Amérique la marque de la maison est hautement appréciée.

Toutes les Parisiennes visant à l'élégance s'y sont habillées d'une façon plus ou moins assidue et beaucoup y sont restées comme clientes attitrées, composant ainsi un fonds qu'envient beaucoup de ses rivaux, dont la clientèle est plus volage, et qui ne peuvent lutter avec le style toujours nouveau et varié, tout en restant personnel, de M. Raudnitz.

On peut dire de lui qu'il possède au plus haut degré l'art si difficile d'allier la fantaisie à la grâce et à la correction.

Aussi sa signature est-elle une marque incontestée qui se distingue entre toutes, et son cachet est si particulier qu'un connaisseur, dans une réunion mondaine, peut, en voyant plusieurs toilettes, dire celles qui sortent de chez Raudnitz.

Quand un grand couturier est arrivé à ce résultat, il n'est plus seulement un artiste, il est un maître, dont les savantes créations proclament au dehors le génie français, inspiration de tant d'œuvres auxquelles il ne manque que la personnalité de celui qui les a conçues.

La devise de M. E. Raudnitz est : « Bien faire et durée ».

C'est dire qu'il associe à son art la solidité, la qualité et la bonne exécution.

Elle lui permet d'assurer le bon fonctionnement d'une affaire qui emploie, selon les saisons, de 300 à 500 personnes, et va propager dans tous les pays, par la vente des modèles, la mode française, sa maison étant l'une des plus fréquentées par les couturières étrangères, qui trouvent, chaque saison, dans ses modèles, le résumé de la « Mode parisienne ».

MAISON A. BRET, fondée pour la préparation des Pilules hématogènes du Dr J. Vindevogel, de Bruxelles, Directeur de l'*Institut médical international*.

Laboratoire : Romans (Drôme). — Maisons : 60, rue de Rome, Paris ; — et 276 *b*, chaussée de Haecht, à Bruxelles (Belgique).

BRET (Arthur), né à Romans (Drôme), le 1er février 1866, Directeur de la Maison A. Bret, pharmacien-chimiste, lauréat de plusieurs Concours et Expositions, trésorier du *Syndicat des Pharmaciens de la Drôme*, membre de la *Société de Botanique du Rhône*, etc., etc.

Adresse : Villa Jeanne, à Romans (Drôme).

M. Bret, après de solides études au collège de Romans, alla suivre, en 1884, les cours de la Faculté de médecine et de pharmacie de Lyon (Rhône) et fut délégué en 1891 pour représenter l'École aux Fêtes universitaires de Lausanne (Suisse), lors de la création de cette Université. Il suivit ensuite les cours de la Faculté des sciences de Grenoble (Isère), et, ayant obtenu son diplôme de pharmacien, le 8 août 1891, s'établit à Saint-Jean-en-Royans (Drôme) de 1891 à 1894.

Trésorier du Syndicat des Pharmaciens de la Drôme, Délégué en 1893 au Congrès des Syndicats du Sud-Est, qui eut lieu à Avignon (Vaucluse), et où furent établies les bases de la nouvelle loi sur l'exercice de la pharmacie, on le trouve en toutes circonstances dévoué à ses confrères et à la cause professionnelle.

Membre correspondant de plusieurs sociétés, il s'occupa de météorologie, communiqua au Bureau météorologique et à la *Société de Botanique du Rhône* des observations très importantes sur le pronostic des gelées et sur les divers moyens à employer pour en éviter les effets désastreux.

M. Bret, après quelques voyages en Angleterre, en Italie, en Suisse et en Belgique, reprit, à Paris et à Bruxelles, diverses bonnes spécialités à M. Lambotte, pharmacien, et à M. Vindevogel, de Bruxelles. C'est M. Bret qui créa à Paris, 60, rue de Rome, l'*Institut médical international* avec succursale en Belgique, 276 *b*, chaussée de Haecht, à Bruxelles.

Donnant à la Profession et à ses collègues

ce qui leur est dû, dédaigneux de la critique et sachant que le Pharmacien, lancé dans le commerce des spécialités, doit s'appuyer sur le levier de la publicité, il actionna celui-ci en négociant intelligent et négligea la critique anonyme.

Robuste, actif, il travaille sans relâche pendant 16 heures par jour depuis 6 ans; adonné entièrement à cette entreprise à laquelle il a consacré toute son existence pour le bien-être de l'humanité, M. Bret n'a qu'un but : implanter ses produits dans tous les pays. Il a rendu et rend encore de grands services à la classe ouvrière en délivrant gratuitement les médicaments aux malheureux.

Son caractère et son amabilité, non moins que son activité, lui ont concilié beaucoup de sympathies dont quelques-unes lui seront d'un

grand poids pour le développement de ses affaires, notamment celle de l'éminent Président de l'*Union des Fabricants*, qui sait apprécier les travailleurs et protéger les vrais intérêts français. M. Bret a inscrit sur son drapeau : « *Labor iratus omnia vincit* », et il vaincra.

La maison A. Bret s'est adonnée à la spécialisation dans l'art de la Pharmacie.

Son fondateur actuel créa quelques spécialités telles que : les *Pilules hématogènes*, la *Poudre saline dépurative*, le *Spécifique de la Goutte du Docteur J. Vindevogel*, le *Sedlitz antacide, lithotriptique du Docteur Vindevogel*, etc.

En 1895, le chef de la maison rencontra à Paris et à Bruxelles le Dr Jules Vindevogel, praticien et publiciste médical des plus féconds de la Belgique. Ce médecin, dès le début de sa carrière, en 1870, s'était appliqué à l'étude et à la pratique de la médecine physiologique et vitaliste, dynamogène et biogène. Il s'attacha à la recherche des formules médicatrices adaptées à la formule pathogénique et syndromique des maladies, de manière à établir des équations entre l'indication, considérée dans tous ses facteurs, et la formule thérapeutique à réaliser au moyen des agents définis de l'officine pharmaceutique.

Cette voie, qu'il ouvrit et élargit, pouvait seule aboutir à la création de spécialités réellement curatives, spécifiques, conçues sur une synthèse scientifique, rationnelle et appuyée sur la thérapeutique active et définie, d'une part, sur la pathogénie et l'évolution morbide, d'autre part.

C'était ouvrir la voie à la médecine de *certitude*.

Par cette méthode et ce procédé, le Docteur Vindevogel créa d'emblée des formules qui firent le tour de la presse médicale belge et gagnèrent l'étranger.

La première et si remarquable conception synthétique date de 1872, et réalisa la *Pilule hématogène*.

Un cas morbide mémorable d'une anémie essentiellement profonde (1), datant de 7 ans, traité en vain par une série de médecins qui avaient épuisé tous les ferrugineux et les spécialités à base de fer, fit naître la formule hématogène.

Dans l'anémie essentielle diagnostiquée, le docteur releva les syndrômes et les conditions physiologiques. Il constata :

1° L'oligoglobulie et l'hydrémie — les globules rouges étaient réduits à moins de 50 % de leurs proportions normales ;

2° L'adynamie nerveuse ou vitale ;

3° La dyspepsie et l'impuissance absolue des voies digestives, ce foyer de l'économie.

Il fallait le générateur du globule, le ferrugineux eupeptique.

Ce fut le lactate de fer (0 gr. 06), enrichi de 3 % de lactate de manganèse, qui fut adopté.

Le dynamogène nerveux vital fut fourni par la noix vomique, 3/4 de milligramme de strychnine par pilule. Cet agent est, en même temps, un eupeptique et un puissant tonique digestif.

Les amers purs — quassia et gentiane —

(1) Mme Millecamp, mariée, 30 ans environ, femme d'un ouvrier des champs à Tombroucq, près Mousseron (Flandre belge), à la suite de ses deuxièmes couches, avait gardé le lit. L'anémie l'avait saisie, et depuis six ans la pauvre femme ne pouvait se tenir debout ; la misère était grande et quatre médecins avaient passé successivement et prescrit tous les ferrugineux, sans aucun succès. En 1872, le Docteur Vindevogel vit la malade et diagnostiqua une anémie essentielle, un manque de globules rouges ; le sang était aqueux et l'hydropisie générale : tissus, poumons, péricarde, tout était infiltré d'eau. C'est ce cas qui fut guéri en douze semaines par la *Pilule hématogène* (Voir les ouvrages du Docteur).

furent sollicités à activer les fonctions gastro-hépato-intestinales.

4° Pour fixer l'oxygène sur les globules et lutter contre l'apnée, l'auteur avait observé que l'arsenic rendait le sang rutilant, par fixation de l'oxygène. Il choisit l'arséniate de fer à la dose d'un milligramme par pilule.

La formule hématogène, dynamogène et eupeptique, autant qu'eupneïque, était trouvée.

Elle fit merveille et guérit une foule de cas d'anémie, d'albuminurie essentielle, d'hyposthénie et de débilité.

La *Pilule hématogène* est le spécifique efficace et certain de l'anémie et des maladies connexes; ne constipant jamais, elle est acceptée facilement par l'estomac le plus faible et le plus délabré. Elle est composée, en effet, de principes actifs qui, n'étant pas antipathiques, travaillent à la reconstitution et l'obtiennent, tout en assurant simultanément une ingestion facile du produit et une digestion complète et suffisante sous tous les rapports.

C'est là qu'était la difficulté, là qu'était le problème : par un seul produit, régénérer, revivifier le sang et, cependant, obliger l'estomac à accepter le médicament et empêcher la constipation de se produire.

L'efficactité de la *Pilule hématogène* est indiscutable aujourd'hui. Nous avons eu sous les yeux des lettres émanant de docteurs de tous nos départements, de Paris, de l'Aisne, des Basses-Alpes, de la Savoie, de l'Orne, des Ardennes, du Lot, des Côtes-du-Nord, de Maine-et-Loire, de l'Ariège, etc., toutes unanimes à reconnaître la haute valeur de cette spécialité; nous avons même lu des documents abondant dans le même sens et provenant de médecins d'Egygte et de Turquie d'Asie. Nous retenons cette déclaration bien typique du Docteur Flisson : « Donnez-moi ce lévier qu'on appelle *Pilule hématogène* et je soulèverai l'humanité pour la mettre à l'abri des maladies et des misères de la vie physiologique. » Et cette lettre du Docteur Petit, médecin à Montreuil-aux-Lions (Aisne), reconnaissant qu'il devait à la *Pilule hématogène* le salut d'une malade qui se trouvait dans un état désespéré et qui, depuis la fin de la cure, s'est toujours maintenue en bonne santé.

Rappelons aussi que les *Pilules hématogènes* sont les plus faciles à prendre, qu'on peut toujours avoir sur soi, dissimulé en une poche du vêtement, le flacon qui les renferme, que leur dosage est mathématique, et qu'enfin elles sont *très économiques*.

Par la *Pilule hématogène* donc, la régénération est assurée. Ce premier résultat est considérable. Il est complété par une deuxième spécialité également trouvée par le Docteur J. Vindevogel et préparée par M. A. Bret, de Romans (Drôme), la *Poudre saline dépurative*, dont la mission est de purifier le sang. Les impuretés dans le sang sont aussi souvent dangereuses, et il importe de les supprimer au plus vite. Le remède que nous venons de citer, complément sinon obligé, du moins très utile de la pilule hématogène, est aussi efficace que cette dernière.

Nous aurions bien en ce moment, le désir de parler encore ici de nombre d'autres spécialités, propriétés de M. A. Bret, et dues, les unes, au Docteur J. Vindevogel, et les autres, celles qui constituent notamment le traitement curatif des hydropisies sans ponction, à feu le Dr P. Duchesne, toutes étant préparées par M. A. Bret, dans ses laboratoires de la villa Jeanne, à Romans (Drôme), mais le sujet serait trop complexe, d'autant que nous tenons à dire encore quelques mots du mode de préparation et de présentation de la *Pilule hématogène* et de la *Poudre saline dépurative*.

Cet établissement est pourvu d'un outillage scientifique perfectionné. Les spécialités qui y sont fabriquées sont toutes dosées et surveillées scrupuleusement par M. A. Bret lui-même, pendant les diverses manipulations qu'elles subissent. Le public a donc, outre la valeur scientifique de la recette, la garantie que le produit a été préparé par un praticien expérimenté qui en répond devant le consommateur. La présentation est aussi des plus soignées, des plus élégantes et des plus heureuses, et chaque flacon, chaque boite, sont munis d'une étiquette qui porte la signature du Docteur J. Vindevogel, de telle sorte que toute confusion est impossible.

Voilà bien des *Spécialités sérieuses*, réellement utiles dans toute l'acception du terme. Puissent-elles se vulgariser de plus en plus, nous le souhaitons vivement, car elles assurent le *sang fort et pur*, c'est-à-dire la *santé* et la *beauté*.

Le docteur Vindevogel a appliqué la même méthode à la curation de la goutte aiguë, de la sciatique, du rhumatisme aigu, de l'arthritisme aigu, et sa formule spécifique guérit rapidement et sûrement, en quelques heures, les fièvres congestives arthritiques *(la goutte aiguë est guérie le jour même)*.

La Maison A. Bret en acquérant le monopole exclusif de la réalisation des formules médicatrices du docteur belge a enrichi la pharmacie de produits spécialisés de la plus haute valeur.

Signalons encore parmi les spécialités de la Maison A. Bret, l'*Eupnon*, ingénieux appareil que le *Journal de médecine de Paris* (25 février 1894), assimile à un pince-nez :

« Lorsque l'appareil est mis en place et contient la substance odoriférante ou désinfectante, l'individu qui en est porteur peut se promener impunément dans un lieu infecté, il peut affronter les odeurs les plus nauséabondes sans être incommodé. Rien n'est plus pratique que le pince-nez de M. De Bruyn-Segers. D'un très petit volume, pouvant être facilement appliqué, se maintenant en place sans aucun effort, il nous paraît réaliser l'idéal de la prophylaxie en temps d'épidémie.

« Mais, ce n'est pas seulement dans les maladies contagieuses qu'on peut appliquer le nouveau pince-nez. C'est encore un précieux moyen thérapeutique dans le cas où il est nécessaire de faire inhaler aux malades des vapeurs chargées de principes médicamenteux. Il remplacera avec avantage les pulvérisateurs, si nombreux et si dispendieux qu'on employait jusqu'à ce jour pour inhalation dans les voies nasales. Le pince-nez de M. De Bruyn-Segers nous paraît devoir opérer une petite révolution tant dans la prophylaxie des maladies que dans leur traitement. »

Les produits Bret et Vindevogel figureront avec honneur à l'Exposition universelle de 1900. De là ils rayonneront par le monde entier au grand bénéfice de l'humanité souffrante.

Les ouvrages principaux du Dr Vindevogel, notamment sa *Trilogie médicale*, seront exposés avec les produits spéciaux A. Bret.

Un journal mensuel, l'*Organe de la Confraternité médicale*, fondé en 1881 par le Docteur Vindevogel, fonctionne en Belgique et expose les méthodes et procédés de ce médecin qui inaugura la médication de certitude par les formules rationnelles, réalisées au moyen de produits chimiques et pharmaceutiques définis. C'était suivre la vraie bonne voie de la médecine hippocratique éclairée par les sciences physiologiques et pharmaco-dynamiques, les seules qui posent l'art de guérir sur de solides bases.

Le Docteur Vindevogel a rendu ainsi de grands services à l'art et à l'industrie pharmaceutiques, et notre compatriote A. Bret a fait une excellente acquisition pour la France en se ménageant le monopole de cette production.

Toutes les spécialités fabriquées par M. A. Bret dans ses laboratoires à Romans (Drôme), sont revêtus du timbre de l'*Union des Fabricants pour la répression de la contrefaçon*.

MÉRÉ (Paul), né à Chantilly (Oise), le 27 janvier 1849, Pharmacien de 1re classe de l'École supérieure de Paris, Ancien interne des hôpitaux de Paris, Inventeur et préparateur des spécialités vétérinaires « P. Méré de Chantilly ».

Adresse actuelle : 31, Faubourg de Bourgogne, Orléans (Loiret).

Fils de ses œuvres, ayant conquis sa position par sa persévérance infatigable et son travail opiniâtre, M. Méré est un exemple de ce que peuvent la ténacité, l'énergie et le labeur incessant joints à la conduite.

Sa famille ayant été ruinée par la Révolution de 1848, M. Paul Méré dut à un oncle, professeur dans un des grands lycées de Paris, la faveur de faire toutes ses études comme boursier au lycée Charlemagne (institution Massin). Il en sortit à dix-huit ans avec ses deux diplômes de bachelier ès lettres et de bachelier ès sciences.

Comptant nombre de pharmaciens parmi ses ascendants, son chemin était tout tracé; aussi, malgré ses préférences qui l'entraînaient vers les sciences mathématiques et l'École centrale, il écouta la voix de la raison, et, pour ne pas retomber à la charge de ses parents, il entra comme élève stagiaire en pharmacie chez son parent, M. Hottot (un des inventeurs de la pepsine Boudault); puis, successivement, il passa quelques années dans de bonnes pharmacies de province, où il put se familiariser avec la pratique du laboratoire et du comptoir.

Revenu à Paris pour ses études, il conquit en trois ans tous ses grades, et, après avoir enlevé ses quatre examens définitifs en six semaines, il allait s'établir, en août 1874, quelques jours après son dernier examen, dans la ville de Chantilly, où il ne tarda pas à jouir de l'estime et de la considération générales.

Dès son établissement à Chantilly, M. Méré, guidé par les conseils de son ancien patron et parent, M. Hottot, se mit à utiliser ses aptitudes et sa facilité de travail à l'étude de certaines parties de l'Art pharmaceutique vétérinaire. Le choix du sujet était d'ailleurs tout indiqué, puisque Chantilly était, et est encore, le centre d'entraînement des chevaux de courses en France. En rapports journaliers avec les entraîneurs et vétérinaires, écoutant leurs avis, cherchant à satisfaire leurs desiderata, pouvant faire essayer ce qu'il créait et corriger ce que la pratique montrait de défectueux, sachant ce qu'on pouvait reprocher aux produits alors usités, M. Méré était mieux placé que personne pour produire des spécialités vétérinaires perfectionnées; aussi le succès a-t-il couronné ses efforts. Dès 1878, une médaille d'or, à l'Exposition sportive de Marseille, où le baron de Fons-Colombe, membre du Jury, défendait chaudement ses produits, venait prouver que quatre années d'études, d'expériences, de recherches et d'analyses, n'avaient pas été perdues. L'« Onguent rouge Méré » et les « Physic Balls Méré » débutaient bien.

Mais il fallait faire connaître aux éleveurs, aux vétérinaires, ces excellents médicaments; il fallait en populariser l'emploi dans le monde des propriétaires de chevaux. Personne ne sait au prix de quels travaux, de quelles angoisses, de quels sacrifices, M. Méré put parvenir à conduire son entreprise au succès avec ses seules ressources forcément restreintes. Jusqu'en ces dernières années, il lui fallut dépenser des trésors d'initiative, de persévérance et d'indomptable énergie pour surmonter les traverses et risquer jusqu'à ses dernières ressources sans sourciller.

Pendant ce temps, de nouveaux travaux, de nouvelles recherches lui permettaient d'adjoindre aux produits précédemment nommés l'« Embrocation Méré », l'« Onguent de pied Méré », la « Black mixture Méré ».

Du reste, le succès s'affirmait. La vente allait croissant. Les récompenses aux expositions s'ajoutaient les unes aux autres sans relâche, et toujours les plus hautes décernées à ce genre d'industrie. En 1885, un Diplôme d'honneur obtenu à l'Exposition du Travail, à Paris, ouvrait la liste des grandes récompenses.

Mais Chantilly, centre convenable pour les débuts, ne pouvait plus suffire à l'extension des affaires de M. Méré. Sa clientèle vétérinaire réclamant toujours de nouveaux produits, l'affaire « Spécialités » se transformait en « Droguerie vétérinaire ». Pour suivre cette impulsion, M. Méré vendit, en 1888, la pharmacie de Chantilly et vint acheter la maison de droguerie Pâtre, à Orléans, maison fondée depuis 1840 et déjà assez connue en France. Toutefois, voulant se réserver exclusivement l'affaire « Spécialités Méré de Chantilly », M. Méré s'associait avec le neveu de son prédécesseur pour former une maison à part : la Droguerie Méré et Cie.

Les deux maisons, sous la direction habile de M. Méré, progressèrent rapidement, s'entraidant mutuellement.

Aussi une fabrique installée 30, rue des Pastoureaux, en 1889, devint bientôt insuffisante à l'affaire Méré de Chantilly, et dut être remplacée, dès 1897, par une nouvelle usine, construite et agencée spécialement sur un terrain acheté dans ce but.

D'autre part, la Droguerie Méré et Cie vit s'augmenter parallèlement son chiffre d'affaires, son nombre d'employés et de voyageurs, et ses relations.

Si nous examinons aujourd'hui la situation de M. Méré, nous le voyons, lui, boursier du lycée Charlemagne et le débutant obscur de 1874, à la tête :

1° D'une Maison de droguerie Méré et Cie, dont il est propriétaire pour les deux tiers, occupant trois voyageurs, un pharmacien-gérant et vingt-cinq employés, tant aux écritures qu'à la livraison, et jouissant d'une renommée particulière de loyauté et d'honnêteté commerciales;

2° D'une usine (affaire Méré de Chantilly) et propriété particulière et exclusive de M. Méré, employant, sous les ordres d'un contre-maître, M. Husson (jeune homme dressé par M. Méré et ayant plus de vingt ans de services dans la maison), une quinzaine d'ouvriers tant hommes que femmes.

De cette usine sortent maintenant, bon an mal an, trente mille pots d'« Onguent rouge Méré », dix mille bouteilles d'« Embrocation Méré », autant de flacons de « Black mixture Méré », vingt mille purges pour chevaux, sans parler de l'« Onguent de pied Méré » et des « Antipsoriques Lebeau », ainsi que des « Savons des Piqueux », dont M. Méré a acheté la propriété et perfectionné la fabrication.

Dans la même usine se fabriquent pour la maison de droguerie Méré et Cie les produits pharmaceutiques qui exigent des appareils mécaniques spéciaux et que cette droguerie débite : Granules, Dragées, Extraits, Produits granulés, Onguents, etc., etc., dans des conditions de soins, de fini de travail, d'exactitude dans le dosage, et de sûreté et de régularité dans l'activité, que la clientèle apprécie de plus en plus.

D'ailleurs, la maison Méré de Chantilly moissonne toujours de nouveaux lauriers aux expositions, tant en France qu'à l'étranger. Pour ne citer que les dernières :

Le Havre, 1887, Médaille d'or; Barcelone, 1888, Médaille d'argent; Bordeaux, 1895, médaille d'or; Lyon, 1894, Médaille d'or; Bruxelles, 1897, Médaille d'or; Dijon, 1898, Diplôme d'honneur.

Nous la retrouverons à la prochaine Exposition de Paris, en 1900, où nous ne doutons pas de la confirmation des précédentes récompenses.

Et, pour entretenir la clientèle que nécessite l'écoulement des marchandises fabriquées ou manipulées dans ses deux maisons, M. Méré édite un journal, spécialement réservé à MM. les vétérinaires, organe scientifique et d'intérêts professionnels, véritable encyclopédie de ce qui se publie en France et à l'étranger intéressant le monde vétérinaire, dont la valeur et les services rendus ne se comptent plus pour les lecteurs.

Aussi, pour terminer, dirons-nous que le travail de M. Méré est à la fois un travail d'intelligence et de direction qui mérite d'être cité; et que, s'il a eu l'habileté de concevoir une maison de droguerie et une usine de produits pharmaceutiques et vétérinaires bien organisées, soutenues par une publicité bien entendue, il ne ménage pas ses peines pour assurer et consolider la réussite. Chaque jour, M. Méré surveille lui-même l'organisation et la mise en train des divers services; toujours au milieu de son personnel, il le soutient par son exemple; sa présence dans les laboratoires, aux expéditions et ailleurs, est continue, et il ne quitte ses deux maisons que lorsqu'il y est obligé par ses affaires mêmes, se refusant vacances et même souvent les loisirs des dimanches.

Parlerons-nous de son personnel, qu'il mène paternellement et qui lui est entièrement dévoué, de ses employés nombreux, qui comptent sept et huit ans dans la maison et y travaillent par familles : maris, femmes, frères, sœurs, neveux, etc.? Ceci nous entraînerait trop loin.

Pour donner une idée de la bonne intelligence qui règne entre patron, employés et ouvriers, disons qu'à l'occasion de l'anniversaire de ses vingt-cinq ans de patronat, ces derniers, réunis, ont offert à Méré un bronze magnifique (le *Vainqueur* de Gaudez), comme témoignage de remerciements pour la bienveillance à eux témoignée et comme assurance de tout leur dévouement.

Nous écourterons de même le chapitre des créations de M. Méré, de Chantilly, et l'exposé de leurs propriétés thérapeutiques, M. Méré nous en évitant la peine. Ce pharmacien distingué a publié, en effet, deux brochures qui, toutes deux, renseigneront suffisamment le curieux ou l'intéressé et qu'il adresse *franco* à toutes demandes; l'une : *Notions pratiques sur les Maladies des jambes des Chevaux et l'emploi des Spécialités Méré de Chantilly*, s'adresse surtout au public; l'autre : *Documents sur l'Onguent rouge Méré pour servir à l'étude de ses Applications thérapeutiques*, est destiné au vétérinaire. Nous renvoyons le lecteur à ces brochures.

Les affaires de M. Méré de Chantilly s'étendent en France, Belgique, Hollande, Suisse, Italie, Espagne, Portugal, Roumanie, en Europe; au Mexique, Brésil et République Argentine, en Amérique; aux colonies françaises en Afrique; aux colonies françaises, aux Indes anglaises, aux Indes hollandaises, au Japon, en Asie; aux colonies françaises en Australie, en Océanie.

TALLOIS (Amédée), né à Paris en 1839, Fabricant de couverts et orfèvrerie argent, pièces d'art et coutellerie riche, Directeur-propriétaire de la Maison du Centenaire, Lauréat de nombreuses expositions.

Adresse : 19, boulevard de Strasbourg, Paris (Maison de vente et Ateliers). — Usine : 107, avenue Parmentier, Paris.

Récemment, une revue littéraire parisienne avait entrepris le relevé des rares maisons de commerce de la Capitale pouvant faire remonter leur fondation à cent ans et plus. Nous croyons bien que la liste n'en devait pas être étendue. Ce qui était la règle dans le commerce au siècle dernier, est devenu aujourd'hui l'exception, par suite des mille transformations qu'ont subies le négoce et l'industrie depuis la Révolution. La grande majorité des maisons parisiennes remonte à une époque relativement récente, et rien n'indique qu'il n'en doive pas être de même pour le siècle prochain.

Quoi qu'il en soit, M. Roques, l'auteur du travail dont nous venons de parler, a dû citer au cours de son étude la *Maison du Centenaire*, la maison bien connue de couverts et orfèvrerie argent du boulevard de Strasbourg, puisque sa fondation remonte à l'époque révolutionnaire et qu'elle est l'une des plus vieilles de la place de Paris.

Elle fut en effet fondée en 1796 par M. Bourdon, dans une petite rue du Marais. Sous l'habile direction de son propriétaire, elle prit une bonne place dans l'industrie parisienne. Les successeurs de Bourdon, MM. Lavallée et Nicoud, la développèrent de plus en plus. Il y a une quarantaine d'années, les magasins s'installèrent au nº 19 du boulevard de Strasbourg, en l'un des points les plus commerçants de la Capitale. Ils y sont toujours restés depuis, et le propriétaire actuel, M. Amédée Tallois, a donné une nouvelle et puissante impulsion à la maison.

Né en 1839, à Paris, M. Am. Tallois fut le vrai fils de ses œuvres. Il sortait d'une très modeste position, puisqu'il fit ses débuts comme apprenti bijoutier. Il ne dut qu'à son travail, à son activité, à son intelligence et à son goût délicat le grand succès de sa maison.

Disons aussi que, loin de suivre les errements du jour en ne s'attachant qu'à flatter l'œil sans chercher la solidité et le fini, M. Am. Tallois sut heureusement continuer les bonnes traditions de l'ancienne orfèvrerie française. Il fabriqua non seulement des pièces artistiques et de bon goût, mais encore des œuvres irréprochables au point de vue de la facture.

Les conditions de fabrication expliquent ce fait que les clients se sont attachés à cette maison de premier ordre; de père en fils, on revient chez M. Am. Tallois, et la maison voit chaque année augmenter le cercle de sa clientèle et l'importance de ses loyales affaires.

Fournisseur de plusieurs maisons princières, M. Am. Tallois fabrique une coutellerie qui a obtenu et obtient toujours un grand succès. La maison a exécuté un grand nombre de couverts de tous styles qui lui appartiennent en propre et qui l'ont fait universellement connaître et apprécier.

Toujours au courant de la nouveauté, M. Am. Tallois se tient à la tête de l'Art nouveau et des curieuses recherches artistiques dont on peut suivre les manifestations depuis quelques années aux expositions de la *Société des Artistes français* et de la *Société nationale des Beaux-Arts*.

Quel est l'avenir de l'Art nouveau?

Sera-t-il une féconde Renaissance comme on se plait à l'espérer?

Il en est encore aux premiers tâtonnements, mais tout incite à croire qu'il donnera des résultats importants. Nous pouvons assurer que M. Am. Tallois ne dérogera pas aux traditions de ses prédécesseurs et que tout ce qui sortira de sa maison sera soigné, fini et portera le cachet de l'œuvre d'art véritable et du goût le plus pur.

La maison Tallois est une des rares maisons qui fabriquent elles-mêmes tout ce qu'elles vendent.

Derrière les magasins de vente, situés au n° 19 du Boulevard de Strasbourg, se trouvent des ateliers très bien montés pour les grosses pièces d'orfèvrerie et les réparations.

L'usine de l'avenue Parmentier fabrique tous les couverts et la coutellerie. Elle emploie un grand nombre d'ouvriers spécialistes rompus au métier et d'une habileté consommée.

On comprend que la maison Amédée Tallois s'honore d'un grand nombre de récompenses obtenues dans les Concours nationaux et les Expositions internationales. C'est ainsi qu'elle s'est vu décerner des Médailles d'argent et d'or, le Diplôme d'honneur, le titre de Membre du Jury, la mise Hors concours aux Expositions de 1878, 1886, 1889, 1891, 1892, 1893, 1894, etc. Ces récompenses consacrent une renommée que l'on reconnait justement dans le monde commercial.

En M. Am. Tallois, le patron et l'homme ont toujours été à la hauteur du commerçant et de l'industriel.

Trouvant que plus ses affaires prospéraient, plus il se devait aux pauvres, aux déshérités, aux orphelins, aux vaincus de la vie, il a donné aux autres tout le temps qu'il pouvait dérober aux affaires.

Pendant vingt ans, il fut Administrateur du Bureau de Bienfaisance à Paris. Dans la petite ville où sa famille habite l'été, il montra son attachement à l'instruction et aux œuvres de prévoyance et de mutualité en remplissant avec dévouement les fonctions de Délégué cantonal et de Président de la Société de Secours mutuels, etc., etc.

M. Am. Tallois aura pour lui succéder ses deux fils formés à son école, MM. Albert et Paul Tallois.

La maison Am. Tallois se perpétuera donc avec ses belles traditions d'art et d'honneur. Et à la grande Exposition de 1900, elle soutiendra dignement devant le public des deux mondes la grande renommée de l'industrie si essentiellement française de l'orfèvrerie argent et de la coutellerie riche.

GOYON DE LA BARONNIE (Vicomte Charles de), Propriétaire-Viticulteur.

Adresse : Château de Béraut, par Condom (Gers).

Né le 29 mars 1857, le Vicomte de Goyon, après avoir conquis ses grades universitaires (baccalauréat ès-lettres et ès-science), fait des études scientifiques et suivi pendant quelques années les cours de la Faculté de Médecine de Toulouse, dut rentrer à Béraut, où il s'occupa d'agriculture et principalement de viticulture, apportant à la vinification et à la distillation les connaissances scientifiques qu'il avait acquises et grâce auxquelles ses eaux-de-vie naturelles d'Armagnac jouirent bientôt d'une réputation qui n'a fait depuis que s'affermir.

Situé dans la vallée de la Gèle, dont il commandait autrefois l'entrée, le Château de Béraut figure, dans la *Revue de Gascogne*, comme l'une des plus anciennes demeures féodales de la région. Sa construction remonte au Moyen-Age, et l'on y voit encore l'ancien moulin seigneurial qui, actuellement, est mis en mouvement par la Gèle, charmante petite rivière baignant les murs du manoir. Certains auteurs s'accordent à dire que le Château de Béraut fut le lieu de naissance du fameux mousquetaire gascon d'Artagnan, immortalisé par Alexandre Dumas.

Le vignoble du domaine est complanté sur les collines avoisinantes qui dominent la plaine; il présente une superficie totale de 40 hectares et sa composition ne comprend que le « picquepont » et le « Jurançon », deux cépages qui fournissent le meilleur vin blanc pour la préparation de l'Armagnac.

Comme le dit si justement M. le Vicomte de Goyon, deux facteurs contribuent à la formation des qualités particulières des fines Armagnac : le cépage et le terroir. Or, au Château de Béraut, le terroir est excellent, et c'est un un peu grâce à lui que les produits de ce domaine doivent d'être si recherchés des connaisseurs.

Il est à remarquer, du reste, qu'en Armagnac, chaque année de production, ne fournit pas la même qualité d'eau-de-vie, le temps ayant une influence caractéristique sur le développement du raisin et, partant, sur la valeur de son contenu. Au Château de Béraut on ne conserve en chai que les années réellement supérieures comme qualité. Après la fabrication, les eaux-de-vie sont mises à vieillir, et au fur et à mesure qu'elles prennent de l'âge, elles se bonifient, augmentent leur moelleux et leur finesse de bouquet, qui devient extrêment subtil.

Dans sa campagne contre l'alcoolisme, le corps médical a dénoncé avec raison la triste séquelle des apéritifs, les alcools de grains et de cidre qu'on consomme en Bretagne et en Normandie, mais il s'est refusé à emboiter le pas aux quakers de l'orthodoxie qui préconisent l'eau plus ou moins pure pour toute boisson, alors que nos grands vins de France, nos bonnes

eaux-de-vie d'Armagnac et de Saintonge n'ont rien de nuisible quand on sait en user sans en mésuser.

Notre savant maître, le professeur Bouchardat, dit en effet, dans son *Traité d'Hygiène* que « les eaux-de-vie de France n'ont point d'égales dans le monde et sont les plus estimées des liqueurs ». — « Celles d'Armagnac sont l'objet, dit-il encore, d'un grand commerce d'exportation, et cette industrie est digne d'être encouragée. »

Parlant de l'imitation de ces eaux-devie par les falsificateurs, il donne ainsi le truquage auquel ils se livrent : « On ajoute, dit le célèbre hygiéniste, dans de l'alcool rectifié et étendu d'eau, des éthers et d'autres matières odorantes, mais on ne parvient à fabriquer qu'une liqueur sans caractère, qui ne peut abuser que les palais inexpérimentés. Une fraude plus difficile à reconnaître consiste à distiller le vin qui donne ces remarquables eaux-de-vie avec de l'eau-de-vie inférieure qui se charge ainsi du parfum normal en l'atténuant. Les honnêtes producteurs se sont émus de cette désastreuse invention qui aurait pour résultat infaillible de discréditer leurs produits ».

Mais jusqu'à ce jour, malgré les associations contre ces diverses sophistications, le seul moyen de se procurer de bonnes eaux-de-vie est de s'adresser aux producteurs. Parmi celles-ci, la Fine Armagnac se distingue tout particulièrement.

Il faut la prendre vieille, conservée dans des fûts en bois d'Armagnac. Car c'est l'âge qui lui donne ce moelleux et cette finesse de bouquet si appréciés des amateurs.

Les eaux-de-vie jeunes conviennent pour parfumer le café, le thé, l'eau, etc.; elles font de ces liquides des breuvages exquis, très hygiéniques, très digestifs. La vieille eau-de-vie doit être prise en petits verres après le repas. Alors elle remplace les meilleures liqueurs digestives en activant la sécrétion des sucs de l'estomac, en évitant la suite laborieuse des repas et toutes les affections qui en découlent.

On peut donc dire, en résumé, que la Fine Armagnac est un reconstituant de premier ordre, que l'on ne saurait trop recommander aux personnes affaiblies par les maladies chroniques ou débilitées par le surmenage.

C'est grâce à toutes ces vertus qu'elle procure au consommateur que, actuellement, la Fine Armagnac jouit dans le monde entier d'un succès mérité. Sa légitime réputation ne fera que croître dans l'avenir, car nous sommes ici en présence d'une supériorité bien acquise et qui fait honneur à la viticulture nationale.

Un mot pour finir.

Les sociétés de tempérance, dans un but qu'il serait injuste de désapprouver totalement, ont jeté l'anathème sur toutes les boissons spiritueuses, ne faisant grâce à aucune. Leur orthodoxie ne permet à l'homme que l'eau, l'eau toute seule, sans le moindre adjuvant. Nous estimons qu'un pareil régime, excellent peut-être, pour les habitants des campagnes, où l'air est pur, la vie simple, la nourriture saine, l'eau limpide, ne peut convenir aux citadins, et surtout aux travailleurs, anémiés par le travail intensif, la nourriture falsifiée ou insuffisante et l'atmosphère viciée. L'eau pure est un mythe, dans les villes, où l'on mesure aux habitants une fade mixture microbienne. Le bon alcool trouve ici sa véritable utilité. Il n'a rien de nuisible quand on sait garder la mesure, et les eaux-de-vie, quoi qu'on dise, n'ont point démérité de leur nom en Armagnac.

Pour permettre de les apprécier, M. le Vicomte de Goyon expédie ses eaux-de-vie Fine Armagnac directement aux consommateurs par caisses assorties au gré de chacun et pour un nombre quelconque de bouteilles. A titre d'essai contre mandat de 30 francs, prix de faveur, il sera expédié franco de port, une caisse assortie de cinq bouteilles des meilleures années : une de 1865, de 1868, de 1878, de 1885 et de 1890 qui donneront toutes satisfactions.

RENARD & Cie. — Grande Vermicellerie de Touraine, à Fondettes (Indre et-Loire).

L'industrie des pâtes alimentaires fut pendant longtemps cantonnée dans le Sud-Est de la France. Lyon, Marseille et tout le long de la frontière d'Italie, où la fabrication des pâtes est presque une industrie nationale, semblaient avoir le monopole de la transformation des b'és semouliers en vermicelles, nouilles, lazagnes et macaronis. L'Italie faisait d'ailleurs une rude concurrence aux produits français. C'est alors que le prédécesseur de M. Renard conçut le projet de créer une vermicellerie afin d'approvisionner une dizaine de départements du Centre et de l'Ouest, tributaires jusque là de la région alpine.

En 1850, il installa donc à Fondettes, en pleine Touraine, un établissement dont les débuts furent modestes. On n'y fabriquait que des vermicelles et des macaronis pour la consommation courante. L'usine était sommairement outillée et fonctionnait à bras lorsque M. Renard, qui depuis neuf ans était alors rédacteur des comptes courants de la première maison de banque de Tours, la maison Gouin frères, prit possession de l'usine. Il avait alors 26 ans (1867).

A partir de ce moment, l'usine se transforma. Tous les perfectionnements modernes furent apportés à la fabricaction, qui devint exclusivement mécanique et prit ainsi une importauce considérable, qui, à certains moments, devint même insuffisante pour alimenter les débouchés nombreux que l'usine s'était créés et dont les produits, rivalisant avec ceux des plus grosses maisons de Lyon, se faisaient chaque jour davantage apprécier.

La Vermicellerie de Touraine avait même pris une telle extension sous l'heureuse direction de M. Renard, que ce dernier chercha à adjoindre à son industrie des spécialités qui pussent s'y rattacher. Ses recherches furent longues, mais elles furent couronnées d'un plein succès.

En 1881, il créait les « Perles des Roches » (pâtes au jus de légumes frais), dont la consommation s'empara et qui devint un produit courant très apprécié. Quelques années plus tard, M. Renard imagina deux autres spécialités, le « Potage Printemps » et le « Véritable extrait de légumes », dont le mérite était de n'avoir rien de commun avec les préparations similaires, la plupart d'importation étrangère. Le lancement de ces produits et leur prompte vulgarisation dans les ménages, pour qui ils sont une précieuse ressource, mirent hors de pair la maison Renard et Cie.

De nombreuses médailles aux expositions de Tours (1881), Bordeaux (1882), Paris (1882), Blois (1883), Nice (1884), Paris (1885), et à l'Exposition universelle de 1889, étaient venues récompenser et couronner les efforts de la maison Renard ; mais ce qui devait classer définitivement la Vermicellerie de Touraine au premier rang, ce fut la création, par M. Renard, en 1895, d'une autre spécialité, le « Bouillon concentré Renard », à la préparation duquel l'avaient conduit ses recherches antérieures et qui devait bientôt prendre place parmi les produits les plus communément cités de l'art culinaire.

La vente de ce bouillon prit rapidement un très grand développement. Les attestations des notabilités médicales, celles du Ministère de la Marine, du Ministère des Colonies, contribuèrent pour beaucoup à faire adopter par les malades, les hôpitaux, les navigateurs, les

voyageurs, les explorateurs, ce produit dont l'exportation est considérable dans nos possessions lointaines et l'emploi courant à bord de presque tous les paquebots.

Parmi ces attestations, en voici deux qui ont leur prix :

« Je soussigné, directeur du service de santé de la Marine, en retraite, ancien directeur de l'Ecole supérieure de médecine navale et coloniale de Bordeaux, commandeur de la Légion d'honneur, certifie, après avoir fait un usage prolongé du « Bouillon concentré Renard », que cette préparation, d'une conservation indéfinie, constitue instantanément, par son mélange avec l'eau pure chaude ou froide, un excellent bouillon de très bon goût, des plus nutritifs, bien supérieur, à mon avis, à tous les extraits de bouillon, à tous les extraits dits de viande en usage jusqu'ici dans la marine ou ailleurs.

« J'estime que l'introduction de ce bouillon dans le régime, à bord des navires de l'Etat et du Commerce, au moins pour les malades, dans le régime des ambulances des colonnes expéditionnaires et des postes isolés coloniaux où la viande est souvent rare et de qualité inférieure, serait très avantageuse pour nos soldats et marins, avantageuse aussi pour le Trésor, puisque la ration pour un quart ou même pour un tiers de litre de bon bouillon ne reviendrait pas, prise en gros, à plus de dix centimes.

« Fermement convaincu de la supériorité et de l'utilité de cette préparation, je fais des vœux, dans l'intérêt de la santé de nos troupes de terre et de mer, pour que M. Renard obtienne, des ministères de la Guerre, de la Marine et des Colonies, l'autorisation de faire expérimenter son bouillon concentré dans leurs services militaires respectifs.

« J'ajouterai, en rappelant mes souvenirs, que dans ma longue carrière, tant à la mer qu'aux colonies, j'ai regretté bien souvent de n'avoir pas à ma disposition, pour mes malades et convalescents, un bon et vrai bouillon réunissant toutes les conditions, tous les avantages que je reconnais aujourd'hui à l'excellente préparation de M. Renard. »

Vichy, le 4 septembre 1898.

Signé : Brassac.

Le Ministre de la Marine,

à MM. Renard et Cie.

à Fondettes (Indre-et-Loire)

« Messieurs, en réponse à votre lettre du 14 septembre, j'ai l'honneur de vous faire connaître que les expériences auxquelles votre « Bouillon concentré » a été soumis à bord de divers bâtiments, ont permis de constater que ce produit est de bonne qualité et pourrait, dans certaines circonstances, rendre des services pour les malades.

« Mais en temps normal, la marine, qui dispose de quantités importantes de gelée de viande provenant des fabrications de conserves de bœuf effectuées à son usine de Rochefort, ne peut faire entrer des « Bouillons concentrés » dans ses approvisionnements.

« D'ailleurs, les bâtiments ne font plus aujourd'hui de longues traversées et ont presque toujours la possibilité de consommer de la viande fraîche pour les malades.

« Ce n'est donc que dans des cas spéciaux que mon administration aurait l'occasion de vous adresser des commandes.

« Recevez, etc.

« Pour le Ministre et par son ordre :

« Le Sous-Directeur des Services auxiliaires de la flotte,

« *Signé :* (Illisible) ».

La fabrication de ces spécialités nécessita encore une augmentation de matériel; une nouvelle et puissante machine à vapeur fut ajoutée à celle déjà existante. L'électricité porta sa lumière dans tous les services, des appareils de distillation dans le vide et de stérilisation à haute température devinrent indispensables et furent mis en marche.

Tous les sacrifices nécessaires ont été faits en vue du succès. Celui-ci ne s'est pas fait attendre.

L'usine de Fondettes est admirablement située à la porte de Tours, à l'entrée de la délicieuse vallée de la Choisille, qui est bien un des coins les plus ravissants de notre belle Touraine, si justement nommée le jardin de la France.

Il n'existe pas d'autre industrie similaire dans le département d'Indre-et-Loire ; l'usine rayonne ainsi sur une immense région de 30 départements. Elle occupe constamment 40 ouvriers, qui forment une véritable famille, le plus grand nombre étant à l'usine depuis plus de vingt ans, et certains depuis trente ans et plus.

M. E. Renard, bien que très aimé dans sa région, n'a aucun passé politique. Il n'a jamais voulu briguer les honneurs et a toujours énergiquement résisté aux sollicitations dont il a été l'objet. Il se consacre exclusivement à ses travaux, le temps lui ayant toujours manqué pour s'occuper de ce qui n'était pas son industrie.

MAISONNEUVE (Jean), ✠, né à Apinac (Loire), le 6 janvier 1860 ; éditeur-libraire, lauréat de nombreuses Expositions et Sociétés savantes.

Adresse : 6, rue de Mézières, et 26, rue de Madame, à Paris. — Et : Villa Taillefer, par Saint-Bonnet-le-Château (Loire).

La « Librairie Orientale et Américaine », fut fondée en 1830 par M. Jules Maisonneuve. Elle répondait à un besoin réel. Aussi ne tarda-t-elle pas à grouper l'élite des savants et à former un fonds des plus riches.

Pendant vingt-cinq ans, M. Charles Leclerc, comme gérant de la maison, apporta à M. Maisonneuve un concours précieux, tant par son activité que par ses connaissances variées.

En mars 1883, M. Jules Maisonneuve mourut. Il laissait pour héritier M. Jean Maisonneuve, l'aimable propriétaire actuel de la librairie, alors installée au n° 25 du quai Voltaire.

M. Jean Maisonneuve prit comme associés MM. Charles Leclerc et Victor Maisonneuve. Après deux années de cette association, il dut reprendre les droits qu'il avait donnés à son frère Victor.

En février 1889, M. Charles Leclerc fut emporté par une affection de poitrine. M. Jean Maisonneuve remit aux héritiers leur part d'association et se trouva ainsi le seul propriétaire de la maison.

M. Jean Maisonneuve s'est, depuis quelques années, installé dans le quartier central de la librairie et de l'imprimerie, au coin de la rue de Mézières et de la rue Madame.

Son nom est attaché à plusieurs collections savantes, philologiques ou littéraires connues et appréciées dans les deux mondes.

Citons d'abord la magnifique *Collection rouge* (Collection des Littératures populaires de toutes les nations : Traditions, Légendes, Contes, Chansons, Proverbes, Devinettes, Superstitions), imprimée avec luxe et qui comprend actuellement 36 volumes :

P. Sébillot, *Litt. orale de la Haute-Bretagne*; — Luzel, *Lég. chrétiennes de la Basse-Bretagne*; — Maspero, *Contes populaires de l'Egypte ancienne*; — Bladé, *Poésies pop. de la Gascogne*; — *Hitopadésa*, traduction Lancereau; — Sébillot, *Traditions et superstitions de la Haute-Bretagne*; — Fleury, *Litt. orale de la Basse-Normandie*; — Sébillot, *Gargantua dans les trad. pop.*; — H. Carnoy, *Litt. orale de la Picardie*; — E. Rolland, *Rimes et Jeux de l'enfance*; — Vinson, *Le Folk-Lore du pays basque*; — Ortoli, *Contes pop. de l'île de Corse*; — Weckerlin, *Chansons pop. de l'Alsace*; — Bladé, *Contes pop. de la Gascogne*; — Sébillot, *Coutumes pop. de la Haute-Bretagne*; — Petitot, *Traditions indiennes du Canada Nord-Ouest*; — Luzel, *Contes pop. de la Basse-Bretagne*; — Baissac, *Le Folk-Lore de l'île Maurice*; — H. Carnoy et J. Nicolaïdes, *Traditions pop. de l'Asie-Mineure*; — Sauvé, *Folk-Lore des Hautes-Vosges*; — d'Hervey St-Denys, *Six nouvelles Nouvelles, trad. du Chinois*; — Georgeakis et Léon Pineau, *Le Folk-Lore de Lesbos*; — Yacoub Artin Pacha, *Contes pop. de la Vallée du Nil*; — Orain, *Le Folk-Lore de l'Ille-et-Vilaine*; — Sébillot, *Litt. oral. de l'Auvergne*; — puis la *Collection internationale de la Tradition*, dirigée par M. Henry Carnoy, qui comprend déjà 15 volumes dus à MM. Carnoy, Nicolaïdes, Veckenstedt, Braun, Ortoli, A. Lang, Blémont, Ledieu, Harou, Mme Martinengo-Cesaresco; — la *Bibliothèque orientale*, à laquelle ont collaboré les savants Foucaux, Pauthier, Burnouf, La Beaume, de Harlez; — *Les Littératures de l'Orient*, 4 vol. publiés par MM. A. Rambaud, Soupé, Ch. Gidel, Abel Hovelacque; — la *Bibliothèque ethnographique*; — la *Bibliothèque grecque vulgaire*, de M. E. Legrand.

Nous devons une mention toute spéciale à la *Bibliothèque linguistique américaine*.

Cette collection qui doit son importance au soin que prend son éditeur à réunir et à sauver de l'oubli toujours menaçant, des matériaux précieux pour la solution des problèmes ardus de l'origine des civilisations américaines, comprend actuellement 20 volumes.

C'est une mine d'une très grande richesse pour l'étude des langues indigènes anciennes et modernes, dont plusieurs sont aujourd'hui disparues et d'autres sur le point de s'éteindre. Cette richesse s'accroit sans cesse par les travaux si estimés de savants tels que MM. Adam, R. de la Grasserie, N. Léon, etc.

Signalons aussi les belles collections de grammaires, textes et dictionnaires, où on trouve les langues arabe, arménienne, assyrienne, bambara, chinoise, danoise, éthiopienne, finnoise, grecque moderne, hébraïque, hindoustanie, japonaise, javanaise, magyare, malaise, persane, poul, roumaine, russe, sanscrite, thibétaine, turque, zende, etc., etc.

On voit par cette nomenclature incomplète les efforts faits par M. Jean Maisonneuve pour maintenir la librairie linguistique à la hauteur de ses redoutables concurrentes d'Allemagne et d'Angleterre.

La maison publie depuis 1867, la *Revue de linguistique et de philologie comparée*, sous la direction de M. Julien Vinson.

C'est la seule publication périodique de linguistique générale publiée en France, et son importance n'est plus à démontrer.

Le Catalogue général de la maison est des plus riche en ouvrages relatifs à l'américanisme, l'anthropologie, la géographie ancienne et moderne, le folklore, l'ethnographie, la linguistique, la philologie, l'orientalisme, l'égyptologie, l'assyriologie, la mythologie, les religions, etc.

Les catalogues spéciaux rédigés par M. Ch. Leclerc et aujourd'hui par M. Jean Maisonneuve sont de véritables œuvres d'érudition que les biographes consulteront toujours avec fruit.

M. Jean Maisonneuve, fils de cultivateurs du petit hameau des Horts (commune d'Apinac, dans le canton de Saint-Bonnet-le-Château, Loire), est arrivé, à force d'énergie, d'activité et de travail, à conserver le renom de la maison. Depuis quelques années il a entrepris de développer ses publications, et il y réussit à merveille.

La *Librairie orientale et américaine* a obtenu les récompenses suivantes : Exposition universelle de Paris, 1878 : médaille d'argent; — Exposition internationale d'Anvers, 1885 : médaille d'or ; — Exposition de Hanoï, 1887 : hors-concours; — Exposition universelle de 1889, à Paris : médaille de vermeil, refusée par M. Maisonneuve.

M. Jean Maisonneuve a été nommé Chevalier de l'ordre du Dragon d'Annam, le 14 juillet 1887.

HOSTEIN (Antony-Hippolyte), O. ✠, ✠, ✠, né à Paris le 19 mars 1848 ; industriel, écrivain et homme politique ; directeur de la *France* et du *Nord*.

Adresse : 2, boulevard Emile Augier, Paris.

M. Hippolyte Hostein est le filleul d'Alexandre Dumas père qui lui donna le prénom d'Antony après le succès retentissant de la pièce de ce nom.

Son père, Hippolyte Hostein, né à Strasbourg, le 14 octobre 1814, fut d'abord élève en médecine et publia les *Leçons* du Dr Halmagrand dont il avait suivi l'enseignement. Puis, renonçant à l'art de guérir pour la littérature dramatique, il composa, en 1836, avec F. Taigny, un drame intitulé : *L'Hôtellerie de Lisbonne* qui eut un vif succès de curiosité. D'autres pièces restèrent enfouies dans les cartons des directeurs, ce qui détermina le jeune auteur à mener de front la composition des petits livres productifs et celle des essais dramatiques qu'il rêvait. En une douzaine d'années, il publia : *Contes Bleus de ma nourrice*;

— *Bonjour et Bonsoir*; — *Les Enfants d'aujourd'hui; Caractères et portraits de la jeunesse*; — *Les Amis d'enfance*; — plusieurs volumes de *Contes* et d'*Historiettes morales pour la jeunese*; — *Versailles anecdotique* (1837); — *L'Italie pittoresque* (2 vol.; 1839); etc. Mais c'est surtout à son œuvre dramatique qu'il dut sa réputation. Il fit représenter successivement : *François-les-Bas-Bleus*, drame (1842); — *Le Miracle des Roses*, en collaboration avec Ant. Beraud, drame en 16 tableaux (1843); — *L'Allumeur*, drame, avec le même; — *La Pluie et le beau temps*, avec M. d'Ennery; — *Les Trois Loges*, avec Clairville (1844-1849); — *L'Ouvrière de Londres*, drame (1865). — Hippolyte Hostein fut secrétaire de la direction du Théâtre Français et directeur de la scène à la Renaissance, puis à l'Ambigu. Il avait acheté à Alexandre Dumas, en 1847, le privilège du Théâtre-Historique, qu'il céda bientôt à Marc Revel, pour prendre sous sa direction le théâtre de la Gaité qui lui dut neuf années d'une prospérité remarquable. Sa brochure sur la *Réforme théâtrale, suivie de l'Esquisse d'un projet de loi sur les Théâtres*, fit un grand bruit en 1848. Il fut, en 1855, l'un des fondateurs de Cabourg-Dives, et prit, en 1858, la direction du Cirque impérial. Fondateur du Châtelet et de la Renaissance, il remporta, en 1865, un prix de littérature à l'*Académie de Bordeaux*, et fut membre du jury de l'Exposition universelle de 1867 pour la section des Arts plastiques. Le 14 août 1854, il avait été nommé chevalier de la Légion d'honneur, il mourut le 8 septembre 1879.

Il fut le créateur de la grande mise en scène moderne. A ce titre son souvenir durera.

M. Hippolyte Hostein, son fils, fut d'abord élève de l'École Navale. Comme officier de marine, il fit la campagne du Mexique et celle de 1870-71.

Après la guerre, il donna sa démission de lieutenant de vaisseau. Il ne quitta pas cependant l'armée, car il est toujours attaché, comme officier supérieur territorial, à l'état-major du Gouvernement militaire de Paris.

Ses services militaires lui ont valu la médaille du Mexique, la croix, puis, tout récemment (1897) la rosette d'officier de la Légion d'honneur. Ajoutons qu'il a été nommé chevalier du Medjidieh lorsqu'il conduisit à Constantinople les cendres de Fuad-Pacha, le grand ministre réformateur de Turquie.

M. Hippolyte Hostein, rentré dans la vie civile, dirigea vers l'industrie son besoin d'activité, et créa la maison bien connue de tous les Parisiens qui porte son nom et qui rend de si grands services à tout le négoce de la Capitale.

Les établissements de M. Hostein emploient près de 700 personnes, toutes sont, plus ou moins, intéressées, suivant leurs fonctions, aux bénéfices de l'exploitation. La cavalerie de la maison comprend un millier de chevaux.

L'organisation serait à citer comme exemple. Caisse de retraite et de prévoyance, caisse de secours, rien ne manque de ce qui peut être profitable aux employés en même temps que compatible avec le bon fonctionnement de l'entreprise. C'est du socialisme pratique, bien entendu. C'est aussi de la philanthropie sincère.

Aussi comprend-on l'affection que lui témoigne son personnel. Aux derniers jours de la période électorale de 1893, M. Hostein, bien que souffrant, dut céder aux sollicitations de ses employés, de ses amis et des électeurs du XVIIIe arrondissement. Il se présenta contre le député socialiste possibiliste sortant. Malgré les conditions défavorables dans lesquelles se manifestait sa candidature, M. Hostein recueillit 4,481 voix. Il ne lui manqua que quelques centaines de suffrages pour être élu.

A plusieurs reprises, la candidature a été offerte vainement depuis à M. Hostein. Nous pensons qu'il se réserve pour les élections de 1898.

N'écoutant que son patriotisme, et malgré ses multiples occupations, M. H. Hostein a assumé, depuis 1894, la direction du *Nord*, cet important organe qui, depuis 40 ans, travaille à l'alliance franco-russe, et dont les efforts viennent d'être couronnés d'un succès splendide.

L'année dernière, il a pris également la direction de la *France* et il a su retrouver le succès qui avait accueilli jadis la feuille d'Emile de Girardin. Ses articles, nets et corsés, ne sont pas l'un des moindres attraits de cet important journal du soir.

« La carrière de M. Hostein, écrivait récemment un de nos confrère, déjà si honorablement et si laborieusement remplie, n'est évidemment pas terminée. Il a fait, en 1893, une tentative d'incursion dans la vie politique; il la renouvellera probablement, car, jeune encore, sa haute situation industrielle, sa valeur personnelle et son vibrant patriotisme le désignent évidemment pour les luttes électorales prochaines. »

De son côté, M. Hostein dit qu'il renonce aux luttes électorales. Nous verrons bien !

NICLUNA (JEAN), ✪ (Médaille coloniale). né à Philippeville (Algérie), le 16 septembre 1849, Propriétaire de Vignobles, Négociant-Exportateur.

Adresse : Avenue de la Mosaïque à Philippeville (Algérie), Domaine à El Dis, près Philippeville.

Né à Philippeville, il a presque assisté à la fondation de cette ville, qu'il a vu rapidement grandir. M. Jean Nicluna n'est pas seulement un Algérien de la première heure; il est surtout un Algérien convaincu, un colon comme il y en a beaucoup, quoi qu'en puissent dire les détracteurs de l'Algérie, que rien n'a rebuté et qui a toujours lutté sans défaillance contre les obstacles naturels que présentait et que présente encore le pays, et contre les événements malheureux qui se sont trop souvent abattus sur la colonie algérienne.

Ses débuts furent modestes. Orphelin de bonne heure, M. Xiclana, ses études terminées, comprit que l'avenir des Algériens était dans la mise en valeur des produits naturels du sol. Possédant une expérience consommée dans la culture et le commerce des céréales, il construisit un moulin et bientôt les produits de la minoterie faisaient prime sur le marché.

La formidable insurrection de 1871, l'arracha momentanément à ses occupations. Étranger à ce moment, M. Xicluna aurait pu, comme tant d'autres, assister impassible aux massacres et aux incendies qui désolaient la province de Constantine. Colon, il voulut se porter au secours des colons assiégés dans leurs fermes et dans les villages et il s'engagea dans la colonne mobile qui, de Philippeville, se rendit à Sétif, en plein centre insurrectionnel. Le Gouvernement l'en récompensa en lui conférant la Médaille coloniale.

A sa libération, M. Xicluna se consacra exclusivement à la colonisation. Dans l'immense ferme qu'il possédait à El Diss, il ne faisait tout d'abord que de l'élevage et des céréales.

Quand le phylloxéra envahit le Midi de la France, M. Xicluna fut un des premiers à avoir foi dans la viticulture algérienne et à encourager de son exemple les colons qui n'osaient encore se lancer dans une culture aussi onéreuse et aussi aléatoire que celle de la vigne. Créer de toutes pièces un vignoble dans un pays où la vigne n'était encore cultivée que comme plante d'ornement, était une grosse entreprise. M. Xicluna n'hésita pos à la tenter, et ses efforts ayant été couronnés de succès, des plantations surgirent de tous côtés, si bien qu'en 1885, l'arrondissement de Philippeville comptait un vignoble de plusieurs milliers d'hectares en plein rapport et des crûs déjà renommés, comme ceux de d'El Diss, de la Carrière Romaine et du Beni Meleck, que se disputent les acheteurs.

La propriété de M. Jean Xicluna est située sur les hauteurs d'El Diss, dépendant de la commune de Saint-Charles, à 20 kilomètres au sud-ouest de Philippeville.

Ce domaine, d'une contenance de 500 hectares environ, est formé de la réunion de diverses propriétés particulières et de terrains domaniaux dont M. Xicluna a fait l'acquisition pour agrandir sa ferme, qui ne se composait à l'origine que d'un vignoble de 50 hectares environ.

Les terres sont de diverses natures, mais très propres à la culture de la vigne et des céréales.

Ce vignoble si estimé a été complètement détruit par le phylloxéra ; il est maintenant en voie de reconstitution par les plants américains greffés au moyen de différents cépages de premier choix ; les céréales sont cultivées sur une grande étendue ; on fait aussi l'élevage du bétail pour tirer parti des terres de parcours non encore défrichées.

Les vins de l'El Diss ont joui de tout temps d'une réputation justement méritée ; ils peuvent rivaliser avec les crûs les plus renommés de Beni Meleck ; la nature des terrains d'El Diss est sensiblement la même que celle du

Beni Meleck ; l'exposition est aussi à peu près semblable.

Sans l'invasion du phylloxéra, le territoire de l'El Diss serait aujourd'hui un des plus prospères de l'Algérie.

Malheureusement, beaucoup de petits propriétaires ayant été complètement ruinés par la disparition de leurs vignobles, se sont trouvés dans l'impossibilité de reconstituer faute de ressources et de crédit.

Néanmoins, on est en droit d'affirmer que lorsque la crise qui pèse depuis de si longues années sur l'Algérie, et que l'aveuglement des gouvernants semble vouloir prolonger — aura cessé et que les capitaux qui commencent déjà à être moins effrayés auront repris leur sang-froid, le territoire de l'El-Diss redeviendra plus prospère que jamais. On y récolte du vin d'un goût excellent, titrant toujours de 11 à 12 degrés, qui trouvent tant en Algérie qu'en France un écoulement assuré à des prix très avantageux. Un pays qui offre de telles ressources, un placement aussi sûr et aussi avantageux pour les capitaux, un champ aussi vaste à l'activité coloniale, ne peut rester un objet de dédain.

M. Jean Xicluna l'a bien compris. Aussi est-ce sans hésitation qu'il a entrepris la reconstitution de son vignoble ; il y était aussi un peu obligé par l'importance de son domaine, des constructions qui y sont édifiées et du matériel agricole et vinicole dont il dispose et qu'il ne pouvait abandonner ou vendre à vil prix.

Il recueillera certainement dans un avenir prochain le fruit de son énergie et de son absolue confiance dans l'avenir.

POTIN (Paul), ✵, un des associés des Maisons Félix Potin et Cie, boulevard Sébastopol et boulevard Malesherbes, Paris.

Le domaine de Potinville, est situé à deux kilomètres d'Hamman-Lif, et à dix-neuf kilomètres de Tunis, et faisait partie des terres beylicales. Il avait été donné par l'un des beys au caïd Eliaou, qui l'a vendu, en 1884, à M. Paul Potin.

La contenance est de 2,800 hectares. La route et le chemin de fer de Tunis à Sousse le traversent de l'Ouest à l'Est.

Il est limité au nord par la mer sur une longueur de plage de cinq kilomètres environ, au Sud, à l'Est et à l'Ouest par une chaîne de montagnes qui figure un immense fer à cheval, dont les extrémités viennent se terminer à deux kilomètres de la mer. Ces montagnes sont formées de massifs calcaires et schistes marneux produits par le soulèvement du Bou Kornine.

Les terres qui composent le domaine sont de différentes natures. Il est divisé en trois zônes : la première est formée par une large dune de sables, qui renferment du calcaire et de l'argile, ne sont pas salés et peuvent être cultivés; la deuxième consiste en une longue et vaste plaine; son sol est argilo-calcaire; et enfin la troisième zône est formée par une série de coteaux où le calcaire domine.

Afin d'en rendre l'exploitation plus facile, M. Potin a fait construire quatre fermes sur l'étendue de son domaine. La ferme principale, située sur un coteau, vers le milieu du cirque, se trouve à peu près au centre du vignoble. Elle comprend les divers bâtiments d'exploitation tels que : chais, cave, huilerie, ateliers, hangars, logements d'employés, etc.

Les fermes sont reliées à la route de Sousse par des routes empierrées dont la largeur varie de douze à seize mètres.

La ferme centrale est alimentée en eau par des sources et par des puits; deux des autres habitations ont aussi chacune une source; l'autre a un puits.

M. Potin attache beaucoup d'importance au reboisement. Chacune des fermes est entourée d'immenses bouquets d'arbres; les routes sont bordées par des rangées d'essences diverses, répandant ainsi l'ombre, la fraîcheur et la salubrité, car certaines essences, telles que l'eucalyptus, en asséchant l'atmosphère, l'assainissent, le purifient et contribuent ainsi à la disparition de la fièvre paludéenne, ce redoutable fléau des pays chauds.

Pour modifier d'autre part le régime des eaux, les retenir, fertiliser ainsi le sol et se préserver contre la violence des vents brûlants du Sud, M. Potin a tenté des essais de reboisement des montagnes, dont il a couvert les crêtes de chênes-lièges et de pins, et les parties inférieures d'oliviers. Ces essais ont donné de beaux résultats et sont poursuivis graduellement.

Le vignoble de Potinville est le plus important de la Régence. Sa superficie est de 450 hectares. La plus grande partie des cépages y sont représentés. Les principaux sont : les Pinot de Bourgogne, Cabernet, Cot de Bordeaux, Carignan, Mourvèdre, Cinsault, Alicante, Aramon, Sémillon, Ugny, Muscat, etc...

La production du vignoble peut être évaluée à 25,000 hectolitres, mais elle sera augmentée dans des proportions importantes par suite des copieuses fumures et des nombreux travaux d'amélioration qui ont été entrepris. Des fumiers provenant d'anciennes gadoues de Tunis sont transportés au domaine par des trains spéciaux de cent tonnes.

M. Potin a entrepris aussi d'aplanir la large dune en transportant le sable dans les terrains argileux de la plaine. Cet amendement a une heureuse influence sur la modification physique du sol, qui aura de ce fait, une plus grande aptitude à conserver l'humidité indispensable pour obtenir de grands rendements.

Ce travail colossal est exécuté au moyen de wagons Decauville, remorqués par une locomotive.

Au fur et à mesure que les dunes seront aplanies, on y créera un vignoble dans le genre de ceux qui sont plantés dans les sables du midi de la France.

M. Potin a fait construire deux caves immenses, l'une, complètement dans le sol et voûtée en maçonnerie, sert à la conservation des vins; l'autre, construite sur un plan supérieur, est affectée aux opérations de la fermentation. Ces caves sont aménagées d'après les derniers perfectionnements.

Une turbine aéro-foulante sert à écraser le raisin, une batterie de douze réfrigérants est employée pour abaisser la température et à régulariser les fermentations, qui s'opèrent normalement entre 28 et 30°. La vapeur est employée comme force motrice.

En outre de la culture de la vigne, la plus importante du domaine, les céréales sont aussi cultivées sur une grande surface. Deux olivettes de plusieurs milliers de pieds, existent sur la propriété. Elles donnent une huile de bonne qualité.

***

L'élevage du mouton se fait sur une grande échelle et est l'objet de soins particuliers pour l'amélioration des races.

Le mérinos du Soissonnais y réussit admirablement bien et donne des résultats rémunérateurs.

Celui des bovins s'exerce sur des races indigènes et françaises et leur croisement donne de beaux sujets qui sont très aptes à supporter le climat et capables d'endurer toutes les fatigues que nécessite un long et pénible travail.

La production du mulet a été aussi l'objet des soins attentifs de M. Potin. Le croisement du baudet du Poitou avec de belles juments percheronnes donne des produits très robustes pouvant être mis en parallèle avec ceux des meilleurs centres d'élevage de la Métropole; ils ont, en outre, l'avantage, étant nés dans le pays, de mieux résister aux grandes chaleurs que ceux importés de France.

***

M. Potin ne s'est pas seulement borné à créer l'immense domaine agricole de Potinville, il a aussi voulu mettre en valeur les richesses naturelles contenues dans les gisements calcaires des montagnes qui renferment des pierres à chaux hydraulique et à ciment.

Il a créé, en 1889, une usine qui produit actuellement soixante tonnes de chaux et ciment par jour.

Ces produits sont, pour le moment, tous vendus dans la Régence et employés par les administrations des travaux publics et du génie militaire.

Jusqu'à ce jour, le rendement n'a pas été suffisant pour songer à l'expédition, mais M. Potin se propose de donner un développement considérable à son usine, afin de pouvoir étendre la vente de ses produits à tout le bassin de la Méditerranée.

Les expéditions et les réceptions de marchandises s'effectuent soit par chemin de fer, soit par voie de mer. Une gare et un appontement, situés sur le domaine, en permettent la manutention facile et rapide.

L'administration de cette immense exploitation est confiée à un directeur, fondé de pouvoirs de M. Potin. Il est secondé, pour la partie technique, par un chef de culture et des intendants placés à chacune des fermes précitées, et, pour la partie administrative, par un chef comptable. Un ingénieur s'occupe de la direction technique de l'usine et surveille les constructions.

***

La main-d'œuvre est fournie par des ouvriers français en ce qui concerne les travaux d'art, tels que mécaniciens, forgerons, ajusteurs, tourneurs, maréchaux, charrons, menuisiers, maçons, peintres, etc.; par des ouvriers italiens pour les terrassements et carrières, et par des indigènes pour les travaux agricoles. Ces derniers sont surveillés par des contre-maîtres français.

M. Potin, qui a toujours fait preuve de la plus grande sollicitude pour son personnel, a créé un service médical gratuit.

Il a songé aussi à l'éducation des enfants de ses employés, pour lesquels il a fait installer une école dans un des bâtiments de la ferme centrale. Elle est dirigée par un instituteur du service de l'enseignement. Un bureau de poste et de télégraphe est placé à côté de l'école et l'instituteur fait fonctions de receveur.

La prime d'honneur a été décernée au domaine de Potinville en 1895, à l'occasion du concours agricole de la Tunisie et de l'Algérie, pour sa bonne tenue et les résultats obtenus.

Le Gouvernement a élevé M. Potin à la dignité de Chevalier de la Légion d'Honneur et a voulu, en lui donnant cette marque de distinction honorifique, récompenser l'homme qui a été le principal promoteur de l'essor colonial en Tunisie.

M. Potin a eu confiance en son œuvre, et son intelligente initiative a permis à de nombreuses familles françaises de trouver dans son domaine leurs moyens d'existence.

Il est à désirer que M. Potin trouve beaucoup d'imitateurs.

CORRÉARD (Eugène), A. ⓘ, né à Haguenau (Bas-Rhin), le 4 mars 1834; Français par option; sous-préfet honoraire; propriétaire-viticulteur, écrivain et poète, sous le pseudonyme *Eugène Dalzac;* membre correspondant de plusieurs sociétés littéraires et de l'*Académie de Marseille;* titulaire d'une médaille d'or de la *Société d'encouragement au Bien.*

Adresses : à Aubenton (Aisne); et : Domaine Neunreuther, près Haguenau (Alsace).

De 1890 à 1897, M. Corréard a publié à Paris, sous le pseudonyme Eugène Dalzac, chez les éditeurs Sauvaitre et Paul Dupont, les volumes suivants : *Nubila*, poèmes; le *Portrait de Marthe*, roman-poème; les *Deux Trouba-*

dours, conte en vers; *Fausse Alerte*, comédie en vers; *Feuilles de Myrtes*, poésies; *A table*, sonnets; *Fables et apologues*; *Rosella*, roman-poème; *Vers le Passé*, poèmes suivis de la traduction en vers d'une satire de Juvénal.

Ces divers ouvrages, bien accueillis par la critique, ont valu à leur auteur de nombreux témoignages de confraternelle sympathie, en même temps que les félicitations de plusieurs littérateurs de marque et de quelques notabilités du monde universitaire.

Dans sa séance solennelle du 19 mai 1895, la *Société nationale d'encouragement au Bien* a décerné à M. Corréard une Médaille d'or pour l'ensemble des poésies publiées par lui, sous le pseudonyme Eugène Dalzac, et la notice du palmarès est conçue en ces termes :

« Fils du général Frédéric Corréard, grand-officier de la Légion d'honneur, M. Eugène Corréard, après avoir achevé son stage d'avocat au barreau de Strasbourg, entra dans la carrière administrative, où il remplit avec distinction les fonctions de conseiller de préfecture et de sous-préfet, de 1858 à 1870.

« Survint l'Année terrible. Obligé par des nécessités de famille d'habiter, malgré son option, le pays d'Alsace, son berceau, M. Eugène Corréard sut demander aux lettres la consolation de la patrie absente et se plut à écrire, en belle langue française, sous le pseudonyme *Eugène Dalzac*, une série de poèmes, dont le succès a été, jusqu'ici, le compagnon fidèle. *Nubila*, *Rosella*, *Feuilles de Myrte*, puis des proverbes, des fables, des apologues, témoignent chez leur auteur de la souplesse d'un talent aussi spirituel qu'élevé. Les plus nobles sentiments se font jour en ses œuvres diverses et le charme du style s'y joint aux beautés de la pensée.

« A l'auteur de *Feuilles de Myrte*, momentanément séparé de la Mère-Patrie, la *Société d'encouragement au Bien* est heureuse d'envoyer une branche de laurier, qui a crû et verdi en plein sol de France. »

La même récompense a été attribuée en 1897 au recueil : *Vers le Passé*, cette série de poèmes « d'un charme mélancolique et doux, d'une inspiration attendrie et parfois d'un ton satirique assez vif », suivant l'appréciation du journal le *Temps*. Le volume se termine par une traduction en vers des *Prières aux Dieux* de Juvénal et cette élégante interprétation a le mérite de n'avoir pas altéré les tons vigoureux du grand peintre de la corruption romaine.

On ne saurait mieux faire que de s'associer au jugement porté sur les *Fables et apologues* par l'éminent académicien vice-recteur de l'Université de Paris. « Le fond en est sain, la forme vive. C'est de l'art bien français. »

La plupart des pièces de *Vers le passé* ont été citées ou reproduites. Nous donnerons ici *Vieil éventail*, emprunté à *Nubila*.

VIEIL ÉVENTAIL

J'aime ton précieux décor
Et ces bergères d'un autre âge,
Qui présidaient au pâturage
Avec une houlette d'or.

Pour t'avoir on m'offre un trésor;
Mais d'un marché ne crains l'outrage,
Vieil éventail, de ton mirage
Je veux jouir longtemps encor.

Je veux qu'à moi seul tu redises
Les madrigaux, les mignardises,
Qu'entendait ton ivoire à jour,

Pendant ces merveilleuses fêtes,
Où tous les cœurs, toutes les têtes,
N'avaient pour bourreau que l'amour !

Précédemment, M. Corréard avait fait paraître des poèmes, des articles littéraires, des nouvelles et des études administratives. Il a également écrit plusieurs œuvres dramatiques, et notamment les paroles d'une opérette représentée avec succès au mois de juin 1895 sur la scène de l'un des principaux cercles de la Capitale.

Peintre à ses heures, M. Corréard est aussi compositeur de musique. Sous divers pseudonymes, et récemment sous celui de *Frédéric Korr*, il a publié toute une série d'œuvres variées et entre autres la valse : *Fraise des Bois*, plusieurs fois rééditée.

Enfin M. Corréard aime à collectionner les objets anciens et les œuvres d'art. Il possède plusieurs toiles de maîtres, dont une de Rubens et une autre de Murillo, et il a su réunir un choix fort intéressant de meubles de la Renaissance et de porcelaines en vieux Japon.

MAISON DES 100.000 CHEMISES, fondée par M. Maurice Schwob. — Maison principale : 69, rue Lafayette, à Paris. — Usine à vapeur, 22, rue Louis-Blanc, à Paris. — Usine à Châteauroux (Indre), 54, rue de Fonds. — Succursales : 55, rue de Rennes, Paris; — 79, Faubourg du Temple, Paris; — 30, rue Rambuteau, Paris; — rue des Batignolles, Paris. — Médaille à l'Exposition universelle de 1889, etc.

SCHWOB (Maurice), né en Alsace en 1838, fondateur de la Maison des 100.000 Chemises.

Après avoir accompli son service militaire, M. Maurice Schwob s'associa avec un de ses frères pour l'exploitation de la fabrication de calicot blanc dont le siège était à Mulhouse et le dépôt à Paris, au n° 28 de la rue de Cléry.

La guerre de 1870-1871 survint. L'Alsace passa sous la domination allemande.

M. Maurice Schwob dut rompre avec son pays natal et avec l'association de son frère.

Il se décida alors à créer une nouvelle industrie ayant quelque analogie avec l'ancienne. Il fut ainsi amené à fonder la « Chemiserie du Progrès », 59, rue des Petites-Ecuries, à Paris, qui fut le point de départ de la « Maison des 100.000 Chemises ».

A la « Chemiserie du Progrès », M. Maurice Schwob s'occupait surtout de l'exportation. L'industrie était pour ainsi dire nouvelle en France. M. Schwob put l'étudier à fond et y découvrir un grand avenir.

Après cinq années de travail uniquement consacrées à l'exportation, M. Schwob ouvrit une première maison de détail, en 1876, au n° 69 de la rue Lafayette.

Il trouva le moyen de créer des modèles qui pouvaient aller aux acheteurs, sans avoir recours à la mesure. C'était par là donner la solution d'un problème important, puisque, par ce procédé, la fabrication devenait infiniment moins onéreuse.

Dès ce moment, M. Schwob livra à une clientèle chaque jour plus nombreuse des chemises d'excellente qualité, d'un fini irréprochable, et à des prix jusqu'alors inconnus.

Aussi le succès ne se fit pas attendre, et, aujourd'hui, la « Maison des 100.000 Chemises » est la première de Paris; on peut même ajouter du monde entier.

On le constatera en suivant ses développements depuis sa fondation.

C'est ainsi qu'en 1879 un nouvel atelier était ouvert, 9, cité Cadet. En 1881, un autre local, 9, rue de Cléry, était installé pour les machines à couper, remplaçant la coupe à la main, la seule connue jusqu'alors.

L'année 1885 vit la création de la première succursale de la « Maison des 100.000 Chemises ». Cette succursale, établie au 185 de la rue Saint-Maur, a été transférée depuis au 79 de la rue du Faubourg-du-Temple, dans un bel immeuble construit tout exprès.

L'année suivante, M. Maurice Schwob dut adjoindre à sa maison principale, 69, rue Lafayette, l'immeuble contigu du n° 71.

L'Exposition universelle de Paris, 1889, fut pour M. Schwob l'occasion d'un grand succès. Sa maison fut distinguée par le Jury, qui lui décerna une grande Médaille.

En 1890, le directeur de la « Maison des 100.000 Chemises » dut prendre toute la maison du 69, rue Lafayette, pour y installer de nouveaux rayons de vente. En même temps, il créait une grande usine à vapeur, 22, rue Louis-Blanc, à Paris.

Deux nouvelles succursales, 30, rue Rambuteau, et 74, avenue de Clichy, furent fondées en 1891. Cette dernière a été déplacée depuis rue des Batignolles.

A la même date, pour répondre aux demandes toujours plus nombreuses, M. Maurice Schwob fit construire, rue de Fonds, à Châteauroux, dans l'Indre, une usine modèle qui occupe actuellement 700 ouvrières environ, dont le travail, grâce à la force motrice partout employée, consiste exclusivement à la conduite des machines.

Cette fabrique comprend également une blanchisserie installée avec tous les perfectionnements de la science et de l'industrie modernes.

Le personnel de cette usine est traité comme une vaste famille. M. Maurice Schwob, que les questions sociales intéressent beaucoup, est constamment à la recherche de toutes les améliorations utiles pour ses ouvriers. C'est ainsi qu'il a créé une Société de secours qui, en dehors de son but philanthropique, donne chaque année, à la grande joie du personnel, des fêtes magnifiques dont les journaux de tous les partis ont entretenu souvent leurs lecteurs.

L'usine de Châteauroux est également dotée

d'une pharmacie, d'un cabinet médical, d'une salle de bains, d'un réfectoire, etc.

Il y a cinq ans, dans l'immense local auparavant occupé par la Bibliothèque Cardinal, 65, rue de Rennes, au coin de la rue du Four, M. Maurice Schwob a installé une nouvelle succursale qui lui a attiré la nombreuse clientèle des habitants de la rive gauche.

Telle est, résumée, la marche ascendante de la « Maison des 100.000 Chemises ». Vingt années lui ont attiré l'un des plus gros succès commerciaux de notre époque.

C'est aux rares qualités d'énergie, de loyauté et d'intelligence de son fondateur, M. Maurice Schwob, que sont dus ces magnifiques résultats que consacrera certainement l'Exposition universelle de 1900.

BRUN (Antoine-Louis), manufacturier à Arre (Gard).

Adresse : Usines d'Arre (Gard).

Pendant que tant d'industries subissent les effets de crises périodiques provoquées par le chômage, les grèves, la surproduction ou les fluctuations de cours des matières premières, l'industrie de la bonneterie poursuit silencieusement sa marche ascendante, sans choc ni secousse, et son chiffre d'affaires est devenu aujourd'hui si important (200 millions), qu'on peut considérer la bonneterie comme une des branches les plus vitales de notre industrie nationale.

Les raisons de cette vitalité tiennent à diverses causes, dont la principale est la diffusion de plus en plus grande des produits de cette industrie, qui répond à tous les besoins, satisfait à tous les goûts et est à la portée de toutes les bourses. Avec le perfectionnement de l'outillage, la consommation a augmenté dans des proportions considérables. D'autre part, l'échelle des prix est sans limite pour les articles de luxe, de plus en plus imposés moins par la mode peut-être que par le goût du beau et du bon. Enfin, les capacités techniques toutes particulières qui sont nécessaires à l'industriel nécessitent une multiplicité de connaissances telles, — qu'une longue pratique permet seule d'acquérir, — qu'en dehors des centres de fabrication la concurrence est moins à craindre que dans les autres branches de l'industrie des tissus.

Aussi se crée-t-il peu d'usines nouvelles. Le développement donné à la fabrication mécanique a même amené les tout petits industriels, à qui leur outillage ne permettait pas la livraison rapide des commandes exigée aujourd'hui dans les marchés, à se retirer. Presque toutes les usines sont de fondation ancienne, et leur propriété s'est transmise de générations en générations. Telles les usines d'Arre, qui, fondées en 1740, n'ont pas cessé d'être dirigées, de père en fils, par les membres de la même famille.

Ces établissements ont aujourd'hui à leur tête M. Antoine-Louis Brun, succédant à son frère, M. Louis Brun, depuis le 20 novembre 1878, et à son frère regretté, Léon Brun, décédé en 1879, après quelques mois seulement d'association.

Depuis un siècle et demi, la maison Brun s'occupe donc de la fabrication de la bonneterie.

A cette époque, les ouvriers travaillaient chez eux, sur les petits métiers mus à bras; ils produisaient des articles en soie pure, en mi-soie, fil et coton, maille fine, brodés et à jour. En 1847, M. Louis Brun, père du directeur actuel des usines, introduisit dans le midi

de la France les métiers mécaniques, qui ne tardèrent pas à supprimer les petits métiers travaillant à la campagne. Homme dont la valeur n'est discutée par personne, M. Louis Brun père, par son activité intelligente, son opiniâtreté et sa persévérance, sut relever l'industrie de la bonneterie et, avec l'installation d'un matériel nouveau, maintenir cette industrie dans les Cévennes. Ses enfants, avec leurs aptitudes industrielles, devaient suivre la loi fatale du progrès qui veut que l'œuvre de demain soit supérieure à celle d'hier.

Grâce à leur savante direction, les usines d'Arre devinrent célèbres dans toute la région et leurs produits trouvèrent un facile écoulement, soit à Paris, dans les grandes maisons de nouveautés, soit à l'exportation.

Plus tard, le développement des moyens de communication, ainsi que l'introduction des procédés mécaniques dans la bonneterie, multiplièrent la clientèle et permirent à la maison de tenir tête à la concurrence étrangère qui commençait à envahir nos marchés.

A l'heure actuelle, les usines d'Arre sont les plus importantes du midi de la France dans leur branche d'activité.

Elles occupent une vaste superficie et leur outillage est à la hauteur des plus récents progrès. On y rencontre, en effet, des machines d'une construction parfaite et pouvant donner un travail absolument achevé sous le rapport de l'élégance et de la solidité. La force motrice nécessaire à la mise en marche des divers ateliers est donnée par des moteurs hydrauliques d'un ensemble total de 280 chevaux, et, en cas de besoin, par un moteur à vapeur de 80 chevaux. La production journalière, qui nécessite la présence d'un millier d'ouvriers des deux sexes, est d'environ 800 douzaines; elle se décompose en *bas, chaussettes, maillots ordinaires, maillots de théâtre, articles unis, rayés, vanisés, à jour, écossais, brodés, dentelés*, etc., etc.

Toutes les phases de la fabrication se font dans les usines mêmes, qui possèdent, outre les ateliers de confection, des locaux spécialement aménagés pour la teinture et les apprêts, ainsi que des ateliers de cartonnage, dont les produits sont utilisés pour l'encartage des fils, la préparation des boîtes, les emballages, etc.

De plus, dans le but de réaliser des économies qui profitent à la main-d'œuvre et à la clientèle, M. Antoine-Louis Brun a institué des équipes d'ouvriers spécialement chargés de s'occuper de la réfection et de la réparation du matériel dans ses moindres parties.

Disons enfin que le sympathique industriel a fait l'acquisition d'une installation complète de dynamos permettant d'alimenter 850 lampes à incandescence et 55 lampes à arc qui éclairent les divers ateliers et forment, au milieu de ces hautes montagnes et de la vallée enchanteresse où s'élèvent les usines, un coup d'œil nocturne vraiment féerique.

Les usines d'Arre se sont fait remarquer à la plupart des Expositions et, tout dernièrement, à l'Exposition de Bruxelles, où les membres du Jury ont surtout apprécié les magnifiques résultats obtenus dans la teinture pour le noir, qui est *garanti* non seulement indégorgeable, mais inverdissable au contact de la transpiration et aux acides.

Pour réaliser de tels progrès, M. Antoine-Louis Brun n'a reculé devant aucun sacrifice. Ce n'est, en effet, que par un labeur opiniâtre et une persévérance sans égale qu'il est parvenu à surmonter toutes les difficultés inhérentes à la prospérité d'un établissement aussi considérable, dont l'industrie procure l'aisance à une population entière.

Il est vrai que l'intelligent manufacturier a été dignement récompensé de tant d'efforts, car, non seulement sa vaste entreprise a pris des développements considérables, mais, de plus, ses concitoyens ne cessent de lui témoigner leur vive et constante sympathie en le chargeant de la défense de leurs intérêts. C'est ainsi que, récemment encore, ils l'ont réélu membre du Conseil général du Gard, département qui lui doit la conservation de l'importante industrie de la bonneterie.

BRAUN Fils (Eugène), né à Strasbourg (Alsace), le 23 mars 1867, industriel, électrotechnicien, fabricant de bronzes d'art et d'orfèvrerie religieuse, membre de plusieurs Sociétés artistiques, lauréat de nombreux concours et expositions.

Adresse : 1 et 4, rue des Echasses, à Strasbourg (Alsace-Lorraine). — Bureaux : 9, rue du Dôme.

M. Eugène Braun est, du côté maternel, le petit-fils de M. Auguste Laroche, une individualité bien connue dans le monde des artistes. Auguste Laroche a laissé dans le clergé, et chez tous ceux qui l'honorèrent de leur confiance, une réputation de talent, de travail consciencieux et d'amabilité qui ne s'effacera pas de sitôt, comme le faisait remarquer un rédacteur du *Journal d'Alsace* (25 juillet 1895). Sa fabrication était connue dans toute l'Europe. Il lui arriva bien souvent de recevoir des commandes pour l'Amérique d'objets destinés au culte.

Auguste Laroche avait lui-même succédé à son père et à ses aïeuls.

En effet, le premier Laroche, — ou plutôt La Roche avant la Révolution, — immigré en Alsace en 1780, descendait d'une famille noble de la Suisse française.

Il acheta la maison dite de l'« Homme de Fer », sur la place de ce nom, et y établit une modeste fabrique d'ornements d'église et une fonderie.

Le prince Maximilien de Bavière, colonel du

régiment d'Alsace, s'intéressa vivement à la fabrication de La Roche. C'est chez le prince que, en 1790, La Roche, traité en suspect par le tribunal révolutionnaire, se réfugia.

Ses fils, restés à Strasbourg, continuèrent son industrie artistique. Ils transférèrent leurs ateliers rue des Echasses où ils sont toujours, mais considérablement agrandis.

Auguste Laroche se retira des affaires en 1865, et céda, n'ayant pas de fils, son établissement à un Parisien de naissance, M. Delhius, que les événements politiques de 1870 forcèrent à quitter l'Alsace.

La maison fut brûlée de fond en comble le 24 août 1870. Elle fut reconstruite et passa aux mains de M. Thomas, qui ne reprit, dans l'un des magasins, que la vente des ornements d'église et ne s'occupa guère de fabrication.

En 1892, M. Eugène Braun vint s'établir dans la maison de son grand-père et reconstruisit la fabrique qu'il installa d'après les procédés les plus modernes.

M. Eugène Braun s'était préparé avec soin à son entreprise. Il avait fait des études complètes pour la fabrication des bronzes et des ornements d'église à Strasbourg pour le travail d'art, à Heilbronn pour le travail de l'argent, à Paris, dans la maison d'orfèvrerie religieuse si renommée de M. Poussielgue-Rusand (rue Cassette, Paris), à Munich, dans une grande fabrique de chasublerie, à Lyon et dans d'autres villes qui ont des spécialités d'art religieux.

La maison Eugène Braun occupe des dessinateurs, des modeleurs, des fondeurs, des ébarbeurs, des orfèvres-ciseleurs, polisseurs et doreurs, ce qui lui permet la création et l'exécution pleine et entière de tous les travaux qui lui sont confiés par une clientèle d'élite qui s'augmente chaque année.

Cinq moteurs électriques mettent en mouvement les machines des divers ateliers.

Les fours de la fonderie permettent à l'usine de couler les grosses pièces et d'exécuter des travaux presque uniques en leur genre.

Pour l'exécution des conduites de transport de force et d'éclairage électriques, M. Eugène Braun emploie un nombreux personnel d'ingénieurs et de monteurs.

L'adjonction de cette branche industrielle a permis à cet intelligent fabricant de créer divers modèles tout à fait nouveaux et spéciaux d'appareils à gaz ou à bougies transformés et qui font valoir toute la légèreté d'installation de l'éclairage électrique et l'immense avantage de pouvoir jeter partout et à profusion la lumière.

A la dernière Exposition du Travail (Paris, 1898), M. Eugène Braun obtint un succès légitime (Groupe V, 1re section).

Pour la partie d'orfèvrerie religieuse, M. Eugène Braun exposait un ostensoir de style roman tout en filigrane fait à la main, du plus beau travail, d'autres ostensoirs gothiques, une châsse gothique, une grande lampe du même style ornée de statuettes représentant les douze Apôtres, des reliquaires, des ciboires, dont un également en filigrane, des lampes de sanctuaire, une croix de style gothique en aluminium et toute une collection de magnifiques chandeliers.

Le même goût et la même exécution artistique se retrouvaient dans la partie profane de cette Exposition.

Parmi les lustres à gaz et électriques de toute beauté, une splendide lampe mauresque forçait l'attention. Un plafonnier de trente-trois lampes électriques se distinguait surtout par la pureté de son style et son cachet artistique original. Ce plafonnier, création récente de M. Eugène Braun, au lieu d'être un lustre à bougies ou à gaz modifié, a été conçu et exécuté spécialement pour l'éclairage électrique.

Les installations exécutées par la maison de la rue des Echasses sont nombreuses. Citons seulement celle du Cercle catholique de Strasbourg, construit par M. Dacheux, architecte, dont la salle des Fêtes, la plus grandiose de Strasbourg, et qui peut contenir plus de deux mille spectateurs, est éclairée à elle seule par près de trois mille lampes à incandescence. Le lustre de l'église Saint-Pierre-le-Jeune, à Strasbourg, le plus grand, en son genre, de toute l'Allemagne, est également sorti des ateliers de M. Eugène Braun.

Plusieurs distinctions ont consacré la valeur de l'établissement.

Rappelons que, à l'Exposition de Lyon (1894), M. Braun obtint deux Médailles. A la 6e Exposition nationale du Travail (Paris, 1898), M. Eugène Braun était membre du Jury, hors concours.

« Ces titres, — comme le faisait remarquer la *Revue de l'Industrie nationale*, — sont un témoignage irrécusable des progrès continus accomplis par cette maison, aussi bien dans l'art que dans l'industrie. Ce n'est plus une réputation à faire, car, pour elle, le passé répond de l'avenir... De tels résultats ne sont pas la conséquence de quelques années; ils sont la résultante de tout un ensemble de traditions conservées dans une famille d'artistes. Cette fabrication parfaite s'explique par une organisation toute spéciale tenue au niveau des derniers progrès scientifiques... »

M. Braun maintiendra à la maison strasbourgeoise la réputation de savoir-faire et de probité que lui ont léguée ses ancêtres.

RÉGINENSI (François-Braud-Emile), né à Novale (Corse), le 18 juin 1857, imprimeur-typographe, membre de l'*Alliance française* et de plusieurs sociétés savantes, philanthropiques, etc.

Adresse : 138-140, rue de la Roquette, à Paris.

M. Emile Réginensi est le fils d'un homme de bien très estimé dans l'île de Corse.

M. Réginensi père destinait son fils à la

carrière ecclésiastique. Un moment, le jeune homme sembla entrer dans ces vues. Il fut inscrit au petit Séminaire d'Ajaccio et il y fit d'excellentes études jusqu'à l'heure de la conscription.

Ce moment venu, le vieux sang militaire des Corses se réveilla dans ses veines. Ses parents avaient fait pour lui, auprès des autorités compétentes, la demande de dispense d'usage : il refusa de rester au Séminaire, alors que ses camarades allaient servir le pays. Et il partit pour le régiment qu'il rejoignit à Montélimar.

La campagne de Tunisie survint, M. Emile Réginensi fut un des premiers à aborder la terre de la Régence. Il y trouva le moyen de faire son devoir et de se distinguer.

Revenu dans ses foyers, M. Emile Réginensi ne tarda pas à se marier avec Mlle Marie Lissignol, une jeune fille qu'il avait pu apprécier à Montélimar, au cours de son service militaire.

Il vint s'établir à Paris, où il pensait, avec raison, pouvoir utiliser mieux que partout ailleurs son intelligence et son énergie.

Après quelques années, M. Réginensi se décida à fonder, aux n°s 138-140 de la rue de la Roquette, une imprimerie typographique.

Sans l'active impulsion qu'il sut donner à son établissement, grâce au choix de ses ouvriers, à une loyauté parfaite, au fini de son travail, à l'exactitude de ses livraisons et à ses bonnes conditions d'entreprise, M. Réginensi ne tarda pas à faire prospérer sa maison qui est devenue une des plus achalandées d'un quartier éminemment laborieux.

L'éloge ne sera pas ici déplacé si nous ajoutons que M. Réginensi a trouvé dans sa femme un auxiliaire et un conseil précieux, dont l'énergie et l'activité n'ont d'égales que celles de son mari.

Homme de bon conseil, ami des travailleurs, soutien des faibles et des déshérités, humanitaire et philanthrope, toutes les réformes utiles à l'individu et à la société trouvent en M. Réginensi un ardent protagoniste.

Chacun sait avec quel dévouement M. Réginensi, membre de l'*Alliance française* et de nombreuses sociétés de bienfaisance, a accompli ses fonctions de Commissaire du Bureau de Bienfaisance du XIe arrondissement au cours de ces dernières années.

C'est lui qui édita l'ouvrage si apprécié le *Bon Conseiller* et qui fonda de ses deniers le journal *La Corse à Paris*. Lorsque M. G. Harmois eut l'idée de fonder le journal l'*Ami des Pauvres*, il crut ne pouvoir mieux s'adresser qu'à M. Réginensi, dont il avait eu l'occasion d'apprécier les mérites.

Et si de hautes personnalités, — comme S. A. S. le prince Albert de Monaco, M. Jules Lemaitre, de l'Académie française, MM. Mesureur et Barthou, anciens ministres, Georges Berry et Eugène Chauvière, députés, Barodet et Strauss, sénateurs ; Félicien Paris et Georges Desplas, conseillers municipaux ; le président Magnaud et tant d'autres, ont si chaleureusement applaudi à cette œuvre qui semble appelée à un bel avenir humanitaire, — une bonne part de l'honneur peut en être reportée sur M. Emile Réginensi, dont les bons conseils ont été des plus utiles et qui voulut bien prendre à ses frais la création de l'*Ami des Pauvres*, organe d'assistance aux malheureux et moniteur de leurs revendications.

« Laissez-moi faire, dit à cette occasion M. Réginensi avec son bon rire de brave homme et d'homme de cœur, cela me portera bonheur. »

Ces détails, nous les tenons de M. G. Harmois, auquel nous nous sommes adressés pour la rédaction de cette notice, et qui terminait par ces mots :

« C'est avec des sentiments de profonde reconnaissance que nous écrivons ces quelques lignes rapides.

« Tous ceux qui ont pu apprécier Emile Réginensi nous approuveront, comme nous approuvent les amis de notre œuvre, les lecteurs de l'*Ami des Pauvres*. »

PAPETERIE COOPÉRATIVE D'ANGOULÊME, LAROCHE-JOUBERT et Cie, ancienne maison Laroche-Joubert, Dumergue et Cie, puis Laroche-Joubert, Lacroix et Cie, fondée en 1842 par M. Jean-Edmond Laroche-Joubert.

Usines et manufactures à Angoulême, à l'Escalier, à Basseau (Charente).

Maisons à Paris : 11, rue des Archives. — A Londres, Purfleet Wharf Upper Thames Street.

LAROCHE-JOUBERT (Edgar-Jean), né le 12 septembre 1843, à Angoulême (Charente), directeur-gérant de la Papeterie coopérative d'Angoulême, maison Laroche-Joubert, député de la Charente, administrateur de la succursale de la Banque de France d'Angoulême, président de l'Union des Fabricants de papier de France, membre de plusieurs autres Associations industrielles.

Adresse : 6, rue Pierre-Charron, Paris. — Et Angoulême (Charente).

Les premiers documents authentiques qui mentionnent les moulins à papier d'Angoumois datent des débuts du XVIe siècle. Ils prouvent que ces moulins se trouvaient répartis

depuis la Lizonne, petite rivière située aux confins du Périgord, jusqu'aux portes d'Angoulême, sur les ruisseaux sinueux et lents de la Bohème, des Eaux-Claires, de la Charrau, affluents de la Charente.

C'est dans cette zône, où sont concentrées aujourd'hui encore les principales papeteries, que se trouvaient déjà les usines du Pont-des-Tables, de Puymoyen, de Breuty, de Poullet, de Cothier, de Girac, dont l'exploitation se continue encore. C'est dans cette même région que se créèrent, au XVIIe siècle, d'autres papeteries, telles que celles de la Courade, de Lescalo, des Beauvais, du Petit-Montbrun, de Saint-Michel, de Chantoiseau, de Nersac, de Fissac et de Ruelle. En 1656, on en comptait 67, avec un total de 113 cuves.

L'Angoumois, au milieu du XVIIe siècle, était le premier centre pour la fabrication du papier. L'Auvergne, le Limousin, la Champagne, la Normandie, la Bretagne et le Languedoc ne venaient que dans un rang secondaire. La révocation de l'Edit de Nantes enleva à l'Angoumois ses meilleurs ouvriers et ses plus riches fabricants; les grandes guerres de Louis XIV fermèrent les marchés anglais et hollandais; les lourdes taxes fiscales, les règlements multiples, achevèrent la ruine de la papeterie. En 1688, il n'y avait plus que 50 moulins à papier; en 1697, que 12, avec 15 cuves. Ce n'est qu'en 1750 qu'une reprise se manifesta dans cette curieuse industrie.

Rien n'était plus facile, jadis, que d'installer à la place du moulin à blé ou du moulin à fouler les draps, le moulin à fabriquer le papier. Il suffisait de disposer des bâtiments assez vastes pour qu'on y pût pratiquer les diverses manipulations auxquelles la matière première, le chiffon, était soumise, et d'eaux assez abondantes pour que l'établissement ne subit pas de chômage malencontreux. En général, les fabricants se procuraient dans les provinces les vieux linges (*peilles* ou *drapeaux*, comme on disait), alors la seule matière connue pour la fabrication; ils avaient même le monopole de l'achat; les industriels des autres provinces ou de l'étranger n'étaient pas admis à leur faire concurrence sur le marché de l'Ouest, entre Loire et Gironde.

Les diverses opérations, presque toutes faites à la main ou à bras et sans l'emploi des machines, rendaient la fabrication longue, inégale et coûteuse.

C'est ainsi que, avant la Révolution, les 33 cuves de l'Angoumois qui occupaient 600 ouvriers, ne produisaient guère par an que 700.000 kil. de papier, c'est-à-dire ne donnaient qu'un produit d'environ 700.000 francs.

La matière première, le chiffon, coûtait 16 à 18 francs les 100 kilos et en moyenne 12 francs. Cependant, les papiers d'Angoumois avaient, au XVIIe siècle, une réputation universelle; c'étaient les plus beaux et les meilleurs d'Europe, soit pour l'impression, soit pour l'écriture. Ils servirent aux belles éditions que publièrent les Elzévier, et c'est à leur imitation que se fabriquèrent, à la fin du XVIIe siècle, les papiers depuis si réputés de Hollande et d'Angleterre. Mais, au XVIIIe siècle, la fabrication s'était altérée; si le papier d'Angoumois avait conservé sa solidité, le grain en était resté très rude, la teinte d'un blanc mat; il présentait un aspect moins agréable à l'œil que les variétés fabriquées de nos jours.

Parmi les grands fabricants ou marchands entrepreneurs se trouvaient, au XVIIe siècle, beaucoup d'étrangers, surtout Hollandais, qui résidaient à Angoulême. Tels étaient les Verduyn, les Ravestein, les Vannizel, les Jansenn, les Dericq, les Vantangeren.

Peu à peu, surtout au XVIIIe siècle, ces entreprises sont passées sous la direction d'industriels français dont les plus connus, avant la Révolution, sont les Duponty, les Sazerac, les Henry Villarmain, les Trimeau, les Dervaud, les Clavaud, tandis que l'on trouve déjà parmi les maîtres fabricants des chefs de famille destinés à passer bientôt au rang plus relevé « d'entrepreneurs de manufactures », comme on disait alors; tels sont les Laroche, les Lacroix, les Joubert, les Godichaud, les Durandeau. Quant aux ouvriers papetiers, ils se distinguaient par des traditions spéciales d'une originalité incontestable.

La papeterie se releva dans la seconde moitié du XVIIIe siècle, quand commença le déclin de la réglementation. C'est alors que la liberté de fabrication et l'introduction de meilleurs procédés inusités de la Hollande et de l'Angleterre, l'adoption des cylindres pour broyer et affiner les chiffons, rendirent à l'Angoumois une partie de son ancienne réputation.

A partir de la Restauration, la fabrication des papiers d'impression, des papiers à lettres, des papiers d'administration et des papiers cartiers progressa à Angoulême d'une manière très rapide. On commença aussi à y fabriquer les papiers de couleurs. En 1825, on comptait 72 cuves en Angoumois et la production atteignait à une valeur de 3.600.000 francs. C'est le moment où les maisons Laroche-Joubert, Gaudin, Durandeau, Lacroix, Sazenac, Henry Lacourade, Dervaux, Callaud acquérirent leur grande réputation. Peu à peu, la fabrication se transformait, la papeterie mécanique se substituait à la papeterie à bras, et, vers 1835, la transformation était presque entièrement achevée. Après la crise de 1848, l'impulsion donnée à l'industrie papetière devait être encore plus forte. La multiplication des inventions, la facilité des moyens de crédit, les progrès de la richesse publique ont favorisé singulièrement la papeterie, jusqu'au moment où la concurrence et la surproduction sont venues ralentir son élan. Vers 1860, la production de cette industrie en Angoumois était évaluée à 7.500.000 kilogrammes et à une valeur de 9 à 10 millions de francs, quatorze à quinze fois plus qu'en 1789. L'emploi de matières moins chères que le chiffon, à savoir : l'alfa, la paille, le bois de sapin, de tremble, de melèze, etc., a amené une diminution énorme dans le prix des papiers communs, tandis que l'emploi des machines simplifiait de plus en plus les diverses phases de la fabrication.

Actuellement, la papeterie d'Angoulême fabrique à la fois des papiers de luxe (hollande, anglais, etc.), pour l'impression et la correspondance, et des papiers communs, sans parler des papiers à cigarettes, qui constituent une de ses spécialités les plus estimées. Aujourd'hui encore, le dixième de la production totale des papiers en France est fabriqué en Angoumois, et la valeur de cette fabrication locale varie toujours entre 8 et 10 millions de francs. L'ingéniosité des fabricants, le perfectionnement de l'outillage, la bonne qualité des produits permettent à cette grande industrie angoumoisine de soutenir une concurrence de plus en plus active. En même temps, l'organisation spéciale des papeteries d'Angoumois a permis jusqu'ici d'y maintenir la paix sociale. La plupart des usines sont situées à la campagne, condition excellente pour l'hygiène physique et morale de l'ouvrier. Les ouvriers sont parfois propriétaires de leurs maisons et de leurs jardins. Un certain nombre sont logés dans des maisonnettes propres et bien aérées, dépendantes de l'usine même. Garantis contre les accidents par les assurances, conservant, en cas de chômage ou de maladie, une partie du salaire, jouissant de beaucoup d'autres avantages, ils possèdent généralement des habitudes d'ordre et d'économie. Certaines grandes usines, comme les papeteries Lacroix et Laroche-Joubert, ont donné l'excellent exemple de la participation aux bénéfices. La

Papeterie coopérative d'Angoulême, dirigée par M. Laroche-Joubert, est, à cet égard, un modèle d'organisation intelligente du travail et son mécanisme ingénieux fait de la plupart des ouvriers de ses établissements des coopérateurs actifs et intéressés à l'entreprise. La permanence des engagements et l'entente sur les salaires ont prouvé l'esprit de modération des ouvriers de l'industrie papetière. Peut-être, malgré des symptômes fâcheux, cette industrie parviendra-t-elle à échapper ainsi à la crise qui sévit parmi les populations ouvrières.

Jusqu'ici, la papeterie d'Angoulême, soit par l'importance de sa fabrication, soit par l'esprit d'initiative de ses chefs, soit par les habitudes des ouvriers qu'elle emploie, a su se créer une place à part parmi les premières des industries françaises et elle maintient vaillamment, après quatre siècles d'existence, sa vieille et glorieuse supériorité.

Entre toutes les papeteries qui font la gloire et la richesse d'Angoulême, la papeterie coopérative Laroche-Joubert et Cie se recommande à l'attention des étrangers à la fois comme une admirable organisation industrielle et une intéressante expérience sociale, une tentative généreuse et couronnée de succès pour la solution pratique du conflit entre le travail et le capital.

La maison possède en Charente plusieurs usines; les plus importantes sont celles de l'Escalier, sur la route de Bordeaux, à deux kilomètres d'Angoulême, et de Basseau, sur la Charente, près de la gare de Saint-Michel.

Ces usines occupent environ 950 ouvriers et ouvrières. Dans cette dernière, bâtie depuis quelques années, se fabrique la pâte de bois qui entre dans la fabrication du gros papier, pâte que l'on recevait autrefois toute préparée de Norwège et des autres pays du Nord aux grandes forêts de sapins. Les premiers en France, en effet, MM. Laroche-Joubert ont joint à la fabrication proprement dite toutes les industries accessoires, la préparation directe des produits autrefois importés et le façonnage des papiers manufacturés. Dans les ateliers de la Rampe, du Palet, par une série de manipulations où l'on ne sait ce que l'on doit admirer le plus, de l'habileté des ouvrières ou de l'ingénieuse complication des machines, les grandes feuilles se transforment en papiers à lettres de formats divers, en enveloppes blanches ou bordées de noir; le tout apprêté, compté, empaqueté dans des boites élégantes qui vont populariser le nom de cette grande maison, on peut le dire, dans le monde entier.

Dans chaque usine, au mur d'une des salles, le visiteur peut voir un buste qui semble présider à l'activité de la ruche industrielle. Touchante pensée de reconnaissance envers le fondateur de cette belle maison!

M. Edmond Laroche-Joubert, doué d'une énergie peu commune, d'un tempérament infatigable, d'une intelligence des affaires bien rare, devenait, tout jeune encore, le chef de la maison Laroche-Joubert, Dumergue et Cie, puis Laroche-Joubert, Lacroix et Cie. Dès 1843, à l'âge de vingt-trois ans, ce grand industriel, qui était en même temps un grand philanthrope, inaugurait le système de la coopération de production et le principe excellent dont l'application est encore si difficile et si restreinte, de la participation des ouvriers aux bénéfices. Tout le personnel des usines sans distinction, du plus humble ouvrier au plus élevé, reçoit une part des bénéfices proportionnelle au salaire et aux aptitudes de chacun. De 1843 à 1884, date de sa mort, M. Edmond Laroche-Joubert a consacré toute son activité à perfectionner dans la pratique ce système, et ce grand principe de la communauté d'intérêts, de la solidarité entre patrons et ouvriers. Sa devise, modeste autant que généreuse, était « l'amélioration matérielle et morale du sort du plus grand nombre ».

Depuis 1885, M. Edgar Laroche-Joubert, son fils, élevé dans les mêmes pensées et pénétré des mêmes sentiments, continue l'œuvre si bien commencée par son père. Tous ses collègues rendent justice à l'importance de cette œuvre et à sa noblesse; ils viennent, en mai 1899, de réélire pour la troisième fois, à la presque unanimité, M. Edgar Laroche-Joubert, président de l'Union des Fabricants de papier de France.

Pour terminer, rappelons que M. Edgar Laroche-Joubert, le directeur actuel, a été également amené à occuper, à la Chambre des députés, le siège de M. Jean-Edmond Laroche-Joubert, son père, élu, en 1868, contre le candidat officiel, M. Mathieu Bodet, les excellents souvenirs laissés dans la Charente par le grand industriel philanthrope ayant désigné naturellement le fils au choix des électeurs du père.

Né le 12 septembre 1843, à Angoulême, Edgar-Jean Laroche-Joubert, ses études terminées, voyagea, puis fut associé aux affaires de la papeterie créée par son père.

Elu conseiller municipal et adjoint au maire d'Angoulême en 1871, conseiller général du premier canton de cette ville en 1874, M. Laroche-Joubert, à la mort de son père, fut élu à sa place député de la première circonscription d'Angoulême, le 14 septembre 1884, par 8.450 voix contre 4.357 voix à M. Guimberteau.

Son programme était celui des plébiscitaires prêts à s'incliner devant les décisions souveraines du suffrage universel. Il fut réélu sur le même programme en 1885 et 1889.

En 1893, il posa sa candidature sur le terrain plus précis de la république plébiscitaire. Il fut encore réélu par 8.165 voix contre 5.614 obtenues par M. Jarton, républicain radical. Il a toujours été réélu depuis et a su prendre à la Chambre une place des plus remarquées.

BERTHET (François), né à Cabannes (Bouches-du-Rhône), le 16 juin 1837; négociant et exportateur en graines de vers à soie, membre de plusieurs Sociétés savantes et agricoles, directeur de la Maison F. Berthet et Cie.

Adresse : Les Arcs (Var).

On sait de quelle importance est pour notre pays l'élevage des vers-à-soie. La sériciculture est l'une des grandes branches de notre commerce national. C'est elle qui a permis, par ses produits, à plusieurs villes du Midi et particulièrement à Lyon, de se développer dans des conditions qui tiennent du prodige.

Il n'est pas, on le conçoit, de bon élevage des vers-à-soie si l'on ne peut compter sur des graines de qualité supérieure, d'autant que, l'on doit se défier des maladies cryptogamiques qui attaquent l'insecte dans son germe, et que, d'autre part, les œufs des papillons sont de valeur bien différente selon l'espèce qui les a produits, l'habitat, la nourriture et d'autres facteurs qu'il n'est pas utile d'énumérer.

Les travaux de Pasteur ont rendu de grands services, nous n'en disconvenons pas. Mais encore est-il indispensable dans les magnaneries de ne s'adresser qu'à des graines de provenance connue, capables de donner des chenilles robustes, aptes à la besogne qui leur est demandée.

Ces préoccupations décidèrent en 1868 la fondation de la Maison F. Berthet et Cie qui s'établit aux Arcs, en plein pays séricicole, dans le département du Var.

Cette création répondait à un besoin. En peu de temps, la maison Berthet et Cie occupa en France une place prépondérante dans l'industrie séricicole, tant par son importance que par la valeur de ses produits.

Après de longues recherches, MM. Berthet et Cie ont fait choix, dans la merveilleuse région méditerranéenne d'un certain nombre de communes réunissant les conditions les plus favorables pour l'élevage des vers-à-soie : exposition, température sans à coups et sauts brusques, conditions hygrométriques de premier ordre, enfin production de feuilles saines.

Ces points ont chacun leur importance, tant sur les magnans que sur la pousse des feuilles. Il ne faut pas oublier que la qualité de la nourriture influe énormément sur le succès de l'éducation et sur la supériorité des cocons.

Dans ces communes favorisées par la nature, MM. Berthet et Cie ne comptent pas moins de 1.800 à 2.000 éducateurs, choisis eux-mêmes parmi les plus intelligents et les plus sérieux, et qui élèvent chacun de dix à trente grammes de graines.

La production annuelle de cocons provenant de ces éducateurs arrive au chiffre approximatif de 80.000 kilogrammes.

C'est alors que commence le travail de révision des cocons qui sont soumis à un choix des plus sérieux et des plus minutieux.

Les chrysalides sont vérifiées par le toucher et par des yeux exercés. On écarte impitoyablement tout ce qui n'est particulièrement satisfaisant. Un tiers environ des cocons est ainsi éliminé.

Il reste à peu près 55.000 kilogrammes de cocons au grainage, donnant 3 onces de graines par kilogramme. La production annuelle de la maison Berthet est donc ainsi, en chiffres ronds, de 150.000 onces de graines de vers à soie.

Que représente cette quantité considérable? La production totale de la France est, d'après les statistiques officielles, de 1.000.000 d'onces de graines. La récolte des graines, chez MM. Berthet, est donc de 1/7 de la récolte générale du pays. Ces chiffres ont leur éloquence.

La Maison F. Berthet et Cie possède 14 établissements séricicoles :

11 Etablissements dans le département du Var : les Arcs, Brignoles, Carcès, Flayon, Lorgues, Draguignan, Traus, Le Luc, Cabasse, Sainte-Maxime, Le Plan-de-la-Tour.

3 Etablissements en Asie-Mineure : île de Chypre, mont Liban et Brousse.

Tous ces établissements sont autant de centres qui se recommandent par leur situation exceptionnelle sous des climats particulièrement salubres. On y occupe environ 2.000 ouvriers.

Ces centres d'éducation des vers à soie sont placés sous la surveillance d'agents exercés et compétents. MM. Berthet et Cie les visitent souvent, car ils ont à cœur de conserver une réputation acquise au prix de grands sacrifices, d'études approfondies et de longs et persévérants efforts.

Les graines de vers à soie fournies par la maison Berthet et Cie appartiennent à une race particulière, dite : *soie du Var*. Dès sa fondation, l'Etablissement s'était arrêté à cette espèce unique, qui donne les cocons les plus recherchés du commerce.

MM. Berthet et Cie ont pu perfectionner la race du Var en la préservant de tout croisement et en opérant chaque année une sélection bien entendue.

Les résultats qu'ils ont obtenus, et qui sont constatés par tous les éleveurs, n'ont pu que les encourager à continuer de marcher dans cette voie.

La supériorité des graines de la Maison Berthet est constatée par une foule de certificats délivrés par les Chambres de commerce françaises et étrangères, par les gouverneurs des colonies et par les grands propriétaires du Levant.

En Turquie, par exemple, les graines acquittent un impôt *ad valorem* de 8 0/0. Mais s'il s'agit de la marque « La Renommée » de MM. F. Berthet et Cie, l'impôt douanier est alors bien supérieur à celui qu'ont à solder les autres marques connues, ce qui donne un caractère officiel au mérite des produits de l'Etablissement des Arcs.

Les graines Berthet et Cie, universellement connues, sont expédiées dans tous les pays du monde où l'élevage des précieuses chenilles est rendu possible par le climat. Les principaux clients de MM. Berthet et Cie sont en Turquie, d'Europe, en Asie-Mineure, en Grèce, en Espagne, en Bulgarie, en Serbie, au Caucase, en Perse, au Turkestan et en Boukharie.

Le chiffre d'exportation de la maison a été de 152.000 onces pour la récolte de 1899, chiffre contrôlé par les rentrées en douanes. Tout commentdire serait superflu.

Ces résultats prodigieux sont dus aux causes multiples que nous avons signalées au cours de cette étude, en même temps qu'aux qualités personnelles de M. F. Berthet et à la loyauté qu'apporte dans les affaires l'Etablissement séricicole des Arcs.

Il faut en féliciter les intelligents directeurs de la Maison F. Berthet et Cie

GÉRAUDEL (Auguste-Arthur), A. ♁, pharmacien-chimiste, inventeur des « Pastilles Géraudel », membre de plusieurs Sociétés savantes.

Adresse : Sainte-Menehould (Marne).

Les vaudevillistes ne songent plus à prendre comme cible à leurs railleries les apothicaires, et il est probable que si Molière revenait, il serait le premier à rendre hommage au mérite de ces modestes savants, dont un grand nombre ont fait faire à la science un pas énorme en même temps qu'ils apportaient à l'humanité le soulagement ou la guérison de ses maux.

Le pharmacien ne ressemble pas plus à l'apothicaire d'autrefois que l'astronome d'aujourd'hui ne ressemble à l'astrologue d'il y a trois siècles, de même que la thérapeutique actuelle n'a rien de commun avec les remèdes empiriques qu'on ordonnait alors et dans lesquels entraient les substances les plus étranges telles que la cervelle et le fiel de chameau, la présure du veau marin, les excréments de crocodile, le sang de tortue et autres ingrédients plus bizarres encore qui nécessitaient pour être absorbés une foi aveugle dans l'efficacité de ces médicaments.

Ce n'est pas que la pharmacie n'ait eu, à une époque reculée, des maîtres dont la science reposait sur des données sérieuses établies sur l'examen des plantes et des minéraux et leur action sur l'organisme. Gallien, qui fut le père de la pharmacie, avait, au IIe siècle, formulé des préceptes, qui subsistent d'ailleurs encore. Au VIIe siècle, les Arabes, à qui la chimie est redevable de tant de découvertes, professaient la pharmacie et avaient ouvert des écoles publiques où l'on venait s'instruire dans la science des manipulations pharmaceutiques, exclusivement basée sur la botanique et la chimie. Mais les ténèbres du moyen âge obscurcirent le chemin parcouru. Il ne resta bientôt plus trace des travaux et des découvertes accomplis dans les siècles passés, et l'ignorance et la superstition régnèrent en maîtresses. De là, ces préparations étranges, ces remèdes extraordinaires et l'accoutrement bizarre de ceux qui les ordonnaient et les administraient.

Point n'était besoin, dans ces conditions, d'avoir fait des études pour débiter des drogues. Aussi les épiciers faisaient-ils une sérieuse concurrence aux pharmaciens, ainsi qu'on le constate par certains édits royaux. Ce n'est guère que sous François Ier qu'on obligea les élèves apothicaires à faire quatre ans d'apprentissage et à servir dix ans chez un patron, enfin à subir un examen, qu'on appelait l'*Acte des Herbes*, avant de pouvoir s'établir apothicaires à leur tour.

Il faut enfin en arriver à 1780 pour voir la profession d'apothicaire réglementée par l'ouverture d'un Collège de pharmacie dont il fallait être membre pour pouvoir exercer.

C'est à la Révolution que l'on doit la création des Ecoles supérieures de pharmacie. Actuellement, elles sont au nombre de trois : Paris, Montpellier, Nancy, auxquelles il faut ajouter les Facultés mixtes de Bordeaux, Lille et Lyon et seize Ecoles préparatoires dans lesquelles l'enseignement est donné par les hommes les plus éminents, dont un grand nombre ont marqué, par leurs découvertes, dans les annales de la science.

La seule Faculté de Paris ne possède pas moins de 1,400 élèves, dont 17 femmes. En y comprenant 400 stagiaires, cela fait 1,800 élèves de tous degrés. Et comme la proportion est à peu près la même dans les autres facultés, on voit que si le peuple français souffre — à ce que prétendent les politiciens — ce n'est pas faute de pouvoir se procurer des médicaments.

Ceux-ci, bien plus encore que ceux qui les

ordonnent ou qui les vendent, sont légion, mais combien sont démodés ou tombés en discrédit, après avoir été prônés comme une panacée. On en trouve bien encore dans les officines, mais ils ne sont là, comme les représentants d'un régime disparu, que pour attester qu'ils ont existé.

C'est que la faveur populaire est la pierre de touche des remèdes comme elle est celle des souverains. On peut, au début, s'emballer pour ce qui est nouveau, mais que l'essai ne réponde pas à l'attente, que les espérances entrevues, que les promesses faites ne se réalisent pas, et le public se fâche ou devient indifférent.

Hélas! que j'en ai vu tomber de ces remèdes qu'une publicité intense avait préconisés comme souverains! Au bout de quelque temps, on n'en parlait plus.

Pourquoi donc les Pastilles Géraudel, depuis l'époque où le pharmacien de Sainte-Menehould les fit connaître, jouissent-elles d'une vogue qui ne fait chaque année qu'augmenter? C'est qu'elles ont tenu ce qu'elles promettaient. On a accusé M. Géraudel de ne devoir leur succès qu'à la bruyante réclame dont il les a entourées. Mais alors pourquoi, pour tant d'autres produits, la réclame a-t-elle été inefficace après un engouement passager? C'est que malgré les coups de grosse caisse, le public est resté froid, et c'est ainsi que de hâtives renommées se sont effondrées. M. Géraudel, c'est incontestable, a dépensé d'importantes sommes pour faire connaître les pastilles qui portent son nom, mais on peut dire que la seule réclame qui lui ait profité est celle qui ne lui a jamais rien coûté : celle des milliers et des milliers de gens qui avaient usé de ses pastilles. Et cela confirme cet aphorisme bien connu du monde des affaires : « La meilleure publicité n'est pas celle que l'on fait mais bien celle que l'on vous fait ». La popularité que certains reprochent tant à M. Géraudel et à ses pastilles n'est donc pas le fait d'une réclame personnelle habile, mais bien de la propagande ouverte ou discrète de tous ceux que ces pastilles ont guéris ou soulagés.

Auguste-Arthur Géraudel naquit à Bellefontaine, commune de Futeau (Meuse), le 4 mars 1841. Il resta jusqu'à douze ans à l'école de son village et ce fut sur les instances de l'instituteur que son père, un pauvre souffleur de verre, et sa mère, une simple sage-femme, l'envoyèrent au collège de Sainte-Menehould, en s'imposant de rudes privations. A quatorze ans. le jeune écolier songea à n'être plus à la charge de sa famille ; entrant comme garçon de laboratoire dans la pharmacie de M. Labrosse, il y demeura quatre ans, sans autres appointements que sa nourriture et son entretien.

Géraudel atteignit ainsi sa dix-huitième année, époque où il souhaita s'élever au-dessus de la modeste position qu'il avait occupée jusqu'alors. Il se rendit à Metz, où il entra dans une maison de droguerie, puis, au bout de quelques mois, dans une grande pharmacie de cette ville. Là, il accomplit un travail acharné, passa bien des nuits sans sommeil, et, guidé par un vénérable inspecteur en retraite, commença ses études universitaires. En 1862, il subissait avec succès, au lycée de Metz, son examen de grammaire : il pouvait être pharmacien de deuxième classe! En 1863, il se rendait à Paris, entrant comme élève dans la pharmacie de M. Duroy, lauréat de l'Institut, et, un an plus tard, se présentait à l'internat. Reçu après un brillant concours, il passait quatre années tant à la Salpêtrière qu'à Saint-Antoine, obtenant à sa sortie la médaille des Hôpitaux.

L'épidémie de choléra qui, en 1865, fit tant de victimes à Paris, lui donna une première occasion de se signaler à l'attention de ses maîtres et à la bienveillance des pouvoirs publics. Le 15 janvier 1866, il recevait la lettre suivante de M. Duruy, le ministre de l'Instruction publique :

« Monsieur,

« J'ai l'honneur de vous faire connaître que, par arrêté en date du 1er janvier courant, pris conformément à la décision impériale du 5 décembre 1865, je vous ai accordé, en raison des services que vous avez rendus pendant l'épidémie cholérique de 1865, la gratuité des droits (inscriptions, examens, thèses, certificats d'aptitude et diplôme) qui vous restent à acquitter au profit du Trésor, à partir du 1er janvier, pour l'achèvement de vos études.

« Je suis heureux d'avoir pu vous donner ce témoignage de la reconnaissance publique pour le zèle et le dévouement dont vous avez fait preuve, et je vous félicite sincèrement d'avoir si noblement compris les devoirs et l'abnégation que comporte l'honorable profession à laquelle vous aspirez.

« Recevez, Monsieur, l'assurance de ma considération distinguée.

« *Le Ministre de l'Istruction publique*,

« V. Duruy. »

Pour obtenir son diplôme de pharmacien de 1re classe, Géraudel voulut être bachelier, aussi mena-t-il de front ses études pharmaceutiques et ses é udes classiques. Reçu bachelier ès-sciences le 14 mai 1868, il était pharmacien de 1re classe le 13 août de la même année.

Le voilà donc avec son parchemin en poche et songeant à l'emploi qu'il en ferait. Son rêve aurait été de s'installer à Paris. Il n'y fallait pas songer : l'achat d'une pharmacie y coûte cher et Géraudel n'avait pour toute fortune que son diplôme, son intelligence, son énergie et sa volonté de parvenir, toutes choses qui se monnayent difficilement. Il revint donc à Sainte-Menehould et rentra chez son ancien patron auquel il ne tarda pas à succéder.

Mais M. Géraudel, à l'encontre de la plupart de ses confrères, n'était pas homme à s'enfermer dans une officine et à s'y borner à l'exécution des ordonnances ou à débiter derrière son comptoir les remèdes courants qu'en passant on venait lui acheter. Le jeune pharmacien avait des visées plus hautes. Ses fortes études scientifiques et particulièrement ses connaissances en chimie, qui lui avaient valu de se voir confier les expertises médico-légales par le tribunal, l'avaient amené à entreprendre des recherches qu'un événement ne fit qu'activer.

Sa mère souffrait depuis longtemps d'un catarrhe des bronches avec asthme humide. Le médecin de la famille insistait sur les avantages du goudron dans cette affection, mais la malade témoignait pour cette médication une répugnance invincible. Désireux de triompher de cette répugnance, Arthur Géraudel étudia les diverses préparations du goudron et leur mode d'administration alors en usage. Tel fut le point de départ d'une découverte qui devait assurer à jamais le renom de son auteur.

S'inspirant des travaux de Salles-Girons, Chevandier, Gubler, etc., le savant pharmacien reconnut bientôt que parmi les multiples produits pyrogénés qui prennent naissance dans le mode même de préparation du goudron, plusieurs d'entre eux sont d'une âcreté excessive, irritent et enflamment les muqueuses avec lesquelles elles se trouvent en contact et par cela même détruisent l'action de ce précieux médicament. Recherchant ensuite les moyens les plus simples de faire pénétrer dans les voies respiratoires le goudron qu'il avait ainsi obtenu, étudiant son degré de volatilité puis la préparation qui favorisait le mieux cette vaporisation, il constata que la bouche constitue l'appareil inhalateur le plus simple et le plus parfait.

Après quoi, prenant du goudron de Norvège parfaitement pur, à un état de division moléculaire que lui assure son maximum de volatilité, il l'associa à certaines autres substances balsamiques dont l'efficacité reconnue se surajoute à la sienne, et en composa ces petites pastilles rondes, couleur café au lait, que tous, grands et petits, riches et pauvres, nous avons plus ou moins dégustées.

Arthur Géraudel avait ainsi mis à la disposition de la thérapeutique familière un remède efficace et économique des multiples affections des voies respiratoires depuis le simple enrouement jusqu'à la grippe, l'asthme et l'influenza et un certain préservatif de la tant meurtrière phtisie.

Pour répondre au succès, M. Géraudel a d'abord été obligé de s'agrandir, puis il a fait construire une usine — un modèle du genre — d'où sortent tous les ans *deux millions d'étuis*, c'est-à-dire *cent quarante-quatre millions* de pastilles, dont une partie va, hors de France, en Amérique, en Australie, répandre le nom du célèbre chimiste français.

Secrétaire du *Conseil d'hygiène* et du *Comice agricole*, M. Géraudel, qui fut quelque temps conseiller municipal, fonctions dont il se démit volontairement, est aussi délégué cantonal, membre du *Comité central d'études et de vigilance contre le phylloxéra*, vice-président du bureau de bienfaisance, vice-président de la *Société de secours mutuels*, membre de la Commission administrative du Collège de Sainte-Menehould, membre de la Commission des établissements insalubres, membre de la Commission d'inspection des pharmaciens, président-fondateur de la *Société de musique*, etc., et enfin officier d'Académie.

Par l'énumération de ces titres, on voit en quelle estime est tenu M. Géraudel par ses concitoyens. Ce modeste savant a fait ainsi mentir le proverbe; populaire en France, il a trouvé moyen d'être prophète en son pays

DÉFOSSE-DELAMBRE (Joseph-Théophane), ✠ (chevalier du Mérite agricole), né le 18 mars 1838, à Varennes-en-Croix, canton d'Acheux (Somme), constructeur-mécanicien,

fabricant d'instruments et de machines agricoles, lauréat de nombreux concours et expositions, membre de plusieurs sociétés industrielles, agricoles, etc.

Ateliers de construction, usine à vapeur et bureaux : à Varennes, gare, poste et télégraphe d'Acheux (Somme). — Succursale : Défosse fils, à Albert (Somme).

M. Défosse-Delambre, l'un des plus importants fabricants de machines agricoles de la région du Nord, eut des débuts très modestes. Son père, Joseph Défosse, était maréchal-ferrant au village de Varennes, sur les limites de l'Artois, de l'Amiénois et du Doulennais, en une contrée essentiellement agricole, l'une des plus riches de la région picarde-flamande.

M. Joseph-Théophane Défosse se familiarisa

ainsi dès son enfance au travail du fer. Il reconnut d'autre part l'insuffisance du matériel agricole employé dans les pays du Nord et la nécessité de doter les cultivateurs d'instruments perfectionnés appropriés à la culture régionale. C'est à cette œuvre que, depuis 1863, il consacra son énergie, ses efforts, son intelligence et son esprit observateur et inventif.

Depuis, l'établissement n'a fait que progresser d'année en année pour arriver à la grande situation qu'il occupe actuellement dans le monde agricole.

La maison Défosse-Delambre est aujourd'hui une maison de premier ordre pour la fabrication des charrues, brabants doubles, extirpateurs, scarificateurs, herses en fer montées sur roues, herses articulées, herses à chainons, herses norwégiennes, herses écroûteuses, etc., houes à cheval, houes à distribution d'engrais, rouleaux plombeurs, rouleaux en tôle sur vingt modèles, rouleaux Croskills sur dix modèles, arracheurs de pommes de terre, arracheurs de betteraves perfectionnés, arracheurs à emplois multiples, butteurs, butteurs rayonneurs, binots à trois socs perfectionnés, moulins à pommes, pressoirs, laveurs de racines à main et à moteur, etc.

L'usine de Varennes possède un outillage des plus complets que met en action une puissante machine à vapeur. Le personnel, dirigé par M. Défosse lui-même, est à la hauteur des services qu'on lui demande. Les instruments sont construits en matériaux de premier choix (fer et acier), ce qui permet de les rendre aussi légers que solides. Les pièces sont de rechange et par numéro d'ordre, ce qui en permet le remplacement facile et sans aide après perte bris, faussage ou usure. D'autre part, M. Défosse-Delambre leur a appliqué une foule de perfectionnements qui en font des types parfaits admirés dans tous les concours et qui sont vivement recherchés dans le monde agricole, non seulement de la région du Nord, mais encore du reste de la France et de l'étranger.

Disons quelques mots des grandes spécialités de la maison Défosse-Delambre :

1° *Brabants doubles.* — Ces brabants, dits « à bascule » ou « à mancherons », peuvent labourer de 5 à 35 centimètres de profondeur. Ils sont construits en bon fer et en acier; les socs, les versoirs, les coutres, les rasettes sont en acier; les versoirs sont en acier forgé, tournés à la matrice, et plus épais aux endroits où le frottement est le plus intense; ils ne s'oxydent que difficilement. Les socs, les talons, les versoirs, etc., et toutes les pièces susceptibles d'usure par le frottement sont montés à boulons et toujours exactement percés aux mêmes endroits, de manière que le cultivateur puisse les remplacer lui-même, ce qui est un avantage incontestable. Dans la plupart des pays où les brabants Défosse-Delambre ont fait leur apparition, tous les anciens modèles de charrues ont été abandonnés. Ajoutons que la charrue-brabant double a obtenu plus de 70 premiers prix aux concours et expositions de la France et de l'étranger, et qu'elle est en passe de conquérir le monde;

2° *Herse de l'Avenir.* — « Cette herse, dit le *Journal d'Agriculture pratique* (16 juin 1887), est disposée de façon à se prêter à tous les genres de travaux que nécessite l'ameublissement de la terre après les labours. Construite en fer et en acier, elle est simple et solide; elle est montée sur un bâti, avec avant-train et roues à l'arrière. Les barres transversales sur lesquelles sont fixées les dents par une simple chape à vis de pression, sont en fer carré, sans aucun trou, afin que la barre ne perde rien de sa force. Dans le milieu de l'instrument, une barre de fer plate posée de champ et très résistante, est, pour ainsi dire, l'âme de cette herse; un mouvement à vis très simple et très solide y est adapté et actionne toutes les barres transversales, de sorte qu'on donne à volonté aux dents telle inclinaison qu'on veut. On peut même en faire une herse arrière-dents, disposition souvent utile pour le premier hersage de terres fort chargées de fumier ou de mauvaises herbes. Ce système de montage permet encore d'augmenter ou de diminuer à volonté le nombre de dents et de remplacer celles-ci par d'autres de telle forme qu'on juge convenable pour l'exécution de divers travaux. »

... Le montage et le démontage sont à la portée de tout le monde, et l'emploi d'un traineau est inutile, grâce au mouvement à vis qui permet de relever suffisamment les dents. Au besoin même, on charge sur les roues toute autre machine d'un poids limité. Ces herses exigent, suivant grandeur et poids, depuis la force d'un cheval jusqu'à celle de cinq ou six bœufs. Fort remarquée au Concours régional de Rennes (1887) par le ministre de l'agriculture, la herse de l'Avenir a remporté un grand nombre de prix et de médailles aux concours et expositions. Son usage se généralise dans la petite et dans la grande culture;

3° *Rouleaux plombeurs.* — Ces rouleaux, de toute force et de toutes dimensions, sont montés avec ou sans roues. L'arbre tournant est mobile; il tourne dans des boites à graisse, ce qui le rend très léger à conduire. Des freins et des sièges peuvent être adaptés à ces rouleaux qui se font en fonte (20 modèles) ou en tôle. On les fabrique avec deux, trois ou quatre cylindres, suivant leur longueur. M. Défosse-Delambre fabrique également des rouleaux plombeurs en tôle avec limonière qui sont généralement conduits par un seul cheval. Ils sont surtout recommandables par leur simplicité de construction, leur extrême solidité et leur légère traction. La modicité de leur prix les met à la portée de la petite culture;

4° *Charrue vigneronne.* — Les instruments de M. Défosse-Delambre ayant été répandus dans des pays de vignobles et ayant été appréciés par la supériorité de leur travail aussi bien que par leur solidité sans égale, les vignerons ont demandé une charrue pour les vignes.

Cette charrue très simple, construite en fer fin et en acier, est très légère aussi bien pour le conducteur que pour l'attelage. Elle est solide et munie d'une rasette pour enfouir l'herbe. Elle fonctionne parfaitement. Les pièces qui la composent sont toutes de rechange. Lorsqu'elles nécessitent un affilage, rien n'est plus simple que de les démonter et les mettre en place après l'opération ;

5° *Houe déchaumeuse vigneronne à expansion.* — Cet instrument répond aux multiples exigences de culture de la vigne. Il se complète par l'*Extirpateur vigneron à expansion,* qui n'en diffère que par la forme des dents ;

6° *Laveur de racines.* — Le laveur de M. Défosse-Delambre est un nouveau modèle perfectionné. Il peut être mû à la main ou au moteur en le montant avec des poulies sur l'arbre du volant. Du reste, il est très léger à tourner. Une hélice projette les racines dans un récipient *ad hoc.* Le laveur donne un rendement considérable de travail. Une soupape en dessous permet de le vider et de changer l'eau.

En outre de ces spécialités et des instruments et machines énumérés plus haut, la maison Défosse-Delambre fabrique ou peut fournir à des conditions exceptionnelles de bon marché et de qualité toutes les marchandises employées dans les exploitations agricoles, même les plus importantes. Elle se met, du reste, à la disposition des cultivateurs, fermiers, colons, etc., pour leur fournir les renseignements désirés.

M. Défosse fils, actif collaborateur de son père, dans la succursale installée depuis quelques années au milieu de la ville industrielle d'Albert, s'est fait une spécialité pour la fourniture des batteuses, des manèges, des tarares-trieurs, des moulins à farine, des brise-tourteaux, tonneaux, pompes fixes et portatives, volées d'attelage, articles de laiterie, roues en fer et bois, moissonneuses-lieuses, rateaux automatiques, faucheuses de tous systèmes, etc.

Les récompenses obtenues par M. Défosse Delambre se chiffrent à ce jour (1899) par plus de 300 médailles de toute nature. La maison a, de plus, obtenu 2 médailles d'argent et 2 diplômes d'honneur aux Expositions de 1878 et de 1889, à Paris.

M. Défosse-Delambre est membre de la *Chambre syndicale des Constructeurs d'instruments d'agriculture et d'horticulture,* membre de la *Société nationale d'encouragement à l'agriculture,* membre du *Syndicat central des Agriculteurs de France,* membre de la *Société des Agriculteurs de la Somme,* conseiller municipal et membre du Bureau de bienfaisance de Varennes, etc.

Il a été nommé Chevalier du Mérite agricole par décret du 19 juillet 1893. Nous avons tout lieu de croire que l'Exposition de 1900 viendra fleurir de rouge la boutonnière de ce travailleur, de cet inventeur qui a rendu tant de services à l'agriculture française et qui est appelé à lui en rendre encore de nombreux.

LAVOLAILLE (François), né à Avallon en 1754, mort à Paris en 1814.

LAVOLAILLE (François-Marie), né à Paris le 19 avril 1811, décédé à Paris le 22 janvier 1885.

A. MAILLE-LAVOLAILLE, né à Briot (Oise) fabricant d'articles de voyage.

Il y a plus d'un siècle, vers 1785, le maître coffretier François Lavolaille fondait au n° 8 de la rue de la Vrillière une modeste maison d'articles de voyage, dont la prospérité devait bientôt montrer au commerce parisien quels résultats surprenants peuvent donner l'activité et l'intelligence humaines, quand elles s'appliquent sans relâche à la création et au perfectionnement des objets les plus simples.

Car rien n'est moins facile, en apparence, que de s'illustrer dans une fabrication comme celle des malles et des valises; nous allons pourtant montrer qu'on peut y conquérir ses parchemins.

Le 4 novembre 1774 « par devant les Conseillers du Roy, notaires à Paris, soussignés... le Sieur François Lavolaille s'engageait comme apprenti du Sieur Jacques Désiré, demeurant rue de Seine, pour pouvoir parvenir à la qualité de maître coffretier en cette Nille, lequel Maître Désiré s'engageait à lui apprendre son métier et tout ce dont il se mesle et entremet en icelui sans lui en rien cacher, à le traiter doucement et humainement ainsi qu'il convient... etc. »

Quelques années plus tard, nous trouvons un parchemin conférant « la Maistrance en son art au jeune apprenti » pour avoir construit « un coffre d'un *modèle nouveau, léger et commode*, à l'usage des négociants ambulants et autres gens de route et diligences. »

C'est précisément ce chef-d'œuvre, cet article pour gens de route et diligences qui devait servir de base aux réformes qu'introduisait plus tard François-Marie Lavollaille et orienter sa *spécialité.*

Dans le remarquable ouvrage de M. G. Wuitton, le *Voyage à travers les âges*, nous lisons que la maison Lavollaille « adopte tout d'abord la spécialité des vaches et des veaux, sortes de malles destinées aux berlines et aux chaises de postes, s'adaptant : la première en arrière du véhicule, et la seconde en avant. La vache était généralement de forme carrée et le veau prenait parfois des formes bizarres et contournait la voiture. Toutes les deux étaient de bois solide recouvert d'un cuir épais de vache vernie. »

Mais, la marche incessante du progrès devait amener bientôt des besoins nouveaux.

Voyager pour le commerce devenait une profession; c'est alors que François-Marie Lavolaille succéda à son père. L'extension de son industrie l'obligea à agrandir sa maison qui, depuis 1809, était transférée au n° 11 (ancien 13) de la rue Croix-des-Petits-Champs.

Sous son habile direction, une transformation aussi soudaine qu'heureuse s'opéra dans l'article de voyage et révolutionna la fabrication des malles, particulièrement de celles destinées au transport des échantillons. Il créa d'abord la malle particulière du voyageur de commerce, qui, dès son apparition, répondit si bien à un besoin quelle fut baptisée « malle de voyageur », et, actuellement encore, à part les modifications apportées par son gendre A. Maille-Lavolaille, elle est restée le type adopté et préféré de tous les voyageurs expérimentés.

Au lieu du lourd coffre d'autrefois que cahotait la diligence, elle offrit pour une même contenance un volume bien moindre, une légèreté plus grande et une résistance à toute épreuve.

Après la malle-voyageur, Lavolaille créa un genre de caisse tout particulier et spécialement destiné aux tissus et auquel il donna le nom bizarre de « marmotte. »

Par sa forme télescopique analogue à celle des boites à savons, elle permet de réduire à volonté le volume du contenant suivant celui du contenu.

Par suite du succès si grand de ces deux inventions, la maison Lavolaille prit un essor considérable et M. Lavolaille fut obligé, en 1874, de quitter ses ateliers du n° 11 de la rue Croix-des-Petits-Champs pour prendre en totalité la maison du n° 3 de la même rue.

C'est encore là que sont actuellement ses ateliers réunis à la maison de vente.

Malgré la nouveauté et l'originalité de ses trouvailles, François-Marie Lavolaille ne voulut pas prendre de brevet. « Il y a de la place et du travail pour tous, disait-il; tant mieux si nos modèles sont copiés; ils seront utiles à plus de gens. » Ils le furent, en effet, utiles et copiés si bien dans leur forme, jamais pourtant dans leur qualité, qu'ils furent trop souvent signés par leurs auteurs du nom de Lavolaille. C'était dépasser la pensée du généreux inventeur, et maintes fois la justice dût intervenir pour défendre sa marque personnelle.

Jamais la maison Lavolaille ne prit part à une exposition. Sa réputation de qualité lui suffisait et, comme disait finement son chef : « Bonne renommée vaut mieux que médaille dorée. »

Jamais non plus l'ombre d'une réclame, et qu'on nous permette à ce sujet de mettre sous les yeux de nos lecteurs, à titre documentaire, le modèle de carte-adresse suivante :

A L'ÉTOILE HEUREUSE

Rue Croix-des-Petits-Champs, N° 13, vis-à-vis celle du Pélican.

LAVOLAILLE,

COFFRETIER-GAINIER,

Tient Magasin et Fabrique de Coffres, Malles, Impériales en bois et osier, Etuis de chapeaux à l'anglaise, Porte-Manteaux de toutes qualités, et tout ce qui concerne la Coffreterie; il fait des envois pour la province, au plus juste prix.

A PARIS

Ainsi que le souhaita son fondateur, la maison Lavolaille eut une heureuse étoile, car, ainsi que le dit M. G. Vuitton dans l'ouvrage précité : « On peut dire que la presque totalité des malles-voyageur et des marmottes vendues depuis un demi-siècle en France sont sorties de cette fabrique. »

En 1890, par suite du mariage de Mlle Lavolaille avec M. Antoine Maille, la maison changea de raison sociale, mais non de ligne de direction, car M. A. Maille-Lavolaille continue fidèlement la tradition de famille. Il est personnellement aidé dans sa tâche par maints élèves de son beau-père qui comptent à la maison 30, 40 et même 50 ans de service.

Toutefois, si parfaits que fussent les modèles types anciens, M. Maille s'aperçut qu'un besoin général de modernisation se faisait sentir. Il fallait se plier aux exigences des besoins et des goûts nouveaux sans jamais perdre de vue les qualités essentielles qui font la renommée de la maison. Tel fut l'objectif de M. A. Maille-Lavolaille et le but de ses constants efforts. Aussi, sous son habile direction, la maison Lavolaille continue sa marche prospère et mérite plus que jamais l'universelle réputation dont elle est fière à juste titre.

CARRÉ (Ferdinand-Philippe-Édouard), ✱, né à Moislains (Somme), le 11 mars 1824, ingénieur civil, membre de la *Société des Ingénieurs civils de France*, membre perpétuel de la *Société de Secours des Amis des Sciences*, membre perpétuel de l'*Association des Inventeurs et Artistes industriels*, ancien membre du Laboratoire des recherches physiques de la Sorbonne, fondateur d'un prix de mille francs à la *Société d'Encouragement pour l'Industrie nationale*, lauréat de plusieurs sociétés savantes.

Adresse : Usine hydraulique du Poncet, près Faremoutiers (Seine-et-Marne).

M. F. Carré est, sans contredit, l'un des plus célèbres inventeurs du siècle qui se clôt. Ses découvertes — dont il n'a guère profité, comme tous les inventeurs — ont ouvert des voies merveilleuses à la Science et à l'Industrie. Son œuvre restera.

Fils de la vieille Picardie, il a puisé dans l'esprit particulier à cette province l'amour du travail et l'énergie qui permettent les longues et nobles entreprises.

Presque au sortir des bancs, M. F. Carré fonda dans son pays une fabrique d'allumettes chimiques qui eut certaine célébrité; il n'en continua pas moins à étudier, surtout les vapeurs, ce qui lui permit de débuter en 1855 par la Machine à vapeur à trois cylindres qui passa inaperçue, et, en 1857-1859, par les Appareils réfrigérants à éther et à ammoniaque qui furent accueillis d'emblée parce qu'ils répondaient à un desideratum exprimé depuis longtemps, et à un besoin immédiat.

Depuis cette époque, l'œuvre de M. F. Carré n'a pas cessé de se développer et de se perfectionner, malgré les obstacles de toute sorte que lui suscitèrent l'envie, la jalousie et la mauvaise foi.

Ses nombreux brevets ont donné lieu à des exploitations fructueuses, soit en association, soit par des cessionnaires.

Rappelons les principaux :

1855. — Machine à vapeur à trois cylindres détendant l'un dans l'autre, avec récipient intermédiaire de vapeur;

1856. — Récupérateur de chaleur du gaz de combustion par l'air qui doit opérer la combustion;

1857. — Appareil à produire le froid par la vaporisation des liquides volatils;

1859. — Appareils réfrigérants à ammoniaque, agissant au moyen de l'affinité et par l'emploi direct de la chaleur non transformée en force motrice;

1860. — Appareil réfrigérant à acide sulfureux et force motrice;

1861. — Extraction du sulfate de soude des eaux-mères du sel marin au moyen des appareils précédents;

1862. — Appareil réfrigérant à gaz ammoniac liquéfié et force motrice;

1862. — Nouvelle pompe pneumatique d'une action sûre, donnant un vide plus puissant que les anciennes, appliquée à la production du froid dans le vide au moyen des agents hygrométriques;

1867. — Régulateur de lumière électrique à allumage automatique;

1868. — Emploi du papier parchemin pour les diaphragmes des piles à sulfate de mercure et de cuivre, sextuplant au moins leur rendement. — Revêtement métallique par galvanisation des charbons à lumière pour les rendre plus solides et plus conducteurs;

1868-1869. — Machine d'induction statique dite « machine diélectrique ». Isolation avec du papier, etc., des lames des noyaux de bobines d'induction pour empêcher les courants parasites dits « de Foucault »;

1876. — Fabrication au moyen de la filière des charbons à lumière; — charbons creux; — charbons cannelés employés par les phares et donnant plus de lumière avec une même dépense d'électricité (1880);

1876. — Réforme des appareils réfrigérants à ammoniaque, simplifiant leur construction, leur permettant de marcher en mer et de produire couramment des températures de — 25 à 35°. — Application à la conservation indéfinie, par congélation rapide dans l'air sec, des viandes et poissons à l'état de fraîcheur initiale.

Comme nous le disions plus haut, la machine à vapeur à trois cylindres fut complètement dédaignée à son origine. Elle ne prit l'importance que l'on sait que beaucoup plus tard, lorsque M. Normand, du Havre, eut révélé ses qualités en l'appliquant à la navigation.

Les appareils réfrigérants à ammoniaque par l'affinité, — le grand titre de gloire de M. F. Carré, — furent exploités d'abord en association avec la maison Mignon et Renart, qui en devint plus tard cessionnaire. Ils furent exploités sur une grande échelle; pendant longtemps, ils fournirent à peu près exclusivement la production du froid et de la glace dans le monde entier, avec de nombreuses applications qu'il serait trop long d'énumérer.

L'appareil à gaz ammoniac liquéfié et force motrice est, comme le précédent, le premier du genre, « semblable à ceux dont l'usage s'est beaucoup répandu depuis sous des noms divers », dit le *Rapport du général Sébert à la Société d'Encouragement pour l'Industrie nationale.*

La pompe pneumatique de 1862, par la perfection de son vide, a permis à M. Edmond Carré frère de produire ces gracieux appareils qui congèlent directement et presque instantanément l'eau dans des carafes, et qui se sont immédiatement répandus dans le monde entier. Elle sert à peu près exclusivement dans les laboratoires de physique et de chimie.

La fabrication à la filière des charbons à lumière a inauguré une ère nouvelle pour l'éclairage électrique à arc qui s'anémiait avec les charbons sciés à l'émeri dans les *crasses* des cornues à gaz, dont le moindre défaut était de coûter dix fois plus cher que ceux à la filière. Exploités immédiatement par M. Edmond Carré frère, ils alimentèrent longtemps les régulateurs du monde entier, sans oublier la bougie Jabloschkof qui ne pouvait en employer d'autres sous peine d'extinctions continues. Il s'en fabrique depuis des centaines de mille mètres par jour.

Les procédés de conservation des viandes et poissons par congélation dans l'air sec, nés en même temps que les charbons, ne rendent pas

moins de services. Il est triste d'avoir à dire que s'ils furent assez mal exploités par les deux Sociétés constituées à cet effet, et dont l'existence fut éphémère, ils le furent à l'étranger sur la plus large échelle, et que l'Angleterre, notamment, importe journellement des centaines de mille kilos conservés par les mêmes procédés.

Dès 1862, l'*Académie des Sciences* avait consacré la valeur des appareils réfrigérants de M. F. Carré en votant, avec les plus grands éloges, l'insertion de leur description au *Recueil des Savants étrangers*.

C'est pour ces mêmes appareils, leurs applications diverses, la conservation des viandes et les charbons à la filière que la *Société d'Encouragement pour l'Industrie nationale* a décerné l'un de ses grands prix, en 1890, à M. F. Carré, « pour avoir rendu des services signalés à l'industrie française ».

En 1862, les appareils de M. F. Carré furent l'événement scientifique et populaire de l'Exposition de Londres. Le Gouvernement, à cette occasion, nomma M. Carré chevalier de la Légion d'honneur. Détail curieux : en 1889, le *Journal officiel* publiait un décret décorant de la Légion d'honneur le grand inventeur pour ses charbons à la filière et sa machine diélectrique. Deux fois décoré, à vingt ans d'intervalle! Le Gouvernement se serait honoré si, pour réparer cette erreur, il avait envoyé la rosette d'officier à M. F. Carré qui, du reste, ne fit que rire de la méprise.

Les publications scientifiques de M. F. Carré sont aussi nombreuses qu'intéressantes. Certaines témoignent d'un bagage littéraire très important, et sont écrites d'un style que ne désavoueraient pas nos meilleurs écrivains.

Nous citerons : *Communication à l'Académie des Sciences sur l'Appareil à ammoniaque ; — V. Rapport de M. Pouillet à l'Académie sur l'appareil à ammoniaque*, in *Bull. de la Soc. d'Encour. à l'Ind. nation.*, année 1863, avec dessins complets de l'appareil continu ; — *Communication à l'Académie sur la Machine d'induction statique ; — Documents pour servir à l'Hist. de la Conservation des viandes, etc. par le froid*, 1880 ; brochure *Sur des Méprises judiciaires à propos des Charbons à lumière fabriqués à la filière ;* Paris, 1888, G. Carré, éditeur (cette brochure est assez longue, mais elle est des plus amusantes : l'humour, le brio, le style, les réminiscences littéraires, le disputent à l'argumentation des plus serrées ; elle édifie sur ce que Beaumarchais appelle la « satanée boutique à procès » et le « maquis de la procédure » ; — Le *Bulletin de la Société d'Encouragement* (1890) contient le Rapport pour l'attribution d'un grand prix sur les appareils réfrigérants, la conservation des viandes et les charbons à la filière ; c'est la cassation scientifique et réelle de l'odieux et inepte jugement qui motiva la brochure précitée), etc.

Membre de nombreuses sociétés savantes, honoré de l'estime générale, connu dans le monde entier, M. F. Carré est encore actuellement à la tête de l'usine hydraulique du Poncet. On nous dit que, désireux de prendre un repos bien gagné, et surtout nécessité par sa mauvaise santé, il cèdera prochainement cet établissement. Sa santé fut toujours précaire, ce qui ne l'a pas empêché d'atteindre sa soixante-dix-septième année et ce qui, nous l'espérons, ne l'arrêtera pas dans sa course vers la centième année. La science et l'industrie françaises n'auront du reste qu'à s'en féliciter.

LEMOINE (Ernest), ❄, O. ✠, ✠, né à Paris, le 31 octobre 1830, Aviculteur et publiciste agricole, président honoraire de la *Société d'Aviculture de France*, membre et lauréat de nombreuses Sociétés agricoles, savantes, etc.

Adresse : Crosne (Seine-et-Oise).

M. Ernest Lemoine est aujourd'hui Président honoraire de la *Société nationale d'Aviculture de France*, après avoir présidé cette société de 1891 à 1897. Cette présidence honoraire est le couronnement d'une longue carrière où M. Ernest Lemoine s'est entièrement consacré aux œuvres qui pouvaient être le plus utiles à son pays. Il n'a jamais cherché à être considéré comme un homme de science pure ; son ambition a eu essentiellement un but pratique, pour le bien général. Et cependant rien de ce qui touche à la science ne lui a été étranger. Il s'est toujours tenu au courant de toutes les études, de toutes les découvertes nouvelles et, s'en inspirant, il y a contribué ou il les a complétées en apportant aux savants le fruit d'une expérience personnelle très mûrie, d'une observation patiente, perspicace, rigoureusement exacte. Il voulait, surtout, mettre en lumière les résultats qui découlaient de l'application des thèses scientifiques; il accumulait les renseignements, les statistiques, qu'il communiquait aux sociétés savantes, aux écrivains, à ses confrères en aviculture avec la plus désintéressée obligeance. Quelques-unes de ses contributions à la science, dans ce sens, ont été des plus remarquées et ont fixé définitivement certains points encore dans le domaine théorique. C'est ainsi qu'il produisit en 1881, au concours régional de Versailles, un travail sur l'« Incubation » où les 21 phases étaient représentées, en nature, d'une manière très saisissante. Cet essai de vulgarisation raisonnée, entre autres, eut les plus heureux effets au point de vue de la collaboration, fructueuse pour tous, qui doit exister entre les hommes de science et les praticiens éclairés.

L'idée directrice des efforts de M. Ernest Lemoine était de tourner l'esprit des élèves de l'Ecole primaire, filles et garçons, vers les travaux de champs, mais en mettant ceux-ci à leur portée de façon à ce qu'ils ne fussent plus accomplis en quelque sorte au hasard, fussent-ils les plus modestes, en apparence, ceux de la basse-cour, par exemple. M. Ernest Lemoine croyait qu'en introduisant là, comme dans le grand élevage, l'ordre, la logique, les principes d'une bonne méthode fondée sur la reflexion et d'expérimentation, la France verrait doubler, de ce côté, sa richesse nationale. Durant sa vie entière, il a eu cet objectif devant les yeux. Il pouvait montrer par lui-même, par les résultats pratiques qu'il avait obtenus, ce qu'on doit attendre d'une bonne administration de la basse-cour.

Au Congrès international d'Agriculture de Paris, 1900, M. Lemoine présentait ces justes réflexions :

« Il existe en France des Écoles de laiterie, en trop petit nombre malheureusement. Nous demandons qu'une plus large part soit faite aux femmes dans l'enseignement agricole, notamment dans certaines branches secondaires de cet enseignement.

« Nous voudrions d'abord que cet enseignement fût étendu, que les jeunes filles fussent encouragées à le suivre ; nous voudrions ensuite qu'il fût complété, et qu'à la laiterie proprement dite on joignît l'étude de la fromagerie, de la buanderie, de la lingerie, de la cuisine même, en un mot des connaissances qui, dans le monde agricole, sont plus particulièrement du domaine de la femme ; nous voudrions surtout qu'on enseignât aux jeunes filles l'administration de la basse-cour.

« L'élevage de la volaille convient avant tout à la femme. Dans la maison rustique c'est son lot, son apanage, sa chose. « L'œil de la femme engraisse le veau », a-t-on dit. Ce qui est vrai du veau, est encore plus vrai du poulet, du dindon, du lapin, de tous les hôtes de la basse-cour.

« Seulement il ne suffit pas du bon vouloir, encore faut-il savoir ; et c'est là que l'enseignement de la basse-cour, complémentaire de celui de la laiterie, intervient et trouve sa place.

« On apprend à traiter la basse-cour, comme on apprend les autres métiers, les plus relevés comme les plus humbles. C'est une science que de discerner les races, que de connaître leurs qualités et leurs défauts, que de savoir les approprier au climat, au milieu, aux circonstances. C'est une science, — qui s'enseigne, et qui s'apprend, — c'est une science que de savoir installer une basse-cour, la tenir en état de propreté indispensable, y pratiquer et y entretenir l'hygiène. C'est une science encore que de choisir les œufs, de les mettre en incubation, d'élever les petits, de les mener jusqu'à l'âge où ils peuvent être vendus; c'est une science enfin que de faire rapporter la basse-cour et d'en tirer le plus possible. C'est cette science de l'élevage, ce sont ces connaissances pratiques que nous voudrions voir enseigner en même temps que la laiterie.

« Mais, encore une fois, pour aimer la basse-cour, pour s'y plaire, comme pour en tirer profit, il faut savoir, il faut apprendre. La bonne volonté ne saurait suffire et voilà pourquoi nous préconisons un enseignement facile à donner, facile à mettre en pratique; sans enseignement, la ménagère rencontre des déceptions qui la découragent et lui font prendre en dégoût des soins pour lesquels elle est si bien faite.

« Nous prétendons que toute jeune fille, appelée à vivre à la campagne, voire même à la ville, se trouvera bien de cet enseignement, qu'elle trouvera chez elle, dans son intérieur, quel qu'il soit, mille occasions d'en tirer parti. Si elle n'est pas appelée à pratiquer, il y a là des notions d'ordre, d'économie, dont elle pourra tirer parti dans son ménage.

« Avec juste raison, les demoiselles se plai-

gnent que la vie est difficile, de n'y pas trouver de débouchés, de situations, d'aliments à leur intelligence, à leur activité; qu'elles tournent leurs regards du côté de la terre, elles y trouveront peut-être quelques-uns des avantages qu'elles cherchent inutilement ailleurs. Le mieux est de revenir au vieux sol de la France, à la profession la plus noble de toutes, à la profession agricole. C'est dans ce but que nous demandons qu'une plus large part soit faite aux femmes dans l'enseignement agricole. »

Dès 1856, il s'était occupé de l'élève de volailles Sebright, de canards de Rouen, de pigeons queue de paon. En 1872, il avait pensé à pratiquer l'élève des volailles pour l'alimentation; il avait étudié et mené à bien, l'engraissage des volailles par grandes quantités pour les Halles; en 1873, il s'attachait spécialement à l'élève des volailles de race et quand, en 1875, il prit part à une première exposition, il y obtint un premier succès. Dès lors, il devait, l'une après l'autre, obtenir les plus hautes récompenses: en 1878, à l'Exposition universelle, il emportait le prix d'honneur; en 1881, un prix de spécialité, objet d'art; il était successivement lauréat de la *Société nationale d'agriculture de France*, de la *Société d'acclimatation*, de la *Société des agriculteurs de France*, etc. Dans l'ensemble des concours, enfin, il recevait 856 récompenses, dont 22 prix d'honneur.

M. Ernest Lemoine était appelé, en même temps, à occuper les fonctions les plus délicates et les plus honorables dans les jurys: il était, à l'Exposition de 1889, membre du comité d'admission et du jury de la classe 74 et des animaux reproducteurs; membre du jury aux Expositions universelles d'Amsterdam, d'Anvers, de Copenhague et de Vienne; membre du jury aux concours généraux de Paris (1889, 90, 91, 92, 93, 94, 96); membre du jury aux concours régionaux d'Orléans, Rouen, Bourges, Moulins, Nevers, Bourg, Châteauroux, Vannes, Versailles, Angers, Saint-Lô, Angoulême, Alençon, etc.; aux expositions de Houdan, Verneuil, etc. En outre, les sociétés les plus importantes l'appelaient à prendre une part prépondérante à leurs travaux, même à l'étranger: membre du *Poultry-Club*, de Londres, il était, en France, vice-président du *Comité d'Encouragement à l'Agriculture*

et à l'Horticulture de Seine-et-Oise, président, comme on l'a vu, de la *Société nationale d'Aviculture*, membre érudit de maintes associations agricoles et horticoles, où sa parole et son caractère étaient universellement tenus en estime.

Tout en donnant ainsi son concours dévoué à tant de sociétés diverses, M. Ernest Lemoine

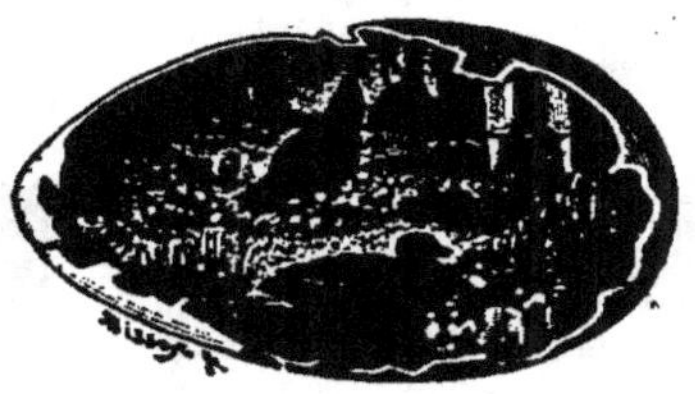

trouvait encore le temps de remplir les fonctions de conseiller municipal, de maire, de délégué cantonal à Crosne et, en exerçant ces mandats, il ne manquait pas de répandre, parmi la jeunesse des écoles, les préceptes de bonne administration de cette source de revenus mal connue, l'aviculture. Enfin, M. Ernest Lemoine demandait aussi au Livre, au Journal, la vulgarisation de ses idées: il publiait un volume qui est devenu classique, avec de nombreuses éditions: l'*Elevage des animaux de basse-cour* (Paris, Masson, nombreuses éditions); il fondait une Revue, le *Poussin*, à laquelle il savait donner, avec la technicité convenable, un caractère artistique; il collaborait au *Journal de l'Agriculture*, au *Journal d'Agriculture pratique*, au *Dictionnaire de l'Agriculture*, à la *Revue avicole*, à la *Semaine agricole*, dont il enrichissait les collections d'articles clairs, bien documentés, donnant de l'intérêt et une véritable valeur aux moindres détails.

Les différentes étapes d'une carrière si laborieuse ont été marquées pour M. Ernest Lemoine, par d'éclatants témoignages de distinction officielle: il a été nommé chevalier de la Légion d'honneur, — en 1884, chevalier du Mérite d'agricole, — en 1890, officier du même ordre et en 1885, il s'est vu conférer la croix de chevalier de Danebrog, une des décorations qui sont le plus rarement accordées. En la lui décernant, S. M. le roi de Danemark a prouvé que son gouvernement reconnaissait, exceptionnellement, les mérites d'un Français qui a eu pour unique souci de faire prospérer une industrie nationale dont le développement rationnel importe également à l'étranger.

RONDELEUX (Paul-Grégoire), né à Paris, le 20 novembre 1832, ancien député de l'Allier, Directeur général des Mines et Usines de La Condemine, à Buxières-les-Mines (Allier), et à La Comaille, près Autun (Saône-et-Loire. — Siège social: 35, Boulevard de Strasbourg, à Paris.

Adresse ci-dessus à Paris, et Buxières-les-Mines (Allier).

M. Paul Rondeleux, après avoir été attaché plusieurs années à un grand établissement industriel de Paris et à l'une de ses succursales de Londres, devint à vingt-neuf ans, au commencement de 1862, directeur-général des importantes Mines et Usines de La Condemine.

Sous l'habile direction de M. Paul Rondeleux, la Compagnie de La Condemine ne tarda pas à prendre un grand développement. Et aujourd'hui ses usines destinées à l'exploitation de la houille, des schistes, carrières et produits céramiques, comptent parmi les plus intéressantes de la France, emploient un nombre élevé d'ouvriers, et luttent avec succès contre la concurrence américaine, notamment pour les huiles minérales.

Esprit très libéral, républicain de la première heure, M. Rondeleux, avec des amis politiques, fonda au 4 Septembre le journal le *Républicain de l'Allier* qui eut bientôt une grande influence dans la région et qui amena les populations à la cause républicaine.

Cette influence, M. Rondeleux l'employa pour favoriser les candidatures républicaines. Sollicité depuis longtemps, d'entrer dans les assemblées élues, le directeur des Mines et Usines de La Condemine se présenta en 1877 pour le siège de conseiller d'arrondissement dans le canton de Bourbon-l'Archambault. Il battit à une énorme majorité le conseiller réactionnaire sortant.

Aux élections législatives du 4 octobre 1885, M. Rondeleux fut désigné par les comités électoraux pour être porté sur la liste républicaine de l'Allier. Au premier tour de scrutin, 49,616 suffrages sur 94,228 votants, l'envoyèrent siéger au Parlement.

M. Rondeleux se fit inscrire au groupe de l'Union des Gauches. A la mort du député Liouville, ses collègues le choisirent pour questeur.

Le nouveau député se montra parmi les plus laborieux de la Chambre. Il déposa et fit aboutir plusieurs propositions, notamment un

amendement au règlement visant le *quorum* dans les élections en séance publique (4 juin 1887).

Lors de l'interpellation de M. le comte de Mun sur les événements de Chateauvillain (Isère), onze ordre du jour furent présentés. Ce fut celui de M. Rondeleux qui fut accepté par la Chambre à une très forte majorité (13 avril 1886).

Chargé de rapports sur plusieurs projets de loi, M. Rondeleux les fit accepter par ses collègues (15 nov. 1886 et 24 nov. 1887).

En maintes circonstances il prit la parole à la tribune, notamment lors de l'interpellation relative aux Tarifs de chemins de fer pour combattre l'application trop générale des tarifs à base décroissante (15 mars 1886).

Il prit part à la discussion du Budget de 1887 (8 et 11 février 1887), du projet de loi concernant les Caisses de retraite des ouvriers mineurs (22 mars 1888), du projet sur le Travail des femmes et des enfants dans les manufactures (16 juin 1888). Lors de la démission du Président Grévy, M. Rondeleux fut un des premiers promoteurs de la candidature de M. Sadi-Carnot (1887).

La *Cocarde*, organe du général Boulanger, ayant publié le 12 mars 1888, dans son premier numéro, un article réclamant la substitution au régime parlementaire du pouvoir confié à un seul homme, M. Paul Rondeleux prévint le Ministère, dès le lendemain, qu'il comptait lui poser une question au sujet des articles de journaux dans lesquels «se trouvait compromis le nom d'un des commandants de corps d'armée. » (Le général Boulanger commandait alors à Clermont-Ferrand.) Cette question fut ajournée d'un commun accord à la séance suivante. Elle fut abandonnée ensuite, le Gouvernement ayant frappé le général en le relevant de son commandement (Cf. *Journal officiel*, n° du 15 mars 1888). Ce fut l'occasion pour la presse boulangiste d'attaquer et d'insulter M. Paul Rondeleux qui, du reste, ne s'en émut pas autrement.

La Compagnie du Canal de Panama avait demandé l'autorisation d'émettre des valeurs à lots. La Commission législative chargea M. Rondeleux de conclure, comme rapporteur, au rejet de la demande. On sait ce qui arriva. La majorité se déplaça à la commission. M. Rondeleux résigna ses fonctions de rapporteur. Mais il combattit vivement à la tribune l'autorisation dans un magnifique discours prononcé le 26 avril 1888. Cette attitude courageuse devait être exploitée plus tard contre cet homme intègre, auprès des électeurs qui alors !...

Cependant la popularité du général Boulanger augmentait chaque jour. La République était à deux doigts de sa perte. Le 27 janvier 1889, le général factieux avait été élu député de Paris. Le 23 février, M. Rondeleux, conscient de la situation, déposa un projet de loi tendant à appliquer l'article 5 de la loi du 22 juin 1886, concernant les Prétendants, à tout individu convaincu de poursuivre le rétablissement à son profit du pouvoir personnel. M. Rondeleux estimait que, du moment que cette loi avait été édictée, quelque opinion qu'on en eût, elle devait viser tous ceux, à quelque rang qu'ils appartinssent, qui tenteraient de s'ériger en prétendants. La proposition de l'honorable député fut prise en considération par la Commission d'initiative. Elle ne vint pourtant pas en discussion, les événements s'étant précipités et le général Boulanger ayant été traduit devant la Haute-Cour.

M. P. Rondeleux fit adopter, dans le Budget de 1890, la substitution d'un droit gradué à l'impôt du timbre de 0 fr. 70 c. sur les lettres de voiture ou récépissés de chemins de fer de petite vitesse, impôt grevant lourdement les petites expéditions.

Comme nous le disions précédemment, l'attitude de M. Rondeleux dans la lutte contre le boulangisme, et son intervention dans le Panama, actes auxquels plus tard on devait rendre une éclatante justice, lui valurent momentanément des colères que l'on exploita auprès de ses électeurs. Une campagne habile fut entreprise contre le député qui avait défendu si énergiquement la République et les intérêts de l'épargne française.

Pour les élections législatives du 22 septembre 1889, un Congrès se réunit pour désigner le candidat républicain de la circonscription Ouest de Moulins. M. Rondeleux fut mis en minorité. Malgré les instances de ses amis, M. Rondeleux se retire de la lutte.

Le 20 août 1893, le directeur de la Compagnie de La Condemine se présenta aux suffrages de ses compatriotes. Franc et sincère, il indiqua les réformes qui lui paraissaient réalisables au cours de la législature, et se défendit des utopies et des enchères électorales. Il terminait ainsi son principal discours prononcé en réunion publique à Moulins :

« Aucun progrès véritable ne m'effraye. D'avance je lui suis acquis. Mais ce que je redoute par dessus tout, c'est de m'exposer à faire des promesses que ni d'autres ni moi ne serions en mesure de tenir. Aussi, quelque prix que j'attache à vos suffrages, préférerais-je cent fois échouer par excès de franchise que réussir par des flatteries intéressées. »

Néanmoins le candidat radical, son concurrent, fut élu. Les démocraties paient souvent ainsi leurs meilleurs serviteurs !

En 1898, de pressantes démarches furent faites auprès de M. Rondeleux par les électeurs et ses amis politiques du Parlement pour l'engager à se représenter dans l'Allier. M. Rondeleux refusa de céder à ces instances.

Républicain par conviction, non moins que par tradition de famille — son père avait reçu la croix de juillet 1830 — s'étant, de l'aveu de tous, acquitté avec le plus grand honneur du mandat qui lui avait été confié en 1885, M. Rondeleux peut aisément se consoler d'être sorti de la politique militante.

On aime à penser toutefois que si des circonstances graves ou des dangers sérieux se produisaient, ce n'est pas en vain qu'on ferait appel à son expérience et à son dévouement.

Consulter sur M. Paul Rondeleux : Comte Angelo de Gubernatis : *Dictionnaire international des Ecrivains du Jour* (Florence 1890) ; — Jouve, *Dict. départ. : Allier* (1898).

POIRRIER (François-Alcide), O. ✵, né à Clermont-en-Argonne (Meuse), le 20 novembre 1832, Sénateur de la Seine, Président de la *Société anonyme des Matières colorantes et Produits chimiques de Saint-Denis* (Etablissements A. Poirrier et G. Dalsace), membre de plusieurs Sociétés savantes.

Adresses : 2, avenue Hoche, Paris ; — 105, rue Lafayette (bureau) ; — Usines à Saint-Denis (Seine).

Si M. Poirrier est parvenu à une haute situation politique et industrielle, il le doit pour beaucoup à une culture commerciale commencée dès son plus jeune âge et qui le mit à même de prendre tout jeune la direction active d'un grand établissement industriel.

A 16 ans, M. Poirrier partit pour Paris.

Il fut employé successivement dans plusieurs maisons, où il fit apprécier son amour du travail, sa grande intelligence, sa remarquable activité.

En 1852, à 20 ans par conséquent, M. Poirrier entra comme employé dans l'Etablissement de matières colorantes pour teintures de Saint-Denis.

A cette époque, cette maison était peu importante. Elle était loin d'avoir le développement merveilleux qu'elle a pris depuis.

M. Poirrier dut se mettre à tout et s'occuper

de tout : correspondance, comptabilité, fabrication, vente. En peu de temps, il eut acquis la parfaite connaissance de la partie technique, de l'administration commerciale et de tous les rouages de la maison.

M. Charles Mottet, le propriétaire de l'établissement, songeait à se retirer des affaires. Enthousiasmé par le travail et l'intelligence de son jeune employé, il songea à lui céder sa maison. En 1858, M. Poirrier succéda à M. Ch. Mottet, en prenant comme associé un jeune homme de 18 ans, M. Chappat, dont le père était un des amis de la famille. A eux deux, les associés avaient 44 ans !

Cette combinaison donna à M. Poirrier plus de liberté pour suivre son initiative et sa passion du progrès.

Les couleurs tinctoriales étaient alors fournies par un certain nombre de matières végétales, animales ou minérales qui n'avaient guère changé depuis l'Egypte, la Grèce et Rome — si l'on en excepte quelques rares produits exotiques. Le règne végétal fournissait la garance, les bois de Campêche, du Brésil et de l'Inde, le rocou; l'orcanelle, l'oseille, le safran; le querciton, le fustet, le sumac, le curcuma, la noix de galle, l'indigo. La cochenille et le kermès étaient d'origine animale, comme l'ancienne pourpre des Phéniciens. Le règne minéral fournissait l'orpiment, le chromate de plomb, l'outremer, des sels de cuivre, de fer, etc.

Presque au moment où M. Poirrier prenait la direction de la petite usine de Saint-Denis, la science chimique fit faire un pas de géant à l'industrie de la teinture. On trouva les magnifiques couleurs dérivées du goudron de houille, couleurs dont l'éclat était d'une supériorité incomparable sur les anciennes et dont les prix de revient, élevés au début, devinrent ensuite des plus minimes.

M. Poirrier vit aussitôt le parti que l'industrie de la teinture pouvait tirer des nouvelles couleurs. Il comprit que le règne des produits végétaux, organiques ou minéraux allait finir. Il n'hésita pas à transformer l'usine de Saint-Denis. Peu de temps après, il était à même de fabriquer les nouvelles matières colorantes, et il obtenait un succès qui dépassait ses légitimes espérances.

L'usine de Saint-Denis était loin des 20 ouvriers que M. Poirrier y avait trouvés à son arrivée. Elle se développait avec une rapidité prodigieuse et devenait le fournisseur du monde entier, ayant résolu le problème de fabriquer avant tout le monde les matières colorantes nouvelles.

M. Poirrier avait trouvé d'excellents collaborateurs, en s'attachant des ingénieurs, des chimistes et des savants remarquables comme MM. Lauth, Bardy, Roussin, Rosensthiel, etc., qui lui prêtaient le concours le plus dévoué et qu'il avait associés aux bénéfices de son exploitation.

En 1868, il acquit la propriété du brevet visant la fabrication d'autres matières colorantes également dérivées du goudron de houille, brevet que lui céda la Société « La Fuschine ». Dès ce moment, l'usine de Saint-Denis compta un personnel de 500 ouvriers et se trouva classée la première de France.

Afin de pouvoir plus facilement faire de ses usines le centre d'une lutte active contre la concurrence étrangère et plus particulièrement contre la concurrence allemande qui avait réussi à envahir le monde de ses produits, grâce aux recherches de ses nombreux chimistes, M. Poirrier se décida, en 1881, à mettre ses établissements en société, au capital de 9.000.000 de francs, sous la raison : « Société anonyme des Matières colorantes et Produits chimiques de Saint-Denis. Etablissements A. Poirrier et G. Dalsace ».

Nous ne détaillerons pas les nombreuses récompenses décernées aux Etablissements de Saint-Denis qui ont toujours tenu le premier rang dans les Expositions internationales. Lors de l'Exposition de Vienne (1873), M. Poirrier fut nommé Chevalier de la Légion d'Honneur. Il fut promu Officier du même Ordre quelques années plus tard.

Les aptitudes commerciales et industrielles de M. Poirrier ont certainement contribué dans une large mesure à ces résultats. Une autre cause de ces succès peut être trouvée dans ce fait, que M. Poirrier a toujours su s'attacher son personnel ouvrier, en l'intéressant à la prospérité de la maison.

« Non seulement il se rendait compte de cette vérité que tout travail est mieux exécuté par un ouvrier qui y trouve son intérêt personnel, mais encore il obéissait à sa nature juste et bonne, en accomplissant cet acte de philanthropie. C'est sous la forme de livrets de caisse d'épargne qu'il associa son personnel aux bénéfices de son exploitation. De plus, il établit une Caisse de secours, pour laquelle aucune retenue n'est prélevée sur le salaire. Les frais de maladie, de médecin et de médicaments sont couverts par cette caisse qui sert en outre aux ouvriers la moitié de leur paye pendant le temps d'incapacité de travail, et même la paye entière en cas de blessure reçue à l'usine. »

Membre de la *Chambre syndicale des Produits chimiques* depuis 1870, M. Poirrier en fut le Président et il occupa ce poste pendant le temps réglementaire fixé par les statuts, puis Président honoraire.

En 1879, il fut élu membre de la Chambre de Commerce de Paris. Depuis 1880, il a pris place à son bureau à divers titres, comme Secrétaire, comme Vice-Président, et enfin, à plusieurs reprises, comme Président. Son dévouement et ses services lui valurent en 1888 sa troisième réélection à la Présidence, honneur que seul Dietz-Monin avait obtenu avant lui.

Ajoutons que M. Poirrier appartient à plusieurs Sociétés industrielles ou savantes de la France et de l'Etranger.

Il nous reste à dire quelques mots de la carrière politique de M. Poirrier.

« M. Poirrier — écrit M. Robert Darthez dans la *France parlementaire* — n'a point été jusqu'à ces dernières années, à proprement parler, un homme politique ; il est certainement de ceux, en effet, qui placent l'étude et l'application dans la pratique des bonnes données économiques bien au-dessus des luttes le plus souvent stériles de la politique pure. Comprenant cependant qu'il appartient aux hommes qui ont puisé dans un labeur incessant une expérience approfondie des affaires, d'apporter le concours de leur esprit pratique à la bonne gestion des affaires de l'Etat, estimant même que c'est pour eux un devoir patriotique auquel il ne saurait se soustraire, M. Poirrier eut la pensée, après les désastres de 1870, d'aider au relèvement du pays, et il sollicita un siège à l'Assemblée nationale. Il se présenta à Paris en 1871 ; il y recueillit un nombre considérable de suffrages, mais il n'atteignit pas la majorité. »

Très lié avec Gambetta qui l'estimait tout particulièrement, M. Poirrier avait accepté de faire partie du Conseil d'administration du journal *La République Française*, c'est-à-dire en 1877, à l'époque du 16 Mai.

Un peu plus tard, en 1879, les électeurs du département de Seine-et-Marne l'envoyèrent siéger au Conseil général, en remplacement de M. de la Rochette, qui était cependant en possession de ce siège depuis de longues années.

En 1885, les comités électoraux, composés de républicains sincères et intelligents, portèrent M. A. Poirrier sur les listes de Paris. Il ne s'en fallut que d'un nombre très limité de voix que les électeurs ne l'envoyassent siéger au Palais-Bourbon.

Le 12 mai 1889, les électeurs sénatoriaux de la Seine envoyèrent au Luxembourg M. Poirrier.

En 1891, le distingué sénateur fut réélu, au premier tour de scrutin, le second par la majorité des suffrages après M. de Freycinet. Ce fait est d'autant plus significatif, qu'il montre bien en quelle haute estime les électeurs sénatoriaux de la Seine tiennent l'ancien Président de la Chambre de Commerce.

A la Chambre Haute, M. le sénateur Poirrier n'a jamais connu que les sympathies de tous ses collègues. Il a su faire apprécier l'étendue de ses connaissances, la loyauté et son caractère et la fermeté de ses principes. Il a toujours donné le pas aux questions économiques et d'affaires sur les questions de politique purement spéculative. Il est l'auteur d'un certain nombre de projets de lois importants, entre autres des projets relatifs à la constitution et aux attributions du Conseil général de la Seine, à la revision de la loi sur les Sociétés. Comme rapporteur, il prit une part des plus actives à l'élaboration de la loi sur les accidents du travail, et fit triompher sa proposition qui donne toute garantie aux victimes d'accidents pour le recouvrement des indemnités qui leur sont allouées, grâce à un système de mutualité et de garantie entre tous les chefs d'industrie.

Le protectionnisme à outrance de M. Méline a trouvé en maintes circonstances un éloquent adversaire en M. Poirrier.

On n'a pas oublié son action dans la reprise des négociations avec la Suisse, alors que la politique protectioniste avait réduit au minimum les transactions entre la France et la République Helvétique. M. Poirrier n'eut pas de peine à démontrer qu'il y avait un intérêt vital et urgent pour les deux pays à reprendre les relations commerciales, et il eut la joie de voir ses efforts patriotiques couronnés de succès.

Comme on en peut juger par cette rapide esquisse de sa vie, de son œuvre et de ses travaux, M. le sénateur A. Poirrier tient le premier rang parmi les hommes de progrès qui, à notre époque, ont le plus puissamment contribué au grand développement de l'Industrie française et qui ont rendu le plus de services à leur pays par leurs lumières, leur droiture et leur dévouement.

MONTEBELLO (Fernand-Alfred, LANNES, (Comte de), né à Naples, le 3 octobre 1843, Propriétaire-viticulteur, au château de Mareuil-sur-Ay (Marne). — Et : 17, avenue Bosquet, Paris.

Dans un grand dîner de cérémonie où assistaient diverses sommités françaises et étrangères, ainsi que bon nombre de diplomates, familiers des Cours de l'Europe, les conversations avaient pris ce tour aimable qui accompagne la fin d'un bon repas, et l'on attendait tranquillement qu'un service suivît les précédents, trouvés succulents. Tout à coup, le bruit d'un bouchon de champagne jaillissant de sa prison interrompit brusquement les conversations, en même temps qu'un domestique tout galonné annonçait d'une voix retentissante : « Montebello ! »

A ce nom, un général français, vieux grognard occupé à tourner galamment un madrigal à une duchesse sa voisine, sursauta, et, se levant soudain, s'écria :

« Montebello !... Qu'est-ce ?

— Général, lui répondit sa charmante voisine, c'est du champagne Montebello ; un nom que vous devez connaître plus qu'un autre, vous qui avez si souvent raconté la vie du maréchal Lannes et la mort héroïque de ce grand homme. Eh bien ! un de ses descendants qui a acheté une propriété en Champagne, exploite ses vignes et a créé une marque qui fait son chemin dans le monde, ce qui n'a pas empêché le duc de Montebello, le fils du maréchal Lannes, que vous connaissez aussi bien que moi, de rendre chaque jour d'éminents services à la France dans les diverses Cours où il a été ambassadeur.

« Bravo ! Voilà un nom célèbre qui n'est pas près de s'éteindre, interrompit le vieux soldat devenu radieux. Versez-moi du Montebello, duchesse, ajouta-t-il, à la mémoire de Lannes, le brave des braves. »

C'est qu'il avait raison, le vieux soldat. Lannes, l'ancien compagnon d'armes de Napoléon Ier, méritait ce titre à tous égards.

Tout le monde connaît la brillante carrière du maréchal Lannes, premier duc de Montebello. Engagé volontaire en 1792, à l'âge de 23 ans, il était, trois ans après, chef de brigade C'est alors que sa brillante conduite attira sur lui l'attention du général Bonaparte, dont il devint bientôt l'un des premiers lieutenants.

Nous rappellerons ses étapes glorieuses : Dego, Cadagno, Lodi, Pavie, où il est nommé général de brigade, Mantoue, Governolo, Arcole, où il est blessé trois fois au passage légendaire du pont, Rivoli. En Égypte, Lannes prend part aux batailles de Gaza, de Jaffa, de Saint-Jean d'Acre, d'Aboukir. Il est nommé peu après général de division, en 1799. Il fait partie de l'armée des Alpes, où il commande l'avant-garde, et se conduit comme un héros à Montebello.

Plus tard, à Austerlitz, il commande l'aile

gauche de l'armée et prend une part décisive à cette victoire; Iéna, Friedland, Eylau, sont les étapes glorieuses de ce vaillant.

En Espagne, en 1808, il est vainqueur à Tudela : il s'empare de Saragosse après un siège long et meurtrier où il fait preuve des plus hautes qualités.

En 1809, Napoléon s'engage dans une nouvelle guerre avec l'Autriche. Lannes l'accompagne encore dans cette expédition et se fait remarquer dans plusieurs batailles, à Ratisbonne, entre autres. Enfin, à la bataille d'Essling, près de Vienne, cet héroïque soldat, qui se jouait des balles et des boulets, et qui avait été vingt fois blessé, est atteint par un boulet qui lui brise les deux jambes.

Il meurt, quelques jours après, dans les bras de l'Empereur.

Napoléon a dit de lui dans ses *Mémoires* : « Lannes était d'une bravoure extraordinaire; calme au milieu du feu, il possédait un coup d'œil sûr et pénétrant. Il avait une grande expérience de la guerre. Comme général, il était infiniment au-dessus de tous. »

Le général baron de Marbot, qui fut aide de camp du maréchal, nous le dépeint comme ayant un caractère vif et bouillant, mais tempéré par les plus grandes qualités du cœur, à tel point que ses ennemis eux-mêmes l'estimaient.

En 1810, les cendres du maréchal Lannes, duc de Montebello, furent ramenées à Paris et déposées au Panthéon.

Le maréchal Lannes laissa quatre fils. L'aîné, qui fut diplomate et, successivement, pair de France, ambassadeur, ministre des affaires étrangères, ministre de la marine, député de la Marne en 1849, sénateur en 1866, etc., est le fondateur de la maison de commerce de Mareuil.

Le domaine de Mareuil-sur-Ay avait fait partie dans les siècles précédents d'une seigneurie importante d'où dépendaient aussi Avenay, Chouilly, Châtillon-sur-Marne et autres lieux.

Avant la Révolution, une partie de ce domaine, très important encore, était la possession de Louis-Philippe d'Orléans, qui fut contraint par ses créanciers de s'en défaire au plus vite. Le château de Mareuil et ses dépendances, mis en vente à Paris, le 24 avril 1792, furent adjugés au marquis de Pange.

En 1830, le duc de Montebello, qui cherchait en Champagne une propriété voisine du domaine d'Étoges, appartenant à cette époque au comte Guéhéneuc, son grand-père maternel, acheta le domaine de Mareuil, qui comprenait d'importants vignobles. Ses missions à l'étranger l'éloignant sans cesse de la Champagne, le duc de Montebello chargeait un de ses frères de faire ses vendanges. Voulant donner au domaine de Mareuil-sur-Ay une grande importance, le duc de Montebello s'associa, en 1834, à ses deux frères, le marquis Alfred de Montebello et le général comte Gustave de Montebello, et c'est ainsi que fut fondée la maison Alfred de Montebello et Cie, qui grandit rapidement et dont la marque acquit bientôt une réputation des plus méritées qui la mit facilement au premier rang.

A la mort du marquis Alfred de Montebello, en 1863, le comte Fernand-Alfred de Montebello, fils du duc de Montebello, bien que jeune homme, car il n'avait que dix-neuf ans, fut mis à la tête des affaires de cette importante maison qu'il gère encore aujourd'hui.

Maintenant que nous avons fait l'historique des Montebello, disons quelques mots de la maison de commerce qui, placée sous l'égide de la glorieuse « Epée en pal » des Montebello, qui lui sert de marque, et par l'attrait de ses excellents produits, s'est illustrée rapidement, grâce à la Renommée qui lui prêta ses ailes pour parcourir tous les points du globe.

Rien n'est plus instructif que de visiter en compagnie de M. le comte Fernand-Alfred de Montebello, qui s'y prête d'ailleurs fort obligeamment, son vignoble — au moins en partie — et le vaste établissement où s'accomplit toute la métamorphose du petit raisin champenois.

Les vignes des Montebello sont belles parmi les plus belles; mais, d'une façon générale, la vigne champenoise reçoit des soins poussés jusqu'au raffinement. C'est qu'elle n'est pas de mince valeur entre les mains de son propriétaire. N'a-t-on pas vendu l'arpent jusqu'à 35 et 40.000 francs! Le rendement est en moyenne de quatre pièces à l'arpent et la main-d'œuvre coûte environ 1.000 francs.

Ceci ne dit rien peut-être au lecteur, mais lorsque nous aurons traduit ces termes en langage compréhensible pour les moins initiés, on sera stupéfait peut-être d'apprendre que la vigne à Mareuil, qui est, il est vrai, l'un des premiers crûs de Champagne, s'est vendue près de 10 francs le mètre carré; qu'il faut 4 mètres carrés pour produire une bouteille de champagne et que la main-d'œuvre de la vigne seule, pour produire cette bouteille, coûte 1 franc! On a vu du reste le prix du vin atteindre 1.000 francs et plus la pièce au pressoir, c'est-à-dire 4 francs la bouteille et plus!

La visite du cellier, où sont de puissants pressoirs sur lesquels on peut presser en un marc 6.000 kilos de raisins, n'est pas moins instructive. Ce seul cellier, qui borne la cour au Sud, peut recevoir jusqu'à 2.500 pièces de vin nouveau. C'est là que se fait la première fermentation, où le moût se transforme en vin. Au mois de mars qui suit la vendange, ces vins sont recoupés, pour mélanger les crûs des différents coteaux, dans d'immenses foudres qui occupent tout le fond des celliers; puis ils sont mis en bouteilles et descendus en caves. Quelques semaines après, la fermentation en bouteille a eu lieu et le vin attend en cave pendant deux, trois années et plus la mise sur pointe. Cette opération consiste à placer les bouteilles, la tête en bas, sur des planches percées de trous; elles sont remuées chaque jour pendant plusieurs semaines, afin d'amener le dépôt, qui est le résidu de la fermentation, jusque sur le bouchon. Le chantier d'opération occupe les celliers qui bornent la cour au Nord. C'est là que le dégorgeur expulse le dépôt, que le doseur ajoute à chaque bouteille une petite dose de liqueur faite de vin et de sucre candi, dose qui varie suivant les pays auxquels les vins sont destinés, et que le boucheur rebouche la bouteille d'un bouchon neuf.

Le cellier d'expédition occupe toute la portion des bâtiments situés à l'Ouest. C'est là que le vin opéré attend le moment de l'expédition. Lorsque ce moment est arrivé, le vin est transporté dans la salle d'emballage, immense cellier parallèle au précédent, où les bouteilles sont étiquetées, coiffées d'étain et emballées.

Lorsqu'on pénètre par une haute et large porte-cochère dans la cour dont nous venons de décrire trois des côtés, on aperçoit à gauche le château ou maison d'habitation de M. le comte de Montebello, tandis qu'à droite et presque au milieu de la cour, s'élève une tour ronde, de plusieurs étages, du haut de laquelle on jouit d'un magnifique point de vue sur le vignoble et sur la vallée de la Marne.

Un double escalier, orné de lampes, conduit aux bureaux de la maison, situés au premier étage de la tour, qui fut autrefois un énorme pigeonnier, devenu très élégant aujourd'hui, car, au second étage, est une belle salle circulaire, ornée d'un plafond lambrissé, artistement décoré de groupes d'amours occupés à la vendange et aux diverses opérations de la manutention des vins de champagne.

Au rez-de-chaussée de la Tour, un escalier conduit à de vastes caves construites en maçonnerie. Les plus anciennes voûtes, où le marquis de Pange, un des anciens propriétaires du château, mettait en cave ses vins, sont quelque peu basses et tortueuses, comparées aux larges et hautes galeries de plus récente date qui ont été établies pour répondre aux besoins croissants de la maison.

Ces dernières sont taillées dans la craie, sans aucune maçonnerie, à une profondeur de quarante mètres, sous le vignoble de la maison. L'entrée est haute et spacieuse et de plain pied avec la rue, ce qui permet aux camions attelés de pénétrer jusqu'à l'entrée des caveaux.

Nous terminerons cet aperçu en répétant que cette maison a encore aujourd'hui pour gérant, depuis trente-sept ans, le comte Fernand-Alfred de Montebello. Elle lui doit une grande partie de sa prospérité.

Le comte Alfred de Montebello, petit-fils du maréchal Lannes, est un homme affable, accessible à tous et à tous les bons sentiments. Il est aimé dans toute la Champagne, surtout à Mareuil-sur-Ay, où, puissamment secondé par la charmante comtesse de Montebello, née de Mieulle, sa femme, sa générosité s'exerce chaque jour en faveur des œuvres de bienfaisance.

Le bien-être de ses ouvriers a été de tout temps sa préoccupation constante. C'est lui qui fonda, en 1872, la Société de secours mutuels de Mareuil-sur-Ay, dont il est le Président. Il y associa son nombreux personnel; il solde les cotisations annuelles de ces derniers et contribue ainsi puissamment à la prospérité de cette société philanthropique qui est digne

d'être offerte comme exemple.

Après la chute du Syndicat départemental de défense contre le phylloxéra, M. le comte de Montebello fut l'un des premiers à entrevoir la nécessité de la création des syndicats communaux. Il fonda celui de Mareuil qui a depuis servi d'exemple et de modèle à ceux qui se forment encore de toutes parts. Il en est le Président.

L'industrie qu'il a rendue si prospère et qui répand le bien-être dans de nombreuses familles, contribue aussi dans une large mesure à la prospérité générale. Le château, avec ses dépendances, le parc magnifique, les promenades plantées d'arbres séculaires que la famille Montebello a généreusement abandonnées à la commune, le canal de la Marne, aux rives ombragées, large comme un lac en cet endroit, font de Mareuil l'un des coins les plus délicieux des environs.

N'est-ce pas aussi grâce à la famille Montebello et à leur industrie que Mareuil a eu l'honneur de voir dans ses murs les grandes illustrations du pays : des ministres, un président de la République, etc., et, parmi les étrangers, le célèbre vice-roi Li-Hung-Chang, des ministres de la Chine, du Japon, le général Annenkoff, qui fit le Transsibérien, et tant d'autres.

Rien de ce qui se passe dans la commune ne laisse indifférent le comte de Montebello. Il partage avec son fils, le comte Stany de Montebello, et son frère, le comte Adrien de Montebello, député de la Marne, la présidence de toutes les Sociétés de la commune : Société de gymnastique : *La Gauloise*, de tir : *Le Guidon*, Société de musique : *La Fanfare municipale*, Société de chant : *L'Orphéon*, Société de Saint-Vincent, Association amicale des vignerons, etc.

Sans compter sa naissance illustre, le comte Fernand-Alfred de Montebello possède aussi la noblesse du cœur et celle du travail.

N'avions-nous pas raison de dire à ce propos, et par analogie, que le vin de Champagne est le plus aristocratique des vins français.

Le comte de Montebello est membre de nombreuses Sociétés artistiques, agricoles et savantes. Il fait partie des grands Cercles parisiens : *Cercle agricole*, *Société hippique*, *Union artistique*, etc.

Armes des Montebello : *De sinople, à une épée d'or en pal*. L'écu surmonté d'une couronne ducale.

CASA FRATELLI BRANCA. — MAISON BRANCA FRERES, fondée à Milan en 1850 pour la préparation du Fernet-Branca, du cognac, du vermouth et de diverses liqueurs. — Propriétaires : MM. les chevaliers Louis, Joseph et Etienne Branca.

Adresse : Via Broletto, 35, à Milan (Italie).

Les boissons alcooliques dénommées généralement *apéritifs* se montrent chaque jour plus nombreuses sur le marché. A tort ou à raison, elles demandent généralement aux amers alliés à l'alcool les principes susceptibles d'exciter les tissus de l'estomac et d'amener une faim factice. Les médecins se sont partagés dans leurs appréciations sur les liqueurs apéritives. Quant au public, ses préférences se sont portées principalement sur l'absinthe, le vermouth et les amers. Il ne semble pas que les hygiénistes aient lieu de s'en féliciter.

Sur le littoral méditerranéen, principalement en Italie, dans le midi de la France et dans les pays français de l'Afrique du nord, un apéritif tend à supplanter l'absinthe et le vermouth. C'est le *Fernet-Branca*, dont l'invention et la préparation sont dues à la grande maison des frères Branca, de Milan. L'apéritif Fernet-Branca, au contraire des préparations similaires, a l'approbation des médecins et des hygiénistes, qui lui reconnaissent des propriétés digestives toutes particulières, tout en le déclarant exempt des principes nuisibles que l'on rencontre dans la plupart des autres apéritifs. Aussi serait-il utile pour la santé publique de voir le Fernet-Branca entrer dans la consommation française.

Quelques renseignements sur la maison des frères Branca, de Milan, seront, à ce point de vue, utiles à nos lecteurs. L'histoire de la maison *Fratelli Branca* est, du reste, instructive; c'est celle d'une des maisons les plus importantes de l'Italie, d'un des établissements industriels qui font le plus d'honneur à nos voisins transalpins.

La maison des frères Branca, pour la fabrication et la production du Fernet-Branca, du cognac, du vermouth et de diverses liqueurs, fut fondée, en 1850, par les frères Louis, Joseph et Etienne Branca. Les frères Branca, par leur intelligence, leur amour du travail, leur énergie, formaient une triade peu commune. L'association de leurs efforts leur permit d'arriver rapidement au succès le plus justifié.

Bientôt la maison fut classée à la tête des plus importantes de l'Italie, et, actuellement, elle rivalise avec les firmes renommées de la France, Pernod fils, Picon, etc., aussi bien qu'avec les plus grandes maisons de l'Europe.

Si l'on considère les conditions modestes des débuts, on ne peut qu'admirer le travail et l'énergie que durent déployer Louis, Joseph et Etienne Branca pour obtenir des résultats si merveilleux.

L'établissement de la maison *Fratelli Branca* a son siège et son administration rue Broletto, 35, à Milan (Lombardie) et ses magasins Viale Porta Nuova, 18. Il se trouve dans une belle et salubre situation. Il est construit selon les règles de l'esthétique moderne et de l'hygiène.

MM. Branca y occupent plus de trois cents ouvriers, sans compter une cinquantaine d'employés adjoints aux magasins et aux bureaux de la rue Broletto.

L'établissement, par sa grande élégance et par l'ordre parfait qui y règne, forme un ensemble harmonieux exquisement moderne.

La fabrique occupe au total une superficie de plus de 15,000 mètres carrés. On s'y occupe de la prépararation du *Fernet-Branca*, la célèbre spécialité universellement connue et appréciée, du vermouth, du *cognac Croix-Rouge*, et de nombreuses espèces de liqueurs et de conserves.

L'ordonnance de l'établissement, comme celle de l'administration, est des plus parfaites qui se puissent imaginer. Les frères Louis, Joseph et Etienne Branca la surveillaient avec un soin de tous les instants. Aujourd'hui ils sont remplacés par un administrateur général qui est lui-même un homme de haute valeur, le chevalier Louis Menozzi, dont l'expérience, l'intelligence et l'énergie s'exercent pour le développement continu de la célèbre maison milanaise.

La maison Fratelli Branca a des représentants dans toutes les plus grandes villes du monde.

L'importance de sa production, calculée d'après les droits sur l'alcool payés à la régie italienne, atteint un chiffre extrêmement élevé.

La fabrication des liqueurs ne craint aucune concurrence.

L'exportation seule du *Fernet-Branca* se fait annuellement par des milliers et des milliers de caisses.

Cette exportation se fait non seulement en France, en Allemagne, en Espagne et dans tous les autres pays de l'Europe, mais elle s'étend également aux deux Amériques et à toute l'Afrique civilisée.

Le *Cognac Croix-Rouge* est aussi l'un des produits les plus appréciés de la maison Fratelli Branca. Lancé dans le commerce il y a quelques années, il n'a pas tardé à rivaliser avec les cognacs des meilleures marques. Il est actuellement exporté à l'étranger en quantités considérables.

Parler du goût exquis et de la valeur du *Fernet-Branca* serait inutile; cette liqueur est universellement connue et appréciée; elle peut se passer de recommandation, car elle s'impose à tous ceux qui, une fois, ont pu la goûter.

Relevons ce fait que, malgré les temps difficiles — spécialement dans les premières années de la fondation de la maison Fratelli Branca, — malgré les difficultés économiques, malgré les nombreux obstacles qui s'opposaient à la réalisation des grands desseins des frères Louis, Joseph et Étienne Branca, les trois associés purent parvenir, à force de volonté et d'intelligence, et grâce à leur bonne union fraternelle, à leur collaboration de tous les instants, à édifier une maison de commerce sans rivale qui fait la gloire de l'industrie italienne et qui est un exemple que l'on voudrait voir suivi chez nos frères latins, pour le grand profit de leur développement économique et pour le grand bien des classes laborieuses, si intéressantes partout, particulièrement au-delà des Alpes.

BARBIN (E). Conseiller municipal de Clermont-Ferrand, membre de plusieurs sociétés commerciales, industrielles, etc. ; Distillateur ; Fabricant de la *Balsamique du Mont-Dore*, du *Cassis* et de la *Prunelle d'Auvergne*, de l'*Absinthe française*, etc. ; Lauréat de nombreux Concours et Expositions.

Adresse : Clermont-Ferrand (Puy-de-Dôme). — Succursale : 127, rue Lecourbe, Paris.

L'une des maisons les plus réputées du Centre et du Midi de la France, est sans contredit la maison E. Barbin, de Clermont-Ferrand, dont la clientèle tend de plus en plus à s'étendre, grâce aux nombreux touristes qui visitent chaque année le pittoresque massif de l'Auvergne et en rapportent une prédilection marquée, facilement explicable, pour les produits de la maison Barbin, qu'ils ont eu l'occasion, maintes fois renouvelée, d'apprécier dans les hôtels et cafés du Centre.

Cette maison remonte à 1820, ce qui est déjà un beau passé. C'est aussi une grande garantie pour la perfection de ses produits. Un spécialiste écrivait récemment à ce sujet dans une revue technique : *Art et Industrie*, ces lignes que nous nous approprierons :

« On trouve dans certaines villes de vieilles et sérieuses maisons consacrées à la distillerie. Ces maisons anciennes pourraient, presque toujours, être regardées *a priori* comme dignes de la confiance du public.

« Il est avéré, d'ailleurs, que le public ne la leur a pas marchandée cette confiance, puisque, grâce à elles, elles existent et prospèrent depuis de longues années. Elles sont restées fidèles aux vieilles et saines traditions de loyauté et de fabrication consciencieuse, alors que la plupart des établissements nouvellement créés ont une fabrication hâtive, emploient des matières premières douteuses, et livrent à la consommation des produits aussi peu dignes de l'estime des hygiénistes que de celle des gourmets.

« Et pourtant, les perfectionnements effectués dans l'outillage et les procédés de fabrication devraient donner des résultats meilleurs que jamais. Malheureusement, la plupart des fabricants n'en tirent parti que pour réaliser le plus de bénéfices possible.

« La distillerie idéale serait celle où l'on conserverait la loyauté d'autrefois en utilisant les progrès d'aujourd'hui. »

A ces observations, on en peut ajouter deux autres qui ont leur grande importance dans l'industrie des liqueurs. L'expérience acquise par une maison est un facteur d'une valeur de premier ordre ; elle seule permet d'arriver à une formule ne laissant rien à désirer. Et cette expérience, par définition, ne s'improvise pas. En second lieu, une distillerie modèle doit être placée dans le centre de production des matières premières qui lui sont utiles et qu'elle obtient ainsi dans des conditions de choix, de fraîcheur et de prix les meilleurs.

Toutes ces conditions, nous les trouvons dans la maison E. Barbin de Clermont-Ferrand.

Cette distillerie, comme nous le disions plus haut, fut fondée en 1820.

Son chef actuel, M. E. Barbin, en prit la direction au lendemain de la Guerre, en 1872. Il ne tarda pas, tout en conservant les anciennes traditions qui avaient assuré son succès, à lui donner une importance toute nouvelle qui s'accrut de jour en jour.

Il s'attacha à perfectionner le matériel en utilisant toutes les ressources de l'Industrie et toutes les découvertes de la Science. Il fit de l'usine du boulevard Trudaine une distillerie à vapeur modèle dont l'organisation ne laisse rien à désirer et qui est actuellement l'une des plus importantes du centre de la France.

D'autre part, M. E. Barbin, malgré la crise que provoquèrent les ravages du phylloxéra, continua, comme par le passé, à n'employer que des matières premières de choix ; il refusa l'entrée de sa maison aux produits chimiques décorés de noms d'alcools, aux bouquets d'Outre-Rhin, aux fonds de cornues que des distillateurs peu scrupuleux s'étaient mis à employer au grand dommage de l'hygiène et qui ont amené les ravages déplorables de l'alcoolisme.

Le public intelligent ne fut pas longtemps à discerner les avantages des produits de la distillerie E. Barbin. La clientèle passa du Puy-de-Dôme dans les régions voisines et s'étendit bientôt à plus de vingt-cinq départements. Elle sera nationale après l'Exposition de 1900 qui consacrera unanimement le triomphe définitif de la grande maison de Clermont-Ferrand.

M. E. Barbin ne s'est pas consacré qu'à une spécialité. C'est toute la gamme des liqueurs et des apéritifs que l'on trouve dans ses magasins du boulevard Trudaine.

Quelques-uns de ces produits sont particulièrement renommés.

1° *Le Moscou*. — Cet apéritif fut mis dans le commerce au moment de l'entrevue sensationnelle de Cronstadt. Ce produit, à base de vieux muscat de Frontignan et de quinquina, est d'un goût des plus agréables. Son parfum est exquis. Pris avant le repas, il stimule l'appétit ; après le repas, il facilite la digestion.

On peut le prendre pur ou étendu d'eau. Dans ce dernier cas, il est très rafraîchissant et parfume agréablement le palais. Les bouteilles de *Moscou* portent une étiquette artistique représentant le cuirassé *Marengo* et deux marins — français et russe — serrant le drapeau de leur pays. Le *Moscou* est tout à la fois le véritable apéritif et le digestif par excellence, grâce aux principes bienfaisants qu'il renferme dans sa composition entièrement conforme aux données de la physiologie et de l'hygiène.

2° *La Balsamique du Mont-Dore.* — La *Balsamique du Mont-Dore,* spécialité de la maison E. Barbin, fabriquée avec des produits de premier choix et avec des soins infinis, s'est forcément imposée au goût du public sans que celui-ci ait eu besoin d'être stimulé par l'aiguillon de la réclame. C'est une liqueur de couleur jaune, fabriquée avec des plantes du Mont-Dore dont les propriétés, comme simples aromatiques et salutaires, sont connues depuis plusieurs siècles. L'arôme en est exquis. C'est un liqueur de table de premier ordre.

3° *Le Bitter E. Barbin.* — Les bitters sont à la mode. Malheureusement, beaucoup de ces apéritifs excitent les voies digestives sans les tonifier; ils y introduisent souvent des éléments susceptibles de provoquer de graves désordres dans l'organisme. M. E. Barbin a tenu à se garder de ce danger. Il n'emploie que des alcools de première qualité, non nocifs par conséquent, et des extraits amers qui tonifient les voies digestives, fortifient et réparent tous les tempéraments affaiblis, et donnent un appétit inconnu auparavant.

4° *La Prunelle d'Auvergne.* — Le prunellier, ancêtre du prunier cultivé, est un arbuste épineux qui vient en abondance dans les pays de montagnes. Par la macération et la distillation des noyaux de ses baies, on obtient une liqueur exquise, d'un goût fin et original, et qui possède aussi de précieuses propriétés stimulantes.

5° *Le Cassis d'Auvergne.* — Fabriqué avec des fruits de première qualité, le Cassis de M. E. Barbin ne le cède en rien aux premières marques de Bourgogne. Les amateurs le préfèrent souvent même au Cassis de Dijon.

6° *L'Absinthe française E. Barbin.* — Cette absinthe est un des succès de la maison E. Barbin. Elle laisse loin derrière elle les produits étrangers — et étranges — fabriqués avec des trois-six impurs et des élixirs dangereux.

L'Absinthe Barbin ne renferme que des alcools de vin et n'est parfumée que par des plantes de premier choix.

7° *Les Curaçaos secs* ne sont pas moins remarquables. Ils sont préparés avec de *vieux* zestes et sont aujourd'hui adoptés comme liqueur de dessert sur les tables les mieux servies.

Ajoutons que la maison E. Barbin fabrique toutes les liqueurs et tous les sirops, et fait un grand commerce de rhums, cognacs, liqueurs de marque et vins de toutes provenances.

La maison E. Barbin est très habilement dirigée par son chef. Elle fait un chiffre d'affaires important. L'usine est actionnée par un moteur à vapeur. Ses appareils réunissent tous les perfectionnements modernes.

Les chais de la maison, ainsi que son matériel, sont magnifiques. 25 foudres d'une contenance de 50 à 100 hectolitres constituent une réserve destinée à alimenter les expéditions journalières. D'autres renferment les liqueurs supérieures — Cassis, Curaçaos, Liqueur balsamique, etc. — qui vieillissent le temps utile et sont l'objet de soins assidus avant d'être livrés à la consommation.

La Distillerie occupe une trentaine d'employés à la fabrication et à la main d'œuvre en général. La succursale de Paris, 127, rue Lecourbe, possède tous les produits fabriqués à Clermont-Ferrand.

M. E. Barbin consacre son intelligence au développement de sa maison et n'oublie pas l'intérêt de ses concitoyens.

Très estimé à Clermont-Ferrand, il a été élu Conseiller municipal de la ville, en 1886, l'un des premiers sur la liste républicaine. En 1888, il a été réélu à une forte majorité, et également en 1892 et 1896.

M. Barbin, qui expédie ses liqueurs par toute la France et qui les exporte à l'étranger, a obtenu de nombreuses récompenses aux Concours et Expositions où il a fait figurer ses produits : Paris, 1878, 1879 ; Clermont, 1880, 1889 ; Paris, Exposition universelle de 1889, etc.

Des médailles de bronze, d'argent et d'or, et des diplômes d'honneur lui ont été décernés pour ses intéressants travaux relatifs aux progrès de la distillerie, travaux traités avec une compétence incontestable.

MAISON ROCHER FRÈRES fondée en 1705.

LA PLUS ANCIENNE FABRIQUE DE LIQUEURS DE FRANCE.

Adresse : La Côte Saint-André (Isère).

La Côte-Saint-André, gros village de 4.000 habitants, petite ville, si l'on veut, bâtie au flanc des côteaux qui limitent au Nord la plaine de Bièvre, au centre du département de l'Isère, est, de toute cette région, l'un des plus anciens vestiges encore debout des siècles passés.

De vieux restes, entr'autres le Château seigneurial qui la domine, château aujourd'hui transformé en collège, et l'église paroissiale dont la fondation remonte à l'an 1049, témoignent de son ancienneté et de son importance au Moyen-Age. Une chambre du vieux Château, dite Chambre de Louis XI ou des Lions, rappelle le mariage de ce prince avec Charlotte de Savoie, qui y fut célébré vers le milieu du XVe siècle.

C'est vers la fin du XVIIe siècle, sans que les manuscrits en précisent autrement la date, que le premier Rocher, émigrant de la Drôme, fit, disent-ils, son apparition à La Côte-Saint-André.

D'intelligence active et d'éducation soignée, il fut vite, dans ce pays d'adoption, l'enfant gâté de ses nouveaux compatriotes, et il semble que l'accueil qu'il reçut dans sa nouvelle patrie ait donné son empreinte à la sympathie dont tous ses descendants héritèrent.

JOSEPH ROCHER 1753-1821

Depuis cette époque, l'histoire de La Côte-Saint-André est liée à l'histoire des Rocher et les Dictionnaires, en mentionnant la cité et ses diverses industries, telles que verreries, fabriques de cires et de liqueurs, nomment, par cela même, la famille Rocher, qui les créa et les fit prospérer.

De toutes ces industries nous ne retiendrons qu'une seule: celle des Liqueurs, car, de beaucoup la plus importante, elle est encore de nos jours au premier rang de ses similaires et aussi célèbre entre les mains de ses Directeurs actuels, qu'elle le fut entre celles de son Fondateur.

Dire la date exacte de sa création est difficile, car aucune pièce ne reste de cet événement dont les scribes de l'époque ne pouvaient prévoir l'importance future. Le plus ancien document officiel est celui dont copie est ci-dessous donnée et dont l'original existe aux Archives de la Mairie de Grenoble :

« Année 1705. Dépenses faites à l'occasion des réjouissances publiques sur l'heureux succès des armes du Roy, naissance de Monseigneur le duc de Bretagne, retour à Grenoble de Messeigneurs le duc de la Feuillade et Maréchal de Tessé....... de la somme de cent Livres payées par le Comptable à Dominique Marist, pour liqueurs de la Coste-Saint-André, par lui fournies lors des réjouissances mentionnées en l'article précédent, suivant le certificat de M. Espilly, mémoire autorisé par M. Osville, ordonnance de Monseigneur l'Intendant et quittance du dit Marist, des 13 juillet 1704, 26 may et 22 septembre 1705, réputés....... 100 liv. »

Il est au moins vraisemblable, si les liqueurs de La Coste étaient vendues à Grenoble, en 1704, que la fabrique existait à une date antérieure et il n'eût pas été exagéré de supposer cette existence huit ou dix ans avant la date ci-dessus mentionnée et de faire ainsi remonter au XVIIe siècle, la fondation de la Maison.

C'est cependant cette date de 1707 que MM. Rocher ont voulu assigner à leur naissance industrielle, les uns disent par coquetterie, pour se rajeunir, comme en ont coutume les jolies femmes; les autres disent pour appuyer leur affirmation sur un document authentique.

Voici donc, vues au berceau, les liqueurs de La Coste. Que devinrent-elles par la suite?

Mêmes archives. Extrait d'un menu :

« *1746*. Pour Messieurs les Consuls, le 13 janvier 1746, a dîné avec Messieurs les Commissaires qui ont fait tirer la milice, Café aux Liqueurs de La Coste....... 3 liv. »

« *1763*....... de la somme de 729 livres 4 sols, que le comptable a payé au sieur Robert, habitant en cette ville, pour le prix de cent pots de liqueurs de Cannelle et Girofle de La

LOUIS ROCHER 1793-1873

En même temps qu'il dirigeait l'industrie des Liqueurs, fonda une Verrerie, une usine de Produits Chimiques et une fabrique de Cire.

Côte-Saint-André, présent d'honneur que la ville est en usage d'envoyer à Son Altesse Sérénissime Monseigneur le duc d'Orléans, Gouverneur de la Province du Dauphiné et ce, à la place des vins de Nice et de Vienne, que ladite ville envoyait ci-devant à Son Altesse, qui a témoigné désirer ledit changement, en ce compris les frais de caisses, emballage et voiture des dites liqueurs de La Coste, à Gre-

EDOUARD ROCHER 1802-1872

noble, suivant le mandat signé par le Conseil ordinaire du 18 janvier 1763, cy-rapporté avec la quittance au bas et cotté de n° 28, cy.... 729 4/4 s... »

Vers cette époque, prévoyant sans doute le succès futur des liqueurs monastiques, une demoiselle A. Rocher, supérieure du Couvent des Ursulines de La Côte-Saint-André, obtint de ses parents de vendre des liqueurs pour les menus profits de sa congrégation et ajouta ainsi quelque renom et aussi quelque pieuse réputation aux produits de la famille. La Révolution, en dispersant l'ordre, enleva du même coup aux liqueurs de La Côte leur petit vernis monacal dont, de nos jours, on ne manquerait pas de tirer gloire et bénéfices.

Nées dans les conditions ci-dessus mentionnées, les liqueurs de La Côte devinrent vite populaire et, à mesure que s'améliorèrent les moyens de communication, se répandirent rapidement dans les départements limitrophes et dans la France entière.

Aujourd'hui, il n'est pas un point du globe où elles ne soient consommées.

On peut dire que la maison Rocher frères, est l'inventeur de presque toutes les liqueurs connues :

Les « Eaux de La Côte » qui figurent encore sur ses prix-courants et qui commencèrent sa réputation dès l'aurore du XVIIIe siècle, n'étaient et ne sont autre chose encore que les liqueurs de Noyau, Orange, Rose, Moka, Vanille, Cannelle, Girofle, etc., lesquelles, pour n'être plus du goût moderne, ont une vogue de plus d'un siècle, vogue dont il reste encore des traces profondes.

Puis vinrent le Werder (qui inspira l'Élixir de la Grande Chartreuse), les Menthe, Cacao, Curaçao, qui, héritant de la célébrité de leurs aînées, confirmèrent la réputation de la Maison et lui suscitèrent quantité d'imitateurs.

Le *Curaçao triple sec*, entr'autres, né à La Côte-Saint-André, n'a-t-il pas fait le tour

CAMILLE ROCHER 1805-1880

du monde au grand profit de plusieurs concurrents? Mais, à cette époque, les dépôts de noms, de bouteilles, de marques, n'existant pas, force fut à MM. Rocher de se laisser piller sans se défendre.

Pour apprécier justement la célébrité de cette maison, il faut lire le rapport officiel de la première Exposition universelle de 1855, où les liqueurs Rocher furent prises comme type dans le classement à donner aux autres. En voici un extrait :

« La maison Rocher frères qui date de 1780 (lire 1705 par suite des découvertes postérieures), est sans contredit la première qui ait généralisé l'usage des liqueurs en France. Avant sa fondation, nous tirions à grands frais de la Martinique des produits justement renommés qui, à cause de leur prix exorbitant, étaient tout à fait des produits de luxe. Les liqueurs de MM. Rocher frères ayant le double avantage d'être parfaites de qualité et très modérées

FÉLIX ROCHER 1839-1888

de prix, acquirent bien vite la réputation dont elles jouissent aujourd'hui, aussi, l'importance de cette maison est-elle toujours allée grandissante.

» Tout en dotant le Trésor d'un impôt considérable, elle a affranchi la France du tribut qu'elle payait à l Autriche pour son Marasquin, à la Prusse pour son Eau-de-vie de Dantzig, à la Suisse pour son Absinthe, à l'Italie pour son Alkermès, à la Hollande pour son Curaçao, etc.

» Enfin pour compléter cet exposé je n'y ajouterai qu'un mot : c'est que, malgré le grand nombre de fabriques de liqueurs qui inondent la France de leurs produits, la maison Rocher frères envoie les siens sur tous les points et elle obtient une préférence marquée sur ses concurrents. »

A cette exposition, comme à toutes les expositions universelles qui lui succédèrent à Paris, la maison Rocher frères obtint les plus hautes récompenses accordées à l'industrie des liqueurs.

ALEXANDRE ROCHER 1821

FERNAND ROCHER 1862

Travailleurs infatigables, d'éducation exquise et d'instruction solide autant que variée, toujours ou ingénieurs civils ou licenciés en droit, MM. Rocher consacrent tout leur temps à la direction de leurs affaires et ne cessent d'apporter à leur fabrication les soins les plus intelligents et les plus scrupuleux.

Leurs produits, au nombre d'une centaine environ, présentent ceci de très remarquable qu'ils sont tous au moins égaux en qualité à ceux faisant l'objet de spécialités réputées auxquelles des maisons similaires attachent leurs soins exclusifs.

Si on pouvait calculer les sommes que la maison Rocher frères a versées depuis deux siècles au Trésor public, au nombreux personnel qu'elle emploie, aux industries qu'elle fait travailler, aux compagnies de transports, etc., etc., on arriverait vraisemblablement à un chiffre fantastique.

En présence des nombreuses imitations de

leurs produits et voulant se créer une spécialité inimitable, MM. Rocher frères, rebelles jusqu'à ce jour à la publicité qui affiche impudemment tant de vertus vraies ou fausses, se sont décidés cependant à faire comme tant d'autres et à user de ce concours si puissant dans les affaires modernes.

Leur *Cherry-Brandy* qu'ils lancent de façon toute spéciale, prend déjà une vogue extraordinaire et est appelé, c'est indubitable, au plus brillant avenir.

Notre but étant avant tout une étude industrielle, de MM. Rocher eux-mêmes nous ne dirons que deux mots :

Si, comme industriels, ces messieurs sont fiers de leur œuvre, ces gentilshommes ont droit, plus encore, d'être fiers de leur situation sociale, car, en leur léguant la direction de leurs affaires, leurs aïeux leur ont laissé un héritage plus précieux encore : celui qui est fait de travail, de loyauté, de dévouement, de charité et d'honneur. Industrie, armée, clergé, magistrature, charges publiques, belles-lettres, ont compté des membres de leur famille, qui y ont illustré leur nom et ce n'est pas là leur moindre titre de gloire.

Et, malgré Messieurs Rocher disons seulement que si l'on faisait appel aux pauvres secourus, aux amis obligés, aux personnages les plus haut placés dans toutes les branches de la société française, ils se lèveraient légion pour dire bien haut et leurs remerciements et leur sympathie pour cette maison dont, nous le répétons, les mots Intelligence, Travail, Charité et Honneur, devraient couronner la marque si connue : les armes parlantes : *Trois Rochers Frères.*

LÉON (Léon), chapelier, 21, rue Daunou, à Paris.

Succursales à Vichy, Nice et Monte-Carlo.

Né en Lorraine, le 20 octobre 1831.

L'histoire du célèbre industriel qui a jeté sur la chapellerie française un si vif éclat, au moment surtout où la production étrangère, la production anglaise particulièrement, après l'avoir concurrencée au dehors, cherchait à la détrôner chez elle, inondant notre marché de ses « capes » plus ou moins élégantes, est un vivant exemple de ce que peut le travail uni à l'énergie, à l'intelligence et à la ténacité.

Si la belle devise *Labor improbus omnia vincit* n'avait été si fréquemment employée par des commerçants qui ont dû le plus souvent leur succès moins à leurs efforts personnels qu'à des circonstances heureuses, c'est à coup sûr celle qui s'adapterait le mieux au manufacturier qui, parti de rien et contraint de travailler à l'âge où l'on finit pour ainsi dire à peine d'épeler, sut, par son labeur constant, sa volonté, son entêtement même à vouloir réussir et sa persévérance, que servirent de remarquables facultés d'assimilation et une intelligence toujours en éveil, s'élever à la haute situation qu'il occupe aujourd'hui et qui en fait, dans sa spécialité, un des premiers industriels de notre pays.

M. Léon vint à Paris à l'âge de treize ans et, de suite, se fit, dans le petit cercle de ses connaissances, la réputation d'un travailleur opiniâtre, avide d'arriver. Cherchant sa voie, il fit d'abord un court apprentissage de tisseur de châles; mais, ne trouvant pas là l'emploi de sa rare énergie, il suivit les conseils d'un brave homme qui réparait les chapeaux dans une échoppe de la rue du Caire.

La fabrication des chapeaux n'était pas alors ce qu'elle est aujourd'hui. La coiffure à bon marché, obtenue grâce au progrès du machinisme, n'existait pas, et les chapeaux coûtaient cher. On regardait à deux fois avant de les remplacer. Le jeune Léon allait donc dans les grands magasins, dans les administrations, chercher les chapeaux des employés, à qui, dans la même journée quelquefois, il les rendait retapés, et cela si habilement qu'on les eût dit neufs. Il se constitua bientôt une telle clientèle qu'il fut obligé de descendre de sa modeste chambre du cinquième de la rue Guérin-Boisseau à l'entresol du 25 de la rue Bourbon-Villeneuve (actuellement rue d'Aboukir), où il avait magasin, atelier, deux chambres et un employé sous ses ordres. Il n'avait alors que dix-huit ans.

Rares, on peut le dire, bien rares, sont, à cet âge, ceux qui ont déjà une situation commerciale. Plus rares encore sont ceux qui se la sont eux-mêmes créée. Que, par l'effet des circonstances, un jeune homme se trouve dans l'obligation de prendre à dix-huit ans la suite ou la direction d'une maison, cela se voit quelquefois. Mais qu'à cet âge, où l'adolescent songe plutôt à passer agréablement sa jeunesse et où, quelles que soient ses facultés et ses aptitudes, il n'a ni la connaissance des affaires, ni l'expérience, il ait déjà de toutes pièces créé une maison achalandée par une clientèle importante et fidèle, qu'il soit devenu un industriel avantageusement connu des fournisseurs et des établissements de crédit, voilà qui sort de l'ordinaire, qui rentre même dans l'extraordinaire, et qui classe hors de pair son auteur.

On comprend, qu'avec de pareils débuts, le jeune commerçant ne pouvait que voir sa situation rapidement prospérer. Dix ans après, sans commanditaire, par ses propres moyens, mais au prix de quelles économies, de quel travail, il a une petite boutique rue Neuve-

Saint-Augustin, au 71, à l'angle du boulevard (actuellement 21, rue Daunou), choix judicieux, puisque, comme on le sait, ce quartier est devenu le plus élégant de Paris.

A partir de ce moment, M. Léon s'occupa surtout de barrer la route à la concurrence étrangère et de faire triompher l'industrie française. Car, bien que la chapellerie de luxe française conserve une suprématie dont la fabrication étrangère n'a pas encore pu approcher, il s'importe en France des quantités de chapeaux d'origine anglaise ou allemande, mais surtout anglaise, dont le centre de fabrication se trouve à Manchester.

Séduit quelquefois par une vaine apparence de bon marché, le client se laisse tenter et il ne tarde pas à s'apercevoir, après un court usage, qu'on lui en a donné pour son argent.

Sans compter la défectuosité des matières premières employées, mélange de laine et de poils de qualité inférieure, la teinture laisse le plus souvent à désirer. Rien qu'à ce point de vue l'article français est bien supérieur, mais il y a aussi l'habileté manuelle des ouvriers français, le tour de main, la *patte*, comme on dit, que les ouvriers anglais ne possèdent pas. Il y a aussi le génie inventif, les innovations, les créations de formes et de modèles nouveaux, toutes choses auxquelles est réfractaire l'esprit anglais. Cela est si vrai qu'à chaque saison l'industrie anglaise vient en France faire choix de nos nouveautés, qu'elle fabrique ensuite et qu'elle nous revend.

M. Léon se posa carrément en défenseur de l'industrie nationale. L'intelligence de sa réclame, le bon goût apporté dans ses créations, la qualité et le fini de ses produits et surtout la transformation qu'il fit subir au chapeau de soie, dont il fit, de lourd et mastoc qu'il était, un chapeau léger et élégant, lui valurent auprès du grand public un succès et une vogue qui ne se sont pas démentis depuis, car on peut dire que tout ce qui a été innové en chapellerie depuis 35 ans est dû à Léon.

C'est à lui, entre autres, qu'est dû le chapeau antinévralgique, monté sur liège, dont l'éloge n'est plus à faire. Léon fut, en effet, le premier à appliquer au montage des chapeaux le liège, dont la légèreté et les qualités isolantes devaient transformer la lourde et incommode coiffure d'antan en un chapeau hygiénique. Combien d'autres modifications heureuses n'a-t-il pas apportées dans la chapellerie !

Villemessant et Adrien Marx, du *Figaro*, le lancèrent. D'autres célébrités, et non des moindres, de la littérature, des grands cercles, de l'art, des sports, le patronnèrent. Il se fit une réputation d'amabilité, d'habileté commerciale qui, en même temps que la renommée, lui valurent des détracteurs envieux, dont Léon ne s'occupa même pas. Léon, d'ailleurs, a su se créer une personnalité. Sa figure est universellement connue.

Six agrandissements successifs ont fait de la petite boutique de la rue Neuve-Saint-Augustin le superbe établissement de la rue Daunou, que tout le monde connait.

Quand un souverain étranger arrivait, ou arrive, à Paris, c'est Léon qui a l'honneur de le coiffer. C'est ainsi qu'il a pu réunir en une brochure, *Têtes et Chapeaux*, qui a fait un grand bruit lors de son apparition, la conformation de la tête de nos plus illustres contemporains. Bientôt un autre volume plus complet doit paraître, volume très attendu et qui sera le couronnement de sa carrière.

Sans jamais se relâcher une minute devant le succès, Léon, non content des diplômes, des brevets obtenus dans les Cours européennes et autres, dans les Expositions françaises et étrangères, a su relever la réputation de la chapellerie française au-dessus de celle de sa grande concurrente, la chapellerie anglaise. Sollicité de toutes parts pour le dépôt de ses célèbres chapeaux à l'étranger, Léon a voulu laisser le souci de faire de l'exportation à ses fils, dont le plus jeune achève son service militaire, et ces deux jeunes gens auront fort à faire pour suivre les traces de leur père. L'aîné, rentré du régiment en 1897, a déjà à son actif plusieurs créations et est l'auxiliaire précieux de son père.

Un mot se doit, en terminant, à la fidèle collaboratrice de Léon, à Mme Léon, qui, elle aussi, a su dans le chapeau pour dames, prendre rang dans cette partie si difficile du commerce parisien. Actuellement, c'est Mlle A. Léon qui dirige ce rayon où les mondaines, et ce qui est à noter, les grands commissionnaires de l'étranger, viennent glaner leurs modèles.

EDELINE (HENRI), né à Orléans (Loiret), le 28 février 1866; Entrepreneur de Marbrerie funéraire.

Adresse : 37, rue du Repos, Paris.

M. Henri Edeline est le fils d'un brave ouvrier qui, malheureusement, mourut quand l'enfant entrait à peine dans sa deuxième année. Son enfance fut pauvre. L'année terrible survint. Mme Edeline s'enfuit dans le Berry, son pays natal. Revenue à Orléans, où elle était très estimée, elle se remit au travail pour élever son fils, et se remaria avec un brave ouvrier très instruit qui prit l'enfant en grande affection et dirigea ses études.

Comprenant les sacrifices que l'on s'imposait pour lui, M. Edeline entra en apprentissage chez un serrurier et se fit admettre plus tard dans la grande maison Guillot-Pelletier, fabricants de serres, jardins d'hiver, etc. A dix-huit ans, M. Henri Edeline entra comme outilleur dans les ateliers du chemin de fer d'Orléans. Mais ses chefs, étonnés de sa remarquable intelligence, le placèrent dans les bureaux où il étudia la mécanique et le dessin industriel qui n'eurent bientôt plus de secrets pour lui.

Appelé pour son service militaire à Fontainebleau, M. Edeline fit un brillant sous-officier d'artillerie.

Libéré, il partit pour Paris dans l'intention de passer par quelques grandes usines et de compléter ainsi ses connaissances techniques.

Un hasard le mit en relations avec un ancien juge de paix qui possédait à Paris une importante maison de marbrerie et qui désirait vendre son fonds. Des parents, des amis, ses anciens patrons, lui avancèrent l'argent nécessaire et il devint marbrier.

La maison était des plus anciennes, puisqu'elle remontait à 1835. En quelques années, le chiffre annuel d'affaires fut doublé.

Il ne tarda pas se faire apprécier par les architectes les plus connus de Paris, tant pour sa loyauté et sa compétence, que pour ses grandes qualités d'artiste.

Il est aujourd'hui l'un des plus remarquables constructeurs de monuments funéraires de la Capitale. On lui doit l'invention des caveaux étanches du Père-Lachaise que plusieurs ingénieurs avaient abandonnée.

C'est à lui que s'adressa la Société du *Cimetière pour Chiens et autres animaux domestiques* lorsque, récemment, il s'agit des monuments à élever, dans l'île des Ravageurs, aux animaux regrettés de leurs maîtres. Il y avait un grave écueil à éviter : le pastiche des nécropoles humaines qui aurait froissé bien des consciences. M. Edeline s'en est tiré à son grand honneur. Déjà ses monuments attirent l'attention du grand public qui leur reconnait un bon goût et un art sans défauts. Le Cimetière d'Asnières, grâce à M. Eugène Petit, son architecte, et à M. Edeline, est une des curiosités parisiennes.

Ajoutons que M. Edeline fut agréé sur la recommandation d'un grand nombre d'architectes et à la suite du concours ouvert par l'Administration, concours auquel prirent part de nombreux concurrents.

Tous les gens sincères sont unanimes à reconnaitre que les conceptions de M. Edeline répondent au but poursuivi. Il possède le secret de construire des tombes d'animaux qui ravissent les partisans et qui charment malgré eux les adversaires du Cimetière zoologique.

Les tombes de *Bijou*, *Dick*, *Black*, *Porthos*, *Barry*, *Follette* et *Sultan*, de *Minet* et de

Colibri, entre autres, sont de vrais chefs-d'œuvre.

Désireux de travailler à l'éducation populaire, M. Henri Edeline fonda, en 1896, les *Concerts symphoniques populaires*, au Cirque d'hiver, destinés à former le goût artistique des classes ouvrières. Malgré l'accueil sympathique de la presse, malgré sa haute portée morale, l'entreprise échoua. Livré à ses propres ressources, M. Edeline perdit sa fortune. Travailleur obstiné, il ne tarda pas à surmonter la tourmente et à retrouver sa prospérité première.

M. Edeline se consacre toujours à toutes les œuvres d'instruction, de mutualité, d'épargne et de philanthropie. C'est ainsi qu'il est le promoteur et le délégué général de l'œuvre philanthropique : *Le bon Conseiller*, qui a déjà rendu tant de services au public; — membre de la Caisse des Ecoles du XIe arrondissement ; — fondateur et ancien président de l'*Idéal des Familles* qui a protesté avec tant d'énergie contre l'immoralité des cafés-concerts ; — vice-président de la *Philharmonie du XIe Arrondissement* ; — ancien président des *Amis réunis*, société d'épargne ; — archiviste de la

Société française de Sauvetage, section du XIe Arrondissement, etc.

M. Edeline a publié dans la presse ou en brochures des études sociologiques ou économiques qui témoignent d'une grande érudition et qui sont écrites en une langue alerte dans laquelle l'humour a des trouvailles curieuses.

Il est avant tout un excellent homme privé, un artiste consciencieux, un industriel loyal, un véritable ami des classes laborieuses.

COMPAGNIE GÉNÉRALE DES CINÉMATOGRAPHES, PHONOGRAPHES ET PELLICULES (Anciens Etablissements PATHÉ frères), 98, rue de Richelieu, Paris.

Vous souvient-il du bruit que fit, en 1878, l'annonce d'une invention étrange qui, comme toutes les inventions étranges, nous arrivait d'Amérique ! D'aucuns crurent d'abord à un de ces canards gigantesques que la presse américaine élève soigneusement et à qui elle donne ensuite la volée pour épater le vieux monde. Nous avions tant vu de ces volatiles venir s'abattre sur nos côtes que l'incrédulité pouvait bien accueillir la nouvelle découverte. Et quelle découverte ! L'enregistrement du Verbe ! La parole, que l'on ne parvient pas à transmettre aux sourds de naissance, à des êtres humains pleins d'intelligence et de vie, donnée à un cylindre minuscule, qui discourait, pérorait, lisait, pleurait, riait, chantait, déclamait, jouait la comédie, le drame ou la tragédie, vocalisait, roucoulait la romance, entonnait les airs d'opéra, exécutait les plus brillants et les plus difficiles soli sur n'importe quel instrument, tantôt virtuose, tantôt orchestre, véritable Protée, supérieur en cela à l'homme, puisqu'il était tout : orateur, acteur, musicien, chanteur, comédien, homme, femme ou enfant à volonté, incomparable dans ses transformations, puisqu'il puisait son génie même dans le génie de ceux qu'il interprétait.

Pourtant, la nouvelle était vraie. La découverte était vraie. L'instrument prodigieux existait. Les journaux américains n'avaient rien exagéré. L'invention était bien ce qu'avec enthousiasme ils avaient annoncé. L'Académie des sciences, cette assemblée de savants circonspects, s'était même réunie pour examiner l'appareil, et son admiration s'était traduite par un éloge dont le procès-verbal de la séance fit une discrète mention.

Quelquet jours après, M. Léon Say, ministre des Finances, consacrait officiellement l'invention en la présentant à l'élite de la Société parisienne.

Nous trouvons, en effet, dans les journaux de l'époque, la note suivante :

« Diner de 50 couverts, mardi soir, chez M. Léon Say, ministre des finances.

« Parmi les convives, tous appartenant au sexe masculin, se trouvait M. Puskas, commissionnaire en Europe des brevets du célèbre Edison pour le téléphone et le phonographe.

« Après diner, on a expérimenté, dans la salle de la bibliothèque, le téléphone de Bell, dont M. Léon Say, grand partisan des nouvelles inventions, a fait faire l'installation chez lui. Puis, vers dix heures, avant l'arrivée des dames dans les salons, on a fait parler le phonographe.

« Les explications sur le nouvel instrument, données par M. Puskas, étaient traduites en français par notre confrère Henri de Parville. Plusieurs phrases, entre autres un compliment à l'amphytrion confié par M. Pouyer-Quartier au phonographe, ont été répétées très distinctement.

« M. Léon Say et Mme la baronne de Beyens ont plusieurs fois essayé eux-mêmes avec grand succès l'étonnant instrument, qui a excité une vive curiosité parmi les dames. Mme de Wimpfen, ambassadrice d'Autriche, ne pouvait se lasser de questionner l'exibiteur. »

Dès ce moment, on ne parla plus que du phonographe. Ce fut le sujet de toutes les conversations et aussi des discussions. Edison en était-il réellement l'inventeur ? Et les Français, qui se plaisent à rabrouer, quand ils ne les laissent pas mourir de faim, ceux de leurs compatriotes qui leur apportent des découvertes géniales, se mirent à discuter les mérites du célèbre physicien américain. Il parut démontré que Léon Scott de Martinville, dès 1857, et par brevets pris ensuite à différentes époques, avait découvert non seulement le principe du phonographe, mais encore les divers appareils servant à l'enregistrement et à l'émission des sons, et, d'autre part, que Cros, en 1877, avait déposé à l'Académie des Sciences un pli cacheté renfermant le dispositif de l'instrument. Cela n'enlève évidemment rien à l'admiration qu'on doit avoir pour Edison, mais il est bon de rendre à chacun la justice qui lui est due, surtout quand elle est tardive.

Américaine ou française, l'invention est dans tous les cas devenue bien française par tous les perfectionnements que nous y avons apportés et par le développement que nos compatriotes ont su donner à la fabrication du phonographe. Il semble, en somme, qu'ils n'aient fait que reprendre leur bien. Aujourd'hui, l'industrie phonographique se trouve centralisée à Paris entre les mains d'une importante société connue sous le nom de *Compagnie*

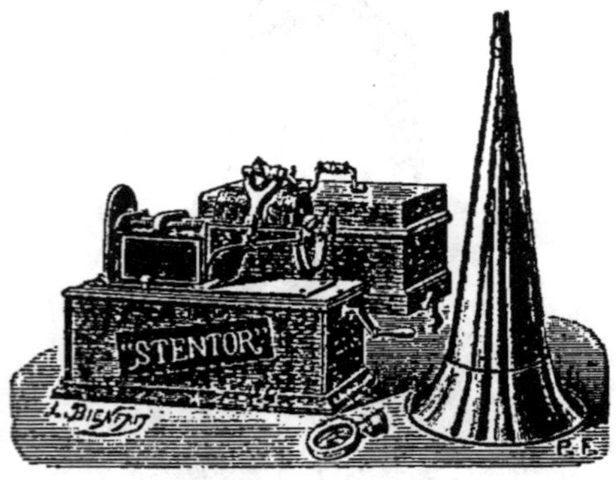

générale de Cinématographes, Phonographes et Pellicules.

Cette compagnie, de formation assez récente, mérite une attention toute particulière de la part des vrais amis de la science française. Ce n'est pas une société quelconque, improvisée au hasard pour un but uniquement intéressé. Sans doute, le commerce s'y fait dans des proportions considérables, mais à côté de l'agitation mercantile, il faut voir un immense champ d'action, où le travail, disons mieux, la technologie du phonographe et du cinématographe commande l'admiration de tous les hommes de laboratoire.

Deux frères, également ingénieux et actifs, MM. Emile et Charles Pathé, avaient pressenti, dès l'apparition du phonographe et du cinématographe, que ces deux appareils seraient, dans un avenir très prochain, les agents principaux pour l'enregistrement des faits, paroles et gestes de l'humanité. A cette pensée naquit dans leur esprit le désir de consacrer une partie de leur fortune à l'exploitation et surtout au perfectionnement des nouveaux appareils. Rien ne fut négligé dans ce but ; aussi, leur entreprise devint si florissante qu'elle ne tarda pas à attirer l'attention d'un homme qui, à l'exemple d'Arago, est toujours prêt à seconder l'ingéniosité française. Nous avons nommé M. Grivolas, si apprécié dans le milieux financiers de Lyon et dans le monde des électriciens.

Si l'on a pu dire de certains personnages entreprenants qu'il suffisait qu'ils fussent mêlés à une affaire pour en compromettre, même à leur insu, la marche régulière ; ici, nous nous empressons d'affirmer que l'initiative de M. Grivolas, une fois au service d'une société industrielle ou commerciale, est une marque de garantie qui fait dire à l'actionnaire : « Je puis dormir en paix ; un homme sérieux soutient mes intérêts. » Le mot est très juste, et nous en trouvons une première preuve dans la prospérité de la *Compagnie française d'appareillage électrique*, fondée par M. Grivolas qui, le premier en France, s'est occupé de fabrication sur une grande échelle. Nous n'avons pas précisément à faire l'éloge de cette compagnie ni de son directeur actuel, M. Zeller ; qu'il nous suffise de dire que le fondateur a su trouver l'homme véritablement capable de maintenir la renommée de l'établissement de la rue Montgolfier.

La transformation en société des Anciens Etablissements Pathé frères est un heureux résultat pour l'industrie française.

Elle permet, en effet, de concurrencer avantageusement non seulement sur notre marché mais sur les marchés étrangers, les produits américains, et de couronner ainsi les efforts que pendant si longtemps avaient faits MM. Pathé frères pour affirmer la supériorité des produits français.

En peu de temps, d'ailleurs, la Société prit une importance considérable, et un an après sa constitution, elle portait à son bilan un bénéfice de 359.846 fr. 82 pour un capital de un million (13 juillet 1899).

Ces résultats merveilleux décidèrent la *Compagnie des Cinématographes, Phonographes et Pellicules* à augmenter le nombre de ses usines pour répondre aux demandes de plus en plus nombreuses arrivant de toutes les parties du monde et auxquelles son installation, bien qu'immense, ne lui permettait pas de suffire. Le capital fut, en conséquence, porté à deux millions par l'émission de 10.000 actions nouvelles, souscrites d'ailleurs immédiatement. Avec les nouvelles ressources dont elle disposait, la Société fit construire une seconde usine à Chatou et améliora considérablement son matériel. Entre temps, ses actions, émises à 100 fr., étaient cotés 255 fr. et on prévoyait le cours prochain de 300 fr.

***

On comprend que ces résultats, s'ils sont dus en partie à l'excellence des procédés de fabrication, à la perfection des appareils construits, le sont aussi pour une grande part à l'organisation, la direction et l'administration de la Société.

En abandonnant à une société l'établissement qu'ils fondèrent 98, rue de Richelieu, MM. Emile et Charles Pathé n'avaient pas pour cela délaissé l'industrie phonographique. Jeunes, d'une ardeur infatigable, ils n'ont pas voulu se détacher de l'œuvre qu'ils avaient si laborieusement édifiée. Ils sont restés à la tête de la Société, dont ils dirigent la marche générale avec une habileté et une régularité qui imposent le devoir à tout employé. On est même surpris de l'activité qu'ils sont obligés de déployer, activité étonnante, activité telle que dans leur cabinet, qui est plus un laboratoire qu'un salon de réception, il est impossible d'entreprendre une conversation suivie, car deux postes téléphoniques avertissent à chaque instant que la communication est demandée soit pour le 247-44, soit pour le 247-60; ou bien c'est Chatou, Vincennes, la rue Saint-Augustin, le salon du boulevard des Italiens, la salle des Capucines, l'usine de Belleville, tous leurs établissements, succursales et dépendances, qui mendient une minute à la direction générale.

***

Le siège social de la *Compagnie générale des Cinématographes, Phonographes et Pellicules*, est au 98, rue Richelieu. L'immeuble comprend six étages, qui se dessinent nettement sur le corps de bâtiment. Aussi, la grande maison rouge est-elle très remarquée par les milliers de passants qui affluent chaque jour dans la rue de Richelieu, si intéressante et si renommée par le commerce parisien.

Le rez-de-chaussée a été transformé en un magasin de vente, dont l'étalage parfait produit le soir, à la faveur de la lumière électrique, un effet des plus saisissants. On y admire des phonographes et des graphophones de tous systèmes, parmi lesquels sont intercalés avec goût des pavillons de cristal et des catalogues illustrés.

A l'entresol, sont installés les salons d'audition, où le client désireux d'acquérir des cylindres de choix peut, à son gré, entendre préalablement les morceaux.

Le premier étage comprend le cabinet des Directeurs et celui de l'Administrateur.

Si nous montons au deuxième étage, le changement est brusquement complet. C'est là qu'on enregistre les opéras et les grands airs; c'est là que les Mercadier, les Duparc, les Maréchal, les Charlus, les Weber, les Bru et tant d'autres artistes français et étrangers, pianistes et autres instrumentistes distingués, gravent pour jamais les chefs-d'œuvre des grands maîtres. Ce service est l'un des plus intéressants de la Compagnie, et l'on peut dire qu'il n'est pas le moins pénible, à en juger par le va-et-vient des employés et l'harmonie incessante des chants et des pianos.

Le troisième étage concerne aussi l'enregistrement, mais on s'y occupe plus spécialement des concerts, et le concert y est continu; Mmes Rollini, Bergeret et Fernandez peuvent nous dire que les murs doivent savoir par cœur leur répertoir si amusant.

Les autres étages admettent encore des salles d'enregistrement, et surtout de petites pièces où les cylindres sont écoutés avant d'être mis en boites feutrées.

Mais il serait bien regrettable de ne pas s'arrêter un instant au... sixième! Là haut, sous la partie vitrée du toit qui forme vérandah, est la salle d'enregistrement des orchestres. Chaque jour, vingt-cinq à trente musiciens, sous la conduite de MM. Colonne ou Parès, y

font vibrer les cuivres, les cordes et les bois, soit dans un ensemble parfait, soit séparément. C'est une véritable académie de musique, et les noms les plus retentissants de la Capitale, on le voit, y sont connus et honorés.

***

Au 30 de la rue Saint-Marc est l'atelier de réparation. Là arrivent tous les jours des centaines de phonographes ou de graphophones qu'il faut réparer d'urgence. Pas une minute à perdre. Le client se proposant de donner une audition le soir, il lui faut son appareil tout de suite. Aussi, l'atelier de la rue Saint-Marc est-il une véritable ruche où aucun frelon — nous voulons dire aucun visiteur — n'est admis.

Heureusement que les Phonographes Pathé frères sont à l'abri des accidents que courent la plupart des Graphophones étrangers; mais comme, par charité, la Compagnie consent à guérir les fréquentes blessures de ces derniers, il s'ensuit que l'atelier de la rue Saint-Marc est toujours en mouvement et qu'il faut fréquemment prolonger le travail à des heures avancées de la nuit, afin de satisfaire à leur exigence.

***

Rue Saint-Augustin, 8, sont les services de la correspondance et de la comptabilité, qui occupent plus de trente employés; la publicité, à laquelle est adjoint le service des cylindres enregistrés, qui inscrit chaque jour les rentrées et sorties par milliers; le service des expéditions, qui occupe la partie la plus vaste du

M. GRIVOLAS

local, et d'autres services, moins apparents mais très utiles quant à leur but et à l'intérêt de la maison. C'est là que se trouve aussi l'atelier des polisseurs de cylindres.

***

Au 26 du boulevard des Italiens, en face le Crédit Lyonnais, nous sommes dans un salon somptueusement décoré, le « Salon du Phonographe ». C'est là qu'à toute heure du jour et pendant une grande partie de la nuit, l'amateur de musique vient se délecter, en prêtant l'oreille aux auditions les plus variées, puisqu'on estime à 6.000 le nombre des cylindres spécialement choisis. Le Salon du Phonographe est le rendez-vous, non seulement du tout Paris élégant, mais aussi des collèges et institutions les mieux réputés.

Une des causes de l'extraordinaire succès obtenu par le Salon du Phonographe est qu'on peut y entendre 6.000 morceaux variés au même appareil, tandis que dans les établissements étrangers, l'auditeur est obligé de voyager d'un graphophone à l'autre pour écouter les cylindres. Ce système ingénieux, qui permet, non seulement le choix des morceaux, mais surtout rend l'audition plus douce et plus forte en même temps, est une création brevetée de M. Grivolas.

***

Qui ne connait la jolie petite Salle des Capucines ! Là, le spectacle a fraternisé avec le Phonographe, qui s'y fait entendre de 9 heures du matin à 5 heures du soir. M. Dussaud, l'éminent ingénieur-conseil de la Compagnie, docteur ès-sciences et physicien émérite autant que savant modeste, à qui l'on doit l'invention du téléphone haut parleur et du microphonographe, appelle la Salle des Capucines l'« Académie du Phonographe. »

C'est, en effet, une Académie, puisque là, par le « Stentor », viennent s'y faire entendre MM. Melchissédec, Gauthier, de l'*Opéra;* Dufour, Huberdeau, de l'*Opéra-Comique;* Broca, Bonijolly, Corin, du *Théâtre lyrique;* Stamler, du *Grand Théâtre de Monte-Carlo;* Polin, de l'*Alcazar d'Eté* et des *Folies-Bergère;* Reschal, des *Ambassadeurs* et de *Parisiana;* Brunois et Rosca, des *Ambassadeurs;* Carlo Dazzi, le *Roi des Siffleurs;* les *Poètes-Chansonniers* Montoya, Numa Blès, Dominique Bonnaud, Jean Bataille; le *Violoniste* Planel; Fontbonne, *flutiste solo* de la *Garde républicaine*, etc., etc.

N'oublions pas de citer également : Mmes Tanésy et Soyer, de l'*Opéra;* Jean Durand, Carré-Delorn, Corin-Levasseur, de l'*Opéra-Comique;* G. de Palhen, du *Grand Théâtre de Bordeaux;* Odette Dulac, Laurence Deschamps, Miss Laby, de l'*Alhambro de Londres*, etc., etc.

En parcourant une liste si brillante, un amateur phonographiste voudrait-il encore recourir aux maisons concurrentes étrangères pour l'achat de cylindres ou phonogrammes ? Et ce « Stentor », dont on a tant parlé et dont on parlera toujours, peut-on supposer maintenant qu'il ne soit plus le roi des Phonographes si l'on considère l'importance des sacrifices que s'impose la Compagnie générale pour les enregistrements ?

***

Il nous resterait enfin, pour terminer cette étude, la description des ateliers de Belleville et de l'immense usine de Chatou. Mais nous ne voulons pas fatiguer le lecteur par une longue énumération. Nous nous bornerons donc à dire qu'à Belleville plus de 300 ouvriers sont employés pour la fabrication des appareils et que ce nombre ne suffit pas pour faire face aux commandes. Quant à l'usine des cylindres, elle occupe aussi plus de 300 ouvriers ou ouvrières répartis dans les services les plus divers : fonte, coulage, rabotage, polissage, etc.

On voit, par ce qui précède, l'importance et le développement qu'a pris, en France, grâce à la Compagnie générale, l'industrie phonographique et cinématographique.

FAVRAUD (J.). — MAISON J. FAVRAUD et Cᵒ, propriétaires-viticulteurs et distillateurs d'eau de vie de Cognac.

Adresse : Château de Souillac, à Jarnac-Cognac (Charente).

En 1858, M. J. Favraux fondait son commerce qu'il transférait quelques années plus tard au château de Souillac, Jarnac-Cognac, où il installait un établissement modèle pour la production des Eaux-de-vie dites Eaux-de-vie de Cognac et de la Fine Champagne.

Les Cognacs dits « Fines Champagnes » des premiers crûs charentais ont, par leur finesse incomparable, conquis depuis un siècle la première place dans le commerce des liqueurs; aucun autre produit de la distillerie ne saurait rivaliser avec eux; ils ont partout obtenu une préférence très justifiée, et leur renommée s'étend aujourd'hui dans le monde entier.

Parmi les maisons de premier ordre qui alimentent ce grand commerce international, l'une des plus recommandables par son importance et la qualité de sa fabrication est assurément celle de MM. J. Favraud et Cᵒ, dont nous avons eu le plaisir de visiter récemment la magnifique installation au Château de Souillac à Jarnac-sur-Cognac. Si son installation ne laisse rien à désirer sous le rapport de la perfection, la maison ne se recommande pas moins par les avantages de sa situation qui lui permet d'acquérir, dans d'excellentes conditions, les meilleurs produits de la contrée. Elle est placée au milieu des crûs les plus réputés du pays, entre les Fines Champagnes et les Cognacs Borderies, Petite Champagne, cette grande vallée couverte de vignobles qui est restée victorieuse contre toutes les attaques du phylloxéra et des diverses autres maladies de la vigne, lorsqu'elles dévastaient les trois quarts des vignobles du pays.

Les grandes distilleries de MM. J. Favraud et Cᵒ touchent à cette belle plaine vinicole dont elles ont distillé chaque année une bonne partie des récoltes.

Lorsque les bouilleurs de crûs cessèrent presque complètement leur fabrication, MM. J. Favraud et Cᵒ achetèrent, pour leur distillation, de fortes quantités de vins, et ne tardèrent pas à se voir à la tête d'énormes approvisionnements de Fines Champagnes qui remplissaient leurs magasins, et grâce auxquels ils purent donner à leurs affaires l'extension considérable qu'elles ont acquise aujourd'hui dans tous les pays.

La réputation de cette maison est, du reste, déjà ancienne; elle a été fondée en 1858, par M. J. Favraud, dont nous reproduisons le portrait ci-contre. Il a acquis, durant sa longue carrière, une sérieuse expérience commerciale

qui le mettait à même de diriger, avec une parfaite compétence, l'importante entreprise dont il est aujourd'hui le chef autorisé.

Grâce à son énergie et à ses persévérants efforts, il sut donner une grande extension à son commerce; il fit installer plusieurs distilleries qui lui permirent d'utiliser des achats de vins de plus en plus considérables, et il devint, en quelques années, un des plus grands distillateurs du pays.

Ses produits furent très appréciés et reconnus supérieurs par le haut commerce de France et de l'Etranger, aussi le succès sur lequel il comptait couronna sa tentative, et aujourd'hui la marque de la maison tient une des premières places dans tous les pays du continent et d'outre-mer. L'exportation en fûts se fait surtout en Angleterre, en Danemark, en Autriche, en Italie, en Russie, où l'on apprécie principalement les Eaux-de-vie vieilles; puis aux Indes anglaises, ainsi que dans les deux Amériques, où MM. J. Favraud et Cᵒ expédient par an plusieurs milliers de caisses et de fûts.

C'est ainsi que la renommée de cette maison s'est développée dans tous les pays du monde, grâce aux nombreux agents qu'elle a dans les principales villes de l'Europe et du monde entier; et nous pourrions en citer un grand nombre. Nous nous bornons à constater que, par leur zèle, leurs efforts et leur persévérance, ils ont su faire apprécier le haute valeur des Cognacs du château de Souillac.

Si la faveur sans cesse croissante des consommateurs prouve suffisamment la supériorité des produits de la maison, leur mérite est aussi attesté par les récompenses dont ils ont été l'objet dans divers concours où leur chef a été nommé membre du Jury et le diplôme d'honneur hors concours fut décerné à ses produits.

La distillerie qu'il a fondée au château de Souillac est une des plus grandes du pays; elle a été dotée des perfectionnements les plus récents et les plus avantageux pour la rapidité et l'économie du travail; comme propriétaire-agriculteur, M. Favraud a fait de son domaine une ferme modèle au point de vue de l'élevage du bétail, de la culture et de la plantation de nouveaux vignobles tant à Souillac que dans sa propriété située dans la commune de Bresdon, canton de Matta, dont il est le Maire depuis trente ans (il est également Vice-Président du Conseil d'arrondissement du canton de Matha), où il a fait un commerce très important avant de s'installer au château de Souillac. M. J. Favraud, toujours prêt à se rendre utile à ses concitoyens, est le Président estimé de plusieurs Sociétés coopératives et de Syndicats agricoles, qu'il fait profiter de sa longue expérience comme viticulteur et agriculteur à la hauteur de toutes les découvertes modernes, ce qui lui a valu, en 1890, la décoration de Chevalier du Mérite agricole, et, en 1889, il a obtenu, au Concours régional du canton de Jarnac, la prime d'honneur pour l'exploitation de ses propriétés, décernée par le Comice agricole et viticole de l'arrondissement de Cognac.

Le château, les magasins et la ferme ont été construits sur le sommet d'une colline qui domine Jarnac et les rives de la Charente. On y jouit d'un air pur et d'un splendide panorama; la magnifique prairie de Triac déroule aux yeux une mer immense de verdure. C'est sur ce plateau plein de vestiges qu'eut lieu le dernier assaut de la fameuse bataille de Jarnac, en 1559, où succomba le prince de Condé, dont on voit le monument, à quelques kilomètres de là, entre Triac et Bassac. Toute cette région est pleine de souvenirs historiques.

Le château de Souillac est situé à 500 mètres de Jarnac, sur le plateau et à 14 kilomètres de Cognac, et l'on sait que ces deux villes sont placées au centre des grands crûs de Cognacs et Fines Champagnes dont les importantes maisons d'exportation charentaises ont fait connaître partout la renommée et la supériorité pour la production des Eaux-de-vie de premier choix, qui restent toujours sans rivales aux yeux des gourmets.

Depuis de nombreuses années MM. J. Favraud et Cᵒ ont rempli leurs vastes magasins de milliers d'hectolitres de Fines Champagnes et de Cognacs Borderies de tous âges qui font les délices de leur clientèle, et celle-ci, grâce à ses importants approvisionnements, pourra être servie régulièrement pendant des années encore sans que l'épuisement du stock soit à craindre.

L'accueil favorable réservé partout aux agents de la maison et la vogue de plus en plus grande qu'obtient la marque du Château de Souillac, sont la preuve de l'éclatant succès justement mérité de cette importante maison, qui a contribué, pour une large part, à propager au loin la réputation de nos vieilles Eaux-de-vie charentaises.

MAISON COINTREAU FRÈRES, fondée en 1849. Fabrique spéciale de grandes liqueurs. Usine à vapeur, quai Gambetta, à Angers.

E. COINTREAU FILS, ✻, A. ✪, successeur, ancien premier juge au tribunal de Commerce d'Angers, membre et président des Jurys et Comités des Grandes Expositions internationales et universelles, des Comités d'administration à l'Exposition de 1900; vice-président du Comité départemental de Maine-et-Loire.

Adresse : Angers (Maine-et-Loire).

Si ceux qui prétendent que le vieux monde se transforme, jetaient un regard en arrière, ils constateraient que, comme l'histoire et la mode, le progrès n'est qu'un perpétuel recommencement. On croit inventer, on ne fait que prendre, et telle innovation n'est, le plus souvent, qu'un retour au mœurs anciennes, aux usages de jadis ou aux procédés d'autrefois. La fin de ce siècle aura vu d'ailleurs la réalisation d'une prédiction depuis longtemps formulée par les économistes :

« Vous verrez avant qu'il ne soit longtemps, disaient-ils, qu'on en reviendra aux jurandes et maîtrises du temps passé, que chacun se confinera dans un genre, et qu'au lieu de former des Pic de la Mirandole, dont le savoir ne servira à rien, on se bornera à orienter les jeunes gens vers une spécialité sur laquelle ils pourront concentrer avec fruit toutes leurs facultés au lieu de les éparpiller inutilement sur des sujets divers. »

Ne trouvez-vous pas que les événements ont justifié ces prophéties? Que sont les syndicats sinon le rétablissement des anciennes jurandes? Et voyez ce qui se passe dans l'industrie : chacun a sa place, sa fonction et n'en sort pas. L'ouvrier qui fait des boulons ne fait pas des rivets. Prenez une montre, un fusil. Il semble qu'ils sortent des mains d'un seul artisan. Trente personnes au moins, qui ne se sont peut-être jamais vues, ont contribué à leur fabrication. Ce qu'on appelle la division du travail n'en est donc, en somme, que la spécialisation, qui permet d'obtenir à bon compte des produits absolument finis, ayant la solidité, la finesse, la grâce ou le cachet que l'habitude ou le tour de main, fruits d'une longue pratique, peuvent seuls donner.

Le temps n'est plus où l'on voyait appendues sur les murs des enseignes dans ce genre :

« X..., coupe les cheveux, tond les chiens, arrache les dents, met les sangsues, pose des ventouses et va-t-en ville. »

Chacune des professions ci-dessus a aujourd'hui ses spécialités, lesquelles sont même constituées en syndicats, et je n'étonnerai personne en disant que les tondeurs de chiens, par exemple, forment à Paris une corporation de fort honnêtes gens, parmi lesquels se

trouvent même d'habiles artistes, ayant une riche clientèle et gagnant aussi honorablement que largement leur vie.

Si de l'industrie nous passons dans les professions libérales, nous constatons la même évolution. On voit bien encore des médecins qui saignent, tranchent, purgent, accouchent et amputent, mais ces fervents du cumul tendent à disparaître. On est chirurgien, oculiste, accoucheur, névropathe, aliéniste; on se confine exclusivement dans le traitement d'une affection ; on est spécialiste des maladies de la gorge et du nez, du cœur, de l'estomac, de la poitrine, etc., etc. Les peintres adoptent un genre et n'en sortent plus. Tel, comme Lambert, peindra des chats toute sa vie; tel autre, comme Vollon, des casseroles ; Lobrichon ne quittera plus les enfants, Henner ses figures d'ivoire; celui-ci, comme Luminais ses Gaulois, et celui-là ses Cardinaux. Les avocats, que l'on croyait, par état, aptes à parler de tout et sur tout avec la même compétence, ont suivi le mouvement. Tels ne plaident que les procès en contrefaçon, les procès littéraires; tels autres que les affaires de travaux publics, de bourse, d'enregistrement, de transports, de divorce, de succession, etc. On se crée ainsi une spécialité dans laquelle on cherche, la pratique et la connaissance approfondie aidant, à devenir un maître.

Cette spécialisation est-elle un bien, est-elle un mal? Nous estimons, quant à nous, qu'elle est en parfait accord avec le progrès. Si la science est trop vaste, le champ de l'activité est aussi trop grand, et, à vouloir trop embrasser, on risquerait de ne rien étreindre. La division du travail correspond en somme à celle de notre cerveau, constitué, comme on sait, par un certain nombre de cases, dont certaines plus développées que d'autres, prédisposent à des facultés qu'une culture raisonnée fera épanouir.

Ce qui est vrai pour les arts, la science et l'industrie, ne l'est cependant pas pour le commerce, et M. Cointreau, dans le remarquable rapport au Ministre du Commerce qu'il fut chargé de rédiger au cours de l'Exposition internationale de Bruxelles de 1897, en faisait la juste remarque. Son observation et les considérations qu'il émettait à ce sujet firent même couler beaucoup d'encre et motivèrent de judicieuses réflexions de publicistes, d'économistes et de savants.

« Pendant que l'industrie se spécialise, écrivait-il, on voit au contraire le commerce englober toute la production. De gros capitalistes s'associent pour grouper dans d'immenses bazars tout ce que l'industrie peut produire de plus disparate et nous assistons ainsi au développement de l'individualisme industriel alors que l'individualisme commercial tend à disparaître, submergé par le collectivisme ou, si l'on préfère, par l'association anonyme à gros capital. Nous voyons donc, d'un côté, l'absorbtion, de l'autre, au contraire, les fabricants, dont les articles étaient autrefois en nombre infini, abandonner peu à peu la fabrication d'un grand nombre pour concentrer tous leurs efforts sur un ou quelques produits, s'efforcer de les mettre au goût du jour, et de les présenter au consommateur sous l'aspect le plus séduisant et le plus flatteur, d'en faire en un mot une spécialité.

L'industrie des liqueurs n'a pas échappé à cette évolution, et c'est surtout plus en France qu'à l'étranger qu'elle est manifeste. La France est la patrie de la liqueur; c'est par millions d'hectolitres qu'on la fabrique, c'est par millions d'hectolitres qu'on la consomme. Il n'est pas un petit ménage, pas un somptueux hôtel où l'on ne serve au dessert le verre traditionnel de liqueur digestive. Aussi l'industrie des liqueurs s'est-elle rapidement développée.

En se spécialisant, le distillateur-liquoriste, qui autrefois fabriquait tous les produits ressortant de sa profession, n'a pas seulement obéi aux lois économiques qui ont si profondément modifié l'industrie, il a aussi obéi à une autre préoccupation, la sauvegarde de ses intérêts et de sa réputation. Obligé de se défendre contre les imitateurs et contre les fabricants de produits inférieurs qui, sous un nom générique, vendaient une liqueur bien présentée mais n'ayant ni la finesse, ni le moelleux, ni la saveur des produits qu'on était habitué à consommer, il a préféré s'attacher exclusivement à la fabrication d'une marque, toujours la même, se débarrassant de tous les soins, soucis et ennuis incombant à la préparation des centaines de produits divers qu'il livrait avant à la consommation. Concentrant ainsi toute son attention, son habileté, ses connaissances, son expérience et ses capitaux sur un seul produit, il devait forcément arriver à fabriquer une liqueur parfaite, une spécialité, que le succès devait couronner.

M. Cointreau fut un des premiers à prévoir la transformation qui allait s'opérer dans l'industrie des liqueurs par les découvertes de la chimie, grâce auxquelles tout le monde peut être liquoriste sans posséder ni aptitudes spéciales, ni la pratique qu'un long apprentissage permet seul d'acquérir, pas même d'alambic, encore moins de plantes choisies et cueillies dans de certaines conditions, de fruits sains ou d'écorces particulières. Il suffit d'avoir du trois-six et d'aller chez le droguiste ou le pharmacien, qui vous délivre les extraits nécessaires à toutes les préparations. Versez, agitez, filtrez, et voilà des tonneaux d'anisette, d'absinthe, de cassis, de curaçao, de rhum, ou de sirop d'orgeat, de groseille, etc.

C'est pour réagir contre cette fabrication, qui n'aurait pas manqué d'amener une perversion du goût public, en même temps qu'une altération rapide de la santé des consommateurs, que M. Cointreau fils, de confiseur-distillateur qu'était la maison Cointreau frères, à laquelle il succédait, s'attacha à devenir un distillateur spécialiste.

Admirablement préparé à sa profession par des études complètes au Lycée d'Angers, puis par sa pratique du laboratoire, comme ouvrier d'abord chez ses parents, dans les grandes maisons parisiennes et bordelaises ensuite, M. Cointreau arrivait à l'âge de vingt-six ans dans les meilleures conditions pour faire prospérer la maison qui lui avait été laissée par ses prédécesseurs, et qui, fondée en 1849, avait acquis rapidement une réputation justifiée par la qualité exquise de ses produits.

Il s'appliqua donc à faire revivre et à propager la vieille liqueur angevine, le véritable Guignolet d'Angers. Pendant les dix premières années de son existence commerciale, il dépensa tout le bénéfice que pouvait lui procurer son industrie en augmentation d'immeubles, matériel d'action de toute sorte, et notamment en une publicité intense, intelligemment faite, grâce à laquelle le véritable Guignolet d'Angers parut bientôt dans tous les établissements de consommation et sur toutes les tables.

Guignolet. — Le Guignolet, que l'on avait toujours considéré comme une liqueur rafraîchissante destinée à remplacer les sirops, fut bientôt lancé par M. Cointreau comme un apéritif que l'on mélange au Vermouth, de là son grand succès et son développement tel que toutes les distilleries françaises, qui ne faisaient du Guignolet qu'un accessoire, se livrèrent bientôt à sa fabrication en grand.

Pour donner une idée des quantités de cerises utilisées et du service rendu ainsi à l'arboriculture elle-même, nous ajouterons que la maison Cointreau emploie à elle seule, chaque année, 120 à 130.000 kilogrammes de cerises. On peut, sans exagérer, considérer que la distillerie française, en dehors de la fabrication du Kirsch, utilise ainsi chaque année plus de 3 millions de kilogrammes de ce fruit qui autrefois se perdait sur les arbres.

Nous pouvons donc affirmer que M. Cointreau est le véritable rénovateur du Guignolet d'Angers. Que son succès même ait engagé de nombreux imitateurs à marcher sur ses traces, cela se conçoit, c'est la loi de la concurrence. Mais il est bon, cependant, de mettre les consommateurs en garde contre les mélanges d'essences de noyaux à l'alcool et au sucre qui, après avoir été colorés artificiellement sont donnés trop souvent aujourd'hui sous le nom de Guignolet, pour être vendus à bas prix.

Les acheteurs, que ne séduit pas uniquement le bon marché, sauront faire la différence. Nous devons ajouter que les distillateurs angevins ne négligent rien pour conserver au véritable Guignolet d'Angers sa réputation intacte de produit fabriqué uniquement avec le jus de la cerise.

Triple-Sec. — Il fallait une liqueur digestive. Depuis longtemps, M. Cointreau avait pu observer que, peu à peu, les consommateurs abandonnaient volontiers les liqueurs trop sucrées, telles que crème de vanille, huiles de rose, etc., etc., fabriquées autrefois, que, d'un autre côté, ils hésitaient devant l'absorption des liqueurs colorées artificiellement, pour rechercher et les liqueurs plus sèches et les liqueurs tout à fait blanches.

M. Cointreau possédait une excellente recette de Curaçao; mais cette liqueur, fabriquée pourtant par tous les distillateurs français, et colorée en jaune et très sucrée, était concurrencée par l'introduction en France de liqueurs étrangères qui y prenaient une trop grande place.

Laissant de côté et la couleur et l'excès de sucre et jusqu'au mot curaçao lui-même, M. Cointreau imagina de faire une liqueur à base d'oranges, *triplement parfumée* et alcoolisée avec de vieille eau-de-vie de vin, qu'il appelle *Triple-Sec* et sans autre qualificatif que celui de sa couleur blanche.

Habilement lancé par une publicité soutenue et considérable, M. Cointreau a eu la satisfaction de voir réussir son produit, et presque toutes les maisons de distillerie françaises, et même étrangères, fabriquent aujourd'hui un Triple-Sec blanc, ayant presque abandonné la couleur jaune et jusqu'au mot curaçao.

Alors qu'on voyait autrefois les étiquettes porter universellement le mot Curaçao en gros caractères, et parfois le mot Triple-Sec en petites lettres et comme qualificatif, on voit aujourd'hui, tout au contraire, le mot Triple-Sec s'étaler en vedette et le mot Curaçao en petits caractères, souvent même il a complètement disparu.

La spécialité était posée, la consommation du Triple-Sec Cointreau grandit rapidement; celui-ci, joignant ses efforts à ceux des confrères français, on peut dire que les distillateurs de notre pays ont la satisfaction de remplacer peu à peu dans la consammation française les liqueurs étrangères que nous envoyait la Hollande.

Bien plus, M. Cointreau n'hésita pas; il fit lui-même quelques voyages en Hollande, prit part aux expositions de ce pays et vit ses

efforts couronnés de succès, car on peut demander dans les villes d'Amsterdam, La Haye, Rotterdam, etc., un verre de *Triple-Sec*, c'est immédiatement le flacon carré jaune de la maison Cointreau que les grands hôtels et les grands restaurants de ce pays servent aux consommateurs.

Le Nord est plus grand consommateur de liqueurs que le Midi. Aussi, sans essayer de propager ses produits en Espagne ou en Italie, voyant qu'il avait si bien réussi en Hollande, M. Cointreau n'hésita pas à tenter la conquête de la Belgique. La consommation du Triple-Sec y prit un tel développement qu'on entend dans les cafés, dans les grands restaurants, demander couramment la *liqueur Cointreau*. Il dut, par suite, tant pour satisfaire aux demandes immédiates de la clientèle que pour profiter des avantages réservés aux liquoristes belges qui se protègent par des droits de douane énormes, fonder une distillerie succursale qui fonctionna, à sa grande satisfaction, 37, rue du Poinçon, à Bruxelles.

Restait l'Allemagne. La grande consommation de ce pays est la bière et l'eau-de-vie. Il fallait y faire naître, comme l'ont essayé quelques maisons françaises, le goût des liqueurs sucrées. Joignant ses efforts aux leurs, M. Cointreau créa, il y a quelques années, une usine complète avec tout l'outillage perfectionné, dans le Grand Duché du Luxembourg.

On est en Luxembourg presque en terre française, dans un pays où l'on aime les Français, où l'on parle notre langue et où la monnaie et les usages français ont cours.

On y bénéficie de l'union douanière, qui permet de ne poit payer de droits nouveaux pour entrer du Grand Duché en Alsace-Lorraine et en Allemagne.

D'autres jalons sont plantés dans les colonies et autres pays étrangers; mais il est si difficile, à cause des formalités et des droits prohibitifs, de pénétrer en Angleterre, en Russie et en Amérique, que M. Cointreau, comme ses confrères, sont obligés d'attendre pour prendre leur part sur ces importants marchés, qu'une législation autre que celle existante leur ouvre des barrières jusqu'ici à peu près fermées.

Il n'est presque pas besoin de dire que, dès 1857, la maison Cointreau prenait part aux Expositions, moins fréquentes alors qu'aujourd'hui, qu'elle y obtenait successivement toutes les récompenses et que, dès 1887, M. Cointreau lui-même continuait à exposer en faisant partie des jurys. Il en fut ainsi à l'Exposition internationale du Havre, 1887; Bruxelles, 1888; Paris, exposition universelle, 1889; puis président ou vice-président des jurys : Tours, 1892; Moscou, 1892; Chicago, 1893; Anvers, 1894; Bordeaux, 1895; Amsterdam, 1895; Angers, 1895; Rouen, 1896. A l'exposition internationale de Bruxelles, 1897, qui fut une grande manifestation industrielle, il était président du Comité d'admission de la section des liqueurs, classe 145.

Entre temps, M. Cointreau donnait à sa ville natale les moments dont il pouvait disposer. Pendant dix ans Conseiller municipal, pendant pendant huit ans Juge au Tribunal de Commerce, il prenait en outre une part directe et active à toutes les œuvres, artistiques ou autres, intéressant la ville d'Angers.

L'usine, qui est toujours située quai Gambetta, s'est considérablement agrandie depuis 1875. Ses bâtiments couvrent aujourd'hui une surface de plus de 2.000 mètres carrés, et l'outillage le plus perfectionné permet à M. Cointreau, entouré d'un personnel d'élite, d'augmenter chaque année et sa production et ses moyens d'action.

Il ne sera pas inutile de constater, pour finir, que la maison Cointreau, fondée en 1849, a aujourd'hui plus d'un demi-siècle d'existence. Elle a été continuée, de père en fils, sans changer de nom, sans subir d'interruption. M. Cointreau met une certaine fierté à établir ce point et, de l'unité de direction, déduire l'unité d'efforts toujours tendus vers le même but, c'est-à-dire satisfaire une clientèle de jour en jour plus difficile.

VERDIN (Charles), ✻, A. ⚘, ✠, né à Magny (Moselle), le 7 juin 1848 ; créateur et organisateur du *Musée Ch. Verdin ;* ingénieur-constructeur-mécanicien ; fournisseur des laboratoires du Collège de France, de la Sorbonne, de la Faculté de Médecine, du Muséum et des Universités et Hôpitaux de France et de l'étranger ; lauréat de nombreux Concours et Expositions.

Adresse : 7, rue Linné, Paris.

M. Charles Verdin, collaborateur apprécié des savants les plus distingués de notre époque, savant lui-même, n'est arrivé que par son travail, son énergie et son intelligence et malgré des difficultés de début que beaucoup eussent cru insurmontables.

Ses parents, de modeste origine, étaient chargés de famille. Tout jeune, il fut mis en apprentissage dans la mécanique et particulièrement dans les instruments de topographie.

Pendant la guerre de 1870-71, M. Charles Verdin, qui était à Metz, remplit les fonctions de chef d'atelier d'une capsulerie, sous les ordres du commandant Moulin. Il n'avait que vingt-deux ans. Après la reddition de la ville, M. Verdin s'occupa de l'installation d'une manufacture de tabacs. Il parcourut toute la Lorraine et acheta aux planteurs les récoltes qu'ils n'auraient pu vendre à la France.

Après le traité de Francfort, M. C. Verdin — pour conserver sa nationalité, opta en son nom et en celui de ses frères.

Il dut quitter son pays natal et se rendit à Paris. Il entra, comme ouvrier outilleur, dans la Maison Cristoffle et Cie, rue de Bondy, qui avait alors l'entreprise de la fabrication du sabre-baïonnette Chassepot. Par ses grandes aptitudes techniques et par son bon travail, il ne tarda pas à devenir un des principaux chefs d'ateliers.

Mais cette situation ne fut pas de longue durée. La maison Cristoffle et Cie ayant licencié son personnel, M. C. Verdin dut chercher une autre position.

Il eut la bonne fortune de s'adresser à la maison Bréguet, quai de l'Horloge, à Paris. Un de ses chefs, le regretté M. Niaudé-Breguet, recommanda M. Verdin à M. Marey, professeur au Collège de France, qui s'occupait de mécanique et se trouvait dépourvu de mécanicien.

Après un court entretien et l'exposé d'un plan général sur les travaux à exécuter, M. Ch. Verdin fut agréé par l'éminent professeur (19 décembre 1873).

Chronomètre électrique de d'Arsonval

M. Verdin resta attaché à la personne de M. Maray jusqu'en 1878. Que de travaux divers et de variétés exceptionnelles ne réalisa-t-il

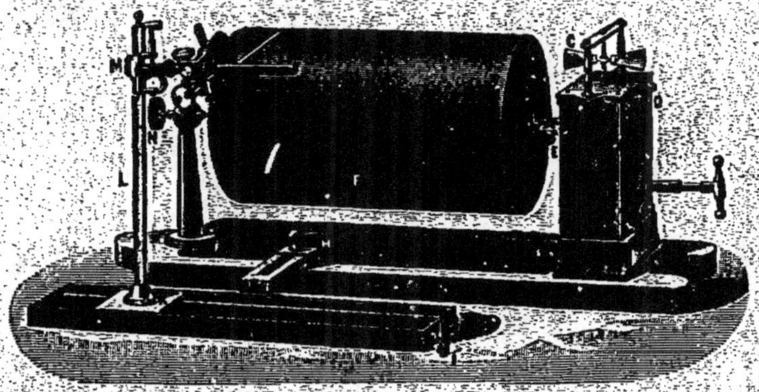

Petit enregistreur clinique de Ch. Verdin

pas pour un professeur pendant cette période ! Le début fut assez pénible. Ses premiers travaux consistèrent dans des recherches sur la navigation aérienne, la résistance d'un plan sur l'air, la marche de l'homme, les allures du cheval. Après quoi, il construisit bon nombre d'appareils : enregistreurs, chronographes, pneumographes, cardiographes pour l'homme et les animaux, tambours récepteurs, signaux, etc., etc.

M. Maray avait reconnu les grandes aptitudes de son collaborateur. Il lui facilita les moyens de s'établir pour son propre compte et de se spécialiser ainsi dans les instruments de précision.

C'est à partir de 1878, que M. Charles Verdin commença à prendre son élan. Déjà il aida le laboratoire du professeur Maray à se montrer digne de l'Exposition universelle de 1878. Dès ce moment, il devint constructeur et en même temps le collaborateur de nos sommités scientifiques et médicales.

France; Laulanié, directeur de l'Ecole vétérinaire de Toulouse; Arloingt, directeur de l'Ecole vétérinaire de Lyon, etc., etc.

Homme à l'esprit inventif, toujours à l'éveil de ce qui peut rendre un service, soit en phy-

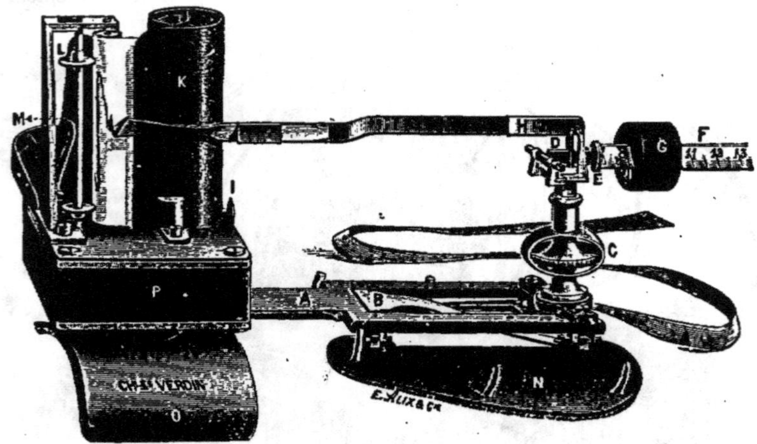

Sphygmomètrographe de Philadelphien

Le nombre d'appareils qu'a construits M. Ch. Verdin serait trop long à énumérer. Il nous suffira de dire qu'il collabora avec Paul Bert et M. Chauveau, du Muséum; le Dr Gréhaut,

siologie, soit en médecine, M. Verdin créa, de son côté, bon nombre d'appareils et il en perfectionna beaucoup d'autres. La majeure partie de ses créations furent l'objet de présentations

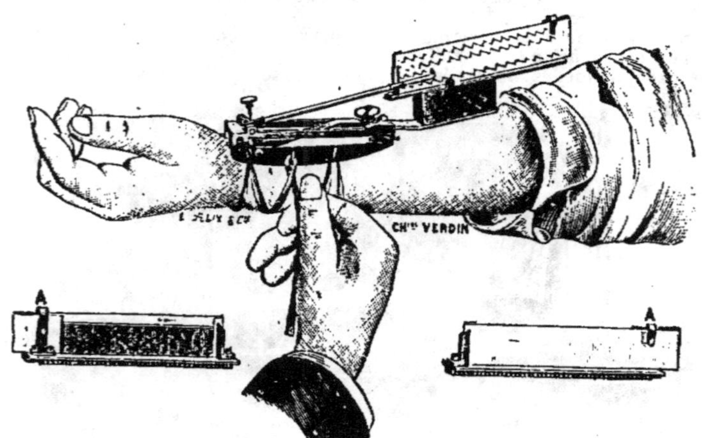

Sphygmographe direct du Professeur Marey

du même établissement; les Drs Richet, Laborde, Weiss, de la Faculté de Médecine de Paris; Meyer, de Nancy; Livon, de Marseille; Boudet, de Paris; d'Arsonval, du Collège de France; l'abbé Rousselot, chargé de conférences sur la Phonétique expérimentale au Collège de

à la *Société de Biologie*.

Pour mener à bien cette tâche si difficile, il a fallu grand courage et forte persévérance de la part du distingué mécanicien, ainsi qu'un personnel d'élite qu'il dut forger à ses goûts.

Depuis vingt-sept ans, M. Verdin est resté

sur la brèche. L'importance de ses travaux n'a pas cessé de s'accroître. C'est dans ses ateliers que furent élaborés ces appareils surprenants et presque merveilleux qui, dans les mains de nos savants, deviennent les intermédiaires indispensables entre l'homme et la nature, et découvrent aux patients chercheurs les secrets de l'existence et les conditions mêmes de la vie.

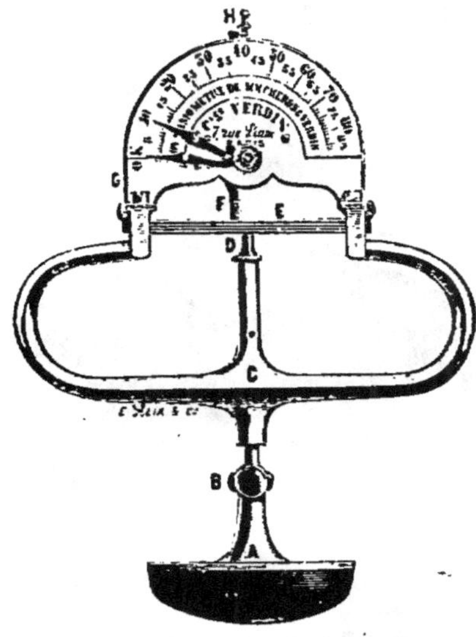

Dynamomètre modèle Charles Verdin

C'est sous sa direction que furent exécutés ces instruments qui permirent à la physiologie d'accomplir les remarquables progrès qui ont étonné les penseurs et transformé de fond en comble la méthode des sciences spéculatives, ces appareils du temps, de la force, du mouvement, qui notent scrupuleusement, sur le rouleau de papier noirci, l'ampleur et la durée des pulsations du cœur, la pression du sang dans les vaisseaux, et les moindres tressaillements, normaux ou anormaux, des muscles et des nerfs.

Les appareils Verdin ont, il n'est pas besoin de le dire, triomphé à toutes les Expositions. Le monde entier a admiré ces appareils aussi remarquables par leur conception que par leur élégance.

Après avoir obtenu une médaille d'or à l'Exposition universelle de Paris, 1889, M. Verdin exposa à la World's Fair de Chicago, 1893, où il fut mis hors-concours et où ses appareils furent l'objet des récompenses les plus flatteuses. Avant d'être envoyés à Chicago, ils avaient été exposés pendant trois jours à Paris, au musée Ch. Verdin qu'il a organisé à la Faculté de Médecine de Paris et qui comprend des instruments servant en physiologie et en clinique médicale.

L'année suivante (1894), M. Verdin participa à l'Exposition internationale de médecine et d'hygiène de Rome, où il se rendit en personne. C'est dans cette circonstance que Pagliani, l'éminent Directeur de la Santé publique d'Italie, put apprécier les rares qualités et la perfection de ses appareils, pour lesquels la presse italienne se montra si élogieuse que le roi lui-même tint à rendre une visite exceptionnelle au constructeur français. C'est à cette époque que M. Ch. Verdin commença à constituer à Rome un musée de médecine et d'hygiène au laboratoire scientifique de la direction de la Santé publique d'Italie, placée sous la direction de Pagliani et dont l'excellente organisation lui attira une lettre de remerciements du ministre Crispi. L'exposition de Rome lui valut un Diplôme d'Honneur.

La même année, M. Verdin exposa à Anvers. Il y reçut un Grand Prix et une Médaille d'or. A Lyon, toujours en 1894, une Médaille d'or lui fut décernée à titre de collaborateur. Il y avait constitué un Musée physiologique dont il dota en partie le laboratoire maritime Tamaris.

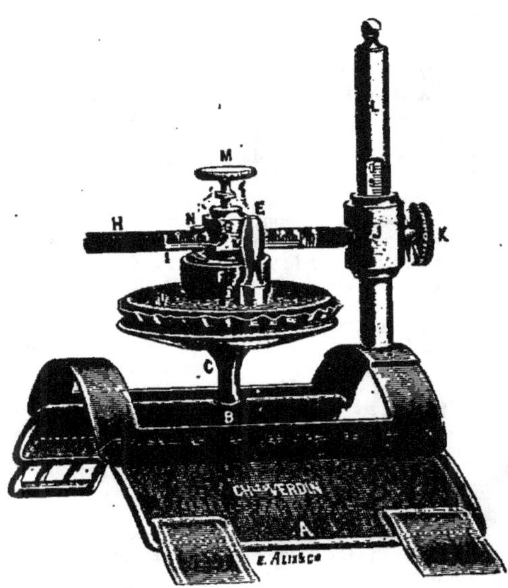

Myographe des muscles, modèle de Ch. Verdin

L'année suivante (1895), M. Ch. Verdin, qui était, depuis 1885, Officier d'Académie, recevait enfin le ruban de Chevalier de la Légion d'Honneur, récompense à laquelle applaudit tout le monde scientifique.

Depuis, M Verdin a triomphé à l'Exposition universelle d'Amsterdam (1895, 2 Diplômes d'Honneur); — à l'Exposition de Bordeaux (1895, Grand Prix); — Bruxelles (1897, Grand Prix); — Prix Barbier, Encouragement (1897); — Exposition internationale de Stockholm (1897, Membre du Jury); — Exposition de Bruxelles (1897, Membre du Comité d'admission).

L'année dernière (1893), M. Ch. Verdin a été nommé Chevalier de la Couronne d'Italie.

M. Ch. Verdin est le fournisseur attitré des Laboratoires du Collège de France, de la Sorbonne et de la Faculté de Médecine de Paris, des Universités et Hôpitaux de la France et de l'étranger. Il occupe, en réalité, une place de premier ordre dans le monde scientifique tout entier. Il a contribué dans une large mesure aux progrès et aux découvertes scientifiques qui ont marqué le dernier quart du siècle qui s'achève et qui font si bien augurer du siècle futur.

Nous retrouverons M. Ch. Verdin à l'Exposition de cette année, aux classes 16 (médecine et chirurgie) et 17 (électricité médicale). Nous y admirerons à nouveau ces merveilleux appareils. En cette circonstance, M. Verdin se montrera à la hauteur de sa réputation et remportera une fois de plus les plus hautes récompenses.

CASA FRATELLI BRANCA. — MAISON BRANCA FRERES, fondée à Milan, en 1850, pour la préparation du Fernet-Branca, du cognac, du vermouth et de diverses liqueurs. — Propriétaires : MM. les chevaliers Louis, Joseph et Etienne Branca.

Adresse : Viâ Broletto, 35, à Milan (Italie).

Les boissons alcooliques dénommées généralement *apéritifs* se montrent chaque jour plus nombreuses sur le marché. A tort ou à raison, elles demandent généralement aux amers alliés à l'alcool les principes susceptibles d'exciter les tissus de l'estomac et d'amener une faim factice. Les médecins se sont partagés dans leurs appréciations sur les liqueurs apéritives. Quant au public, ses préférences se sont portées principalement sur l'absinthe, le vermouth et les amers. Il ne semble pas que les hygiénistes aient lieu de s'en féliciter.

Sur le littoral méditerranéen, principalement en Italie, dans le midi de la France et dans les pays français de l'Afrique du nord, un apéritif tend à supplanter l'absinthe et le vermouth. C'est le *Fernet-Branca*, dont l'invention et la préparation sont dues à la grande maison des frères Branca, de Milan. L'apéritif Fernet-Branca, au contraire des préparations similaires, a l'approbation des médecins et des hygiénistes, qui lui reconnaissent des propriétés digestives toutes particulières, tout en le déclarant exempt des principes nuisibles que l'on rencontre dans la plupart des autres apéritifs. Aussi serait-il utile pour la santé publique de voir le Fernet-Branca entrer dans la consommation française.

Quelques renseignements sur la maison des frères Branca, de Milan, seront, à ce point de vue, utiles à nos lecteurs. L'histoire de la maison *Fratelli Branca* est, du reste, instructive : c'est celle d'une des maisons les plus importantes de l'Italie, d'un des établissements

industriels qui font le plus d'honneur à nos voisins transalpins.

La maison des frères Branca, pour la fabrication et la production du Fernet-Branca, du cognac, du vermouth et de diverses liqueurs, fut fondée, en 1850, par les frères Louis, Joseph et Etienne Branca. Les frères Branca, par leur intelligence, leur amour du travail, leur énergie, formaient une pléiade peu commune. L'association de leurs efforts leur permit d'arriver rapidement au succès le plus justifié.

Bientôt la maison fut classée à la tête des plus importantes de l'Italie, et, actuellement, elle rivalise avec les firmes renommées de la France, Pernod fils, Picon, etc., aussi bien qu'avec les plus grandes maisons de l'Europe.

Si l'on considère les conditions modestes des débuts, on ne peut qu'admirer le travail et l'énergie que durent déployer Louis, Joseph et Etienne Branca pour obtenir des résultats si merveilleux.

L'établissement de la maison *Fratelli Branca* a son siège et son administration rue Broletto, 35, à Milan (Lombardie) et ses magasins Viale Porta Nuova, 18. Il se trouve dans une belle et salubre situation. Il est construit selon les règles de l'esthétique moderne et de l'hygiène.

MM. Broca y occupent plus de trois cents

ouvriers, sans compter une cinquantaine d'employés adjoints aux magasins et aux bureaux de la rue Broletto.

L'établissement, par sa grande élégance et par l'ordre parfait qui y règne, forme un ensemble harmonieux exquisement moderne.

La fabrique occupe au total une superficie de plus de 15,000 mètres carrés. On s'y occupe

de la préparation du *Fernet-Branca*, la célèbre spécialité universellement connue et appréciée, du vermouth, du *Cognac Croix-Rouge*, et de nombreuses espèces de liqueurs et de conserves.

L'ordonnance de l'établissement, comme celle de l'administration, est des plus parfaites qui se puisse imaginer. Les frères Louis, Joseph et Étienne Branca la surveillaient avec un soin de tous les instants. Aujourd'hui, ils sont remplacés par un administrateur général qui est lui-même un homme de haute valeur, le chevalier Louis Menozzi, dont l'expérience, l'intelligence et l'énergie s'exercent pour le développement continu de la célèbre maison milanaise.

La maison Fratelli Branca a des représentants dans toutes les plus grandes villes du monde.

L'importance de sa production, calculée d'après les droits sur l'alcool payés à la régie italienne, atteint un chiffre extrêmement élevé.

La fabrication des liqueurs ne craint aucune concurrence.

L'exportation seule du *Fernet-Branca* se fait annuellement par des milliers et des milliers de caisses.

Cette exportation se fait non seulement en France, en Allemagne, en Espagne et dans tous les autres pays de l'Europe, mais elle s'étend également aux deux Amériques et à toute l'Afrique civilisée.

Le *Cognac Croix-Rouge* est aussi l'un des produits les plus appréciés de la maison Fratelli Branca. Lancé dans le commerce il y a quelques années, il n'a pas tardé à rivaliser avec les cognacs des meilleures marques. Il est actuellement exporté à l'etranger en quantités considérables.

Parler du goût exquis et de la valeur du *Fernet-Branca* serait inutile; cette liqueur est universellement connue et appréciée; elle peut se passer de recommandation, car elle s'impose à tous ceux qui, une fois, ont pu la goûter.

Relevons ce fait que, malgré les temps difficiles — spécialement dans les premières années de la fondation de la maison Fratelli Branca, — malgré les difficultés économiques, malgré les nombreux obstacles qui s'opposaient à la réalisation des grands desseins des frères Louis, Joseph et Étienne Branca, les trois associés purent parvenir, à force de vo-

lonté et d'intelligence, et grâce à leur bonne union fraternelle, à leur collaboration de tous les instants, à édifier une maison de commerce sans rivale qui fait la gloire de l'industrie italienne et qui est un exemple que l'on voudrait voir suivi chez nos frères latins, pour le grand profit de leur développement économique et pour le grand bien des classes laborieuses, si intéressantes partout, particulièrement au-delà des Alpes.

LEVEN (Samuel-Maurice-Stanislas), ✻, né le 19 avril 1824, à Uerdingen (Allemagne), de père Français, industriel et homme politique français, ancien membre pour l'arrondissement de Saint-Denis du Conseil général de la Seine.

Adresse : 18, rue de Miromesnil, Paris.

M. Stanislas Leven a été l'un des membres les plus appréciés du Conseil général de la Seine et l'un de nos grands industriels les plus connus. C'est aussi un économiste pratique qui, arrivé par le travail à une situation sociale enviable, connait tous les besoins des classes laborieuses et a toujours mené le bon combat pour améliorer l'existence des ouvriers et leur assurer tout le bien-être possible dans notre société contemporaine.

Son père, naturalisé Français, s'était installé à Paris et il avait fondé une très modeste tannerie en 1841. Les commencements furent

pénibles. Les enfants étaient nombreux, les affaires peu importantes, les temps difficiles.

Stanislas Leven entra à l'Ecole du Commerce que dirigeait l'économiste Adolphe Blanqui et qui fut l'origine de l'enseignement commercial actuel.

Au mois de septembre 1843, le jeune homme entrait à la Compagnie du Chemin de fer de Paris à Rouen avec un traitement de cent francs par mois. Il ne tarda pas à se faire remarquer de l'Administration par son intelligence et sa bonne volonté. Il fut nommé inspecteur de la comptabilité du trafic qu'il avait organisée.

Pendant ce temps, la tannerie de M. Leven père prospérait. Si bien, qu'en 1854, M. Stanislas Leven donna sa démission pour s'associer avec son père et deux de ses frères à la direction de la maison de Saint-Denis, à laquelle on adjoignit bientôt la fabrication des cuirs vernis et cirés.

Les produits de la maison Leven obtenaient les récompenses les plus élevées. La première en date remonte à l'Exposition universelle de 1844 où M. Leven père obtint une médaille d'argent. Nous passons sur une foule d'expositions et de concours nationaux et internationaux pour rappeler rapidement la médaille d'or obtenue par la maison Leven en 1878 (Exposition universelle) et la médaille d'honneur de la grande Exposition de 1889.

En 1888, M. Stanislas Leven se retira des affaires et la maison prit la raison sociale : *Leven frères et fils.*

Ces quelques mots consacrés à la vie commerciale de M. Stanislas Leven, il nous reste à résumer sa carrière d'homme politique où il ne fut pas inférieur.

Chargé en 1870, de l'organisation des ambulances municipales dans le IXe arrondissement, très aimé de ses compatriotes, Monsieur Stanislas Leven fut élu conseiller municipal de la ville de Saint-Denis, le 20 novembre 1874. Il conserva ce mandat édilitaire jusqu'en 1881 à la satisfaction générale de ses concitoyens.

Aux élections pour le Conseil général, le 20 janvier 1878, il fut élu dans le canton de Saint-Denis avec un programme d'intérêts départementaux qui lui valut d'être successivement réélu en 1881, en 1884, en 1887, en 1890, en 1893 et en 1796. Le fait est rare et par cela même curieux à signaler, d'autant qu'il s'agit d'un pays où les passions politiques sont les plus aiguës, et où les socialistes révolutionnaires sont presque exclusivement représentés dans les assemblées électives. Mais M. Leven a une si belle réputation d'honnêteté et de bienveillance, il accomplit si dignement son mandat, il rend tant de services, que ses électeurs oubliaient qu'il n'est que modéré et se disaient que s'il n'est pas socialiste d'étiquette, il n'est pas de plus ardent socialiste pratique, tous ses efforts ayant toujours tendu vers l'accroissement du bien-être du travailleur et vers l'élaboration de lois et de mesures propres à créer l'équilibre entre le travail et le capital.

L'œuvre politique de M. Stanislas Leven pourrait être écrite en entier en se servant des lumineux et sincères *comptes-rendus* écrits par le distingué conseiller général et adressés à ses électeurs tous les trois ans pour leur montrer comment il avait rempli son mandat.

Rarement on vit pareille unité d'opinions et de vues. M. Leven n'a jamais varié dans ses idées. Toujours il a soutenu les promesses qu'il avait faites à ses électeurs ; presque toujours il a eu la bonne fortune de les faire aboutir.

Citons parmi les projets qu'il a défendus au Conseil général depuis sa première élection, ceux relatifs aux eaux potables distribuées dans les communes, à la distribution du sérum antidiphtérique, à la subvention de l'Etat aux dépenses des polices des communes suburbaines, à la désaffectation du mur d'enceinte, à la création d'une caisse de retraites pour les employés de l'octroi des communes de la Seine, à la suppression des frais accessoires à la charge des abonnés du gaz, aux classes de garde et d'études surveillées, aux cours complémentaires, aux subventions aux caisses des Ecoles, à l'Ecole des jeunes aveugles et à l'Institut départemental des sourds-muets, à la subvention aux cours d'anatomie artistique, à l'organisation d'un service départemental d'assistance aux vieillards, aux incurables et aux infirmes indigents, à la création de Bourses de pupilles, aux secours aux familles nécessiteuses pour prévenir les abandons, aux créations nouvelles en faveur des enfants assistés et moralement abandonnés, à la création d'hôpitaux et d'asiles départementaux, au développement des routes, tramways, chemins de fer et moyens de communication, etc.

L'action de M. Stanislas Leven s'est toujours manifestée, habile et énergique, chaque fois qu'ont été en jeu les intérêts des Communes suburbaines.

C'est par son intervention, notamment, qu'ont été obtenus, de l'Etat, une part contributive aux dépenses de la police de la banlieue, de la Ville de Paris, le partage avec le département de la Seine de l'exploitation du canal de Saint-Denis et des bassins de la Villette, et bien d'autres solutions satisfaisantes sur des questions intéressant le département.

Constamment préoccupé aussi de l'amélioration qu'il est possible d'apporter aux conditions d'existence de la population ouvrière, M. Stanislas Leven a fait adopter depuis 1883 un tarif spécial de chemins de fer qui permet aux ouvriers d'habiter loin de leurs travaux.

Comme le fait remarquer M. Gay, conseiller municipal, dans son ouvrage si documenté : *Nos Ediles* (pp. 459-460) : « M. Stanislas Leven est très tenace dans ce qu'il entreprend, et l'Administration n'ignore pas qu'il faut lui accorder ce qu'il demande si elle ne veut pas être rappelée à l'ordre. »

Il a combattu nettement le boulangisme, et l'on n'a pas oublié à Saint-Ouen l'affiche qu'il fit placarder le 27 janvier 1889 en faveur de M. Jacques.

Pour finir, citons ce passage terminant le *Compte-Rendu* du 6 mai 1896 adressé par M. Leven à ses électeurs :

« ... Cet exposé nous permettra de connaître le nombre et la complexité des questions qui ont été proposées à l'examen de votre conseiller. J'ai conscience de n'avoir négligé aucun effort pour les étudier et les faire aboutir, autant qu'il dépendait de moi. Après tant d'années écoulées depuis que vous m'avez honoré de vos premiers suffrages, je n'ai plus à vous dire quels principes dirigent ma conduite et quels sentiments m'inspirent.

« Arrivé au terme de mon sixième mandat, j'aurais aujourd'hui volontiers laissé à de plus jeunes que moi l'honneur de vous représenter, si je n'avais considéré qu'à cet honneur est attaché un devoir auquel je n'ai pas le droit de me dérober tant que j'aurai la force de le remplir. Si votre confiance m'appelle encore une fois à siéger dans notre assemblée départementale, j'y retournerai tel que vous m'avez toujours connu, prêt à y poursuivre ma tâche laborieuse avec le même dévouement à tous vos intérêts. »

Le distingué conseiller général ne s'est pas représenté aux dernières élections de 1900.

M. Stanislas Leven est chevalier de la Légion d'honneur depuis 1878.

MAISON L. ANDRÉ, anciennement Moisseron et Ruault, puis Moisseron et L. André. — Ameublements d'Eglises, Travaux d'Art en Bois, Pierre et Marbre. — Nombreuses récompenses aux Concours et Expositions. — Bureaux : 44 et 46, rue Paul-Bert, Angers (Maine-et-Loire). — Ateliers : rue de Brissac, 13 et 15, à Angers (Maine-et-Loire).

ANDRÉ (Louis-Marie), né à Angers (Maine-et-Loire), le 23 décembre 1848; industriel, artiste dessinateur et sculpteur, directeur-propriétaire de la maison L. André; Lauréat, Hors-Concours, Membre du Jury à plusieurs Expositions.

Adresse : 44 et 46, rue Paul-Bert, à Angers (Maine-et-Loire).

Deux siècles d'indifférence et quelques années de révolution ont suffi pour détruire en grande partie les chefs-d'œuvre de sculpture que nous avaient légués l'art du moyen âge et celui de la Renaissance.

Cette perte est irréparable. Nous pouvons nous en faire une idée par ce qui nous est resté de l'œuvre des « imaygiers » et « tailleurs de pierre et de bois » de jadis.

Il n'était guère, à la fin du moyen âge et même encore dans la dernière moitié du XVIIIe siècle, d'église ou de couvent qui ne possédât quelques belles sculptures sur bois : crucifix noircis par l'âge, chaires ouvragées, vierges naïves, rétables s'élevant jusqu'à la voûte, calvaires, ensevelissements avec de nombreux personnages archaïques aux vêtements peints et dorés. De tous ces trésors sur lesquels le temps avait mis sa patine inimitable, qui étaient sortis de l'ingéniosité d'artistes anonymes pénétrés d'un rayon d'Idéal et de Foi, que reste-t-il ?

Notre art national, dédaigné pendant longtemps, est maintenant apprécié comme il le mérite, grâce aux travaux des Viollet-le-Duc, des Courajod et de tant d'autres savants. Et nous cherchons aujourd'hui à remplacer nos anciennes richesses et à reconstituer le trésor artistique disparu.

On s'est remis à la sculpture sur bois en Allemagne, en Belgique et dans notre pays. Après avoir copié, on a inventé, on a créé. Et il n'est peut-être pas de ville où, de ce côté, on ait fait de si grands efforts qu'à Angers ;

efforts, hâtons-nous de le dire, couronnés d'un plein succès.

C'est M. Voisin, alors receveur général, qui, le premier, attira à Angers et forma des ouvriers travaillant le bois. Il leur donnait, dit la *Revue de l'Anjou* dans un article documenté, pour modèles les nombreux et magnifiques meubles antiques qui sont encore conservés dans les châteaux de la province.

M. Voisin ne s'occupa que de la sculpture profane. En 1815, l'abbé Choyer songea à remplacer par des décorations en bois imitées du moyen âge les horribles décors de plâtre dont on chargeait les églises. Il fonda un atelier où il réunit quelques ouvriers. En 1860, il le céda

à M. Moisseron, son collaborateur.

Comme bien on le pense, il y eut des tâtonnements. On peut en juger par les œuvres inégales qui décorent la cathédrale d'Angers, mais qui témoignent de progrès constants.

M. Moisseron ne tarda pas à s'imposer à l'attention du public. On fit appel à son art de toutes les parties de l'Anjou. Tours, Blois, Poitiers, Bordeaux, Rennes, Séez, Vannes, Amiens, Verdun, Grenoble, entre autres villes, lui confièrent des travaux. Pour la ville de Nantes, l'atelier Moisseron fut chargé de la marbrerie et sculpture des chapiteaux de l'entablement, des arabesques des pilastres et du soubassement du tombeau du général Lamoricière, œuvre de Boitte et de Paul Dubois, placé dans la cathédrale de cette ville. C'est un des plus parfaits morceaux d'art exécutés au XIXe siècle. Il n'y a rien d'exagéré à le comparer aux plus belles œuvres de la sculpture florentine.

A Paris, il existe nombre d'œuvres dues à la maison André. Les églises Saint-Laurent, Saint-Thomas-d'Aquin, Saint-Ambroise, Notre-Dame-des-Victoires, les chapelles des Pères-Maristes, des Dames de Sion possèdent des boiseries merveilleuses faites à Angers. Les cheminées de marbre du Palais de Justice ont été exécutées par la même maison.

Les œuvres sorties de l'atelier André sont innombrables. Il en est de tous les genres et de tous les styles. Cette variété est une des nécessités de l'art décoratif actuel, puisque nos architectes, n'ayant pu trouver un nouveau style, en sont réduits à copier les anciens et qu'ils bâtissent un peu au hasard en imitant l'art grec, roman, byzantin, arabe, gothique ou renaissance, et que la décoration se voit forcée de les suivre pour rester dans une note adéquate.

Cette imitation a cependant ses limites. Il faut modifier ce que l'on imite, sous peine de servilité, et l'adapter aux circonstances. C'est en cela que l'artiste se révèle et qu'il arrive à retrouver l'originalité. Et c'est ce qui arrive actuellement pour M. André, un des artistes les plus impeccables de notre époque.

M. L. André est le fils cadet d'un honorable instituteur de Maine-et-Loire qui avait mis en pratique cette parole de l'Evangile : « Croissez et multipliez. » Il avait six enfants. A quinze ans, M. L. André fut mis en apprentissage. Trois ans plus tard, il entrait dans la maison Moisseron et Ruault. C'était en 1867. Quelques mois plus tard, M. Moisseron avait reconnu les aptitudes extraordinaires de son employé et l'avait pris comme aide contremaître. Le contremaître mourut la même année. M. L. André le remplaça.

Tout en s'occupant de ces fonctions, le jeune homme se mit à l'étude du dessin. Il y réussit si bien que lorsque M. Ruault se retira des affaires, en 1878, M. Moisseron prit M. André comme associé.

En 1893, un terrible incendie détruisit tous les ateliers de la maison Moisseron et L. André. Ce sinistre était dû à la maladresse d'un jeune ouvrier de la maison. M. Moisseron se retira aussitôt des affaires et M. L. André resta seul à la tête des importants ateliers angevins. Il s'installa dans son nouveau local. En quinze jours, grâce à l'appui de ses collègues de la Chambre syndicale des Entrepreneurs, qui lui prêtèrent du matériel, ses ouvriers reprirent le travail.

Les récompenses obtenues par la maison d'Angers étaient déjà nombreuses. Elles n'ont pas cessé de se multiplier depuis.

En 1895, à l'Exposition d'Angers, l'ensemble des œuvres exposées par M. L. André le fit classer hors-concours et nommer membre du Jury. A l'Exposition de 1900, M. André expose (classe 69), une *Table de Bibliothèque* formée d'un coffre au milieu et de quatre hercules aux angles. Dans la classe 66 est exposée une chaire monumentale destinée à la basilique de Fontmain, etc., etc.

Ses trois fils se sont consacrés à l'art. Deux, MM. Joseph et Henri André, exposent en leur nom comme élèves de l'Ecole des beaux-arts et comme collaborateurs de la maison. Le cadet, M. Edmond André, est en ce moment élève de M. Falguière.

M. L. André occupe une centaine d'ouvriers. Depuis quatre ans, il emploie une force motrice à vapeur de quinze chevaux menant neuf outils à bois et à marbre.

Rien de plus intéressant qu'une visite des ateliers L. André. Comme la maison exporte considérablement à l'étranger, les boiseries et les statues sont de la plus grande variété.

Pour l'Amérique du Sud, par exemple, l'art rappelle celui de l'Espagne de jadis: On y reconnait la réalité et la passion qui se rencontrent dans les œuvres des artistes de race espagnole. On pourrait les croire sorties de quelque atelier de Vallalodid ou d'Avila. Un saint Antoine a l'expression ascétique d'un moine de Zurbaran ou d'Herrera. Une Vierge rappelle, par son air d'extase, les vierges de Murillo.

Il faut ajouter que toutes ces statues ont des vêtements de couleurs brillantes avec des ramages d'or, qu'on leur a mis des yeux de verre, que leurs mains et leur visage sont peints au naturel, que l'on a fait la Vierge blonde avec des yeux très bleus pour se conformer au goût des peuples bruns, qui regardent la couleur blonde comme la plus belle et et les yeux bleus comme les plus beaux. Cet exemple est pris entre mille.

M. André a décoré de boiseries les châteaux gothiques du pays de Galles et de la Cornouaille. Il a orné les églises du Sénégal, des Antilles, de la Réunion, de l'ile Maurice, de la Martinique.

Pour la cathédrale de la Guadeloupe, il a fait un autel, une chaire, des stales, des confessionnaux, le trône de l'évêque.

Ses œuvres vont jusqu'aux Indes orientales, où le gouverneur de Mysore lui commanda le tombeau de Mrs. Bouring.

Les ouvriers de la maison L. André, formés par une longue pratique, ne quittent jamais les ateliers. Ils sont habitués à travailler indifféremment la pierre, le marbre et le bois, suivant les commandes. Aussi ils ne chôment jamais.

Leur directeur, M. L. André, est son propre dessinateur. Et l'on sait quel talent souple et puissant tout à la fois il met dans ses créations.

Plus de cinquante années ont passé depuis la modeste fondation de l'abbé Choyer. Ce temps, bien employé, a conduit à une tradition de sculpture angevine. Grâce à M. L. André et à ses fils, la maison ne pourra que prospérer encore pour le grand profit de ses collaborateurs et pour la joie des amateurs d'art.

NIEL (Pierre-Eugène), ✠, né à Rouen, le 26 octobre 1836; vice-consul du Brésil; naturaliste; Président de la *Société des Amis des Sciences naturelles* de Rouen et membre de plusieurs Sociétés savantes.

Adresse : 28, rue Herbière, Rouen (Seine-Inférieure).

Depuis plus de trente ans, M. Pierre-Eugène Niel représente à Rouen, en qualité de vice-consul, la grande République Sud-Américaine des Etats-Unis du Brésil. Le développement des relations commerciales du port de Rouen avec Rio-de-Janeiro, Pernambuco et Bahia est dû en bonne partie à l'initiative du distingué consul du Brésil.

Le gouvernement du Brésil l'a reconnu à plusieurs reprises, et notamment en 1871, en accordant à son représentant commercial et diplomatique à Rouen une haute distinction honorifique,

M. Pierre-Eugène Niel n'est pas que le représentant officiel d'un grand pays ami, c'est aussi un savant dont les travaux d'histoire naturelle, et particulièrement de botanique, sont très appréciés, et lui ont ouvert les portes des principales sociétés savantes de sa province natale et de la France.

C'est ainsi que M. Niel a été, en 1890, président de l'*Académie nationale des Sciences, Belles-Lettres et Arts* de Rouen; président de la *Société des Amis des Sciences naturelles* de Rouen (1884), et qu'il est membre de la *Société botanique de France*, secrétaire de la *Société artistique de Normandie*, membre-fondateur de la *Société mycologique de France*, etc.

Il a publié de nombreux travaux et études d'histoire naturelle dans les bulletins et mémoires de ces Sociétés. Nous signalerons tout particulièrement : *Recherches sur les bactéries* (1884); *Catalogue des plantes rares découvertes dans l'arrondissement de Bernay* (1864); *Notice sur la vie et les œuvres de Duval-Jouve, membre correspondant de l'Institut* (1885); *Note sur la maladie dite gommose* (1885); *Note sur le* Corticium amorphum (1887); *Notice biographique sur F.-A. Malbranche* (1888); *Notice nécrologique sur J.-B. Lieury* (1888); *Catalogue des plantes phanérogames et cryptogames semi-vasculaires du département de l'Eure* (1888); *Essai monographique sur les* Ophiobolus (*champignons*) *observés en Normandie* (en collaboration avec M. Malbranche, 1890); *Observations sur le* Cystopus candidus, *Lév.* (1890); *Quelques mots sur les anguillules* (1891); *les Oiseaux, leur utilité* (1891); *Recherches sur la manne des Hébreux* (1890); *Comptes rendus botaniques; Note sur le* Polyporus resinosus (1892); *l'*Azolla *en Normandie* (1892); *Champignons nouveaux ou peu connus récoltés en Normandie*, en collaboration avec M. A. Le Breton (1894); *Recherches sur la miellée* (1895); *Note sur quelques* Carex *nouveaux ou rares de Normandie* (1895).

M. P.-Eug. Niel est chevalier de l'ordre de la Rose du Brésil depuis 1871.

PRODUITS DE LA SOURCE DAUNIS, à Vergèze.— EAU DE VERGÈZE, source Daunis, quartier des Bouillens. — LIMONADE GAZEUSE à l'eau minérale et au gaz naturel de Vergèze. — CHAMPAGNE VERGÈZE. — VERGÈZE QUINQUINA.

ROBIN (Jules), Administrateur de la Source Daunis, à Vergèze (Gard).

Vergèze n'est pas qu'un des meilleurs vignobles du département du Gard, produisant des vins qui rivalisent avec les Bordeaux authentiques, c'est encore un des pays les plus pittoresques du Midi, qu'enrichissent des sources d'eaux minérales réputées.

L'eau de Vergèze (Source Daunis) est l'eau de table par excellence. Voici quelle est sa composition d'après l'analyse chimique opérée par le professeur Dubois, membre de l'*Académie de Médecine* de Paris :

Composition par litre :

Acide carbonique........	1,500
Carbonate de chaux......	0,691
Carbonate de magnésie...	0,005
Sulfate de chaux.........	0,240
Chlorure de sodium.......	0,061
Résidu insoluble.........	0,010

Elle stimule l'appétit, favorise la digestion et ne produit jamais la constipation, comme le font les eaux gazeuzes artificielles.

L'eau de la source Daunis ne décompose pas le vin, et l'on sait combien est déplaisante à l'œil cette bouillie noirâtre, bleuâtre ou jaunâtre que donnent la plupart des eaux minérales. Elle forme avec le vin, aussi bien qu'avec les sirops d'agrément, une boisson agréable, saine et réconfortante, rendant de grands services dans les affections de la vessie et des voies digestives.

Approuvée par l'*Académie de Médecine* dans sa séance du 9 novembre 1878, l'eau de Vergèze a été autorisée par décret de S. E. le Ministre de l'Agriculture et du Commerce en date du 12 décembre 1878.

Connue déjà depuis longtemps dans le pays, l'eau de la source Daunis n'a pas tardé à prendre un des premiers rangs parmi les grandes eaux de table françaises. L'usage s'en généralise chaque jour et le temps est prochain où elle sera un article d'exportation apprécié. Ce succès tient à plusieurs causes: à la valeur supérieure de cette eau minérale gazeuse carbonatée, aux recommandations des médecins, à la direction de la Société des Eaux de Vergèze (source Daunis), et à l'emploi de plus en plus répandu des eaux minérales, depuis que les travaux de Pasteur et de ses élèves ont montré le grand danger des eaux ordinaires, véritables bouillons de microbes et de matières organiques, quand arrivent les premières chaleurs.

L'eau de la source Daunis, captée avec les appareils les plus perfectionnés, mise en bouteilles et bouchée à l'abri de tout contact, ne renferme ni microbes, ni matières organiques ou nuisibles. Elle est, de plus, délicieuse au goût. C'est donc l'eau parfaite par excellence.

M. Jules Robin, administrateur de la source Daunis, songea, il y a déjà quelques années, à tirer parti de ces propriétés pour la fabrication d'une limonade gazeuze naturelle offrant au consommateur toutes garanties hygiéniques.

La limonade du commerce est à base d'eau plus ou moins pure et de gaz acide carbonique. *La limonade gazeuse au gaz naturel de Vergèze (source Daunis)*, est la seule à notre connaissance qui soit fabriquée avec de l'eau minérale et un excès de gaz pris à la source même. D'un goût exquis, elle est, on le comprend, bienfaisante au suprême degré. Aucune boisson désaltérante ne peut lui être comparée.

En été, au moment des grandes chaleurs, c'est une boisson hygiénique de premier ordre dont l'emploi évite les terribles accidents que provoque chaque année l'usage de limonade à base d'eau infectée ou polluée.

Les jurys de nombreuses expositions ont été unanimes à accorder leurs plus hautes récompenses à la *Limonade gazeuse à l'eau minérale de Vergèze (source Daunis)*. Citons, entre autres, les médailles d'or et les diplômes d'honneur obtenus par cette limonade à Paris, à Gand et à Marseille.

Nous retrouvons les produits de la source Daunis dans le *Vergèze-Quinquina*, ou *Quina Vergèze*, apéritif tonique, fortifiant, on pourrait dire la plus fortifiante des liqueurs dénommées « apéritifs » qui sont d'usage de plus en plus général, tout en soulevant des querelles violentes dans le monde des hygiénistes.

Faut-il conseiller, faut-il proscrire les apéritifs? Les avis sont partagés, parce que la base de la discussion est mauvaise. Il y a des apéritifs inoffensifs, voire bienfaisants. Il en est davantage qui sont des produits toxiques conduisant fatalement à l'abrutissement, à la dégénérescence, au *délirium tremens* à la mort.

Les mauvais apéritifs sont à base d'alcool d'industrie dédoublé, additionné généralement à froid d'essences chimiques et coloré par des moyens industriels. Ces alcools amylique, butylique, méthylique, etc., sont des poisons violents qui ne le cèdent en rien aux essences qu'on leur adjoint. Quelques autres apéritifs sont à base de vin. De ce côté n'est pas le danger qui réside alors dans l'emploi des essences.

Le *Vergèze-Quinquina* ou *Quina-Vergèze* est préparé avec de l'excellent vin vieux de Grenache, si apprécié dans le monde entier, et depuis combien de siècles ! M. Jules Robin se contente d'y incorporer du quinquina et des sels minéraux naturels des sources Daunis.

En usant et en abusant de cet apéritif, il est clair que le public n'aura jamais à redouter — selon l'expression d'une circulaire qui vient d'être affichée par les soins de l'administration préfectorale du Calvados sous le titre : *L'alcoolisme et ses dangers* — n'aura pas à redouter d'être empoisonné par ces liqueurs et absinthes à haut degré qui sont livrées à bas prix aux revendeurs par des trafiquants sans vergogne.

Le *Quina-Vergèze* aux sels minéraux de la source Daunis est une boisson tonique et fortifiante par excellence ; ses propriétés antianémiques en font la boisson indispensable dans les pays où le climat et les eaux sont débilitants. Le *Quina-Vergèze* se prend pur ou étendu d'eau ; mais additionné d'eau de la source Daunis, il devient le « rafraichissant idéal ». Flattant le palais, ne montant pas au cerveau, ouvrant réellement l'appétit, il arrivera à remplacer la « Fée verte », la sylphe aux yeux glauques, pourvoyeuse de la mort et de la folie.

M. Jules Robin a mis récemment dans le commerce le *Champagne-Vergèze*, qui clôt — actuellement, du moins — la série des produits de la source Daunis. Le *Champagne Vergèze* est dénommé par M. Robin « le plus gaulois des apéritifs ». En voici la raison que nous donne son étiquette, où, à côté d'un Gaulois armé, solide et trapu, et d'une bouteille de champagne dont le bouchon s'échappe, on lit cette légende :

« Savez-vous pourquoi nos ancêtres les Gaulois, redoutables guerriers, étaient si forts et si gais ?

« C'est parce qu'ils buvaient du tonique Vergèze, dont la formule a été retrouvée par le propriétaire de la source Daunis. »

Le *Vergèze-Champagne* est un excellent vin champagnisé avec le gaz naturel qui se dégage abondamment des sources Daunis, et qui est recueilli par un procédé tout à fait nouveau. Ce vin peut être servi, soit comme apéritif avant le repas, soit comme champagne à la fin des repas, dans les fêtes, soirées, etc. Bien qu'il soit du goût des bons champagnes il est d'un prix fort abordable et permet aux bourses modestes l'usage à bon compte d'un vin mousseux hygiénique et facilitant la digestion.

On le voit, toute l'œuvre de M. Jules Robin gravite autour des produits des sources Daunis et des questions de haute hygiène auxquelles il s'est dévoué.

Son succès est si complet déjà, qu'il vient d'être obligé de faire augmenter considérablement son installation.

Nous sommes heureux de l'en féliciter ici. *Labor improbus omnia vincet.*

LANZALAVI-FABRIZI (Albano), ☙ (chevalier du Mérite agricole), propriétaire-agriculteur, membre de la *Société des « I »* et de plusieurs Sociétés agricoles et savantes, lauréat de nombreux concours et expositions agricoles.

Adresse : domaine de Costa, près Belgadère (Corse).

M. Albano Lanzalavi-Fabrizi est le fils d'un avocat très distingué qui fut juge de paix pendant plus de trente ans.

Par sa mère, il est le petit-neveu de Don Grégoire Salvini, grand patriote et homme érudit qui lutta contre la tyrannie de Gènes pour obtenir l'indépendance de la Corse.

A dix-sept ans, M. A. Lanzalavi-Fabrizi s'engagea au 3e régiment de Spahis où il devint fourrier. Il eut ainsi l'occasion de guerroyer pendant quatre ans d'un bout à l'autre de l'Afrique du Nord, en Kabylie, dans le Sud-Algérien et sur la frontière tunisienne. C'est au 3e spahis qu'il se lia d'amitié avec Hector France, le prestigieux romancier qui, dans : *Sous le burnous, l'Amour au pays bleu*, etc., a donné de si belles impressions de la vie algérienne, et qui, plus tard, devait être amené par la politique à quitter momentanément la France pour devenir professeur à l'Académie militaire de Woolwich, étudier à fond la race anglo-saxonne et produire ces chefs-d'œuvre qui sont : *La pudique Albion ; — Les Nuits de Londres ; — En Police-Court ; — La Taverne de l'Eventreur ; — L'armée de John Bull*, etc.

Cette amitié, toujours entretenue, a amené M. Hector France à visiter la Corse, à étudier ce pays avec M. Lanzalavi-Fabrizi, et à écrire *Au pays des Maquis*, un bon travail sur l'antique Kyrnos, trop oubliée, malheureusement, par la métropole.

Car c'est un fait que nous avons fait remarquer plus d'une fois : la Corse, par l'apathie très souvent de ses habitants aussi bien que par l'apathie de la France continentale, n'est pas connue, n'est pas appréciée. Voilà un pays qui renferme tous les climats, à cause de sa configuration montagneuse, de ses riches plaines arrosées par des cours d'eau merveilleux, de ses coteaux où mûrissent des vignes qui donnent des vins sans rivaux, de ses côtes qui permettraient un cabotage fructueux, de tout, enfin, ciel, climat, sol, mines, forêts. Eh bien, cette île fortunée qui fut l'une des reines de la Méditerranée, est presque abandonnée. Elle manque de capitaux et de travailleurs, alors que notre fortune publique va alimenter les Sociétés agricoles et industrielles de pays fantaisistes situés, le plus souvent, dans les régions de l'Utopie... où de l'escroquerie! La Corse sera un Eldorado quand on le voudra. Et il faut rendre cette justice aux Lanzalavi, aux Mattei, aux Fieschi, aux Multado, entre autres, qui l'ont compris et, sans aide, sont parvenus à offrir un exemple qui, tôt ou tard, sera suivi.

Revenons à M. Lanzalavi. En quittant le service actif, il fut officier de la mobile et de la cavalerie de la territoriale.

Ses goûts le portaient vers l'agriculture. Ces réflexions que nous faisions plus haut, il les avait faites depuis longtemps. Il épousa l'une de ses cousines, Mlle Antonia-Maria Fabrizi, dont il prit le nom pour l'associer au sien. Ce mariage fut heureux. D'une bonté exceptionnelle, d'un cœur généreux, d'une haute intelligence, Mme Lanzalavi-Fabrizi a fait de sa maison patriarcale l'asile de toutes les joies du foyer. Au domaine de Costa, on vit dans cette grande indépendance, si chère aux Corses, et qui est le bien suprême que l'homme puisse désirer dans ce monde.

Après cinq années de suppléance de justice de paix, M. Lanzalavi fut, à deux reprises, nommé percepteur. Il renonça à ces fonctions pour s'adonner à l'agriculture et à la vie champêtre.

Dans son domaine, M. Lanzalavi s'est surtout occupé des cultures adéquates au climat particulier de la Corse: la vigne, le ver à soie, les primeurs. Les vins corses ne sont pas assez connus. A Paris, cependant, on en trouve dans quelques familles, et qui sont véritablement extraordinaires. Superbes de couleur et de limpidité, riches en tannin, sucre et alcool, corsés le plus souvent (sans jeu de mots), ils ont un goût exquis. Certains sont des vins fins qui ne craignent aucune comparaison. Par le choix des cépages, par les procédés de culture, de récolte et de fabrication, le domaine de Costa est parvenu rapidement à prendre la tête dans la production viticole de la Corse.

Homme actif, intelligent, M. Lanzalavi n'a pas imité la généralité de ses compatriotes, trop enclins à s'endormir « la tête à l'ombre et les pieds au soleil », et à laisser aux Lucquois et aux étrangers le soin de tirer parti de leur sol et de leur climat merveilleux. Il a su se créer de sérieuses relations commerciales pour le débouché de ses produits. Aussi ses vins sont-ils appréciés par de nombreuses personnalités marquantes du continent, qui s'approvisionnent à Costa de vins fins corses, et souvent de vins de table.

La Corse, comme l'Algérie, la Tunisie et la Provence, permet la culture intensive des primeurs. Malheureusement, les moyens de communication font trop souvent défaut. Autrement, la grande île approvisionnerait facilement le marché de Paris. Quoi qu'il en soit, M. Lanzalavi-Fabrizi s'est activement occupé de cette question. Et il en est au moment où ses efforts ont leur couronnement, comme on le verra plus loin.

Pour la sériciculture, qui peut aussi donner de beaux résultats en Corse, M. Lanzalavi s'est attaché particulièrement à la production d'excellentes graines de vers à soie. Là encore, il a fait des merveilles. Nos lecteurs ont lu précédemment la notice que nous avons consacrée à M. F. Berthet, le plus grand marchand de graines du monde entier, puisqu'il fournit annuellement 110,000 onces de graines. M. Lanzalavi a trouvé chez M. Berthet un débouché excellent à ses graines corses.

M. Lanzalavi est membre de la *Société des « 1 »*, qui comprend deux ou trois cents notabilités, représentant toutes les branches de l'esprit et du travail humains.

Nombre de fois, ses efforts ont été reconnus et récompensés par des médailles d'or ou d'argent dans les concours nationaux ou les expositions internationales dans lesquels il a fait figurer ses produits.

Et lorsqu'il fut nommé chevalier du Mérite agricole — première étape d'autres distinctions qui ne sauraient manquer de lui survenir — ce fut un concert d'éloges dans la presse insulaire et marseillaise. Nous nous bornons, pour terminer ces notes brèves, à reproduire intégralement quelques-uns de ces articles, qui mettront en relief certains points que nous pouvons avoir omis dans cette notice.

« La distinction accordée par le gouvernement à M. Albano Lanzalavi-Fabrizi, de Costa, qui vient de recevoir la croix du Mérite agricole, a provoqué en sa faveur un mouvement d'unanime sympathie dans la région. Rarement récompense honorifique a été plus légitimement acquise.

« M. Lanzalavi-Fabrizi n'a ménagé ni son temps, ni ses peines, ni son argent pour donner à l'agriculture et à la sériciculture une impulsion qui a produit les plus heureux résultats. Ses vins, ses huiles, ses primeurs, ses vers à soie ou graines, après avoir fait très bonne figure dans divers concours et expositions, ont conquis, sur les marchés du continent et même de l'étranger, une réputation qui rapporte à cet estimable producteur honneur et profit. Ajoutons que M. Lanzalavi-Fabrizi est non seulement un agronome et un sériciculteur distingué, mais encore un républicain de vieille date, sans défaillance et sans reproche. A ce double titre, il mérite les meilleures félicitations ».

L'Insulaire d'Ajaccio, n° du 18 avril 1895.

« C'est avec un réel plaisir que nous avons relevé, au nombre des nominations de chevalier du Mérite agricole, celle de M. Albano Lanzalavi-Fabrizi, qui, certes, n'obtient là qu'une modeste, mais digne sanction pour la large part avec laquelle il contribue au développement de l'industrie agricole de notre île. M. Lanzalavi-Fabrizi (Albano) habite Costa, près Belgodère, où il s'adonne depuis longtemps au grainage des vers à soie et les graines faites à Costa ont vite acquis une excellente réputation en France et à l'étranger. M. Lanzalavi a su faire faire dans son arrondissement de véritables progrès à l'agriculture.

« Nous adressons en cette occasion nos félicitations les plus sincères au nouveau décoré pour la juste distinction dont il vient d'être l'objet. »

(*Petit Bastiais*, 25 avril 1895.)

« ... Une semblable distinction a été réservée à M. Albano Lanzalavi-Fabrizi, dont la compétence dans les choses de l'agriculture est indiscutable et s'étend à diverses branches d'industrie. En effet, M. Lanzalavi-Fabrizi, qui produit des vins et des huiles d'olive d'une supériorité incontestable, très appréciés sur les marchés de la Corse, de Nice, Marseille et autres places, s'occupe aussi avec succès de sériciculture. Les nombreuses récompenses qu'il a obtenues le désignaient naturellement au choix du Ministre pour la décoration du Mérite agricole. »

(*Journal de Bastia*, 12 avril 1895.)

« Nous apprenons avec plaisir que M. Lanzalavi-Fabrizi (Alban), vient de recevoir la croix du Mérite agricole.

« M. Lanzalavi-Fabrizi, propriétaire à Costa (Corse), produit des huiles, vins, cerises, primeurs d'une supériorité incontestable, très appréciées sur les marchés où il expédie et est un sériciculteur connu.

« Toutes nos félicitations. »

(*Réveil agricole* de Marseille.)

« Hier, nous lisions dans un journal quotidien de la Corse, au sujet de primeurs :

« Les premières cerises ont fait ce matin leur apparition sur notre marché. Elles nous viennent des magnifiques propriétés de Costa, où M. Lanzalavi-Fabrizi cultive les primeurs avec succès.

« Elles ont été enlevées à deux francs le kilo. Ce n'est que vendredi qu'à Paris on a crié les premières cerises à deux sous pièce. Il est malheureux que la Corse soit éloignée de Paris et qu'il n'y ait pas un bateau quotidien entre les deux points les plus rapprochés, car les trois ou quatre cents pieds de cerisiers qu'y possèdent M. Lanzalavi, et les autres primeurs corses suffiraient à dédommager les producteurs des sacrifices qu'ils s'imposent.

« Le *Réveil agricole* enregistre avec plaisir les résultats obtenus par M. Lanzalavi-Fabrizi, auquel nous adressions il n'y a pas longtemps, comme collaborateur, nos sincères félicitations pour la décoration du Mérite agricole que le gouvernement lui accordait pour les efforts faits par cet agronome dans l'intérêt de son pays. »

(*Réveil agricole*, 12 mai 1895.

Toute autre appréciation serait superflue.

APPY (Félix), né à Lacoste (Vaucluse), le 18 décembre 1847, directeur-propriétaire de l'établissement littéraire et de beaux-arts Visconti, fondé en 1839 à Nice ; écrivain, philosophe et économiste français.

Adresse : 62, rue Gioffredo, à Nice (Alpes-Maritimes).

M. F. Appy, le grand libraire de Nice, n'est pas qu'un industriel dont le succès a couronné les gigantesques efforts, c'est aussi un économiste, un écrivain de valeur, et un sincère patriote, Il s'est attaqué avec une vive ardeur aux grands problèmes qui, à juste titre, préoccupent actuellement tous les penseurs.

Sa carrière mérite plus qu'une simple citation, dût la modestie de M. F. Appy en souffrir. Et nous ne regretterons que de ne pouvoir donner une étude plus complète sur une œuvre d'ensemble qui ne tend à rien moins qu'à assurer à notre patrie, dans le présent et dans l'avenir, la place prépondérante qui lui appartient depuis des siècles à la tête de la civilisation.

M. F. Appy est, à proprement parler. le fils de ses œuvres. Son instruction, son érudition, son savoir encyclopédique, il ne les doit qu'à lui-même, qu'à ses études, ses méditations, ses lectures. C'est ainsi que se forma l'un des hommes les plus éminents du XVIIIe siècle, Jean-Jacques Rousseau.

Il connait la vie, comme l'a fait remarquer un excellent écrivain, M. Philippe Casimir, il connait les hommes par cette instruction théorique et pratique que donne une carrière longue déjà, toujours active, où l'initiative s'est exercée dans des directions diverses, mais sans interruption.

Admissible à l'Ecole centrale des Arts et Manufactures, sans être nommé élève, en 1866, M. F. Appy entra dans les Ponts et Chaussées, où il subit avec un beau succès, en 1869, ses examens de conducteur.

Bientôt, après des services importants lui furent confiés par cette administration. En 1875, au premier examen qu'il y eut pour les officiers de l'armée territoriale, il fut nommé lieutenant. Ses goûts pour l'étude, l'observation et le travail lui valurent l'estime des populations avec lesquelles son devoir le mettait en contact, et la considération de ses chefs des Ponts et Chaussées. On sait combien ce corps d'élite exige de facultés qu'il affine par un exercice continu.

Il serait certainement à l'heure présente quelque grave personnage, quelque ingénieur réputé, si les événements politiques n'étaient venus donner une autre tournure à ses idées. Le 16 mai 1877 survint. Les plus hautes administrations subirent le contre-coup de l'action politique. M. F. Appy était le plus jeune conducteur des Ponts et Chaussées des Bouches-du-Rhône ; il fut balloté pour sauver des confrères. Cela lui fit comprendre qu'un homme d'initiative ne pouvait s'accommoder du fonctionnarisme ; il reprit sa liberté.

« Dès le début, dit M. Casimir, il se plaça à la tête d'affaires importantes qui exigeaient, pour réussir d'une manière durable, les qualités constantes d'où résultent la confiance et le crédit ; une intelligence claire, toujours maîtresse d'elle-même, d'où découlent les heureuses solutions des problèmes qui se posent sans cesse devant le commerçant.

« Le travail qu'entreprit M. F. Appy était symptomatique et caractéristique. Obéissant simplement à sa passion pour tout ce qui touche à l'étude, pour tout ce qui sert au développement de l'intelligence, il prit la concession des kiosques de Nice, il se fit le correspondant de tous les journaux de Paris, et, pour la première fois, un Français eut la haute main sur la distribution de la nourriture intellectuelle des Niçois et de la colonie étrangère qui fréquente Nice. Cette passion pour les matières d'instruction lui est si naturelle qu'il devait acquérir plus tard l'Etablissement Visconti, la célèbre librairie Visconti, ce centre littéraire du littoral méditerranéen, dont il a fait une maison de premier ordre, et où naquit, pour ainsi dire, la renommée de la Côte d'Azur, car c'était là le lieu de réunion des Alphonse Karr, Emmanuel Gonzalès, Xavier Eyma, Mme de Ratazzi, Sardou et de tant d'autres qui furent les premiers apologistes écoutés des beautés de ce littoral.

« M. Appy ne se contenta pas de vendre des journaux. Il en créa ; il en dirigea ; il collabora à plusieurs, et nous citerons le *Nouvelliste*, l'*Impartial de Nice*, etc., etc., où il émit nombre d'idées originales dont quelques-unes, reprises depuis, ont fait ou sont en train de faire fortune ». D'autres faits importants sont à son actif au point de vue patriotique pendant la période critique de 1887-1888 (incidents allemands et italiens). Une création géniale de M. Appy fut le *Railway*, horaire synoptique des chemins de fer, qui est le dernier

mot du progrès dans ce genre. Le maniement des chiffres, avec lequel il était si familier, lui avait permis d'étudier à fond les questions les plus importantes se rattachant à nos moyens de transport, étude que son esprit, sans cesse en éveil, a étendue jusqu'aux plus hautes parties de l'économie politique ».

Le Railway synoptique des Chemins de fer français, italiens, Saint-Gothard, Espagne etc., a été honoré d'une médaille de vermeil (exposition industrielle d'Avignon, 1891), d'une médaille de bronze (exposition internationale de publicité, Paris, 1891), d'une médaille d'or de l'*Académie nationale* (Paris, 1895) et d'un grand diplôme d'honneur à l'exposition de Bruxelles (1897), confirmée par le jury de l'Exposition universelle de Paris en 1900.

Ces récompenses étaient méritées à tous égards. Dans le *Railway*, les itinéraires sont établis d'après les principes suivants ;

1° Rendre les relations très faciles en reliant les correspondances.

2° Montrer d'un seul coup-d'œil les heures de départ et d'arrivée des trains pour les grands voyages aussi bien que pour les petits parcours;

3° Multiplier les indications relatives aux grandes villes et aux grandes lignes, sans négliger les embranchements ni les petites localités;

4° Accorder les marches des trains de grandes lignes à celles des embranchements.

Par toutes ces dispositions, le *Railway* est le guide le plus clair et le plus facile à consulter.

Une disposition nouvelle attire l'attention. On sait combien notre système de décompte du temps — de minuit à midi, et de midi à minuit — est embarrassant. M. Appy a eu l'ingénieuse idée de marquer les heures de nuit (de six heures du soir à cinq heures du matin) par des chiffres à lanterne. Avec sa méthode, on n'a plus de recherches à faire, on n'a plus de recherches à faire, on n'a qu'à se laisser guider d'une station à l'autre, depuis la gare de départ jusqu'à celle d'arrivée.

D'autre part, M. Appy est l'inventeur du *Block-System automatique*, pour assurer la sécurité des trains en marche, système qui, de l'avis de toutes les notabilités compétentes, mérite sérieuse considération.

Il a développé également dans de magnifiques proportions la librairie la *Bibliothèque circulante* de l'Etablissement littéraire et de beaux-arts Visconti qui, actuellement, ne compte pas moins de 60,000 volumes français et étrangers.

« Tout en explorant ainsi le domaine pratique des affaires, tout en fournissant à une ville comme Nice, l'aliment intellectuel des journaux et des livres, M. F. Appy étudiait, observait, réfléchissait. Il élargissait son champ d'expériences par le double examen de la vie agissante et des synthèses que nous en donnent les écrits des bons auteurs. Merveilleusement servi par un esprit curieux, ouvert, vibrant à toutes les impressions, il a voulu se rendre compte des virtualités humaines; il a exploré les terrains en friche de nos connaissances générales, et ces recherches, poursuivies pendant vingt ans, ont abouti à des œuvres de profonde sociologie qui ont eu l'approbation de maîtres comme Camille Flammarion, de Nadaillac, Ch. Richet, etc., des ministres et même du chef de l'Etat. M. Appy a son livre d'or.

« Il y a des mots déterminants », dit Pascal. La première des œuvres de M. Appy a pour titre: *Trois milliards de Français, ou la solution des questions politique, sociale, philanthropique et de population* (un vol. in-8°; Paris, Giard et Brière, 1897). L'auteur prend en main la cause de la repopulation de la France et de ses colonies, et, après des chapitres consacrés à la Nature de l'Homme, à son Principe et à sa Foi, à ses progrès sur la terre, arrive au Régime actuel et à ses défauts, à la Constitution définitive, aux pouvoirs publics, au programme de gouvernement, aux progrès des choses, et à la possibilité et à la nécessité de l'augmentation de la population française. Cette œuvre est tout autant de philosophie que d'érudition, de raisonnement que de ferme logique. M. F. Appy est un croyant, mais il sait se faire lire par tous les gens de bonne foi, qu'ils soient matérialistes, spiritualistes, religieux. Les idées nouvelles, originales, abondent dans cet ouvrage.

« C'est une œuvre, en effet, que ce livre dans lequel M. Appy prouve, suivant l'expression de Hœffer, que « l'homme par la pensée, est un être à part, pouvant frapper à « la porte de l'inconnu ». Œuvre de bonne foi, méritant d'être lue et méditée, dont les idées neuves peuvent étonner d'abord, ainsi que certaines symphonies, mais qui se saisissent, malgré tout, des esprits aptes à réfléchir, et qui laisse finalement l'impression d'une œuvre de haute cérébralité, pleine d'un suc nourrissant qui, nous n'en doutons pas, sera fécond. »

M. Appy veut le gouvernement de *tous et pour tous*, un pacte social par génération, une part de bien-être pour chaque individu, et un ministère d'Assistance publique et d'Economie sociale.

Dans deux autres ouvrages, comme dans plusieurs brochures, M. F. Appy est revenu à son but de relèvement moral et patriotique.

C'est d'abord dans: *Pour la France, moyens de faire connaître sa volonté par le suffrage universel organisé*. Le système nous semble pratique et mériterait l'attention des pouvoirs publics. M. Appy y préconise la justification matérielle et l'obligation morale du vote, plural comme en Belgique, attribué non à la fortune, mais à l'expérience de la vie. Entre temps, il fait une critique des plus justes des idées exposées récemment par MM. Benoist et de Marcère.

Dans la même série, il a donné (1899) un beau volume sur *La Repopulation et le Relèvement* que nous signalons aux deux Chambres. Nous avons lu le livre avec toute l'attention qu'il mérite. C'est l'œuvre d'un philosophe, d'un économiste, d'un bon Français. Et nous souhaitons qu'il se trouve bientôt entre les mains de toutes les femmes de France.

M. Appy termine en ce moment un autre grand ouvrage ayant pour titre: *Le sixième jour de la création*, ou *la vie de l'humanité sur la terre*. Là, il démontre Dieu par l'arithmétique. Il prouve que l'homme est une trinité comme le créateur de toutes choses; et qu'il y a des lois antérieures et supérieures qui mènent l'humanité. Il veut que les lois positives s'harmonisent avec les lois supérieures, que les peuples travaillent concurremment avec les forces de la nature que les Français se familiarisent avec ces grands courants imprimés à notre planète. Il montre le berceau du genre humain sur la terre, la monogénie, la date à laquelle remontent les origines de l'humanité (huit à dix mille ans avant nous), les progrès de la population et sa loi d'accroissement; la date à laquelle la terre sera pleine avec 60 milliards d'habitants, dans sept à huit mille ans. C'est pour cela qu'il exige une organisation politique, sociale, philanthropique, permettant d'atteindre ce résultat en maintenant la France constamment à la tête de la civilisation et du progrès. Et c'est parce qu'il est persuadé, parce qu'il est plein de foi dans l'avenir qu'il se résume en disant :

« France, redresse-toi, voici ta méridienne : elle t'annonce :

« 8,000 ans de vie progressive.

« 600 millions d'hectares de territoire colonial ou continental.

« 3 milliards de Français, et une existence aussi longue que celle de l'humanité. »

Ne serait-ce que par l'auteur de ces ouvrages, on le voit, la fille de la vieille Gaule porte son idéal ; — elle l'accomplira.

MAGNIER (ACHILLE), A. Ⓘ, né à Rosoy, (Haute-Marne) le 20 août 1853, Membre de la *Société des Gens de lettres*, négociant à Hortes (Haute-Marne).

Philosophe, prosateur et poète, M. Magnier est, dans toute l'acception du mot, le fils de ses œuvres. Il appartient à cette rare élite plébéienne qui, tout en pliant aux travaux matériels le corps et l'intelligence, s'élève par les plus nobles efforts, vers l'étude et vers le progrès.

Son père, simple ouvrier, mais très intelligent et ingénieux, ayant fondé une filature, lourde tâche qui réclamait le concours de tous les siens, le jeune Achille dut, dès l'âge de 12 ans à peine, quitter l'école primaire, enchaîné dès lors au travail sans trêve.

Et c'est dans les veilles, prolongées au-delà des veilles professionnelles, que l'adolescent poursuivit seul son instruction, dévorant à la dérobée les livres achetés de ses économies.

Bientôt son imagination ardente et impressionnable était vivement sollicitée par la poésie, point de départ de luttes incessantes. Irrésistiblement attiré par la Muse, il se brisait d'autre part, au sentiment exagéré de son impuissance, et de l'incompatibilité de sa carrière, redoutant de sacrifier la proie pour l'ombre.

C'est au fondateur d'une société littéraire qui eut son heure de célébrité, à M. Robert Barlet qu'on doit la découverte de ce talent caché. Aux tournois poétiques de *la Gerbe*, le nouveau venu, maintes fois lauréat, fut bientôt placé hors concours, et devint l'un des membres les plus distingués de la Société. M. Barlet, devenu son ami, le décidait enfin à publier en 1887, son premier recueil : *Poèmes humanitaires*, pages grandioses et sévères, où l'art du poète se meut à l'aise parmi les difficultés de la dialectique et de la métaphysique.

L'année suivante, il publiait *La Calicographie*, poème didactico-comique, précédé d'une *Notice Historique* et *Statistique* sur le costume, les tissus et les matières textiles, et suivi de : *Aux Empaillés*, poème héroï-comique, imité du *Lutrin*.

Ce poème de gaité hilarante éclaire d'un jour inattendu ce talent aux faces multiples et montre que sa gravité naturelle savait se dérider à l'occasion, si les évènements n'eussent fini par la rendre exclusive.

Nous regrettons de ne pouvoir suivre pas à pas, dans l'analyse de son œuvre et dans l'esquisse de sa vie, l'évolution intellectuelle de ce travailleur modeste. Nous ne pouvons, à cette place que noter sommairement l'œuvre, et effleurer à peine de la vie privée ce qui nous paraît caractériser l'écrivain.

A 24 ans, M. Magnier contractait un mariage d'inclination qui fut loin d'être heureux, et

qui eut pour première conséquence la rupture d'une association avec son frère pour l'exploitation de l'industrie paternelle. Il embrassait alors l'humble et pénible état de marchand forain ; puis il fondait la maison de commerce qu'il dirige encore actuellement.

En publiant les *Poèmes humanitaires*, il cherchait déjà dans les lettres, ce qu'il y chercha toujours, un palliatif aux chagrins de sa vie manquée. Ainsi le dit-il lui-même parfois : « je cherchai à noyer mes soucis dans la littérature comme d'autres les noient dans le vin. » Noble diversion d'une intelligence supérieure fécondée par le malheur même !

Dans un procès en séparation de corps, auquel il dut enfin se résoudre, il connut dix années durant, croyons-nous, toutes les misères d'une procédure à outrance, que dans sa naïveté confiante et imprévoyante de poète, il fut inhabile à déjouer.

Des enfants à élever, une situation pécuniaire ruinée, entièrement à refaire, un travail forcené et incessant : telle fut la tâche ingrate et décourageante à laquelle il dut se dévouer, prématurément vieilli, avec une santé épuisée par les soucis et les surmenages.

Atteint jusque dans son énergie morale, il sut cependant réagir et retrouver assez de force non seulement pour faire face à la tâche imposée, mais encore pour écrire, dénué de loisirs, de repos, et en apparence de tous moyens nécessaires, les ouvrages qu'il nous reste à énumérer :

La Femme dans la Famille et dans l'Education (1891), œuvre magistrale, où l'auteur fixe avec une heureuse précision le rôle et la mission de la Femme, déterminés par ses facultés innées et providentielles. Ce travail, justement remarqué, obtenait à divers concours littéraires, le premier Prix, avec félicitations spéciales du jury, ainsi qu'une médaille d'Honneur de la *Société d'Instruction et d'Education populaires.*

L'*Ame vibrante* (1893), poésies. La première partie : *Gethsémani*, est le cri d'une âme blessée, meurtrie aux écueils de la vie, et révoltée devant le cynisme des injustices humaines. La deuxième partie : *Missel d'amour,* révèle les impressions de cette âme, rencontrant dans son calvaire même la femme idéale qui transforme sa vie. Alors, l'âme vibre éperdument à l'amour le plus ardent, le plus élevé, à ses joies, à ses douleurs, à ses désirs et à ses sacrifices. C'est le poème palpitant de l'humaine tendresse, où les deux personnages, imaginaires ou non, mais pleins de vie réelle, expriment le charme de l'idéale tendresse, les péripéties de la séparation et les luttes de la passion et de la vertu triomphante. Citons çà et là quelques passages, note forcément incomplète et atténuée du livre :

Relèvement.

De même que la foudre, en déchirant la nue,
Atteint le nid fragile où naît l'hôte des airs,
La tempête terrible en ma vie est venue,
Mon cœur s'est vu frappé de foudroyants revers.

Et mon âme gisait, hélas ! saignante et nue,
Lamentablement seule en ce triste univers,
Jusqu'au jour où l'écho de votre âme inconnue
Répondit à ma plainte et frémit à mes vers...

Puis, mon cœur accueillait votre aumône lointaine,
Bien mieux qu'un misérable en détresse un écu,
Mieux qu'un pâle assoiffé la plus pure fontaine !...

Dans le désert fatal au courage vaincu,
Surgissait l'oasis d'une amitié certaine...
Et vous m'avez prié de vivre... et j'ai vécu !

De : *Amour inconnu.*

. . . .

Un sentiment nouveau vient d'envahir mon âme :
Qu'est-il ?.. Amitié pure ? Amour, ardente flamme ?..
Il tient de l'un et l'autre et règne à leurs sommets !
A l'amitié trop vive, épargnez votre blâme...
Plaignez, chère Inconnue, à qui je me soumets,
Le mal d'aimer toujours sans espérer jamais !

De : *Malheur béni.*

. . . .

Pourquoi rêver en cette traversée.
Des flots sans trouble, un ciel toujours clément ?
Bravons le sort, si l'épreuve passée
Cède à l'amour, ne fût-ce qu'un moment !...
J'ai bu la vie aux plus amers calices,
J'ai bu longtemps la toxique douleur,
Mais c'est le prix d'ineffables délices ;
J'ai ton amour... je bénis mon malheur !

De : *Fièvre.*

. . . .

Le désir affolé que ta prudence immole
Possède tout mon être irrésistiblement.
Mes nerfs, ô mon Amour ! tendus comme une viole,
Exaspérés, tordus, vibrent éperdûment !

Ma fièvre, par degrés, est montée au vertige,
Surexcitant mes sens émus, désordonnés,
Dans un orbe de feu ton image voltige,
Hélas ! pour mes yeux seuls, mes yeux hallucinés !

Et mes bras instinctifs recherchant ton étreinte
D'un geste avide et fou, réitéré souvent,
Au lieu de recueillir ton ineffable empreinte,
N'embrassent que le vide informe et décevant !

Ma bouche, incessamment, sans rencontrer ta bouche,
Prodigue des baisers au hasard et sans fruit.
Un invincible enfer fait un gril de ma couche,
Et l'insomnie atroce éternise ma nuit.

Lettre de l'Aimée.

« Mon bien-aimé. je suis plus que mélancolique,
Aujourd'hui, je suis folle à dévorer mes cris ;
Et malgré moi j'éclate... Attends que je m'explique :
Je t'aime trop !... O cher entre tous les chéris !

« Ne viens pas !... Je me crains !... Oh ! c'est une supplique !
Attends ma fièvre éteinte et mes sanglots taris.
Je suis lâche, c'est vrai ! plains-moi, sois angélique !
Pitié !... Sois généreux ! Grâce ! Sois sans mépris !

« Je t'appelle et te chasse !... O ciel, je me fais honte !...
Reste !... je suis à terre... Attends que je me dompte.
Tu n'es pas traître... Non ! ce soir tu me perdrais !...

« Ta fièvre de désir est la mienne... la nôtre...
Etre à toi... seul !... du moins, je ne suis à nul autre !
Mais respect à la vierge !... Oh ! je te haïrais ! »

Nous voudrions reproduire, n'était leur longueur, les principaux poèmes lyriques, tels que : *Envolée d'âme*, *Destinée*. Citons seulement de celui-ci la dernière strophe, qui en est la conclusion :

Avare, vous gardant à jamais ma tendresse.
Et renonçant pour vous à la mortelle ivresse,
Plein de foi j'attendrai, sans un murmure amer,
L'éternel rendez-vous après le temps d'épreuves,
Le rendez-vous en Dieu, comme s'en vont deux fleuves
Confluant à la mer !

A noter que l'*Ame vibrante* a été couronnée par la Société d'encouragement au bien, distinction peu banale, si l'on considère qu'un tel sujet d'imprécation et d'amour semblerait être bien en dehors du caractère de cette institution, sans la délicatesse et la hauteur de sentiments qui y dominent.

Miettes et Menu grain (1897). Pensées et aphorismes qui sont une vraie semence d'idées.

Paix et Désarmement (1899). Plaidoyer énergique en faveur de l'œuvre poursuivie par la Conférence de la Haye, et résumé des travaux.

Parmi les œuvres publiées par nombre de journaux et non encore éditées, nous citerons une série de nouvelles : *Amours brisées*, un groupe de poésies, poèmes et saynettes pour la jeunesse : *Petites Leçons;* une étude sur la dépopulation des campagnes : *La Crise rurale*, etc., etc.

D'autre part, il a publié en collaboration avec Mme Jeanne France : *Echos d'autrefois* (1890), poèmes et légendes faisant revivre le passé et reflétant l'âme des peuples. *Le Père*, (1893), roman de palpitante analyse. *L'Honneur des Aubert* (1895), roman d'éducation combattant l'émigration des campagnes. *Rêve d'une heure, La Grotte enchantée, La nouvelle Marguerite* (1896), théâtre, dont deux petits opéras mis en musique par le distingué compositeur M. Ch. Caspar ; — *Leçons d'une Sœur* (1898), recueil de nouvelles patriotiques pour la jeunesse ; — Sous le titre de *Sublimes Amours*, une trilogie dont les deux premiers volumes : *Naufragé de la Vie* et *Aimante et Amante* sont sous presse. D'autres ouvrages écrits avec la même collaboration ont été publiés par un grand nombre de journaux, et paraîtront sans doute prochainement en librairie, tels que *Le Sacrifice de l'abbé Borel*, une série de *Nouvelles*, plus une série de poétiques récits féminins : *Chimères d'amour*.

A citer aussi les *Lettres d'un paysan*, répondant aux *Lettres d'un Universitaire*, de M. Robert Borlet ; — Une série d'articles sur la *Langue internationale naturelle* ; — une collaboration suivie au *Passe-Temps en famille* et à *l'Amie de la Jeune fille*. En outre, un grand nombre de ses poésies ayant fourni l'inspiration à des compositeurs de talent, ont été éditées en musique. Citons au hasard : *Hymne à l'Alsace ; — Pauvre fou ! — Rêve vers l'étoile ; — Par amour ; — La Prière du Grand Jour ; — Le temps où j'aimais ; — Miettes d'Amour ; — Visite d'enfant ; — Le Retour du Marin ; — C'était écrit ! — Gethsémani ; — Nuit splendide ; — Soir d'été ; — L'Enfant en prière*, etc.

Voici quelques-unes des distinctions qui sont venues sanctionner ce talent modeste : Membre fondateur de l'*Association philanthropique pour la propagation de la langue internationale naturelle*, et diplôme de capacité (1886) ; — Sept fois lauréat de la *Société nationale d'Encouragement au Bien ;* lauréat de la *Société d'Instruction et d'Education populaires ;* membre de la *Société des Gens de Lettres* ; adhérent en 1892, titulaire en 1896, lauréat de cette Société en 1899 ; officier d'académie en 1898 ; membre honoraire de la *Ligue des femmes pour la paix*, etc.

Concluons par ce mot de M. Magnier lui-même : « Le travail est ce qu'il y a de meilleur dans la vie. » Le penseur, en dehors des soins de son commerce quasi-universel, ne croit pas déchoir en se livrant à mille travaux manuels pratiques, qu'il exécute avec goût. Son existence n'est-elle pas ainsi la plus haute leçon de vaillante résignation et de moralité ?

JOANNOT (Émile), né à Paris, le 23 novembre 1862, industriel, fabricant de peignes buffle, corne, etc., lauréat de nombreux concours et expositions.

Adresse : 89, boulevard de Sébastopol, Paris. — Usine à Ezy (Eure).

Le peigne, d'un usage si indispensable, remonte à l'antiquité la plus reculée. Tous les peuples, même les peuples primitifs, l'ont

connu. Il n'est guère de fouilles où l'on n'ait trouvé des exemplaires de cet accessoire de la toilette. Et s'il arrive que les fouilles ne donnent rien en ce genre, c'est que les peignes employés étaient de matières altérables. Les musées français et étrangers, notamment le musée des Antiques au Louvre, nous offrent de remarquables spécimens de peignes anciens. Il est probable que les premiers peignes furent taillés dans le bois. A l'âge du renne, on les fit en os et, plus tard, en bronze et en or.

Les meilleurs peignes actuels sont les peignes de corne qui se recommandent par leur souplesse et leur douceur. La matière première employée est la corne des buffles de Siam, de Calcutta, de Bombay et des îles de la Sonde.

Les peignes blonds et blancs sont fabriqués avec les cornes des bœufs du Sud de l'Afrique

(Cap, Orange, Transvaal) et de l'Amérique méridionale (Plata principalement).

Il y a quelques années, la République Argentine nous envoyait des cornes de toute beauté dépassant souvent un mètre de longueur. C'étaient des cornes d'animaux adultes vivant en liberté dans les immenses pâturages de l'intérieur. La fabrication des extraits de viande, l'envoi en Europe de viandes conservées dans des appareils frigorifiques, les demandes croissantes des tanneurs, ont eu pour effet l'abattage de bœufs trop jeunes ne possédant que des cornes peu développées.

Les peignes de luxe sont en écaille. Leur fabrication est spéciale. Leur prix élevé ne permet leur vente qu'à une clientèle de choix.

Depuis quelques années on s'est mis à fabriquer des peignes en caoutchouc durci et en celluloïd. Malheureusement ces matières offrent de graves inconvénients. Le caoutchouc durci est dangereux pour le cuir chevelu. Le celluloïd est très inflammable; il devient très cassant à l'usage, à l'inverse du peigne de corne qui acquiert une souplesse de plus en plus grande.

Les principaux centres de la fabrication des peignes en France sont : Ezy (Eure), Oyonax (Ain), La Bastide-sur-Lhers (Ariège), Tinchebray (Calvados), Airaines (Somme) et Paris pour l'écaille et la fantaisie.

Il existe aussi des fabriques de peignes en Angleterre, en Allemagne, en Autriche, en Suisse, en Italie, au Portugal, en Russie, en Amérique. Mais leurs produits sont inférieurs à ceux de nos usines nationales. La main-d'œuvre française n'a jamais pu être égalée; malgré les efforts de nos concurrents — Allemands principalement — la faveur du public des deux mondes continue de se porter vers les peignes de fabrication française.

On a employé le travail des machines pour cette industrie. Malheureusement, les machines donnent des produits manquant de fini. Il est préférable de conserver la main-d'œuvre des ouvriers ; c'est à elle que nous devons cette perfection qui fait rechercher les peignes français. Le jour où les machines seront substituées en France à la main-d'œuvre ouvrière, nous nous fermerons les portes du marché international.

C'est à l'usine d'Ezy (Eure) que se fabriquent les peignes les plus recherchés, comme on a pu s'en rendre compte par une visite à l'exposition de M. Joannot fils (classe 98, groupe XV, Exposition universelle de 1900).

Ezy est une grande commune de 1,700 habitants située au bord de la rivière de l'Eure.

L'industrie des peignes dans ce pays date des premières années du XIXe siècle. Qui l'y apporta ? On l'a oublié. Aux débuts, tout le travail était fait à la main; il n'était pas nécessaire de monter de force motrice. Les ouvriers gagnaient de 2 francs à 2 fr. 50 par jour, ce qui était énorme pour l'époque.

De nombreux perfectionnements ne tardèrent pas à s'introduire dans cette industrie, notamment dans l'outillage. Les ouvriers durent louer dans des usines l'emplacement indispensable pour monter leur outillage mécanique. Des frais importants et de grandes pertes de temps leur incombèrent.

L'usine d'Ezy avait été fondée en 1830 par M. Joannot. Son fils l'avait reprise en 1860. En 1889, M. Emile Joannot, petit-fils du fondateur, prit la direction de la maison.

Il installa une usine modèle, munie de tous les perfectionnements, dans laquelle les ouvriers jouissent de tout le confortable nécessaire. Une centaine de machines-outils sont actionnées par une machine à vapeur de 25 chevaux.

Afin d'éviter les cas d'incendie qui pourraient être occasionnés par la manipulation du celluloïd, le chauffage des ateliers est fait par la vapeur et l'éclairage par l'électricité au moyen de lampes à incandescence.

M. Emile Joannot fils a groupé les différents genres de fabrication. Dans l'usine d'Ezy, on fabrique les peignes, les démêloirs, les décrapoirs en corne de bœuf, corne de buffle, celluloïd, ainsi que tous les peignes de fantaisie pour la coiffure des dames.

C'est ce qui lui a permis de donner un grand essor à sa maison de commerce, d'occuper une situation élevée dans sa corporation et d'augmenter sensiblement la moyenne des salaires du personnel ouvrier.

La maison Joannot fils, qui ne cesse de prospérer, occupe actuellement d'une façon constante, 160 ouvriers et ouvrières dont l'habileté est remarquable et qui travaillent onze heures par jour.

L'industrie du peigne est des plus rémunératrices pour les ouvriers, qui gagnent de 5 à 6 francs par jour, et pour les ouvrières dont le salaire varie de 3 fr. 50 à 4 fr. 50.

La production journalière de l'usine d'Ezy est de 300 douzaines, ce qui représente annuellement plus de 1,000,000 de peignes dont la plus grande partie est expédiée directement à l'étranger.

La marque Joannot se recommande par la qualité et le fini de ses peignes en corne et celluloïd qui peuvent rivaliser avec les mêmes articles en écaille. C'est ce qui lui a ouvert de grands débouchés, notamment en Amérique, en Russie, en Espagne, en Belgique, au Brésil, etc.

De nombreuses récompenses sont venues consacrer la valeur de cette maison de premier ordre.

Citons les dernières : Exposition universelle de Paris, 1878 (médaille de bronze); — Exposition universelle de Paris, 1889 (médaille d'argent); — Exposition internationale de Chicago, 1893 (hors concours); — Exposition internationale de Melbourne (Australie), 1895 (médaille d'or); — Exposition internationale de Bruxelles, 1897 (médaille d'or); — Exposition de Paris, 1900 (médaille d'or).

La maison Joannot fils à son siège à Paris, au 89 du boulevard Sébastopol.

Nous sommes heureux de signaler ici une maison qui comme celle de M. Emile Joannot a conservé et perfectionné chaque jour la haute qualité de ses produits, et qui maintient ainsi devant l'étranger le renom et la supériorité de l'industrie française.

MENOT (Pierre-Alphonse), C. ♉, (chevalier du Mérite agricole), né à Montigny-l'Engrain (Aisne), le 26 juin 1842, constructeur-mécanicien, fabricant d'instruments et de machines agricoles, lauréat de nombreux concours et expositions, membre de la *Chambre syndicale des Constructeurs d'instruments d'Agriculture et d'Horticulture de France*; Conseiller municipal.

Adresse : Ateliers de construction, usine à vapeur et bureaux, à Acy-en-Multien (Oise). — Poste, télégraphe et téléphone. — Succursale, magasins et ateliers de réparation à Crépy-en-Valois.

La machinerie agricole prend chaque jour, depuis la guerre de 1870, une importance plus grande dans notre pays aussi bien qu'à l'étranger. Et cependant les novateurs savent avec quelles difficultés ils ont pu vaincre la Routine, vieille comme le monde, qui repoussait *a priori* tout bouleversement dans des habitudes séculaires. Les expositions et les concours agricoles, en s'adressant à la curiosité des vieux fermiers, l'instruction agricole répandue dans la jeunesse, la presse, d'autre part, ont fini par dissiper les anciens préjugés. Et la pratique avec ses merveilleux résultats a couronné les efforts persévérants de nos inventeurs et de nos agronomes.

Les machines agricoles sont maintenant l'objet d'une des industries qui font le plus d'honneur à notre pays.

Il y a longtemps que nos constructeurs-mécaniciens se sont affranchis du joug de l'étranger, notamment des Etats-Unis et de la Grande-Bretagne. D'importateurs de machines agricoles, nous sommes devenus exportateurs. L'exposition de 1900, sans nul doute, attirera à nos ingénieurs-constructeurs une clientèle encore plus nombreuse. Ce sera tout bien pour notre industrie, nos ouvriers et le bon renom de la France.

Une des maisons françaises qui se sont signalées plus spécialement en ces derniers temps, est celle que fonda il y a une trentaine d'années, dans des conditions très modestes, M. Pierre-Alphonse Menot, à Acy-en-Multien (Oise).

M. Alphonse Menot est le fils de ses œuvres. Le succès de sa maison, il le doit à son énergie et à sa ténacité d'homme du Nord, à son intelligence, à sa vive imagination, à son habileté technique, à ses efforts incessants pour résoudre les problèmes posés par les besoins de l'agriculture, enfin à sa grande loyauté dans les affaires.

Placé dans une région essentiellement agricole, ayant toujours vécu au milieu des cultivateurs, il a toujours suivi de près le fonctionnement de ses machines et de celles de ses concurrents; il en a vu les qualités et les défauts et n'a jamais cessé d'apporter de nouveaux perfectionnements même aux instruments que l'on croyait absolument parfaits.

M. Alphonse Menot a installé de vastes ateliers de construction à Acy-en-Multien (Oise). Ses ateliers sont munis de tous les perfectionnements de la science moderne. L'usine est actionnée par une puissante machine à vapeur. Un grand magasin et des ateliers de réparation existent d'autre part à Crépy-en-Valois.

A Acy-en-Multien, comme à Crépy-en-Valois, les cultivateurs trouvent toutes les machines et tous les instruments agricoles depuis les plus simples jusqu'aux plus perfectionnés.

Les spécialités de la maison Menot sont nombreuses. Citons tout particulièrement :

1° Les *Machines à battre fixes et portatives* à double nettoyage, rendant le grain propre à la vente, et à lieuse automatique, auxquelles M. Menot a appliqué de nouveaux perfectionnements. Ces machines à battre sont des types parfaits fort appréciés dans le monde agricole, et notamment dans les départements de l'Oise, de l'Aisne, de Seine-et-Oise et de Seine-et-Marne.

2° Les *Distributeurs d'engrais, brévetés S. G. D. G.*, pour l'agriculture et la viticulture, utilisés avec profit non seulement en France, mais aussi dans plusieurs de nos colonies. Ces distributeurs se recommandent par la simplicité de leur construction, leur extrême solidité, leur légèreté de traction. Leur usage se généralise dans la petite, la moyenne et la grande culture.

3° Les *Moteurs à pétrole fixes et locomobiles brevetés S. G. D. G.*, construits par la maison. Très économiques, ils sont à admission variable par le régulateur. Leur force est de 1 à 10 chevaux ; ils peuvent consommer indifféremment pétrole, schiste ou même huiles lourdes françaises. M. Menot n'a reculé devant aucun sacrifice pour rendre parfaits ces moteurs. Par ses études approfondies, ses expériences et son ingéniosité, il voit aujourd'hui le couronnement de ses efforts. L'extrême simplicité de son système, sa solidité de construction, son parfait fonctionnement sont autant de qualités qui lui assurent une première place dans ce genre de machines, Les *Moteurs Menot* installés dans un grand nombre de fermes, chez les cultivateurs, dans la meunerie, etc., sont d'un emploi avantageux pour l'action de la machine à battre et des différents instruments de la ferme et de l'industrie.

Signalons encore parmi les spécialités des usines Alph. Menot ses *Cuiseurs de grains et de pommes de terre*, les *Tarares à helices* perfectionnés, vannant et décortiquant le grain, les *Sélectionneurs* de *grains*, les *Pèse-paille* simples et pratiques, les *Elévateurs-transporteurs*, les *Hâche-paille* légers et portatifs, etc., tous appareils qui, comme les précédents, témoignent d'un art mécanique de premier ordre.

Les travaux si remarquables de M. Menot ont été récompensés dans un grand nombre de Concours et Expositions agricoles et industrielles.

Par décret du Ministre de l'Agriculture en date du 19 juillet 1893, M. Alphonse Menot a été nommé chevalier du Mérite agricole. La rosette du même ordre ne saurait tarder à venir couronner une vie toute de travail et de loyauté.

M. Alphonse Menot est secondé dans son œuvre par ses deux fils, MM. Camille et Gaston Menot. S'inspirant des conseils de leur père, MM. Menot fils sont aujourd'hui ses précieux auxiliaires et ses fidèles collaborateurs. Ils perpétueront dignement l'œuvre de l'éminent industriel.

TISON (François-Joseph), né le 1er janvier 1832, Bassin rond (Bouchain) Nord, ingénieur-architecte hygiéniste, ayant habité Lille de 1860 à 1897, actuellement à Le Nouvion-en-Thierache (Aisne).

L'Hygiène a fait de nos jours un progrès considérable; empruntant, le concours des sciences physiques et naturelles, elle a modifié les conditions de l'existence, réglementé le travail et révolutionné l'art des constructions. Des hommes éminents dans toutes les branches ont poursuivi avec succès les études hygiéniques, et parmi ceux-ci figure au premier rang M. F. Tison, un hygiéniste de la première heure que ses travaux et ses inventions ont placé au rang des bienfaiteurs de l'humanité. De bonne heure voué à l'étude, il aborda successivement toutes les branches où ses aptitudes naturelles pouvaient trouver un débouché : c'est-à-dire le dessin, l'architecture, la médecine et les sciences chimiques et mathématiques. Comme architecte, il a doté la ville de Lille où il s'était primitivement fixé, d'un grand nombre de constructions et monuments d'utilité publique. Le propre de ses travaux est le cachet tout personnel que M. Tison a su leur imprimer au point de vue de la commodité, de la sécurité et de l'hygiène. Ses inventions se rapportent aux fenêtres ininfiltrables à toutes orientations ; aux toitures vitrées évitant tout suintement; aux syphons hydrauliques inodores en entonnoir permettant le nettoyage par le dessus; aux escaliers, aux parquets insonores, sans augmentation, et surtout à l'aération constante indépendante du chauffage, contrairement à de nombreux constructeurs. L'air vicié sort par de petites baies de sortie établies à hauteur du plafond, et est remplacé simultanément par un égal volume d'air pur amené de l'extérieur par des gaines ménagées dans les dormants, et déversé à l'intérieur à 1m 80 de hauteur. Le simple principe des densités différentes le fait comprendre ; en effet, l'air chaud par expiration ou les gaz des luminaires s'élèvent, sont entraînés à l'extérieur par les courants au plafond au lieu de pénétrer dans les enduits et de se recondenser à nouveau. L'air froid, plus dense se repartit à la hauteur de la respiration. Des trappes sont placées aux baies ; à celles du plafond il reste toujours une ouverture pour éviter toute explosion ou asphixie. Son procédé ingénieux du matelas d'air notamment a été fort apprécié des constructeurs. De là une température douce en hiver, fraiche et saine pendant la chaleur de l'été. De même il passe en revue les causes générales d'insalubrité des logements, recueille dans la hauteur des fondations les eaux pluviales traversant les matières filtrantes se nettoyant sans déplacement : graviers divers, charbon de bois, noir animal sable de mer, ponce, etc., se désodorant, se décolorant, rendues potables. Il donne aussi à l'habitation moderne tout le confort avec la sanéité qu'il est possible de désirer. Il antisepsie *sans poison !* le tout par des procédés dont la *simplicité* et le *bon marché* ne sont pas les moindres mérites.

Il y a quelques années un calorifère à fermeture hermétique *absolue* (eau) à combustion lente dont M. Tison est l'inventeur, lui valait le prix Aymar Bression virtuellement décerné par l'Académie nationale agricole, manufacturière et commerciale. Les travaux de M. F. Tison ont du reste été mis en valeur lors de sa participation à l'Exposition de 1889. Ecrivain scientifique et sociologue estimé, il s'est occupé des rapports existant entre la main d'œuvre et les matières premières dans un savant opuscule : l'*Etalon des salaires;* bientôt suivi d'un ouvrage de thérapeutique utilitaire, la *Médecine rationnelle* ; d'un traité sur la falsification des produits alimentaires ; enfin d'une étude de physiologie transcendentale : *Essai de démonstration du principe vital*, ouvrage dont le caractère élevé et presque prophétique fait pressentir le triomphe définitif de la science de demain dans les brûlants problèmes de l'évolution des êtres. En d'autres ouvrages M. F. Tison a démontré le principe de la *Dualité* des corps, l'échange des fluides et des courants invisibles déterminant les transformations incessantes, et l'*instabilité éternelle* de la nature pour la loi de l'équilibre impossible à atteindre ! Tous les corps étant en perpétuel mouvement, d'abord croissant ou ascendant puis décroissant ou descendant, pour, lorsqu'ils disparaissent à nos yeux, leurs éléments se recombiner avec une infinité d'autres corps allant eux-mêmes en croissant puis décroissant, sans le moindre arrêt, de même pour les suivants à l'infini. Il semble avoir prédit l'épanouissement actuel de l'électricité, force éclairante et motrice dans cette simple phrase qu'il prononçait en 1866 devant les industriels craignant de voir manquer le charbon : « Il sera inutile ; il s'agit de trouver le moyen de tirer de l'atmosphère, et d'emmagasiner les forces *nécessaires* sans le secours du combustible ». Le laborieux savant a, comme on le voit, sondé tout ce qui peut présider aux destinées futures de l'homme perfectionné : de même que dans un ordre d'idées plus tangible il a puissamment contribué en donnant l'élan à assurer par l'hygiène raisonnée appliquée à l'architecture à assurer la sécurité de ses contemporains Il est avant tout, un philanthrope, un chercheur patient et désintéressé, apportant chaque jour une pierre marquante à l'édifice de l'habitation moderne. Avant de parler de celle de ses inventions la plus remarquable, achevons cette trop courte biographie par l'énumération des nombreuses récompenses obtenues par lui au cours de sa longue carrière.

Ingénieur, architecte, membre de l'Académie nationale agricole et de nombreuses autres Sociétés, M. Tison a obtenu diverses médailles, argent, or et bronze ; mentions aux expositions où il exposa des tableaux, dessins figurant : les principes de l'hygiène des habitations, des modèles de fenêtres ininfiltrables, des modèles de filtre décolorant, désodorant, inencrassable ; des dessins de calorifère à combustion lente, d'un hermétisme absolu : Beauvais 1865, Paris 1867-1889-1900 ; Tours 1892 ; puis Angoulême ; le Hâvre ; Boulogne-sur-Mer, Chicago, Rome, Nâples, Nice, Marseille, Bordeaux, Lille, Bruxelles, etc. Il faisait des conférences démonstratives initiant les hommes de l'art, les ouvriers du bâtiment à ces principes simples, inimaginés encore, peu coûteux, dont faisaient profit ces personnes, à l'exclusion de l'initiateur, sacrifiant son temps, ses ressources pour le bien général.

Nous disions au début de cet article que M. F. Tison s'était occupé de médecine ; il a même poussé assez avant ses études et expériences sur la thérapeutique des maladies du sang, de celles bacillaires et germes fermens, de celles des voies respiratoires. C'est ainsi qu'il fut amené à l'invention qui sera l'honneur de sa vie, celle du spécifique de l'apoplexie et de la congestion, connu sous le nom d' « *Ammoniaque aromatique Tison* ».

Cette incomparable préparation a pour base l'alcali volatil brûlant, desséchant les tissus, asphyxiant, dangereux malgré ses précieuses propriétés de liquéfier les caillots sanguins et

décongestionner le système vasculaire. Par intuition et la connaissance des propriétés des plantes, calculant toutes les réactions, il combina l'ensemble de nombreuses plantes qu'il sut discerner dont les principes actifs sont tempérés par ceux que la nature y a sagement introduits, dont certaines à huiles volatiles et fixes. Les effluves de cette combinaison à effets multiples et salutaires qu'il a dénommée « *ammoniaque aromatique Tison* » outre toutes *décongestions instantanées* dans toutes les parties de l'organisme, *détruisent* tous bacilles, germes, ferments, amenés par l'air aux voies respiratoires ou ailleurs, les atteignent partout ; de plus neutralisent les toxiques et les expulsent du corps ; elles peuvent être *respirées* et *aspirées* sans limite, ni danger. Leur action est efficace dans les rhumes, l'influenza, le *croup*, l'angine, l'asthme, la fluxion de poitrine, de même dans les congestions causées par le froid ou les chaleurs et autres causes, syncopes, étourdissements, vertiges, douleurs de tête, migraines, bourdonnements, visions de couleurs diverses.

L' « *Ammoniaque aromatique Tison* » a sauvé de nombreuses existences. Le corps médical si méfiant d'ordinaire en matière de spécialités, a accueilli avec faveur le nouvel agent thérapeutique comme comblant une lacune dans la pratique médicale et remplaçant avec avantage les décongestionnants à bases d'acides ou d'alcool.

Voici en quels termes M. le Dr A. Blanc, directeur du *Sud Médical*, ex-chef du Service de Santé de la Marine, appréciait à la fois le caractère et l'invention de M. F. J. Tison : «Par la découverte de ce créateur éminent de nombreuses personnes ont été conservées. Nous serrons cordialement la main à l'homme vertueux et charitable, au penseur méritant, au chercheur laborieux, au hardi pionnier, au vrai philanthrope qui a par son invention humanitaire, sagement couronné sa noble existence . . . . . »

Dans une étude scientifique très documentée indiquant l'action bienfaisante et surtout rapide de l'ammoniaque aromatique, nous extrayons les lignes suivantes :

« C'est (l'ammoniaque aromatique Tison) une composition rationnelle et naturelle de nombreuses plantes produisant des effets multiples et salutaires. Les principes actifs sagement tempérés par une association des plus heureuses, grâce aux huiles volatiles et fixes, ont pour action de protéger les tissus les plus délicats de l'organisme à l'*inverse* de l'ammoniaque ordinaire qui a pour effet de les dessécher en les brûlant. »

Le cadre trop restreint de cet article nous interdit de pousser plus loin ces citations. Elles suffisent toutefois à établir le caractère précieux et humanitaire de l'invention due à l'éminent hygiéniste. Grâce à lui, plus de morts subites, plus d'accidents circulatoires à terminaison fatale. L'ammoniaque aromatique Tison est devenu le médicament sauveur qu'on trouvera bientôt dans toutes les familles, ainsi, espérons-le, que dans notre pharmacopée militaire et maritime, car il est le *Vade mecum* des lointaines expéditions. Poursuivant ses recherches M. Tison a doté l'art de guérir d'un médicament de moindre importance mais tout aussi précieux que l'ammoniaque aromatique, nous voulons parler de l'agrégat tonique énergique, indiqué dans les cas d'anémie acquise ou congénitale, pâles couleurs, constipation, maladies de l'estomac, du foie, des reins et de la vessie.

L'agrégat est en quelque sorte le spécifique de l'influenza, comme l'ammoniaque aromatique est le spécifique des accidents cérébraux, de la congestion, des syncopes et des maladies saisonnières.

En terminant ce rapide exposé de l'existence laborieuse et des travaux de M. F. Tison, nous ne pouvons que nous associer à l'éloge chaleureux de M. le docteur A. Blanc et Saluer en la personne de l'éminent hygiéniste, une des plus nobles comme des plus modestes parmi les bienfaiteurs de l'humanité.

MATON (Joseph-*Emile*), né à Lille (Nord), le 26 janvier 1855 ; imprimeur, homme de lettres, critique d'art, artiste peintre, secrétaire de la rédaction et administrateur des *Grands Dictionnaires biographiques*, directeur du *Dictionnaire des Artistes* ; membre de la société artistique et littéraire les *Rosati*.

Adresse : 25, rue des Grands-Augustins, Paris.

M. Emile Maton sait qu'on ne doit pas repousser systématiquement la louange, estimant que tout effort vers le beau est digne d'encouragement pourvu qu'il soit sincère et soutenu. Nous avons dû cependant user de notre autorité pour placer ici, à son rang, cet infatigable travailleur. Certes, il n'est point de ceux dont on retrouve à chaque instant le nom ou l'influence ; mais le nombre est assez grand des hommes qui ont pu apprécier la valeur de sa collaboration et l'étendue de ses connaissances théoriques et pratiques. Le mérite est moins dans le succès que dans la lutte intelligente, et nous pouvons dire que, à cet égard, notre secrétaire de rédaction ne peut être ici déplacé.

Né dans une condition des plus modestes, fils d'un ouvrier charron, E. Maton n'avait que quatre ans lorsqu'un accident du travail vint le rendre orphelin de père. La veuve restait seule avec deux enfants, charge bien lourde dont ses parents l'allégèrent en prenant l'aîné. E. Maton passa donc une partie de son enfance dans un petit village, au milieu des belles collines du Hainaut. Il y grandit en liberté devant la forte et saine nature, courant les champs et les bois, y prenant à la fois cet amour du sol et cet esprit contemplatif qui devaient plus tard l'amener à la poésie. D'ailleurs, le brave magister de l'endroit, voyant les bonnes dispositions du petit, se fit un point d'honneur d'en faire son meilleur élève. Maton ne parle jamais sans émotion du vieil instituteur Bauzière.

Revenu à Lille, E. Maton fit à l'école communale de rapides progrès qui lui valurent une bourse de collège en 1866.

Sa mère s'étant remariée, le nouveau chef de famille exigea que l'écolier fit choix d'un métier, et le jeune homme devint typographe en 1869.

Il n'en étudia qu'avec plus d'acharnement, lisant, sans se rebuter, tout ce qui lui tombait sous la main, s'accoutumant à commenter ses lectures, en retenant les choses utiles à l'exercice de sa profession.

Et il se trouva que, par surcroît, il devint un styliste.

Les beaux arts l'attiraient. Un artiste lillois, M. Oscar Thieffry, voulut bien l'aider de ses conseils. M. Maton peint assez agréablement, en ses loisirs, dans une note simple que l'on a comparée à celle de Rapin. Sa connaissance du dessin trouve maint sujet d'application dans la typographie, à laquelle il est resté attaché.

En 1886, l'*Echo du Nord* publiait en rez-de-chaussée une nouvelle de E. Maton, intitulée le *Numéro qui gagne*; M. H. Verly tint à présenter au public, en quelques mots aimables, l'œuvrette et son auteur. Depuis, E. Maton a produit un certain nombre de nouvelles, au hasard des journaux et revues auxquels il a collaboré. La *Réforme sociale*, les *Suppléments illustrés*, le *Républicain du XIX*ᵉ, les *Enfants du Nord*, l'*Arména*, le *Phare*, la *Revue septentrionale*, la *Musette*, la *Semaine des Constructeurs*, le *Rideau*, la *Gazette artistique*, etc., ont inséré ses nouvelles, ses poésies, ses chroniques et ses Salons.

E. Maton n'a publié aucun volume, ce qui peut paraître extraordinaire chez un imprimeur écrivain. Il nous en donne la raison en quelques mots : « Je ne publie rien pour les mêmes raisons qui font que je n'expose pas. Je trouve grand plaisir dans la pratique des arts, mais je vis de mon métier; laissons le Salon et l'édition aux professionnels. D'ailleurs, il se peut que j'use de la publicité, mais je ne le ferai qu'en amateur. »

Ce sont scrupules fort honorables; cependant nous inclinons à penser que Maton occuperait sans peine une bonne place parmi les artistes exposants et les écrivains édités. Nous espérons bien en voir la preuve avant longtemps.

Le style de E. Maton est simple, la phrase concise et claire, les périodes bien attachées. L'action se déroule logiquement et sans digressions inutiles. Sans peine, il émeut avec *Vision suprême*, *Happy new year*, *Yvonne*, *Mélie*, l'*Enfant*, *Retour au village*, etc., ou provoque un bon rire avec la *Ceinture*, *Moi-toi-lui*, l'*Ecriteau*, *La Cigale et la Fourmi*, ou ses *Contes de l'écreigne*, en ce patois wallon auquel il a gardé une tendresse filiale, et qu'il parle ou écrit toujours avec joie.

La critique artistique, chez Maton, s'appuie avant tout sur le bon sens. Il déclare n'admirer point le style pompier — pour employer l'expression courante — et donne volontiers des éloges aux jeunes chercheurs, même lorsque ceux-ci tombent dans les singularités inesthétiques, pourvu qu'il voie dans leurs erreurs la marque d'un tempérament. Il réserve ses gronderies aux « maîtres », auxquels il ne reconnaît pas le droit de tenir une place inutile avec des ouvrages au-dessous de leur réputation, et ses sévérités aux artistes qui cherchent obstinément l'originalité dans le laid, l'horrible et le faux voulu. « Rien n'est beau que le vrai, le vrai seul est aimable »; ce vers de Boileau exprime fort bien la manière de voir de Maton; on a pu s'en convaincre par ses « Salons » parus dans les *Enfants du Nord* (1895) la *Revue historique des provinces* (1897) et la *Revue septentrionale* (1899).

E. Maton est un poète. C'est aussi un rimeur, ce qui ne gâte rien. En dehors des Rosati et des personnes qui l'entourent, on ne le connaît guère sous cet aspect. M. R. Brissy-Le Cholleux, dans une conférence donnée en la salle des fêtes du *Journal*, a qualifié Maton « un poète chez lequel un style mordant et parfois satirique s'allie toujours à l'élévation de la pensée ». Ce témoignage d'estime est corroboré par tous ceux qui ont pu lire ou entendre ses vers, et nous avons vu naguère, traduit par la plume de la toute gracieuse Mme Auguste Dorchain, le même sentiment partagé par l'illustre poète.

E. Maton, en dépit de son style nerveux, est aussi un tendre. Nous n'en voulons comme

preuve que le *Rosier*, dit à la Fête des Roses, à Fontenay-aux-Roses (1898), ou l'*Hommage à Jules Breton* (1896), qui émut jusqu'aux larmes le maître vénéré. Faut-il citer *Avril*, *Baigneuse* (primée en 1895 au concours des Rosati), et ce *Prince des poètes*, qui lui valut d'unanimes applaudissements? Nous en avons dit assez pour convaincre nos lecteurs de la valeur artistique et littéraire de notre secrétaire de rédaction et les faire souhaiter avec nous de le voir publier bientôt le livre qui le fera mieux connaître.

E. Maton prépare patiemment un grand ouvrage sur le blason, pour lequel il met à profit les connaissances en l'art héraldique acquises en quelques années qu'il passa près du feu comte André d'Audeville, directeur de l'*Armorial français*. Maton conserve une vénération particulière pour la mémoire de son ancien chef, qui fut le type accompli du gentilhomme français. Texte et dessins sortiront également de la plume de notre collaborateur. On aura une idée de ce labeur colossal par ce fait que l'ouvrage ne contiendra pas moins de vingt mille blasons.

E. Maton a rassemblé les notes de plusieurs romans. Nous voulons croire qu'il les produira quelque jour, cédant aux instances de ses amis.

E. Maton, devenu maître imprimeur a voulu prouver qu'un tempérament d'artiste n'est nullement opposé au sens des affaires en dépit de l'opinion commune. Il est trop certain cependant, que les âpres débats d'un commerce affolé par une concurrence sans limites sont peu propres à lui assurer la tranquillité d'esprit qui convient à l'artiste et à l'homme de lettres.

Outre la collection des *Grands Dictionnaires Biographiques*, nous avons vu sortir de ses presses nombre de travaux attestant son goût artistique.

Les travaux de luxe, dont il cherche à se faire une spécialité, lui rendront-ils en satisfaction la peine énorme que l'imprimeur se donne? Question angoissante que l'avenir — prochain, nous l'espérons — résoudra dans le sens de l'affirmative. Tous nos vœux lui sont acquis pour la réussite de sa belle entreprise.

E. Maton, que ses camarades artistes ont déjà plaisamment surnommé Plantin II, compte bien tout au moins n'avoir point le sort de Balzac imprimeur, et nous, qui sommes quotidiennement, pour ainsi dire, témoin de ses courageux efforts vers le mieux, nous disons que le destin lui doit une récompense. — H. C.

MÉRILLON aîné (LÉON-JEAN-PIERRE-ROSE-JOSEPH), C. ✠, né à Pau (Basses-Pyrénées) le 19 octobre 1852, banquier, vice-consul du Portugal, vice-consul de Russie à Pau, homme politique.

Adresse : *Palais Sorrento*, à Pau (Basses-Pyrénées).

M. Joseph Mérillon appartient à une très ancienne et très honorable famille du Béarn. Son père, Jean-Marie Mérillon (1816-† août 1881) était banquier. Pendant trente-trois années consécutives, il exerça les fonctions de conseiller municipal de la ville de Pau et celles de membre du bureau de bienfaisance pendant dix-huit ans. Il fut également conseiller général, juge consulaire, président de comices, de syndicats, etc.

Le grand-père de M. Joseph Mérillon fut aussi banquier à Pau. Né en 1787, il mourut en 1849. Le bisaïeul, Jean Mérillon aîné, avait été le fondateur de la banque « Mérillon aîné » en l'an III de la République, ainsi qu'en font foi les inventaires et les livres de la maison actuelle, qui a conservé la raison « Mérillon aîné » et qui n'est d'ailleurs que la continuation de la maison primitive.

Du côté maternel, les origines de famille de M. Joseph Mérillon ne sont pas moins distinguées. Le père de sa mère, M. Duclos, chevalier de la Légion d'honneur, est mort, jeune encore, avocat général près la cour royale de Pau.

M. Joseph Mérillon, après d'excellentes études, se fit inscrire aux cours de la Faculté de droit. En 1873, à peine âgé de vingt et un ans, il fut reçu avocat. Le 11 mars de cette même année, il contracta au 10e régiment de chasseurs à cheval, en garnison à Vendôme, un engagement conditionnel d'un an.

Sa période de service achevée, M. Mérillon revint à Pau. Il fut élu conseiller municipal de sa ville natale aux élections du 3 décembre 1874 et réélu en la même qualité le 6 janvier 1878. Il fut nommé membre du bureau de bienfaisance, puis directeur de la Caisse d'épargne de la ville de Pau.

Le 2 août 1880, M. Joseph Mérillon fut élu conseiller général du département des Basses-Pyrénées.

Peu après, son père mourait.

M. Joseph Mérillon donna sa démission des fonctions de conseiller municipal et de conseiller général pour se consacrer uniquement à la direction de la banque Mérillon aîné.

Le 23 février 1884, M. Mérillon fut nommé vice-consul de Portugal à Pau. Ses services lui valurent, le 1er juillet 1886, d'être décoré de l'ordre militaire du Christ. Le 12 décembre 1892, il était élevé à la dignité de commandeur de cet ordre recherché.

Ajoutons que, depuis le mois de février de cette année (1896), M. Joseph Mérillon a reçu sa nomination de vice-consul de l'empire de Russie à Pau.

M. Mérillon a épousé à Paris, le 15 juillet 1887, miss Nelly Stewart Clinch, fille de M. C.-J. Clinch, ancien consul des Etats-Unis d'Amérique à Bordeaux. De cette heureuse union sont nés deux enfants : Charles et Stewart Mérillon.

M. Joseph Mérillon est une des personnalités les plus connues et les plus sympathiques du monde consulaire.

Un écrivain, M. G. Clet, écrivait dernièrement, dans la *Gazette des Pays latins*, ces lignes auxquelles nous nous associons et qui ne pourraient mieux clore cette rapide étude.

« Nous nous permettons d'exprimer le regret qu'un enfant aussi distingué de la belle cité de Pau ait cru devoir renoncer à être un de ses édiles. Mais nous espérons pour elle que cette résolution ne demeurera pas définitive. Avec des traditions de famille aussi belles, avec un passé personnel — récent encore — aussi brillant, avec de hautes qualités naturelles qui n'ont pu que se développer davantage par la maturité, l'expérience et l'étude, M. Joseph Mérillon ne saurait rester indéfiniment éloigné des sièges qu'il a si dignement occupés à l'assemblée communale et à l'assemblée départementale. Ses aptitudes variées et son endurance au travail lui permettent de conduire de front, au grand avantage des unes et des autres, ses affaires privées, ses affaires financières et les affaires politiques. Disons plus, un temps viendra, qui est peut-être prochain, où les suffrages de ses concitoyens l'enverront siéger au Parlement, où sa place est marquée, place qu'il occupera, comme les précédentes, pour le plus grand bien de l'intérêt général. »

TABLE ALPHABÉTIQUE

Le titre qui figure en tête de l'ouvrage a été modifié dès la seconde livraison. De même, M. Henry-Junger, n'a collaboré qu'aux premiers fascicules. La direction et la rédaction du Dictionnaire, sauf pour les huit premières pages, ont été assumées par M. Henry Carnoy.

COLLECTION DES GRANDS DICTIONNAIRES BIOGRAPHIQUES

Directeur général : M. HENRY CARNOY, A. Q. O. ✠.

DICTIONNAIRES EN SOUSCRIPTION

Dictionnaire des Hommes de l'Est, du Nord et de l'Ouest.

Dictionnaire des Hommes du Midi.

Dictionnaire des Membres du Clergé catholique.

Dictionnaire international des Médecins, Chirurgiens, Physiciens, Chimistes et Naturalistes.

Dictionnaire des Inventeurs, Ingénieurs, Grands Commerçants et Industriels (Tome II).

Dictionnaire international des Folkloristes, des Voyageurs, Géographes, etc. (Tome II).

Dictionnaire des Écrivains, des Artistes et des Sociétés savantes (Tome II).

Dictionnaire des Jurisconsultes, de la Magistrature et du Barreau.

Dictionnaire de la Haute Société, de la Noblesse et du Monde diplomatique.

Dictionnaire du Monde politique et administratif.

Dictionnaire international des Agriculteurs et Horticulteurs.

EN VENTE

Dictionnaire des Hommes du Nord.	30 fr.
— Folkloristes	15 —
— Sociétés savantes	30
— Écrivains	30
— Grands Commerçants et Industriels	30

AVIS

La collection des « Grands Dictionnaires biographiques internationaux » a été commencée en 1894. Les titres ont été déposés en mars 1896. Il a été fondé cependant et tout récemment une publication semblable de titre et d'apparence qui nous vaut des réclamations incessantes. Nous ne pouvons que décliner toute responsabilité pour ce qui n'est pas la Collection des « Grands Dictionnaires biographiques internationaux ».

« Cette véritable Encyclopédie biographique, comprenant environ soixante tomes, constituera dans son ensemble le tableau historique du monde de l'intelligence et du travail à la fin du XIXe siècle. On y trouve sur la vie, les œuvres et les écrits de ces hommes [illegible] des renseignements qu'on chercherait vainement ailleurs, et de précieuses indications [illegible] » (*Le Temps*, [illegible]).

« Ces ouvrages, magnifiquement imprimés et illustrés de portraits [illegible], sont remplis de détails et de renseignements qu'on ne peut rencontrer [illegible] existant. » (*L'Éclair*.)

Ont souscrit aux Grands Dictionnaires

Les Bibliothèques : *Mazarine, Carnavalet, École Polytechnique* (Paris), *de Bordeaux, de Rouen, de Reims, de Lille, de Dijon, d'Orléans, la* [illegible] *(Washington), de Bucharest, de Belgrade, de Rome, la Faculté de Médecine de Paris, The Bureau of Ethnology, Royale de Naples, de la Chambre des Députés d'Italie, les Archives de plusieurs Départements et de nombreuses Bibliothèques en Angleterre, en Allemagne, en Italie, aux États-Unis*, etc., etc.

CORRESPONDANTS :

MM. [illegible]

Imprimerie E. MATON, 25, rue des Grands-Augustins, Paris.